성공하는 문화마케팅을 위한
축제와
이벤트

성공하는 문화마케팅을 위한
축제와
이벤트

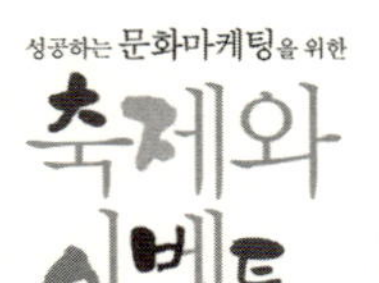

**초판1쇄 인쇄** 2006년 7월 18일 | **초판1쇄 발행** 2006년 7월 28일

**지은이** 정경훈 · 진종훈 | **펴낸이** 최종숙 | **편집** 이은희 · 공혜정 | **펴낸곳** 도서출판 글누림

**등록** 제303-2005-000038호(등록일 2005년 10월 5일)

**주소** 서울 성동구 성수2가 3동 301-80 (주)지시코 별관 3층 | **전화** 3409-2055

**이메일** nurim3888@hanmail.net

ISBN 89-91990-27-4  93380


**정가** 20,000원

* 잘못된 책은 교환해 드립니다.

성공하는 **문화마케팅**을 위한

# 축제와 이벤트

정경훈 · 진종훈 지음

글누림

# 머리말

부존자원이 열악한 우리나라의 경쟁력은 무엇일까?

우리나라가 잘 먹고 잘 사는 나라가 되기 위해서는 어떻게 해야 할까?

이러한 질문이 항상 내 머리 속에 맴돌았다. 아직까지 나의 해답은 부존자원이 열악한 우리나라는 하드웨어(Hardware)에 의존하기 보다는 똑똑한 머리를 가진 민족이니만큼 문화산업 시대에 잘 맞는 소프트웨어(Software) 분야에 더욱 주력해야 할 것이다.

우리나라는 찬란한 문화유산을 가지고도 일제식민지, 민족 간의 전쟁, 개발도상국에서 IMF까지, 경제적으로나 국가 이미지로도 찬란한 문화유산에 비하여 낮게 평가되어져 온 것이 사실이다. 하지만 우리에게도 세계일류국가로 갈 수 있는 시대가 도래했음을 말한 학자가 있다. 그가 바로 세계적 경영학자인 피터 드럭커(Peter Ferdinand Drucker) 교수다. 그는 "21세기는 문화산업에서 각국의 승패가 결정될 것이고 최후의 승부처는 바로 문화산업이다"라고 말했으며, 민족의 선각자이신 백범 김구 선생께서도 우리 민족이 나아갈 바에 대하여 무엇보다도 "높은 문화의 힘을 가진 나라"가 되었으면 하고 바라셨다. 이러한 말이 현실로 다가온 것을 증명하듯이 "한류(韓流)"가 아시아에 퍼져, 아시아에 한국문화의 파장이 일고 있는 것이다. 우리나라의 찬란한 문화가 산업화될 수 있는 가능성을 보여 준 것이라 하겠다. 우리는 이러한 현상을 더욱 갈고 다듬어 상품력을 가진 제품을 만들어 내는 소프트웨어의 강국이며 문화산업의 선도국가로 발전되어야 할 것이다.

예전에 우리가 외제 상품을 선호했던 이유가 무엇인가? 경제적으로 잘 살고 문화로도 앞서 있는 나라의 제품, 품질을 따지는 것이 아니라 그 나라의 긍정적인 이미지로 제품을 선호한 것이다. 단지 문화상품만을 세계에 파는 것이 아니라 우리나라의 찬란한 문화 이미지를 세계에 경쟁력 있게 펼치고 세계인들이 선호할 때, 우리나라가 문화산업으로 부흥하고 세계에 우뚝 설 수 있을 것이며 "Made In Korea" 제품이 예전에 우리가 그랬던 것처럼 세계인들이 가지고 싶어하는 상품력을 갖춘 세계 일류 상품으로 인정될 수 있을 것이다. 문화를 얼마나 경쟁력 있게 꽃피울 수 있느냐가 우리의 경쟁력이 될 것이며, 우리 한국이 이제부터라도 한국 문화를 얼마나 세계인들이 선호할 수 있도록 상품화하느냐에 따라 우리나라의 미래가 결정된다고 해도 과언은 아닐 것이다.

지금은 독일에서 월드컵이 한창이다. 우리나라의 국민들이 축구에 열광할 수 있고 세계인들이 놀랄 만큼 멋진 응원 문화를 만들어 낼 수 있는 바탕은 한국 문화를 우리가 즐기면서 세계에 표현하고 있기 때문일 것이다. 응원 문화가 이슈화되고 세계인들이 우리의 응원 문화에 관심을 가지는 것이 바로 우리의 문화상품을 파는 것이며 국가의 이미지를 긍정적으로 바꾸는 힘이며 이러한 현상이 한국상품을 더욱 잘 팔릴 수 있게 마케팅하는 것이라고 생각한다. 지금은 기술과 품질이 중요시 되는 시대가 아니라, 감성과 문화가 중요시 되는 시대인 것이다. 세계인들이 우리의 응원 문화를 긍정적으로 생각하고 부러워한다면 응원 문화가 단순히 무형적인 것에 그치지 않고, 한국 상품의 구매로 이어질 것이며 한국 상품의 구매기준이 품질에서 평가되어지는 것이 아니라 이러한 국가의 긍정적인 이미지와 문화에서 평가되어진다는 것이다. 앞서 이야기한 것처럼 무형의 문화를 발전시켜 유형의 상품에까지 파급이 되는 것이 문화의 힘인 것이다.

이 책의 구성은

제1장에서는 이벤트의 정의와 필요성, 이벤트의 기획에 필요한 4D 이론에 대하여 서술하였다.

제2장은 문화산업 시대의 문화기획자에 대한 필요성, 역할과 교육 방법, 지역문화축제의 문제점과 전망을 살펴보았다.

제3장부터 제9장까지는 이벤트기획→상품기획→마케팅→오거나이징→연출→예산→평가 순으로 체계적인 구성을 하였으며 이해를 돕고자 실제 기획서를 사례로 들어 설명하였다.

이 책은 문화마케팅의 한 분야인 축제와 이벤트에 대하여 저자들의 경험을 중심으로 표현하고자, 실제 기획안을 많이 첨부하려고 노력했다. 또한 실무 노하우(Know-How)를 최대한 옮기려 노력한 결과이다. 다른 책에서는 볼 수 없는 실제 기획안을 바탕으로 이 분야에 입문하고자 하는 학부생 또는 대학원생뿐만 아니라, 한국의 문화를 발굴하여 수용자들에게 잘 표현하고자 축제를 준비하는 전국의 지자체 공무원, 이벤트사, PR대행사,

광고대행사, 기업의 상품기획팀, 브랜드 마케팅팀 등의 경영·기획 담당 실무자들을 위한 지침서가 되어 줄 것이며, 또한, 본 서적이 한국 문화의 창의적 표현기술을 개발하고, 상품화하며 우리의 문화를 꿰어서 보배로 만드는데 조금이라도 도움이 되었으면 좋겠다.

 이 책이 세상에 나오기까지 저자를 믿음으로써 키워주신 사랑하는 부모님과 사랑하는 가족들, 주위의 여러 교수님들, 선후배, 친구들에게도 감사의 말을 전합니다. 그리고 글누림 출판사의 사장님과 편집에 고생해 주신 이은희 실장님과 공혜정님께도 감사의 말을 전하고 싶습니다.

 찬란히 꽃 피울, 한국의 문화산업 화이팅!

2006년 6월
정경훈·진종훈

# Contents

# 제1장

# SP 이벤트와 3E 이론

## 1. 이벤트 시대

현대사회에서는 이벤트라는 용어가 매우 다양하고 포괄적인 의미로 사용되며 일반 사람들마저 이벤트라는 말을 자주 쓰는 시대로 도래하였다. 지방자치제 시행과 더불어 지역을 홍보하기 위해서도 이벤트를 사용하며, 기업의 제품과 이미지를 알리기 위해서도 이벤트를 하고 있고, 국가에서도 이벤트를 활용하여 국정홍보 및 정부의 좋은 이미지를 알리기 위해 사용하고 있다. 이렇듯 이벤트는 시대의 변화에 따라 탄생하고 변화하고 있으며 이벤트의 발전은 이벤트를 받아들이는 고객들의 트렌드의 변화라고 볼 수 있으며 고객의 트렌드 변화에 능동적으로 대처하여 고객의 욕구 충족에 최선을 다해야 할 것이다.

이벤트의 출현 배경을 정리하면,

첫째, 이벤트는 일시적인 변화에서 나타난 것이 아니고 산업구조, 사회구조의 본질적인 변화에 따라 발생된 것이다.

둘째, 고도 성장기에서는 양적인 확대를 기하는 것이 최대의 목표였지만 현재는 의식주의 기본적인 물적 욕구 관심에서 마음의 풍족함을 얻는데 목표를 두고 이동하고 있다. 여기에서 자신의 생활이 중요시되고 유희, 지적 만족감으로 대변되는 정신적인 충족감을 추구하는 경향으로 빠르게 변화하고 있다.

셋째, 기술의 발전과 산업간 교류 확대 등 산업구조의 변화가 이벤트의 활성화에 영향을 주었다. 이러한 시대적 배경에서 이벤트가 중요시되고 있는 이유는 종래의 미디어 외에 새로운 미디어로 이벤트가 인식된 점, 상품광고 활동이 고도로 세분화된 점, 기업 이미지가 중요한 기업의 전략이 된 점, 특히 성숙사회에서 소비자가 문화나 스포츠 등 정신적 만족에 관심이 높아진 점을 들 수 있을 것이다.

넷째, 오늘날 이벤트가 급성장하게 된 동기는 소비자의 상품 수요 패턴이 변화함에 따라 기업들도 그에 맞는 생존 전략의 한 방법으로서 이벤트를 이용하기 때문이다 그만큼 이벤트의 중요성이 높아졌다는 의미이다.

결론적으로 이벤트는 공급자들의 일방적으로 자신의 매스미디어 메시지를 전달하려는 단점을 보완하기 위해 나타난 커뮤니케이션 수단이다. 이벤트는 현장 커뮤니케이션을 통해서 메시지의 발신자와 수용자가 함께 그리고 동시에 인간 상호간의 정감과 동질감을 느끼게 해준다. 그것은 고립된 매스미디어 수용자들을 현장에서 같이 숨쉬고 느끼고 공유케 해주는 커뮤니케이션 효과를 기대할 수 있기 때문이다.

소비자들은 이제 제품의 특성보다는 그 제품이 갖고 있는 이미지나 기업의 사회성 등을 고려하여 제품을 구입하게 된다. 후기산업사회에서 자신의 취향과 감성에 따라 제품을 선택하는 소비자들에게 이벤트는 다른 어떤 것보다 강렬한 구매 의향을 불러일으킨다. 소비자는 자신의 마음대로, 자신의 취향대로, 자신의 요구대로 행동하고 구매한다. 이는 이벤트를 통하여 구체화된다. 이처럼 이벤트는 후기산업사회의 특성에 맞는 커뮤니케이션이 된 것이다.

초기의 이벤트는 자체가 상품이며, 직접적인 효과를 구하기 위한 단일 목적형이었지만 매스컴의 범람 시대에서는 이벤트는 커뮤니케이션 미디어의 보완적 역할, 기업의 세일즈 프로모션 전략 중에도 역할이 불명확하여, 단순히 집객용 수단 내지는 볼거리 정도에 지나지 않은 직접적인 효과만을 누리는 경우가 많았다.

하지만 경제·사회·문화 전반에 걸쳐 크게 변화가 일어남과 더불어 현대의 이벤트는 발생 건수 위주의 초기 이벤트와는 그 격을 달리하고 있다. 즉 이벤트가 새로운 미디어로서 인정받게 되며, 복합적인 목적·간접적인 효과의 추구 등을 중시하게 되어 질적으로나 양적으로 큰 변화의 시기를 맞게 되었다.

위와 같이 이벤트의 출현배경은 광고비를 대량으로 투입해서 상품을 팔던 시대는 거품경제의 붕괴와 더불어 사라지고, 소비자의 감성에 맞는 상품이 팔리는 시대 즉, 냉엄한 소비자 선택의 시대가 도래한 것이다.

이러한 시대에 맞는 수단으로 이벤트가 각광받기 시작한 것이다.

추산컨대 우리나라 이벤트 프로모션 시장의 규모는 1조 5천억 원이다.

예전에 기업에서 단지 상품판매 촉진을 목적으로 한 이벤트가 근래에는 전시회, 박람회, 월드컵, 올림픽, 국제회의와 같은 국제규모의 이벤트로 발전 되어왔다. 우리나라에서는 연평균 10,000개 이상의 이벤트가 벌어지고 있을 뿐만 아니라 각 시, 도, 군에서는 1,500여 개의 지역축제가 벌어지고 있다.

이는 이벤트가 기업의 상품마케팅 뿐만 아니라 각 지역에서의 문화마케팅 수단인 지역축제(해당지자체, 광역단체, 공기관)의 범주로 확대되고 있다는 것이다. 이처럼 지역(인간의 삶 자체)에서 일어나고 있는 이벤트들은 지역 경제를 활성화하기위해 지역클러스터산업과 지역원형 사업을 육성하여 지방 경제의 발전을 도모하는 산업적 차원으로 확대되고 있다. 또한, 21세기는 국가전략산업으로 문화콘텐츠 산업을 육성하고자 문화산업의 고부가가치 창출을 위한 소비자의 감성과 재미, 저작권을 존중하는 합리적인 콘텐츠 이용문화가 정착되어가고 있다.

그러므로 각 지역에서는 그 지역의 문화유산, 생활양식, 가치관, 예술적 감성 등 문화적 요소들을 창의적 기획과 기술을 통해 콘텐츠로 재구성 하여 고부가가치를 갖는 문화상품으로 유통시키는 작업이 필요하다. 지역의 관광수입을 통해 역사·문화자원 보존과 지속 가능한 개발을 가능하게 하여 지역별 전통 문화역사를 살린 특색 있는 관광자원을 발굴하고 보존해야 한다.

문화산업은 순수예술, 전통문화, 인문학 등 문화예술적 토대 위에서 다양하게 발전되고 있다. 이러한 시점에 세계화 시대에서 문화예술을 바탕으로 한 문화산업은 국가의 문화 정체성과 문화국가 이미지를 형성하는 핵심적인 요소가 될 것이다. 경제발전에 따른 삶의 질 향상으로 문화적 욕구가 증대하고 주 5일 근무 확산에 따른 여가 시대 확대

**그림 1-1**　2002 FIFA WORLD CUP KOREA-JAPAN 포스터

로 문화관련 여가활동이 증대되는 등 문화산업 성장에 유리한 환경이 조성되고 있다. 또한문화관광부에서는 콘텐츠(Contents), 창의성(Creativity), 문화(Culture)의 3C를 바탕으로, 차세대 성장동력인 문화·관광·레저스포츠산업을 전략적으로 육성하여 국민소득 3만 달러 시대를 이끌어 내고 지역불균형 및 사회 양극화를 해소하겠다고 밝혔다. 즉, 지금 우리 경제가 필요로 하는 것은 고부가가치를 창출하고 자본으로의 가치 전환이 필요한 창의성(Creativity)이며, 문화(Culture)는 창의성을 길러주는 인큐베이터로서 문화·관광·레저스포츠 분야의 다양한 콘텐츠(Contents)로 세계 시장에서 우위를 선점해 나가야 할 것이다.

세계 문화산업 시장의 흐름을 보면, 급성장의 주축이 되는 일본, 영국, 미국, 캐나다 등의 선진국들의 움직임은 활발하게 진행되고 있다. 이러한 문화산업 마케팅의 중요성을 인식하고 문화콘텐츠산업을 한국경제를 이끌 대표적 산업으로 육성해야 함을 우리는 간과해서는 안 된다.

이렇게 수많은 이벤트 속에서, 그리고 이벤트에 대한 대중의 욕구가 변화하는 속에서 이벤트에 대한 올바른 인식이 없다면 경쟁력을 지닌 이벤트를 만들어낼 수 없을 것이다.

경쟁력을 지닌 이벤트는 대중의 욕구를 만족시키는 동시에, 경제적 이윤을 창출할 수 있는 이벤트를 말한다. 이러한 이벤트가 진정한 의미의 이벤트일 것이며, 현대를 살아 가는 우리가 지향해야 할 이벤트일 것이다.


## 2. SP 이벤트

### 1) SP 이벤트의 정의

SP(Sales Promotion) 이벤트의 정의를 내리기 이전에 기존의 이벤트 개념을 경제적 측면의 새로운 시각에서 재조명하는 작업부터 시작하는 것이 우리의 이론을 전개하는 데에 도움이 되리라고 생각된다.

『이벤트의 마술』의 저자 도비오카 겐(飛岡健)은 이벤트의 정의와 효용을 일목요연하게 잘 표현하고 있다. 그에 따르면, 이벤트란 어떤 목적을 위해서 어떤 조직이 대중 동원을 꾀하는 것이며, 이벤트의 성공을 위해서는 대중은 왜 움직이는가, 어떻게 하면 대중을 움직일 수 있는가, 이 두 가지를 정확히 알아야 한다고 했다. 또 이벤트가 성공을 거두면 동원된 사람들을 즐겁게 해 주고, 주최자에게 큰 이익을 가져다주며, 담당자를 승진시켜 주는 계기가 된다고 하였다.

여기서 우리가 주목하고자 하는 부분은 이벤트가 성공을 거두었을 때의 효용측면이다. 하나의 이벤트가 성공을 거둔다는 기준은 바로 관객에게 즐거움과 만족을 제공했는가의 여부와 더불어 주최자에게 큰 이익을 가져다주었는가 하는 것이 반드시 포함된다. 그런데 우리나라의 기존 이벤트들은 두 번째 요인을 고려하지 않은 채 기획·연출되어 왔던 것이 현실이다. 우리나라에서 이벤트라 하면, 단순히 오락적 요소만을 지닌 단순행사로 치부되어 왔다. 이러한 현실에서 이벤트를 통해 경제적 수익을 창출한다는 것은 그야말로 꿈에 지나지 않는 허황된 이야기로 여겨졌던 것이다. 그러나 외국의 수많은 사례를 통해서 볼 수 있듯이 다양한 장르의 SP 이벤트를 통해 엄청난 수익을 올릴 수 있는 것이 사실로 드러나고 있다. 기업은 SP 이벤트를 통해 판촉효과를 거두고 있으며, 지자체는 지역문화축제를 통해 예산을 확보하고 있다. 우리나라도 일부 이러한 시도가 이루어지고 있기는 하다. 그러나 아직은 도입기에 불과한 것이 사실이다. 따라서 SP 이벤트에 대한 정확한 인식과 그에 대한 필요성을 이 책을 통해 설명하고자 한다.

인류는 산업혁명을 거치면서 농경사회에서 산업사회로의 커다란 변화를 겪었다. 일

그림 1-2　"제23회 전국장애인체육대회" 타이틀

그림 1-3　"제23회 전국장애인체육대회" 마스코트 및 테마

반적인 분류에 따르면, 농경사회를 1차산업 시대로, 제조업 시대를 2차산업 시대로, 서비스산업 시대를 3차산업 시대로 분류하고 있다. 우리는 이러한 분류에서 한 단계 더 나아가 4차산업을 분류하고자 하는데, 우리가 말하는 4차산업은 문화의 측면에서 이벤트를 위시한 이미지산업을 말한다.

2차산업은 제품을 생산하는 제조업을 가리킨다. 2차산업의 특징은 단순히 제품을 제조하여 판매하는 것이라고 할 수 있다. 따라서 물질적이고, 현실적이며, 실리적 성격이 강하다. 2차산업이 진행되는 과정을 살펴 보면, 하나의 제품 생산을 위해 자본과 시설·인력·자재가 투입되어 가공을 거친 후 세금이 부과되는 과정을 거치고, 직영·대리점·프랜차이즈·백화점·위탁 등의 형태로 제품이 유통된다.

소비가 공급을 월등히 능가했던 시기에는 판매를 위한 광고 및 홍보 활동보다는 제품의 제조에 중점을 둔 경영이 이루어졌다. 그러나 수많은 제품이 공급되면서 차츰 공급

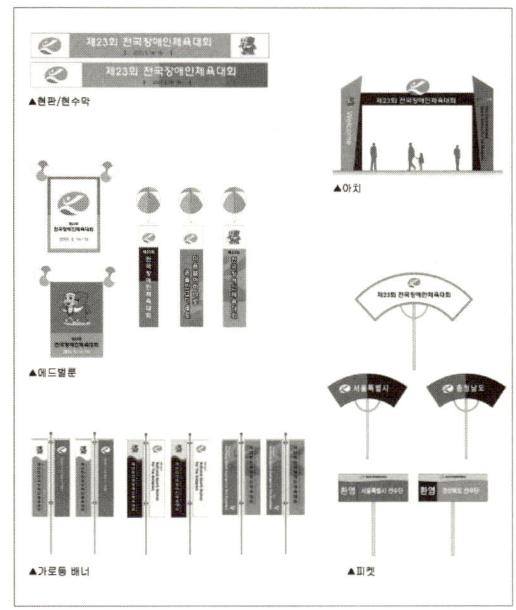

그림 1-4 "제23회 전국장애인 체전" 디자인물

이 소비를 능가하게 되었고, 제품을 시장에 내놓으면 팔리는 시대는 과거의 이야기가 되었다. 따라서 제품을 팔기 위해서는 소비자에게 제품을 알리는 광고의 중요성이 인식되기 시작했다. 이렇게 경영에 마케팅(Marketing) 개념이 도입되었고, 제품개발뿐만 아니라 마케팅활동에도 많은 노력이 투자되기 시작했다.

기업들은 마케팅 활동이 활성화되면서 고객에 대한 서비스(Service) 정신이 제품의 생산보다 중요하다는 것을 깨닫게 되었다. 서비스 정신이 강하게 부각됨에 따라 제품 대신에 서비스를 판매하는 기업이 생기게 되고, 이른바 서비스산업이 제조업의 뒤를 이어 3차산업으로 자리를 굳히게 되었다. 서비스산업은 2차산업인 제조업과 달리 기업의 정신·이상·명분·상품을 판매하는 산업이다. 따라서 기업의 이미지(Image)가 가장 소중한 자산이 되었다. 더 나은 이미지를 고객에게 알리는 것이 경쟁에서 승리하는 유일한 수단이 됨으로써 기업에서는 고객과의 다양한 커뮤니케이션(Communication) 채널 확보 및 확대를 통한 PR(Public Relations)에 전력을 기울이는 것이 경영의 핵심이 되었다.

한 기업의 이미지(Image)·정체성(Identity)으로 대변되는 PR은 정치·경제·문화··역사 등 사회의 모든 분야의 영향을 받아 형성되며, PI(President Personal Identity), CI(Corporate Identity) 등으로 나타나게 된다. 따라서 PI, CI의 개발이 중요하다고 하겠다. 또한 이에 못지 않게 중요한 것은 기업의 이미지와 정체성을 대중에게 알리는 작업인 마케팅활동이다. 그 외에도 상품기획·교육·디자인 등이 서비스산업에서 중요하게 부각되는 부분이다.

마케팅활동은 크게 시장조사(Research)·광고(Advertising)·홍보(Publicity)·판촉(Sales Promotion)·대인판매(Personal Selling)·사이버 마케팅(Cyber-Marketing)이 있다. 초기의 마케팅 활동은 대부분 광고에 의존하는 성향이 강했다. 광고는 각종 매체를 통하여 불특정 다수에게 전파됨으로써 단시간에 가장 넓은 범위까지 도달하는 이점이 있다. 그러나 광고의 최대단점은 일방적인 전달(Push Strategy) 밖에는 이루어질 수 없다는 것이다. 광고는 고객을 소비로 이끄는 적극적인 수단은 될 수 없다. 따라서 광고는 그 투자 대비 효과에 있어 효율적인 방법이라고 할 수는 없다. 그렇기 때문에 기업에서는 새로운 판촉수단을 개발하기에 전력을 기울이고 있다. 최근에는 인터넷(Internet)의 발달로 온라인(On-Line)상의 광고 및 홍보활동도 그 중요성이 커지고 있다. 특히 판촉과 사이버 마케팅은 고객과의 쌍방향 커뮤니케이션(Pull Strategy)이 가능하다는 장점을 지닌다. 그러나 이 중 직접 소비효과를 최대한으로 늘리는 방법은 판촉(Promotion)이다.

판촉의 방법으로는 흔히 디스플레이(Display)라고 불리는 공간 디자인(Space Design)과 전단·포스터·리플릿 등을 통한 옥외광고, 할인·경품행사 등의 이벤트가 있다. 최근에는 이벤트를 활용한 판촉활동이 가장 활발하게 이루어지고 있으며, 판촉효과도 매우 높게 나타나고 있다.

기업에서 판촉활동의 일환으로 전개하는 이벤트를 흔히 판촉 이벤트, 즉 SP 이벤트(Sales Promotion Event)라고 통칭하는데, 이에 대한 새로운 고찰이 필요하다. 왜냐하면 우리가 통칭 SP 이벤트라고 부르는 행사는 외국에서 통용되는 SP 이벤트와는 그 성격이 확연히 다르기 때문이다. 이는 기존에 사용하던 이벤트라는 용어의 개념이 기업의 판촉행사일환으로서의 이벤트로 인식되어 있기 때문에 빚어진 현상인데, 국제적으로 사용되는 이벤트의 명확한 개념정립과 분류가 필요하다고 판단된다.

이벤트의 정의는 광범위하게 사용되고 있으나 동서양을 막론하고 이벤트에 대한 개념은 그 나라의 특성과 조건에 따라 서로 다른 뜻으로 사용되고 있다. 이벤트란 어원적으로 라틴어 evenire(밖으로 나오다)에서 유래되었으며, 사전적인 의미로는 "사건, 소동, 행사, 중요한 사건, 시합, 사람을 모으는 행사, 우발적인 행사, 경기의 종목과 같은 것"을 뜻한다.

| 일상적 사건 | 이벤트 |
| --- | --- |
| • 자연적 발생<br>• 기대감이 유발되지 않음<br>• 발생이유가 특별히 없음 | • 계획에 따라 발생<br>• 기대감을 유발시킴<br>• 개최의 특정동기가 부여됨 |

서구에서는 이벤트에 대하여 상업적인 마케팅 수단으로 활용되고 있어 판매촉진을 위한 특별행사 정도로 인식되어 왔다. 이런 추상적이고 편협적인 이벤트의 개념이 실제로 보편화된 것은 일본의 '1964년 동경올림픽'과 '1970년 오사카 만국박람회' 이후로 지적되고 있다. 이를 시작으로 국가발전 뿐만 아니라 지역사회의 발전을 위해 이벤트가 중요한 산업이라는 인식이 점점 넓혀져 왔으며, 다양한 이벤트가 연구, 기획, 시도되었다. 우리나라의 경우는 1988년 서울올림픽을 계기로 '이벤트'라는 용어가 친숙하게 사용되고 있다.

이벤트에는 시각, 청각, 촉각, 심지어 후각과 직감까지 필요한 3차원 예술이다. 예술은 작품이 완성되는 것에 그 목적이 있지 않다. 완성된 작품을 제대로 이해하고 감상할 수 있는 수용자가 있어야 그 작품의 존재 의의가 있다. 현대사회에서는 작품의 존재의의를 잘 표현해 줄 수 있는 수단이 있다. 그것이 바로 쌍방향 커뮤니케이션을 바탕으로 하는 이벤트이다. 같은 예술작품이라 하더라도 이벤트라는 수단을 통해 그것을 잘 기획하고 효과를 극대화시킨다면 그 작품은 보다 더 큰 차원의 생명력을 갖게 된다.

즉 이벤트는 기획부터, 실행, 평가까지 제의적 요소, 엔터테인먼트적 요소, 여흥적인 요소와 관객과의 쌍방향 커뮤니케이션을 위하여 안무, 음악, 무대, 미술, 영상, 조명, 특수효과, 등의 요소들이 모여 이벤트라는 총체적인 행위가 탄생하는 것이다. 이러한 세 가지 관점의 개념들이 모두 이벤트에 녹여져야 하는 것이다.

그러나 이벤트의 종류가 많고 사용자에 따라 제각기 다른 개념을 규정하고 있어 이벤트의 정확한 정의를 내리기는 어렵다.

정리하자면, 이벤트란 판매촉진을 위한 미디어 가운데 행사에 의한 것이며, 놀이의 요소와 같이 지적 만족감의 획득, 창조성의 발로, 사람과 삶과의 만남을 통한 쌍방향 커뮤니케이션 등 여러 가지의 기능을 지니고 있어서 이벤트 자체가 소비자들의 정신적 욕구(Needs)를 채워줄 수 있는 매체라고 볼 수 있다.

즉 소비자 입장에서 본다면 "기업이 전하는 메시지에 직접 참여해서 필요한 정보를 선택하고 기업이나 상품에 대한 평가를 할 수 있으며 기업의 입장에서는 이벤트를 제공하고 소비자들에게 '호감'을 얻음으로써 집중적이고 효과적인 커뮤니케이션 활동을 할 수 있다."

이벤트란 개최·주최자가 뚜렷한 목적을 가지고 특정기간에 특정장소에서 치밀한 사건, 계획을 가지고 대상이 되는 사람들과 공감하여 창출된 체감정보를 쌍방향으로 의사소통하는 커뮤니케이션 매체이다.

이벤트는 기업 마케팅 혹은 수많은 대행사의 기본 포맷(Format)이며, 프로모션 이벤트는 개인회사(개인의 영리목적), SP 이벤트는 주식회사(참여단체, 주주의 공동영리목적)로 이해하면 쉬울 것이다.

SP 이벤트에서는 적당한 명분과 실리를 제공하여 공동참여를 유도하는 기획력과 그들에게 기대 이상의 만족을 주는 연출력 모두가 요구되는 만큼 힘든 작업이기도 하다. 그러나 앞으로의 모든 이벤트가 SP 이벤트 성격으로 전환하는 것이 경쟁력있는 이벤트산업으로 나아갈 수 있는 길이라고 본다.

우리가 과감히 SP 이벤트를 4차 이미지산업으로 분류하면서 하나의 새로운 산업 장르의 지위를 부여하는 것은 앞에서 설명했던 2차산업과 3차산업의 경영과 동일한 과정이 SP 이벤트에도 적용되기 때문이다. 표 1-2 에서 보듯이, SP 이벤트는 2차 제조산업, 3차 서비스산업과 동일한 원리에 입각한 경영이 이루어진다. 오히려 더욱 다양하고 복잡한 사회여건들이 SP 이벤트에 반영되고 있음을 알 수 있다.

이벤트가 현대인의 다양한 정신적 욕구를 최대한 만족시킬 수 있는 수단이라고 할 때, SP 이벤트는 최소한의 비용투자라는 경제적 측면까지 고려한 일석이조의 효과를 지니고 있으며, SP 이벤트를 통해 다른 사회·경제산업분야에도 막대한 영향을 끼칠 수 있다.

표 1-2 Event 경영(Management) 개념도

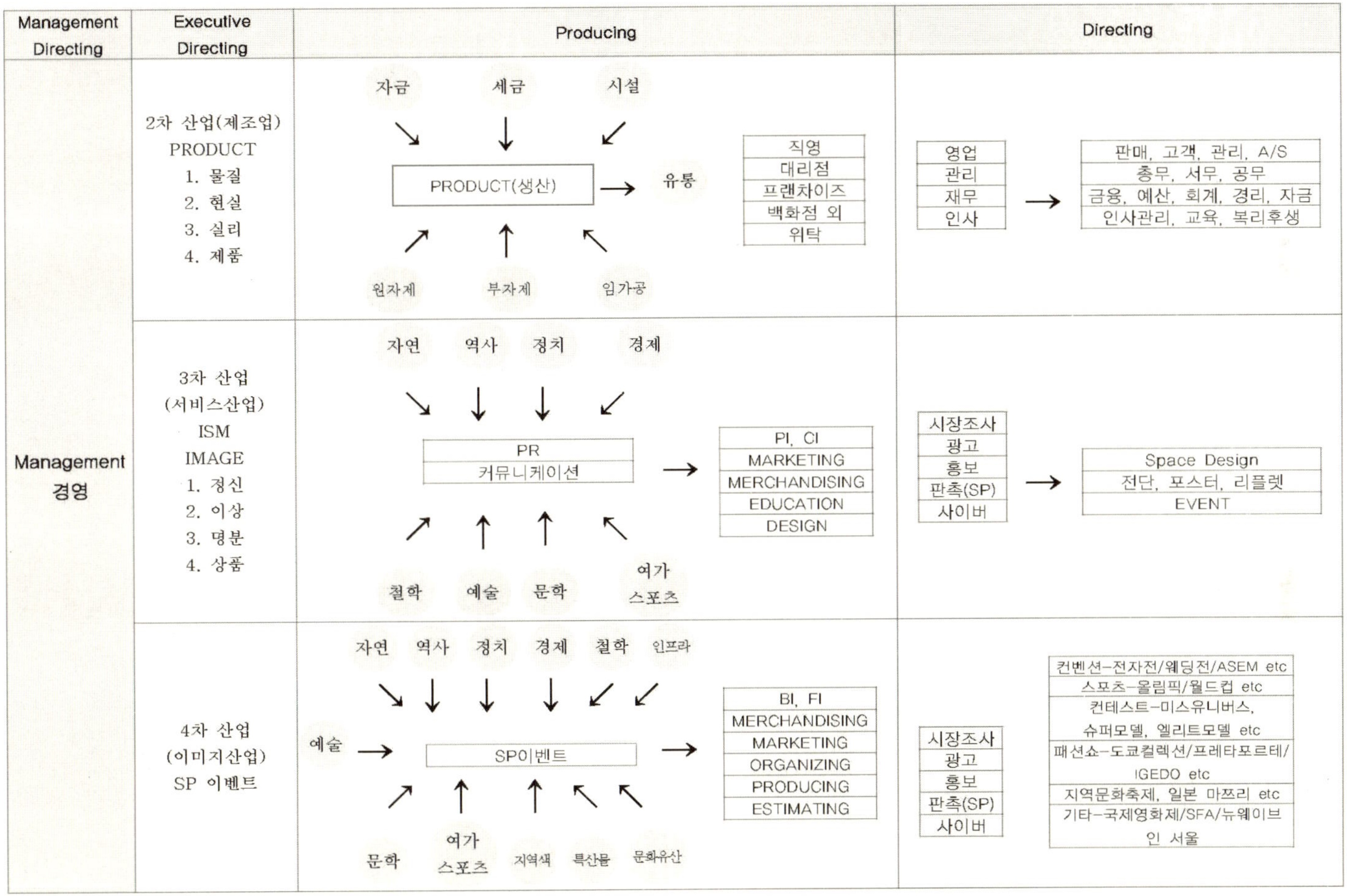
Management Directing
Executive Directing
Producing
Directing
Management
경영
2차 산업(제조업)
PRODUCT
1. 물질
2. 현실
3. 실리
4. 제품
자금
세금
시설
PRODUCT(생산)
유통
원자재
부자재
임가공
직영
대리점
프랜차이즈
백화점 외
위탁
영업
관리
재무
인사
판매, 고객, 관리, A/S
총무, 서무, 공무
금융, 예산, 회계, 경리, 자금
인사관리, 교육, 복리후생
3차 산업
(서비스산업)
ISM
IMAGE
1. 정신
2. 이상
3. 명분
4. 상품
자연
역사
정치
경제
PR
커뮤니케이션
철학
예술
문학
여가
스포츠
PI, CI
MARKETING
MERCHANDISING
EDUCATION
DESIGN
시장조사
광고
홍보
판촉(SP)
사이버
Space Design
전단, 포스터, 리플렛
EVENT
4차 산업
(이미지산업)
SP 이벤트
자연
역사
정치
경제
철학
인프라
예술
SP이벤트
문학
여가
스포츠
지역색
특산물
문화유산
BI, FI
MERCHANDISING
MARKETING
ORGANIZING
PRODUCING
ESTIMATING
시장조사
광고
홍보
판촉(SP)
사이버
컨벤션-전자전/웨딩전/ASEM etc
스포츠-올림픽/월드컵 etc
컨테스트-미스유니버스,
슈퍼모델, 엘리트모델 etc
패션쇼-도쿄컬렉션/프레타포르테/
IGEDO etc
지역문화축제, 일본 마쯔리 etc
기타-국제영화제/SFA/뉴웨이브
인 서울

## 2) SP 이벤트의 필요성

### (1) 이벤트산업으로의 발전

이론적으로 이벤트의 효과를 세 측면에서 살펴 볼 수 있는데, 개인에게 있어서 이벤트는 욕구충족, 개성충족, 지식수준 향상, 생활문화수준 향상 등 생활만족효과를 지니며, 기업에 있어서는 판매촉진, 커뮤니케이션 활성화, 기업 이미지 제고, 종업원 사기앙양 등 기업경영 활성화의 효과를 지닌다. 정부측에서는 사회적 기반충실, 국가행사에의 동반, 국민적 결속, 애국심 고취, 정치·경제발전 등 정부 신뢰획득의 효과를 얻을 수 있다.

이론적인 측면에서뿐만 아니라 현실적으로 이 모든 효과를 동시에 만족시키는 이벤트가 이루어져야 하는데, 그러한 이벤트가 바로 SP 이벤트이다. 이제는 이벤트를 하나의 행사가 아닌 하나의 산업으로, 즉 경제성을 지닌 산업으로 발전시켜야만 위의 효과들을 모두 충족시키는 이벤트 연출이 가능한 것이다. 그러나 지금까지 우리는 SP 이벤트에 대한 개념이 결여되었기 때문에 막대한 자금을 들이면서도 훌륭한 자원을 제대로 활용하지 못하여 다른 나라에 비해 문화산업분야에서 발전하지 못하고 뒤쳐져 있는 것이다.

**표 1-3** 이벤트의 효과

| 번호 | 효과 | 내용 | 비고 |
|---|---|---|---|
| 1 | 다이렉트 효과 | 이벤트 개최 시에 발생하는 개최 주체에 있어서의 직접적 효과로서 입장료 수입·집객 효과·행사장 내의 판매액·이벤트 기획 준비에 의한 학습효과 등이 포함된다. | |
| 2 | 커뮤니케이션 효과 | 대중매체에 의한 퍼블리시티와 이벤트가 연동되어 발생하는 효과로서 이벤트 행사장을 매체로 하여 개최 주체자와 참가자간에 발생하는 쌍방향 커뮤니케이션 효과를 말한다. | |
| 3 | 판촉효과 | 구매의욕의 촉진, 상품 기업에 대한 호감도의 조성 등 매출에 대한 직접적 효과를 말한다. | |
| 4 | 파급효과 (diffusion) | 파급효과는 직접적, 간접적 파급효과로 나눌 수 있는데, 직접적 파급효과란 이벤트 참가자나 이벤트와 관련된 정보를 접촉하는 사람들로부터 구전에 의하여 전달되는 효과를 말한다. 간접적 파급효과란 이벤트 개최에 따른 경제적 파급효과 및 기술·문화 보급, 사회의식 개발 효과를 가리킨다. | |
| 5 | 홍보효과 (publicity) | 이벤트가 대중매체에 의해 보도됨으로써 개최 주체의 의도가 널리 주지되는 효과를 지칭한다. | |
| 6 | 보상효과 (incentive) | 이벤트 주최측과 관련 조직체와의 관계 개선 및 관계 촉진 효과를 말한다. | |

▶ 2014 평창동계올림픽 유치 엠블럼은 동계스포츠의 역동적인 모습을 강원도의 자연(산, 강, 바다, 해)의 모습으로 형상화한 것임.

▶ 동양적인 붓터치 느낌의 프리터치 스타일은 동계 올림픽의 새로운 미래를 그려 나가겠다는 평창의 의지와 염원을 담고 있음.

▶ 모든 라인이 한 곳에서 집중, 확산되는 형태는 아시아의 동계스포츠 허브(Hub)로서 동계스포츠 확산에 주력하는 평창을 상징적으로 나타냄.

▶ 다섯 대륙을 의미하는 오륜의 색상(노랑, 빨강, 검정, 초록, 파랑)을 모두 사용하여 전 인류와 세계가 서로 화합하고 조화를 이루어 나가는 올림픽의 꿈과 이상을 표현함.

▶ 황(黃)색은 인간과 세상의 중심을, 적(赤)색은 강원도의 태양과 열정을 청(靑)색은 강원도 청정 동해를 녹(綠)색은 강원도의 푸른 산과 생명체를 의미함. 여기에 모든 색상을 조화롭게 아우르는 흑(黑)색을 더하여 세계 속의 한국 평창의 이미지를 나타내고자 함.

**그림 1-5** "2014 평창동계올림픽" 유치 엠블럼

## (2) 지적재산권의 보호

우리가 이벤트의 브랜드를 개발하고, SP 이벤트를 지향해야만 하는 이유는 지적재산권과도 관련이 있다. 우선 지적재산권에 대해 전반적인 내용을 살펴보고, SP 이벤트가 어느 부분에 해당되어 보호받을 수 있는지 살펴보도록 하자.

지적재산권에는 산업재산권과 저작권이 있다. 산업재산권은 특허권, 실용신안권, 상표권, 의장권, 반도체 집적회로배치 설계권, 지리적 표시권으로 나뉜다. 그리고 저작권을 세분하면 저작재산권·저작인격권·저작인접권이 있다.

특허권은 새로운 물질을 발명하였거나 새로운 기술을 발명하였을 때 등록하는 산업재산권이다. 실용신안권은 우리나라를 포함하여 10여 개 나라에서만 적용되는데, 특허보

다는 수준이 낮은 발명을 보호하는 것이다. 상표권은 다른 상품과 구별을 하기 위한 것으로 유사한 상표의 사용을 배제할 권리를 말한다. 의장권은 산업적 디자인을 보호하는 것으로 이 또한 등록을 보호요건으로 한다. 반도체 집적회로 배치설계권은 반도체의 집적회로나 그 배치설계도 산업재산권으로 인정하여 보호해 주는 것이다. 지리적 표시권은 원산지 표시를 가리킨다. 이런 산업재산권은 독점적·배타적 권리이다.

SP 이벤트의 BI와 FI는 바로 상표권의 보호를 받을 수 있다. 상표권에서의 상표는 사업자의 상품 또는 서비스를 다른 사업자의 상품 또는 서비스와 식별시킬 수 있는 표지 또는 표지의 결합을 말한다. 이러한 상표는 대개 단어·문자·숫자·도형과 색채의 조합 및 이러한 표지의 결합을 의미한다. 등록된 상표의 소유자는 소유자의 동의 없이 등록된 상표의 상품 또는 서비스와 동일 또는 유사한 상품 및 서비스에 대해 배타적 권리를 가진다. 이러한 배타적 권리를 갖기 위해서는 등록을 하여야 하는데, 등록을 하고 기간 내에 갱신하면 영구적으로 권리를 획득할 수 있다. 하지만 만약 3년간 사용하지 않으면 취소될 수 있다.

올림픽(Olympic Games)이나 월드컵(World Cup)도 국제 스포츠 행사 중 하나의 브랜드이며, 바로 상표권으로 등록되어 독점적 권리를 행사하고 있는 대표적인 예이다. 그러므로 SP 이벤트 기획자는 자신의 기획을 보호하기 위해서 상표권 등록을 염두에 두어야 할 것이다.

문학적·예술적 창작물을 보호하는 저작권에는 저작재산권이 있는데 이는 제1차 저작물을 보호해 주는 것이고, 저작인격권은 저작물에 대한 저작자의 인격을 보호한다. 저작인격권은 성명을 표시할 권리나 내용의 동일성을 유지할 권리 등을 의미한다. 마지막으로 저작인접권은 2차적 저작물을 보호하는 것이다. 저작인접권은 보호주체가 실연자·음반제작자·방송사업자이다. 이런 저작인접권은 대중예술분야가 대규모화되면서 보호수단으로 활용되고 있다. 연출도 실연에 해당되기 때문에 저작인접권의 보호를 받을 수 있다. 그러나 저작인접권은 저작재산권과는 다르게 인격권이 없다.

통상적으로 단순 이벤트는 대행의 성격을 지니기 때문에 지적재산권의 보호를 받을 수 없는 것이 현실이다. 반면 프로모션 이벤트분야, 대표적인 예로 음반·영화 및 공연물 등은 베른협약 등에 의해 저작권법의 보호를 받을 수 있다. 그러나 프로모션 이벤트의 경우에도 아직 우리나라에서는 저작권법의 보호가 제대로 이루어지지 못하는 경우가 빈번하다. 이는 저작권법에 대한 인식부족에서 기인하는 현상이기도 한데, 기획단계에서부터 철저하게 상표등록을 실시하고 제작에 임하는 경우는 극히 드문 것이 현실이다. 대부분의 경우 제작에만 급급했지 작품에 대한 BI 개발작업 및 상표권 등록에는 소홀하였기 때문에, 저작권을 침해당했을 경우 제대로 보호받지 못하는 실정이다. 그러므로 프로모션 이벤트의 경우에도 BI 개발 등 철저한 상품기획과 이에 대한 상표권 등록이 선행하는 바람직한 풍토가 성립되어야 한다고 본다.

SP 이벤트 기획에 있어서도 기획자는 본인의 기획안에 대한 지적재산권의 보호를 받을 수 있다. 이 때 기획자가 특정회사나 단체에 소속되어 있을 경우에는 개인이 소속된 회사나 단체가 권리를 지니게 된다. 그런데 SP 이벤트의 속성상 다수의 공동참여가 이루어지기 때문에 그 기획의 지적재산권은 방치되는 것이 우리나라에서는 일반적인 현상이다. 그렇기 때문에 SP 이벤트에서의 BI와 FI 작업은 그만큼 더 중요하다고 할 수 있다. 우리나라에서 현재 수없이 이뤄지고 있는 SP 이벤트의 경우 그 타이틀만으로는 상표권 등록이 쉽지 않다. 왜냐하면 일반명사를 사용한 행사 타이틀이 대부분이기 때문이다.

이벤트 행사의 예를 들어 보자. KTF 2003 SNOW MEGAPORT라는 타이틀(Title)의 경우 사용된 모든 단어는 일반명사이기 때문에 누구든 쉽게 사용할 수 있는 단어들이다. ( 그림 1-7 참조) 따라서 이러한 타이틀만으로는 그 상표권을 획득하기 어려운 것이 사실이다. 다른 이벤트의 경우에서도 쉽게 찾아 볼 수 있다. 그래서 대부분의 경우 영문약자 타이틀로 상표권을 등록하는 것이 일반적인데, 안타까운 점은 이에 대한 인식이 극히 빈약하다는 것이다. 게다가 현재까지는 단발성 행사가 대부분이었기 때문에 지적재산권에 대한 부분까지 고려하지 않았던 것도 사실이다.

SP 이벤트를 기획하는 데 있어 사전에 BI를 개발하고 이에 어울리는 캐릭터(Character)와 심벌(Symbol)까지 만들어 상표권을 획득하는 것은 기획자의 지적재산권을 보호하고, 이벤트를 산업으로 발전시키는 초석이 되는 동시에, 공동참여를 끌어내기 위한 가장 확실한 수단이 된다. 사전 작업이 완성되어 매뉴얼 북이 작성되고, 디자인이 제작되면 SP 포인트를 확실히 이끌어내는 데 도움이 되기 때문이다.

예를 들어 1982년에 체결된 올림픽 심벌에 관한 나이로비 조약을 통해 올림픽 심벌의 사용승인으로부터 얻은 수입을 국가올림픽위원회에 분배하도록 하고 있다. 국제올림픽위원회는 올림픽이라는 하나의 브랜드를 통하여 전세계적인 상표권을 발휘하고 있는 것이다. 월드컵도 마찬가지이며, 최근 붐(Boom)이 조성된 컨벤션(Convention)산업도 마찬가지임을 알 수 있을 것이다.

**그림 1-6** APEC 2005 KOREA BI와 사진

## 3) SP 이벤트의 파급효과

위에서 살펴 본 SP 이벤트에 속하는 장르들의 특징은 사회·경제·문화 등 다방면에 걸쳐 많은 파급효과를 갖는다는 것이다. 그 대표적인 예로 2005년 부산에서 개최되었던 APEC 개최를 통한 컨벤션 산업을 들 수 있다. 최근 APEC 회의를 계기로 컨벤션을 위시한 문화산업에 대한 관심이 고조되고 있다.( **그림 1-6** 참조)

역사적 획을 그은 APEC 회의는 단순히 관광수입차원의 행사는 아니었다. 그러한 대규모 행사는 앞으로 우리 산업뿐만 아니라 정치·문화·예술 전반에 걸쳐 막대한 영향을 끼칠 것임은 자명한 사실이다. APEC 회의라는 하나의 계기를 통해 얼마나 많은 교류

**그림 1-7**　KTF 2003 SNOW MEGAPORT 포스터

가 유발될 것인지는 가히 상상하기 힘들 정도일 것이다. 컨벤션을 통한 교류, 그 보이지 않는 부가가치를 우리는 놓쳐서는 안 된다.

2002 월드컵을 치르면서 우리 사회 전반에서 보여졌던 변화는 실로 엄청난 것이었다. 세계 속에 대한민국을 알리는 결정적인 계기가 되었으며, 경기장을 위시한 시설측면에서뿐만 아니라 그로 인한 서비스산업과 이벤트산업의 발전은 지대한 것이었고, 국민의 인식변화도 놀라운 것이었다. 앞으로도 2014 평창 동계올림픽 유치를 통하여 사회 전반에 걸친 발전과 변화를 도모할 수 있는 좋은 계기를 마련해야 할 것이다.( **그림 1-5** 참조) 이들 국가적인 차원의 대규모 행사 이외에 지역경제·국가경제에 큰 도움이 될 수 있는 SP 이벤트의 전형으로서 전시(Exhibition) 이벤트를 들 수 있다. 현재 국가경제적 측면에서의 육성책이 활발히 진행 중이기도 한 전시 이벤트는 트레이드 쇼(Trade Show)의 성격과 SP 이벤트의 성격을 모두 지니고 있어 고부가가치를 창출할 수 있는 무한한 가능성을 지니고 있다.

전시 이벤트는 최신의 정보교류의 장인 동시에, 예약판매를 통한 직접 수입이 가능할 뿐만 아니라, 그 규모와 국제성으로 인해 개최지에 막대한 영향을 끼칠 수 있다. 나아가 한 나라의 산업구조 전반에도 영향을 끼칠 수 있는 힘을 지닌 이벤트이다. 현재 우리나라에서도 기존의 중화학공업에 치중된 수출편향성을 개선하기 위한 방법으로 경공업 제품 위주의 트레이드 쇼를 유치하기 위해 지원을 아끼지 않고 있다. 현대인의 생활리듬의 변화를 고려해 볼 때, 전시 이벤트는 관광산업측면에서도 큰 효과를 기대할 수 있는 여지가 있다. 바쁜 현대인들은 별도의 시간을 들여 여행을 하기보다는 전시 이벤트 참가와 더불어, 또는 국제회의 참가와 더불어 그 나라를 여행하려는 경향이 늘고 있기 때문이다. 이렇게 볼 때 많은 자금을 투자하지 않고도 전시 이벤트 하나를 통해 참가업체들에게 뿐만 아니라 개최지에까지 미칠 수 있는 영향의 범위는 엄청난 것이다. 이것이 바로 SP 이벤트의 핵심이라고 할 수 있다.

## 3. 3E 이론

### 1) 3E 이론의 필요성

이와 같이 경제성을 지닌 SP 이벤트 개발을 위해서는 어떻게 해야 할 것인가? 이를 위해 우리는 3E 이론을 제시하고자 한다. 3E란 벌고, 배우고, 즐기자(Earn, Education, Enjoy)라는 세 가지 개념을 말한다. 3E 이론은 우리가 이야기하는 SP 이벤트의 근간을 이루는 개념이다.

3E 이론은 우리가 삶을 생각할 때 등장하는 기본적인 세 가지 개념이기도 하다. 그러나 지금까지 우리는 첫 번째 단계인 경제성, 즉 버는 즐거움(Earn)은 드러내지 않은 채 교육과 오락의 요소만을 전면에 부각시켰고, 그것을 미덕으로 여겨 왔다. 이러한 현상은 이제는 바뀌어야 한다고 생각된다.

버는 즐거움은 인간의 삶을 풍요롭게 하기 위한 기본적인 욕망이다. 첫 번째 단계인 버는 즐거움이 해결되어야만 두 번째 단계인, 배우는 즐거움, 세 번째 단계인, 노는 즐거움의 단계로 나아갈 수 있다는 것을 인정해야 한다. 이러한 논리의 뒷받침에 심리학자인 메슬로우(Maslow, Abraham H.)는 욕구단계설에서 생리욕구 ⇨ 안전욕구 ⇨ 소속욕구 ⇨ 존경욕구 ⇨ 자아실현욕구 순으로 하위욕구가 어느정도 만족되어야 차상위 계층욕구가 부상한다고 설명하였다. 첫 번째 버는 즐거움이 해결되고 나서야 인간은 예술에 대한 즐거움, 배움에 대한 즐거움, 향유에 대한 즐거움, 느낌의 즐거움을 추구하게 된다. 그 이후의 단계가 바로 노는 즐거움으로 가족과 친구들과 함께 레저를 즐기며 즐거움을 만끽할 수 있게 되는 것이다.

이벤트가 바로 삶 자체라고 정의했을 때, 즐거운 삶의 단계는 바로 이벤트의 단계에 적용될 수 있는 것이다. 이제는 이벤트 기획의 단계에서 가장 먼저 고려되어야 할 부분을 파악해야만 한다. 이러한 의미에서 레크레이션(Recreation)적인 요소를 우리가 다루는 문화 이벤트 장르에 접목시키는데서 오는 혼란을 피하도록 충고하는 바이다. 기존의 레크레이션적 이벤트에서는 버는 즐거움이 배제되었기 때문에 여러 가지 문제가 드러났던 것이다. 어떠한 형태의 이벤트든지간에 주체세력에게 버는 즐거움을 제공해 주지 못했기 때문에 제대로 운영될 수 없었다는 것을 간과해서는 안 된다.

기존의 이벤트 기획에서처럼 연출과 예산에 국한되어 풀리지 않는 실타래 속에서 막대한 예산만을 낭비하는 행사는 지양되어야 마땅하다. 그리고 3E의 모든 요소를 충족시켜 주는 이벤트 기획이 이루어질 때 비로소 이벤트는 하나의 산업으로 나아갈 수 있다는 것을 잊어서는 안 된다.

## 2) 3E 이론과 SP 이벤트 연출 개론

기존의 이벤트는 대개 기획의 꿈(Dream)단계에서 생각한 아이디어를 바로 연출로 옮긴 후 부족한 예산을 충당하기 위한 스폰서 활동을 벌이고, 그 다음 행사를 알리기 위한 광고활동을 진행하는 순서가 통용되고 있었다. 그 결과 수많은 SP 포인트를 놓치고, 수익성을 지니지 못한 소비성 이벤트로 전락하고 말았다.

이러한 현상의 폐단을 막기 위해 필요한 것이 바로 3E 이론이며, 3E 이론을 바탕으로 한 새로운 기획순서에 입각한 이벤트 연출이 이루어져야만 하는 것이다. 3E 이론의 핵심이 버는 즐거움이라고 했을 때, 이를 만족시킬 수 있는, 즉 수익성을 지닌 이벤트가 되기 위해서 필요한 기획의 순서는 기획(Planning) ⇨ 상품기획(Merchandising) ⇨ 마케팅(Marketing) ⇨ 오거나이징(Organizing) ⇨ 연출(Producing) ⇨ 예산(Estimating)의 순서이다. 표 1-4 는 SP 이벤트 연출의 6단계와 각 단계별 핵심내용을 요약·정리해 놓은 것이다.

우선 모든 이벤트에서도 마찬가지겠지만, 첫 단계는 기획(Planning)이다. 기획단계에서 가장 중심이 되는 것은 이른바 기획의 4D로 꿈(Dream), 드라마(Drama), 디자인(Design), 행동(Do)이다. 꿈은 창조적이고 현실적인 아이디어(Idea)를 제시하는 것을 말한다. 대중은 이벤트를 통해 비일상적이고 새로운 것을 원한다는 사실을 이벤트 기획자는 항상 염두에 두어야 한다. 따라서 아이디어를 찾을 때는 항상 신선한 것이 아니면 안 된다. 그러나 한 가지 잊지 말아야 할 것이 있는데, 비일상적이고 새로운 아이디어를 찾아야 한다는 강박관념 때문에 비현실적인 아이디어를 제시해서는 안 된다. 아무리 참신하고 기발한 아이디어라고 하더라도 현실적으로 실현불가능한 아이디어라면 아무 도움도 될 수 없다.

현대에는 꿈의 3요소인 창조성·현실성·논리성에 이벤트 주체세력에 대한 자긍심 고취가 더해진다. 왜냐하면 주체세력의 입장에서 이벤트를 기획했을 때, 그들의 적극적인 참여를 이끌어낼 수 있기 때문에 기획단계에서의 자긍심 고취가 중요하다. 또한 고객의 입장에서 이벤트가 기획되어야만 최대의 고객을 동원할 수 있다는 사실도 간과해서는 안 된다. 이벤트의 성공 여부는 결국 관객을 얼마나 동원했는가, 그들에게 감동을 주었는가가 관건이기 때문이다. 기획자의 입장에서만 꾸어진 꿈은 결코 성공할 수 없다. 가장 바람직한 꿈의 비율은 33% : 33% : 33%인데, 각각 주체세력 : 주관세력의 홍보력 : 기획자의 역량을 의미한다. 이렇게 세 부분이 균형을 이룬 꿈이 제시되었을 때 이벤트는 최대의 효과를 발휘하게 될 것이다.

드라마 단계는 방송에 비추어 볼 때 구성작가 내지는 시나리오 작가의 작업에 해당하는 단계이다. 여기서 중요한 사항은 꿈단계에서 구상된 테마(Theme)와 아이디어가 얼마나 효과적으로 표현될 수 있을까 하는 점을 세밀하게 구성하는 일이다. 디자인단계에서는 우리가 BI(Brand Identity) 및 FI(Festival Identity) 작업을 통해 지적재산권을 인정받을 수 있도록 매뉴얼(Manual) 작업을 충실히 하는 것이 중요하다.

디자인단계의 BI, FI 개발작업은 상품기획과 연결되어 진행되는 행동(Do)단계에서 그 중요성이 부각된다. 철저한 상품기획을 거치게 되면 단순한 제품은 가치를 지닌 상품으로, 변하게 된다. 쉬운 예를 들어 보자. 우리가 인형을 하나 제조하였다고 가정해 보자. 100원의 원가를 들여 만든 인형 그 자체는 하나의 제품 이상의 의미는 없다. 상품으로서의 가치부여가 이루어지지 않았기 때문에 110원의 가격도 받기 어려울 것이다. 그러나 여기에 디즈니랜드 상표를 붙여 보자. 그렇게 되면 제품인 인형이 브랜드의 힘을 빌어상품으로 거듭나게 된다. 따라서 브랜드의 가치만큼의 가격이 부여될 수 있는 것이다. 원가 100원짜리 인형이 200원, 300원에도 팔릴 수 있는 것이 바로 브랜드 파워인 것이다.

| | |
|---|---|
| | **1. 동원전문가  2. 고객의 마음을 훔쳐라  3. 이성, 고정관념 파괴** |
| **기획<br>(Planning)<br>– 태동 –** | 4D<br>1. Dream – 발상, 창조, 창의, 자긍심<br>2. Drama – 구성, 시나리오, 배역<br>3. Design – Identification(BI, CI, FI, Symbol, Character, Lay–Out)<br>4. Do – Planning →  <table><tr><td>카리스마</td><td>매력</td></tr><tr><td>교의</td><td>규칙</td></tr><tr><td>교단</td><td>주체</td></tr></table> |
| **상품기획<br>(Merchandising)<br>– 생명력 –** | 1. 제품 → 상품<br>2. 물리/화학적 단계 → A. Sorting  B. Soaking  C. Pickling  D. Tanning<br>3. Stimulus(요구)        Masses(대중)        Reaction(반응)<br>Event →  시각/청각/촉각/미각/후각/감각  오관  신체각부  뇌  → 흥분 →  감동  감사  동작  감격<br>4. WA! → WHAT → YES → GOOD → 심리적 동선 → 생명력<br>(attention) (concern) (do) (energize)<br>5. ① 탈거리  ② 먹거리  ③ 놀거리  ④ 볼거리  ⑤ 잠잘거리  ⑥ 살거리  ⑦ 느낄거리 |
| **마케팅<br>(Marketing)<br>– 수익 Image<br>전략 –** | 1. 시장조사<br>2. 광고<br>3. 홍보<br>4. 판촉<br>5. Cyber  → 4P<br>1. Philosophy(철학)<br>2. Presentation(표현기술)<br>3. Performance(즉흥성)<br>4. Participation(참가) |
| **오거나이징<br>(Organizing)<br>– 구성 –** | 1.  기획 → 계획 → 개념설계 → 실시설계 → 제작/운영<br>① 조기검토  ① 테마, 실시주체  ① 행사장 구성  ① 설계, 리허설(가상)  ① 디자인<br>② TFT 구성  ② 기간, 장소  ② 건축계획  ② 도면세분화  ② 제작<br>③ 예산  ③ 동선구성  ③ 조직구성완료<br>④ 조직구성계획  ④ 운영계획<br>2. 5W 2H (Why/Who/When/Where/What/How/How Many) |
| **연출<br>(Producing)** | 1. 부대장치(Design Manual)    A. 공연 연출<br>2. 음향    B. 국제회의, 컨벤션<br>3. 조명    C. 관광 연출, 레포츠 연출<br>4. 특수조명    D. 스포츠 연출<br>5. Staff    E. 축제 연출<br>6. 출연진    F. 개인 연출(Management)<br>7. 코디 |
| **예산<br>(Estimating)** | <table><tr><td>기획</td><td>인건비</td><td>제작비</td><td>홍보비</td><td>공과잡비</td></tr><tr><td>조사/기획</td><td></td><td></td><td></td><td></td></tr></table> |

또는 하나의 볼펜이 있다고 하자. 그저 외관상으로는 다른 볼펜과 차별되는 것이 전혀 없는 흔한 볼펜이다. 그런데 만약 이 볼펜이 유명한 가수 ○○○ 씨가 불우이웃돕기 성금 모금을 위해 바자회에 내놓은 물건이라고 했을 때는 이미 단순한 제품이 아닌 상품으로서의 가치를 얻게 되는 것이며, 고객의 입장에서는 많은 돈을 들여서라도 그 볼펜을 갖고 싶어 하게 되는 것이다. 이러한 것이 바로 상품화의 개념이다.

상품기획에서 고객을 소비로 이끌기 위해서는 고객의 심리동선 파악이 가장 중요한 관건이다. 이벤트를 통해 대중의 모든 감각을 자극하여 흥분을 유발해야만 대중은 감동을 받아 반응을 보이게 되는 것이다. 한 눈에 대중의 관심을 사로잡아 곁으로 이끌고, 이벤트의 테마에 대한 인식을 심어 주면, 대중은 어떠한 형태로든 행동을 보이게 되고, 결과에 만족했을 때 또 다른 행동으로 유도할 수 있게 된다. 이것이 일반적인 고객의 심리동선이며, 이 심리동선을 어떻게 활용하느냐에 따라 이벤트가 생명력 넘치는 이미지를 형성할 수 있는가의 여부가 결정된다.

이 때 이미 제작된 매뉴얼 북과 구성안을 바탕으로 7거리(7거리에 대해서는 제4장에서 자세히 살펴보기로 하자), 즉 탈거리, 먹거리, 놀거리, 볼거리, 잠잘거리, 살거리, 느낄거리를 어떻게 상품화하여 제시할 것인지를 하나하나 기획해야 한다. 선행되었던 드라마와 디자인 작업을 통해 우리는 7거리부분에서 공동참여자를 확보하는 데 많은 도움을 얻게 될 것이다. 대상에 따라 명분과 실리를 적절히 제공하면서 행사로 유인하게 되면, 적은 예산으로도 멋진 이벤트 연출을 해낼 수 있다는 사실을 명심하기 바란다.

다음으로 마케팅단계에서 가장 중요한 요소는 역시 시장조사이다. 광고·홍보·판매촉진·사이버 마케팅 모두 중요하지만, 시장조사를 통한 고객의 Needs와 Wants의 파악 없이는 무의미하기 때문이다. 철저한 시장조사를 통해 고객의 욕구를 파악해야만 비로소 고객의 마음을 훔칠 수 있는 연출이 가능하다.

철저한 시장조사의 작업이 끝나면, 그 다음으로 마케팅전략을 수립하게 된다. 광고·홍보·판매촉진·사이버 마케팅·인적판매·스폰서십 등 마케팅 수단은 무궁무진하며, 보다 효과적인 마케팅전략을 개발하는 것이 SP 이벤트 기획자의 주요임무 중 하나라 할 수 있다. 3차 서비스산업과 4차 이미지산업에서는 마케팅전략이 가장 핵심이 되기 때문이다.

기업의 이미지와 브랜드 이미지를 전달하는 마케팅전략에서는 표현전달의 묘법인 4P의 요소가 고려되어야 한다. 이는 지금까지 구상되었던 꿈(Dream)을 어떻게 효과적으로 대중에게 전달할 것인가를 고려하는 단계이다. 그러기 위해서는 꿈단계의 철학(Philosophy)이 명확히 관철되어야 하며, 그것을 전달하는 표현기술도 신중히 선택해야 한다. 표현기술(Presentation) 중에 즉흥성(Performance) 요소가 첨가되어 있으면, 고객의 참가(Participation)를 이끌어내는 데 도움이 된다.

다음은 조직구성에 관련된 부분이다. 이 때 중요한 사항은 공동참여한 업체들이 골고루 조직구성에 포함될 수 있도록 하는 것이며, 이렇게 구성된 조직위원회가 얼마나 투명하게 운영되는가 하는 점이다. 또한 조직위원회를 구성하는 각 부분들에서 실제 행사 연출을 위한 모든 업무분장을 하는 것도 이 단계에서 이뤄진다.

실제 행사연출단계에 들어 가게 되면, 그 행사의 성격, 즉 공연·컨벤션·레포츠·스포츠·축제·관광·매니지먼트 등 각각의 특성에 맞는 연출이 이루어지도록 해야 한다. 여기서는 큐 시트(Cue Sheet)와 무대·음향·조명·출연진 등 효과적인 연출을 위한 모든 요소를 철저히 준비해야 한다.

연출에서 주의해야 할 몇 가지 사항이 있다.

첫째, 화제거리가 될 수 있는 연출을 해야 한다는 점이다. 현대의 대중은 당시 현장의 광경을 어떤 형태로든 다른 사람과의 대화의 재료로 삼고 싶어 한다. 끊임없이 생생한 화제거리를 요구하는 것이다.

둘째, 아주 새로운 것보다는 이미 알고 있는 것과 몰랐던 것, 알고 싶어 하는 것을 적절히 조화시키는 것이 더 큰 고객만족을 창출할 수 있다는 점이다.

셋째, 적절한 휴지기(休止期)를 두어 연출하는 것이 효과적이다. 쉼없이 변하는 연출 장면으로 대중이 정신을 차리지 못하는 연출보다는 약간의 사이를 효과적으로 배치하는 것이 감동의 충격을 배가시키는 요소가 될 수 있다는 것을 기억하기 바란다.

마지막 예산단계에서는 가능한 예산을 절감할 수 있는 방안을 모색하는 것이 관건이다. 현재의 이벤트는 주최세력에서 단독으로 진행하는 것은 예산이나 모든 면에서 무리가 따를 수 있으며 호의관계를 유지하고 있는 단체끼리 같이 행사를 기획·진행하는 것이 효율적이라고 할 수 있다. 예를 들면 4년 만에 열리는 월드컵의 공식 스폰서들을 보면 전자회사, 스포츠용품회사, 통신회사 등으로 카테고리를 나누어 공식스폰서의 협찬을 유치하는 것만 보아도 알 수 있으며, 예산적인 문제 해결 이외에도 월드컵이라는 이벤트의 행사의 홍보 등 전반적인 것에 대하여 그 고유의 영역의 회사들의 많은 도움을 받아 이벤트를 성공적으로 치룰 수 있을 것이다.

## 1. 꿈(Dream)

: 기획의 첫 번째 단계로 주제와 테마 및 Concept을 정한다.

→ 조사 : 기획대상의 자료를 충분하게 조사하여 사례를 분석한다.

→ 발상 : 기획단계에서 주최자와 참여자 사이에 일어나는 착각요소를 고려하고 정리되지 않은 idea라도
충분히 이끌어낸다.

→ 창의 : 기존의 문제점을 파악하고 대안에 해당하는 idea를 추린다.

→ 이익 : 충분히 쌍방향으로 이익이 되는지 차별화 될 수 있는지 등을 고려한다.

→ 설정 : 테마와 실행전략을 정한다.

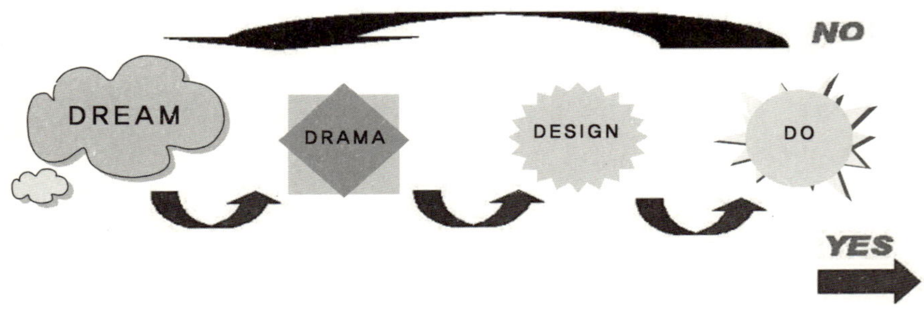


## 2. 구성(Drama)

: 기획의 두 번째 단계로 표현 전략에 의한 행사구성과 연출안(시나리오)을 정한다.

→ 구성 : 전반적인 행사의 구성 전략을 설정한다.

→ 생명력 부여 : 이 경우 표현전략에 해당하는 것으로 설정된 테마를 실현할 수 있어야 한다.

→ 연출안 : 전술과 같은 것으로 큐시트 등이 해당 구성전략을 어떻게 표현할 것인가를 시나리오에 의해
표현되어야 함.

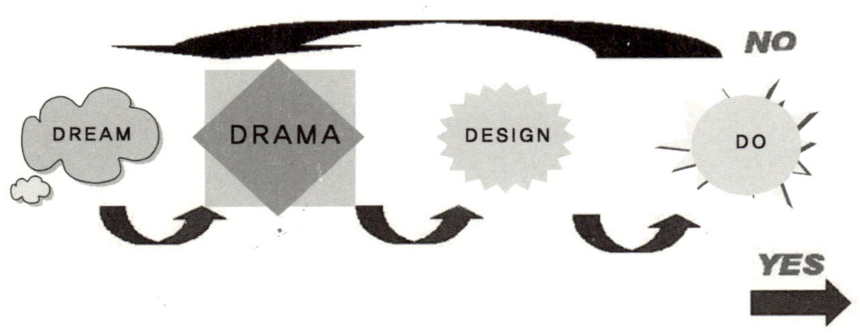

## 3. 디자인(Design)

: 테마와 구성에 맞는 BI/CI 및 대표적인 VISUAL을 찾아낸다.

> → Image Making : 상징화 될 수 있는 함축적 의미의 이미지 발견.
> → 주최의 자긍심 부여 : 지적재산권과도 연관, 주최측과 참여자의 유기적 관계 형성 가능을 고려한다.

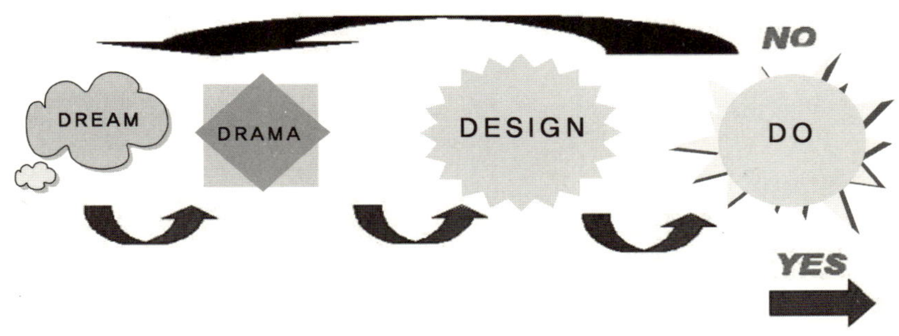


## 4. 행동(Do)

: 앞서의 3D를 이용하여 상품화 점검 등 Point를 개발하는 최종 기획행동이 시작된다는 것으로 기획 초기의 완료를 뜻한다.

> → 기획점검 : 상품으로써의 가치점검.
> → 주최 및 참여자 입장에서 재점검 필요.

**그림 1-8** 4D 이론

2006 독일 FIFA 월드컵 ™
공식 파트너

**그림 1-9** 2006 독일 FIFA 월드컵 공식 스폰서

　　그러나 기획과 상품기획·마케팅·오거나이징의 단계까지 세밀하고 완벽하게 기획이 되면, 가시적인 부분인 연출과 예산의 단계는 수월하게 진행될 수 있을 것이다. 왜냐하면 기획·상품기획·마케팅·오거나이징의 단계에서 철저하게 SP 포인트(Sales Promotion Point)를 찾아내는 과정을 거쳤기 때문이다. 예산에서 가장 큰 부분을 차지하는 것은 인건비이다. 이 인건비를 어떻게 절감하면서도 매끄러운 행사진행이 될 수 있는지를 고민하는 것이 기획자의 몫인 것이다. 실질적으로 이 단계에서 SP 이벤트 기획자의 능력이 십분 발휘된다고 해도 과언이 아니다.

　　또한 조직위원회의 예산집행과 사후처리에 있어서의 투명성도 성공의 관건으로 작용하므로 이 부분도 항상 강조하고, 염두에 두어야 할 것이다. 최소의 예산으로 최대의 효과를 얻을 수 있는 기획이 되기 위해 위의 6단계를 거치는 것이니 만큼 앞으로의 이벤트 기획은 이 6단계에 의거하여 이루어지는 것이 바람직한 방향이 될 것이다.

　　지금까지 SP 이벤트에 대해 그 개념 및 연출순서를 살펴 보았다. 이를 통해 이벤트가 홍수를 이루는 현대에 SP 이벤트가 얼마나 중요한지를 살펴 보았으며, SP 이벤트에 속하는 여러 장르(Genre)의 이벤트는 그 기본적인 성격과 기획부분에서는 동일하다는 사실을 알게 되었다. 다만 연출의 형식에 따라 그 결과물의 외양이 변하는 것이다.

그런데 SP 이벤트에 속하는 수많은 장르의 이벤트에 대해 연출부분까지 면밀히 살펴 보는 것이 필요하겠으나, 그 모든 것을 한 권의 책 속에 다루는 것은 현실적인 제약이 따르므로 이 책에서는 현재 지자체 실시 이후 각 지자체에서 지역의 이미지 제고는 물론, 지역주민의 화합과 더불어 경제적 이익까지 함께 얻기 위해 서로 앞다투어 실시하고 있는 지역축제의 경우를 중심으로 기존의 지역축제의 문제점을 지적하고, 지역축제가 문화관광 이벤트로서의 지역문화축제로 발전할 수 있는 방안과 올바른 경영 방법을 제시하고자 한다.

수많은 SP 이벤트 장르 중에서 지역문화축제를 제일 먼저 다루려는 것은 세계 경제의 흐름과 그 속에서 관광분야가 차지하는 중요성을 고려한데서 비롯된 것이며, 관광산업의 경쟁력 확보가 현시점에서 가장 우선시 되어야 하는 문제라고 판단되었기 때문이다.

지역개발과 지역문화축제를 중심으로 SP 이벤트를 설명하기 위해서는 많은 부분이 문화관광산업의 내용과 연결이 될 것이다. 따라서 지역개발과 지역문화축제로서의 SP 이벤트는 문화관광 이벤트와 동의어로 사용될 것이며, 이러한 의미에서 우리는 문화기획 혹은 문화경영이라는 용어를 사용할 것이다.

비록 우리가 SP 이벤트 내의 문화관광 이벤트라는 하나의 장르로 이야기를 국한시킨다 하더라도 그 개념 및 전개과정은 SP 이벤트 전체의 전개과정과 동일하므로 SP 이벤트 내의 모든 장르에도 마찬가지로 적용된다는 사실을 다시 한 번 지적하는 바이다. 그러므로 우리가 문화기획이라고 했을 때는 지역축제 외에도 SP 성격을 지닌 모든 이벤트에도 적용가능한 개념이 될 수 있다는 사실을 염두에 두기 바란다.

# 제2장

# 문화기획 · 경영

## 1. 문화기획 · 경영

지방자치제 실시 이후 그 지역만의 가진 고유한 콘텐츠를 개발하여 외지인들의 방문을 이끌어 내기 위해 지역축제가 지역문화축제로서 산업의 한 분야로 발전할 수 있기 위해 철저한 상품기획과 마케팅전략이 전제되는 기획을 우리는 문화기획 · 경영이라고 표현한다고 제1장에서 밝힌 바 있다. 문화기획 · 경영이라는 용어를 사용하는 것은 궁극적으로 우리나라의 지역문화축제가 3E 개념에 입각하여 기획 · 연출되어야 하는 경제적 · 사회적 상황이라고 판단되기 때문이다.

현대는 하나의 지역문화축제가 한 나라 · 한 지역을 대표하고, 나아가 고부가가치를 창출하여 경제적으로도 막대한 영향을 끼치는 시대가 되었다. 이런 의미에서 지역문화축제도 하나의 문화산업으로 자리매김할 수 있다고 생각되며, 현재 지방자치단체들이

그림 2-1  G.O Signature

경쟁적으로 지역축제를 지역문화축제로 발전시키기 위해 노력하고 있는 사실이 이를 뒷받침하고 있으며 문화관광부에서도 문화관광축제를 발굴·육성·지원하고 있다.

## 2. 문화기획자

### 1) 문화기획자란?

문화기획자란 어떤 사람을 지칭하는 것일까? 문화기획자에 대한 정의를 내리기 전에 먼저 한 가지 지적할 사항이 있는데, 기획과 연출의 용어사용에 관한 것이다. 흔히 PD라는 용어를 사용할 때 현장연출을 떠올리는 경우가 많다. 그러나 현장연출을 나타내는 용어는 디렉터(Director)이며, 프로듀서(Producer)란 용어는 기획자(Planner)와 동의어로 취급되며, 기획자를 의미한다. 물론 진정한 의미의 문화기획자는 기획과 연출을 모두 소화해 낼 수 있는 사람, 즉 조직원(Organizer)의 자질을 갖춘 사람을 의미한다.

우리는 문화기획자의 전형을 G.O(Gentle Organizer) 시스템에서 찾아 보고자 한다. G.O란 프랑스 리조트인 클럽 메드(Club Med)의 운영요원을 가리킨다. 물론 단순히 리조트의 운영요원으로서의 G.O에 대해 말하려는 것은 아니다. G.O시스템에서 우리는 현대 서비스산업의 진수(眞髓)를 찾아 볼 수 있으며, 진정한 문화기획자가 갖추어야 할 기본 마인드를 엿볼 수 있기 때문에 G.O시스템을 살펴 보려는 것이다.

우선 친절한 조직원이라는 뜻을 지닌 Gentle Organizer라는 외래어를 우리 말 용어로 전환하는 작업이 필요하다고 판단된다. Gentle Organizer란 결국 아름다운 여행문화를 만들어 가는 휴먼 소프트웨어 조직원을 뜻한다. 리조트나 유람선 및 각종 관광문화에 관련된 직종에 종사하는 사람들로 고객들을 위한 공연 및 의전, 각종 이벤트 행사를 기획·연출하는 일에서부터 무대연출까지 1인 2역 내지는 3역을 담당하는 요원을 일컫는다.( 그림 2-2 참조)

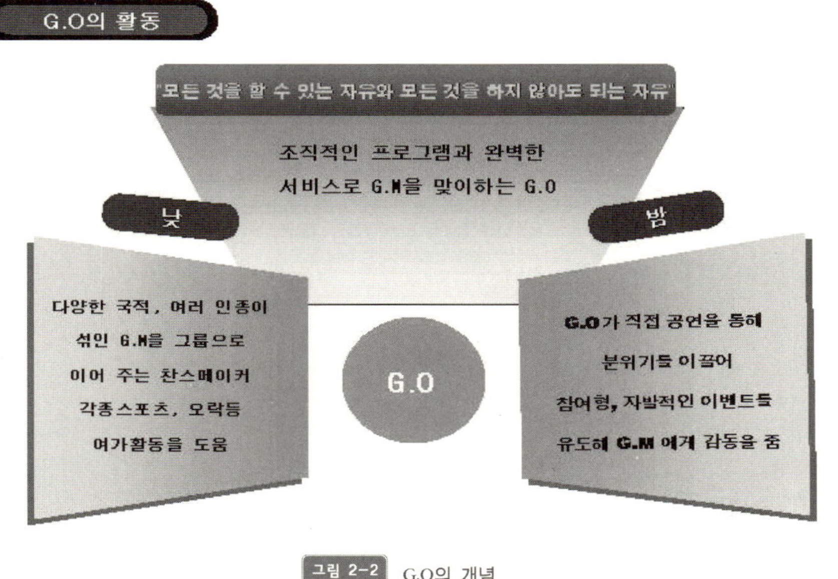


그림 2-2  G.O의 개념

그림 2-3  G.O의 효과

이러한 의미에서 우리는 G.O라는 용어를 확대적용하여 문화기획자(Culture Organizer)라고 번역하려고 한다. 여기서 말하는 조직원(Organizer)의 개념은 문화기획(Culture Producing/Planning)과 문화연출(Culture Directing)의 개념과 아울러 마케팅의 리서처(Researcher)와 마케터(Marketer)의 개념까지를 모두 포괄하는 용어이다. 우리가 문화기획자를 Culture Producer나 Culture Planner라는 용어 대신에 Culture Organizer라고 표현하는 것은 단순히 문화기획 내지는 문화연출뿐만 아니라 그러한 작업을 위한 사전준비까지도 담당하는 사람을 지칭하기 때문이다.

## 2) 문화기획자 양성교육

이벤트가 하나의 산업으로 발전하기 위해서는 보통명사인 이벤트라는 용어를 문화연출이라는 산업적·경제적 수익 모델을 찾아내는 장르의 하나로 교육할 것을 제안한다. 앞으로의 모든 행사 및 이벤트 기획은 수익 모델을 창출하는 문화연출의 장르로 가야만 할 것이다. 경제사정이 극도로 악화된 현재의 어려움을 극복하기 위해서 각계각층의 분야에서 자생력을 지닌 전문적인 문화기획자들을 필요로 하는 현상에 대해 그 본질적인

원인을 파악해야 한다.

이러한 문화기획자들을 양성하는 교육의 시작을 우리는 G.O시스템 교육에서 찾아볼 수 있다. G.O시스템 교육은 프랑스에서 서비스 프로듀서 교육으로 시작되었으나, 이태리에서는 GFT 등의 SP 전문기관을 통해 서비스와 리더십(Leadership) 교육으로 확대·변형되었고, 이러한 교육사업이 일본에서는 덴쯔(電通) 등의 SP 전문기관에 의해 청소년을 대상으로 신개념 리더십 트레이닝(Leadership Training) 교육이라는 형태로 자리잡았다.

G.O시스템 교육은 적극적인 성격을 가지고, 무엇이든 해낼 수 있다는 정신을 심어주는 교육이기 때문에 청소년을 대상으로 한 교육 프로그램으로 잘 정립될 수 있었던 것이다.

이러한 서비스·리더십 교육의 교과서적 의미를 지니고 있는 클럽 메드의 G.O에 대하여 좀더 세밀히 살펴 보도록 하자. 과연 G.O라는 것이 하나의 직업인인가, 아니면 하나의 예술쇼 단원일 것인가, 그것도 아니면 하나의 시스템일 것인가에 대한 설정을 잘 해야 할 것이다. 물론 클럽 메드 내에서의 G.O는 하나의 직업인의 모습으로 나타날 것이다. 그러나 하나하나의 G.O요원의 모습은 앞으로 우리가 하나의 테마 파크(Theme Park), 지역문화축제, 나아가 문화관광산업 전역에서의 프로듀서 요원의 모습이라는 것을 알 수 있을 것이다.

G.O에게서 우리는 관점에 따라 의전(Protocol)요원, 가이드(Guide)요원, 댄서(Dancer), 치밀한 마케터(Marketer), 연출자(Director), 기획자(Producer)의 다양한 면모를 발견할 수 있다. 그러나 무엇보다도 그들이 클럽 메드라는 거대한 리조트의 요소요소에서 실질적인 운영을 담당하고 있는 시스템의 발현이라는 것을 알게 될 것이다.

이들의 모습은 기존의 우리나라의 직업관과 조직관을 깨뜨린 한 차원 높은 부분이며, 저자가 개인적으로 가장 감동한 사례가 G.O시스템이며, 앞으로 바람직한 이벤트 연출자들이 지향해야 할 모습이라 생각한다. 이런 시스템의 도입은 지금까지 지역주민의 참여를 배제한 관치성(官治性) 이벤트, 특정조합·단체의 이익만을 위한 조합성 이벤트 등을 바로 잡을 수 있는 확실한 방법이라고 생각된다. 따라서 우리는 단순히 클럽 메드의 G.O에 대해 이야기하고자 하는 것이 아니라, 앞으로의 바람직한 지역문화축제 연출의 방향을 이끌어 갈 자생력과 경쟁력을 지닌 문화기획자에 대해 이야기하고 있는 것이다.

현재 우리나라에서는 지방자치제가 실시되면서 각 지역의 이미지 향상과 지역수익사업의 일환으로 지역의 먹거리·볼거리·놀거리 등을 재조직하여 하나의 문화상품을 개발하려는 요구가 강하게 대두되고, 리조트(Resort)를 비롯한 각종 휴양지 및 호텔 내에서의 정책 변화와 금강산의 개발로 인하여 고객에게 보다 질 높은 서비스를 제공하기 위해 새로운 프로그램을 구성하고, 느낌이 다른 마케팅전략을 수립하여 한국의 서비스 문화 및 한국 관광의 이미지를 쇄신시켜야 할 당위성이 제기되면서 이러한 전문적인 일을 수행할 요원이 필요한 실정이다. 이러한 요구에 부합되는 능력을 지닌 요원들이 바로 전문적인 G.O 교육을 받은 문화기획자들이다. 이들은 각종 지역문화축제를 직접 연출·진행하고 공연할 수 있는 능력을 동시에 지닌 재원이다. 최근 전문적인 문화기획자들의 필요성을 절감한 몇몇 기업들에서 활발하게 G.O시스템 교육을 받아들이고 있다. 우리는 이러한 시도들이 성공적으로 정착되도록 많은 노력을 기울여야 할 것이다.

저자는 현재 우리나라에서 다양한 G.O 교육 프로그램을 시도하고 있는 중이다. 일례로 KO G.O(Korea Gentle Organizer)의 활동을 들 수 있다. 클럽 메드의 G.O요원들의 최고의 서비스 마인드를 토대로 한국인의 정서에 맞게 만들어진 KO G.O는 각종 프로그램을 기획·홍보·연출까지 담당할 수 있는 능력을 겸비한 장래 우리의 관광·문화산업을 리드할 전문인들로서 요원들 스스로 기획하고 홍보한 행사에 직접 출연해 관객들과 여행객들에게 추억과 즐거움을 선사하는 전문요원들이다.

G.O라는 개념이 아직 우리에게는 낯설지만 외국에서는 이미 널리 알려져 관광·문화분야의 꽃으로 인정받고 있는 전문직업인들이다. KO G.O는 의전에서부터 행사나 공연 등의 만능 엔터테이너(Entertainer)로서 관광·문화분야의 하드웨어(Hardware)와 소프트웨어(Software)의 설계·개발·운영 그리고 인재육성까지 담당한다.

현대인의 사회가치관이 물질적 풍요로움에서 정신적 풍요로움으로 옮겨 가고 있고, 레저와 여가생활에 대한 관심이 커짐에 따라 레저·관광·문화산업의 중요성이 증대되고 있다. 이러한 시점에서 한국 최초의 전문 G.O요원인 KO G.O의 창단은 지역문화축제, 각종 관광·문화 관련행사의 성공적인 진행에 주도적이고 핵심적인 역할을 할 것이다.

이외에도 충남에서 개최된 제23회 전국장애인체육대회에서 이뤄진 G.O 교육 프로그램을 살펴 보면 앞으로 문화센터·테마파크·백화점·서비스업체 등 어떤 형태의 업체에서도 서비스 교육이나 리더십 트레이닝 교육의 기본 매뉴얼로 활용할 수 있을 것으로 판단된다.( 그림 2-4 참조)

그림 2-4 의 교육 프로그램을 자세히 살펴 보면, 일반적인 레크레이션 강습과는 전체적인 흐름이 다르다는 것을 알 수 있을 것이다. 첫 번째 단계에서는 정신교육부분에서의

G.O개론과 클럽 메드(Club Med) G.O와 PIC(Pacific Islands Club) CM의 영상분석을 통한 철저한 이해가 선행된다. 다음으로는 일반적인 레크레이션(Recreation) 강습과는 달리 실제 공연을 실행하기 이전에 큐 시트(Cue Sheet)를 작성해 보는 단계를 거친다. PD(Producer)와 FD(Floor Director) 및 AD(Assistant Director)의 역할에 대한 이론적 설명도 병행된다. 이런 교육을 거친 후 실제 현장연출(Field Produce) 작업을 경험하도록 짜여진 교육일정은 행사장 내에서 1인 2~3역을 담당할 수 있는 적극적인 성격의 진행요원 배출에 도움이 될 것이며, 앞으로 활용범위가 넓을 것으로 생각된다.

현재 일본에서 가장 인기있는 직종으로 여성들에게 각광받는 것은 컨벤션 도우미라고 한다. 과연 컨벤션 도우미란 무엇일까? 현재 일본과 이태리 등지에서 활동 중인 컨벤션 도우미들은 대부분 40~50대 여성들이다. 그들이 전시회장에서 보여 주는 완숙미는 고객들로 하여금 신뢰감과 편안함을 느낄 수 있게 해 준다.

그러나 우리나라의 컨벤션 도우미는 일본에서 처음 도우미가 등장할 당시의 선정적인 의도가 한층 왜곡되어 나타나고 있는 실정이다. 진정한 의미의 도우미가 없다고 해도 과언이 아닐 것이다. 컨벤션 행사에서 안내와 의전 및 도우미의 역할을 모두 수행할 수 있는 요원은 현재의 모습처럼 보통의 축제나 행사장에서 볼 수 있는 짧은 치마를 입은 10~20대의 여성이 아니라 진정으로 자기 지역을 방문해 준 방문자들을 따뜻한 마음으로 맞이할 수 있는 그 지역민들 중 자부심이 충만된 사람들에게 맡겨야 할 중요한 일일 것이다. 앞으로는 컨벤션의 종류와 분류에 따라 그에 어울리는 도우미 요원이 필요하게 될 것이다. 이러한 도우미의 역할을 담당할 요원들이 바로 G.O요원들이라고 할 수 있다. 컨벤션 행사의 경우에는 의전과 동시에 특별행사 스탭(Staff)으로 활약할 수 있는 전천후요원의 필요성이 강하게 대두되고 있다.

단순히 이론적 지식만으로는 진정으로 소비자가 원하는 행사를 연출하고, 창의적인 이벤트를 기획할 수 없다. 기술적인 실기를 몸에 익히고 무대에 직접 올라 본 사람만이 관객에게 감동을 주는 공연을 연출할 수 있고, 효과적인 구성과 감각적인 즉흥력을 발휘할 수 있는 것이다.

언제라도 타인에게 감동을 주는 이벤트를 구성할 수 있고, 어느 곳에서도 1인 2~3역을 할 수 있는 문화기획자가 되기 위하여 이론적인 교육뿐만 아니라 연출교육, 무대기술, 장비기술, 방송기술, 전통놀이, 여러 장르의 무용, 레포츠, 레크레이션, 어린이를 위한 놀이·이벤트 등을 고루 몸에 익혀야 한다. 이를 통해 누구를 대상으로 하든 어떤 무대가

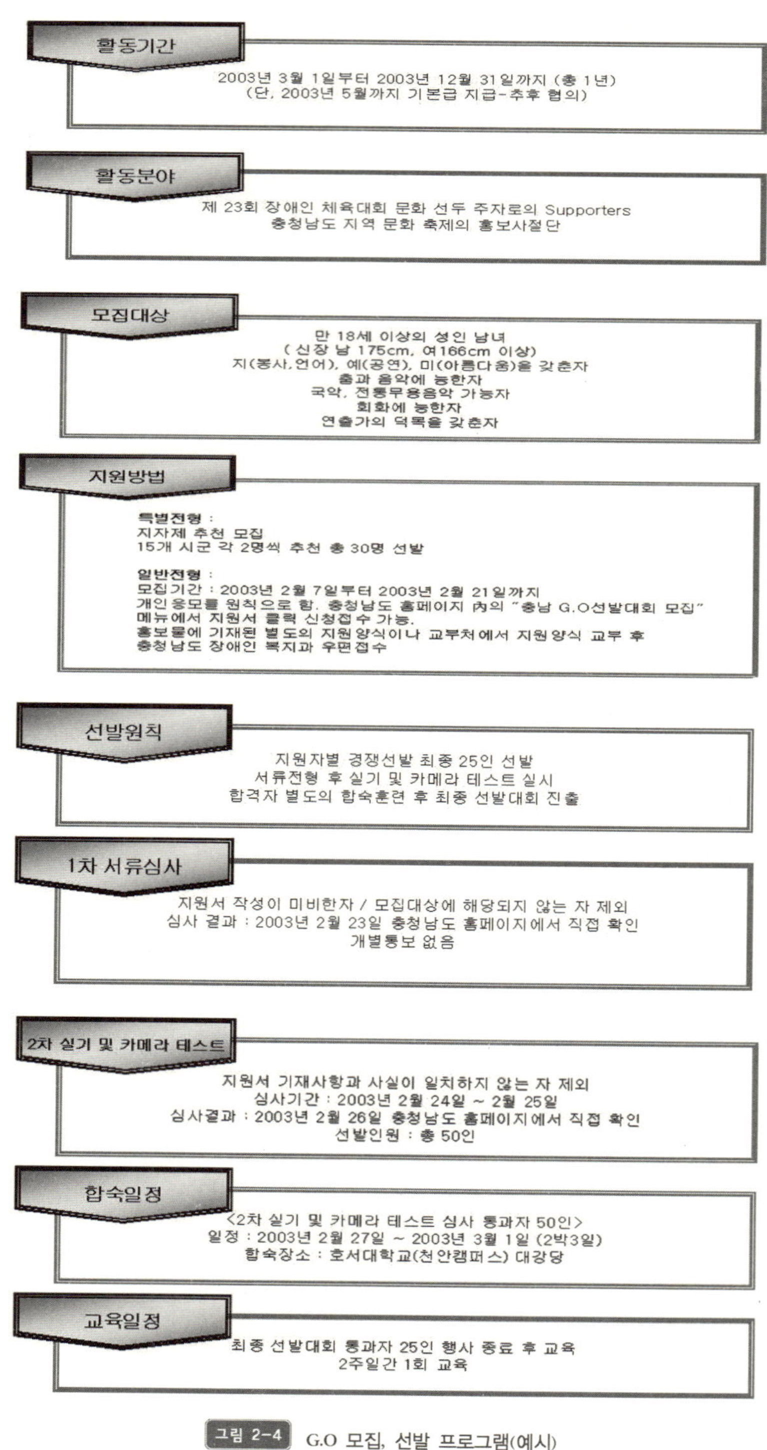


**그림 2-4** G.O 모집, 선발 프로그램(예시)

<table>
<tr><td>선발원칙</td></tr>
<tr><td>지원자별 경쟁선발 최종 25인 선발<br>서류전형 후 실기 및 카메라 테스트 실시<br>합격자 별도의 합숙훈련 후 최종 선발대회 진출</td></tr>
</table>

<table>
<tr><td>의무사항</td></tr>
<tr><td>충남 G.O를 위한 교육과정 및 프로그램에 참여해야 한다.<br>활동기간 중 각 개인의 참석 상황을 정확히 기재하여야 한다.<br>충남 G.O로서의 품행을 유지해야 한다.</td></tr>
</table>

<table>
<tr><td>Benefit</td></tr>
<tr><td><공통사항><br>체계적인 교육 수료 후 전문 충남 G.O요원으로 활동 총 활동기간 1년 중 5개월<br>동안 기본급 지원(금액 추후협의) 활동기간동안 충청남도에서 열리는 각종 행사에<br>참여 전문 G.O요원으로서의 자부심 고취</td></tr>
</table>

---

-특별전형
　내용 : 지자체 추천 모집
　　　　15개 시군에서 각 2명씩 추천 총 30명 선발

---

-1차 서류전형
　내용 : 접수일까지의 접수 분에 한하여 서류심사
　심사위원 : 메이크업 아티스트, 사진 작가,
　스타일리스트, 연출가 등으로 구성
　심사기준 : 지원서류를 기초로 사진, 활동 사항, 특기사항 및 열정고려
　합격자 발표 : 2003년 2월 21일 충청남도 홈페이지 게재

---

-2차 실기 및 카메라 테스트
　내용 : 본선대회 출전 자격여부를 가리는 심사로 서류 통과자
　　　　총20인 선발
　남/녀 성비 3:7 -남성요원 참가의 활성화 유도
　일시 : 2003년 2월 24일 ~ 25일
　장소 : 천안종합운동장 상황실
　대상 : 일반전형 서류심사 통과자
　방법 : 5인 1개조 심사(자유복)
　심사위원 : 메이크업 아티스트, 안무 전문가, 예능 전문가,
　　　　　　스타일리스트, 연출가, 주관대행사관계자 등으로 구성

---

-심사기준
　내용 : NO메이크업 심사, 특기심사, 체격조건, 카메라 심사,
　인터뷰를 통한 인성/품성 심사, 행사의 참가의지도 심사 등
　충남 G.O.로서 활동하는데 적합한 인물이라고 판단되는 자

---

-합격자 발표
　심사 종료 후 직후 채점표 집계 후 발표
　합격자에 한하여 합숙 / 본선요강 지침서 배부, 간단한 오리엔테이션

**그림 2-4** G.O 모집, 선발 프로그램(예시)

## 합숙 세부 프로그램

| 1일차 | | | | |
|---|---|---|---|---|
| 항목 | 시간 | 장소 | 내용 | 비고 |
| 집결 | ~09:00 | 호서대 정문 | 본선진출자 전원 합숙소 집결 | |
| 등록 | 09:00~10:00 | 기숙사 | 번호표, 조·숙소 배정, 숙소 확인 후 탈의, 재집결 | |
| 오리엔테이션 | 10:00~10:40 | 대강당 | 입소식, 본선 프로그램 소개, 행사 연출 방향 교육, 진행 일정 브리핑 | |
| 강의 | 10:40~11:30 | 강의실 | G.O란 무엇인가 – 개념 설명 및 발전 방향 | |
| Speech | 11:30~13:00 | 강의실 | 개인 Speech –자기소개, 지원동기 취미, 특기 | |
| 중식 | 13:00~14:00 | 식당 | 중식 | |
| 휴식 | 14:00~14:10 | | 개인휴식 | |
| 체력단련 | 14:10~14:40 | 대강당 | 몸풀기 및 기초체력단련 | 안무전문가 2인 구성 –2개 팀씩 담당, 안무지도 기초체력 단련병행 지도 |
| 팀별안무연습 | 14:10~16:00 | 대강당 | 팀별안무연습 | |
| 휴식 | 16:00~16:20 | | 개인휴식 | |
| 팀별안무연습 | 16:20~18:00 | 대강당 | 팀별안무연습 | |
| 석식 | 18:00~19:00 | 식당 | 석식 | |
| 특기연습 | 19:00~20:00 | 강의실 | 개인별 특기 연습 | |
| 특기발표1 | 20:00~21:00 | 강의실 | 개인별 특기 발표 | |
| 취침준비 | 21:00~21:30 | 숙소 | 취침 준비 | |
| 취침 | 21:30~ | 숙소 | 전원 취침 | |
| 2일차 | | | | |
| 기상 | 07:00~07:30 | 숙소 | 기상 및 세면 | |
| 아침운동 | 07:30~08:00 | 운동장 | 아침운동으로 간단한 아침체조 및 운동장 구보 | |
| 조식 | 08:00~09:00 | 식당 | 조식 | |
| Study | 09:00~10:00 | 강의실 | 국내/외 G.O요원들의 활동 모습 –시청각 교육 | |

**그림 2-4** G.O 모집 선발 프로그램(예시)

| | | | 충남의 문화 및 행사<br>-시청각 교육 및 강의 | |
| --- | --- | --- | --- | --- |
| 사진촬영 | 10:00~12:00 | 추후협의 | 이미지 컷용 사진촬영 | |
| 중식 | 12:00~13:00 | 식당 | 중식 | |
| 특기준비 | 13:00~14:00 | 대강당 | 개인별 특기 연습 | |
| 리허설 | 14:00~18:00 | 대강당 | 행사 세부 오리엔테이션/팀별 안무<br>연습/전체 리허설 | |
| 석식 | 18:00~19:00 | 식당 | 석식 | |
| Final Event | 19:00~21:00 | 대강당 | 모두가 하나되는 자리<br>-장기자랑, 댄스파티, 반성의 시간,<br>G.O요원으로서 각오 발표의 시간 | |
| 취침 준비 | 21:00~21:30 | 숙소 | 취침 준비 | |
| 취침 | 21:30~ | 숙소 | 전원 취침 | |

댄싱 및 개인 특기에 대한 교육 실시
본선 대회 행사 프로그램에 따른 사전 준비
리허설을 통한 세부 프로그램 숙지

| 3일차 | | | | |
| --- | --- | --- | --- | --- |
| 기상 | 07:00~07:30 | 숙소 | 기상 및 세면 | |
| 아침운동 | 07:30~08:00 | 운동장 | 아침운동으로 간단한 아침체조 및<br>운동장 구보 | |
| 조식 | 08:00~09:00 | 식당 | 조식 | |
| 퇴소식 | 09:00~09:30 | 대강당 | 행사전 최종 오리엔테이션 및 퇴소식 | |
| 팀별안무연습 | 09:30~11:30 | 대강당 | 최종 팀별 안무연습 | |
| 중식 | 11:30~12:30 | 식당 | 중식 | |
| 집합 | 12:30~13:00 | 기숙사<br>입구 | 행사장 이동전 집합 | |
| 이동 | 13:00~13:30 | | 행사장으로 이동(천안시민회관) | 20여 분<br>소요 |
| 휴식 | 13:30~14:00 | 천안시민<br>회관 | 최종 리허설 직전 휴식 | |
| 최종 리허설 | 14:00~16:00 | | 최종 리허설 | |
| Styling | 16:00~ | | 참가자 스타일링-Hair, Make up,<br>Dressing | 영상촬영 |
| Stand By | 17:00~ | | 선발대회 행사 준비 완료, 상황 대기 | |

**그림 2-4** G.O 모집 선발 프로그램(예시)

그림 2-5  G.O SYSTEM 국내 도입 사례

그림 2-5  G.O SYSTEM 국내 도입 사례

설정되든 모든 사람들이 하나로 어우러지도록 할 수 있어야 진정한 문화기획자라 할 수 있다.

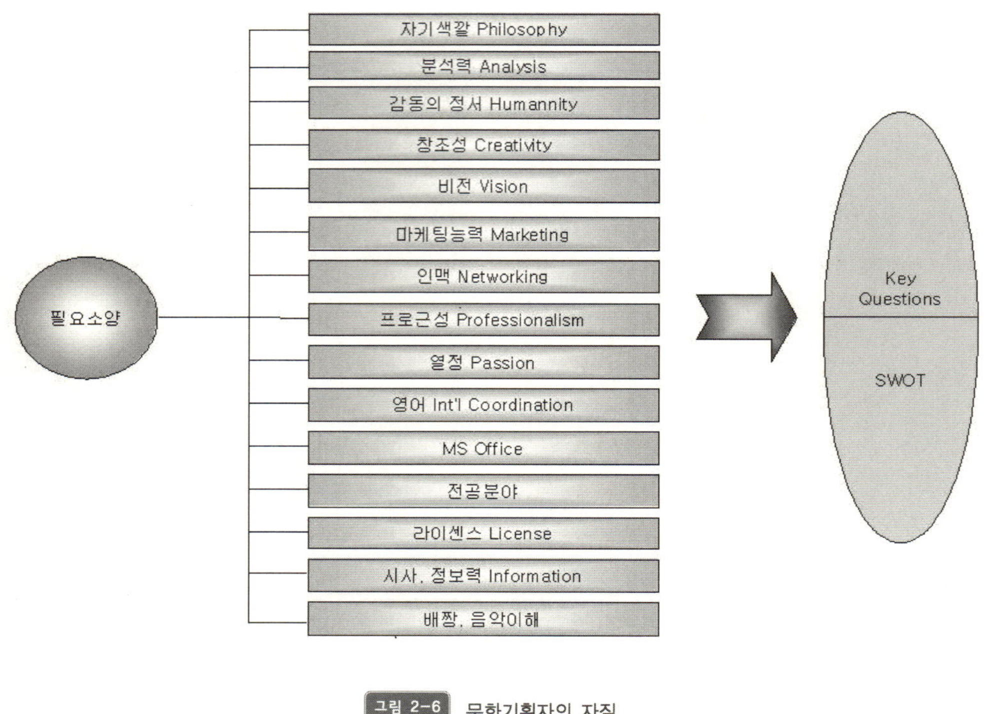


**그림 2-6** 문화기획자의 자질

# 3. 문화관광산업 시대

## 1) 문화관광산업 시대의 도래

경영학의 대가인 피터 드럭커(Peter Ferdinand Drucker) 교수의 말에 의하면 "21세기는 문화산업에서 각국의 승패가 결정될 것이고 최후의 승부처가 바로 문화산업이다"라고 이야기한 것을 보면 21세기는 정보화 시대를 넘어 문화산업이 중심이 되는 시대라는 것을 누구도 부정하기 힘든 상황이며 현재의 시대의 흐름이 반증하고 있다. 문화산업의 거센 물결과 함께 문화관광산업은 비약적인 발전을 거듭하고 있다. 미래학자들은 정보산업과

**그림 2-7**　백범 김구 선생의 백범일지

문화관광산업을 새 천년 세계경제를 견인하는 산업으로 무엇보다 우선하여 거론한다.
하루가 다르게 변화하는 정보산업은 인적 의존도가 낮은 성격 탓에 산업체계의 구조에
영향을 끼쳐 고용 감소의 결과를 가져 오는 반면, 인적 의존도가 높은 문화관광산업의
발전은 21세기 새로운 고용창출의 효과를 가져다 주는 고부가가치산업으로 각광을 받고
있는 실정이다. 이러한 이유로 인해 세계 각국의 관심도 문화관광산업에 집중되고 있으
며, 그에 따른 지원도 점점 확대되고 있는 추세이다. 백범일지에서 김구 선생은 꿈의 청
사진으로 제시한 민족의 미래는 "높은 문화의 힘을 가진 나라"여야 한다고 말씀하셨으
며 이러한 생각은 우리민족이 나아가야 할 길을 정확한 혜안으로 말씀하신 것이라 생각
되며, 부존자원이 적은 우리나라는 문화산업에 매진하여 한국의 고유한 문화와 숨결이
담긴 특별한 파워브랜드를 만들어 내야 할 것이다.

### 2) 문화관광산업 시대의 의의

인간이 살아가기 위해서는 인간의 욕구를 충족시킬 재화와 서비스가 필요한데 산업
혁명이 인간의 생산활동에 큰 변화를 안겨 주었다. 18세기 중엽 영국에서 시작된 생산기
술혁신과 함께 일어난 사회·경제 구조상의 변혁인 산업혁명(Industrial Revolution)은 한 번
의 격동기를 거치고 난 이후, 모든 문화와 예술도 시장경제의 원리에 접목을 하게 됨으

로써 문화도 경제적 자생력을 가질 수 있는 산업의 형태로 발전하게 되었다. 현재에 이르러 문화관광산업은 21세기 최고의 부가가치산업으로 각광을 받고 있다.

　세계의 관광산업은 소득의 증가 및 소비수준의 향상과 더불어 급속도로 발전하고 있다. 세계경제의 발전 추세에 비추어 볼 때 앞으로의 경제는 지속적으로 발전할 것이며, 그에 따라 관광산업도 성장할 것임은 자명한 사실이다. 관광산업은 21세기 미래산업으로 이미 오래 전부터 그 중요성이 인식되고 있다. 관광산업을 "고부가가치산업, 무공해산업"이라고 말하는 것은 관광산업이 외화획득과 고용창출 및 국제수지 개선 등 경제적으로 막대한 파급효과를 지니고 있기 때문이다.

| 구　분 | 1970~80년대 | 1980년대 | 1990년대 | 2000년대 |
|---|---|---|---|---|
| 기술발달방향 | 하드웨어 | 소프트웨어 | 네트워킹 | 콘텐츠 |
| 중심가치 | 산　업 | 정　보 | 지　식 | 지식·문화 |
| 대표기업 | IBM | MS 'windows' | Netscape, Oracle | 타임워너, MS 'X-BOX' |
| 대　상 | 기　업 | 전문가 | 소비자 | 개　인 |
| 주요기술 | 트랜지스터 | 마이크로 프로세서 | 통신속도 | 소프트웨어 |
| 유　통 | 직　접 | 간　접 | 온라인 | 고객주도 |

**그림 2-8** 21세기 패러다임

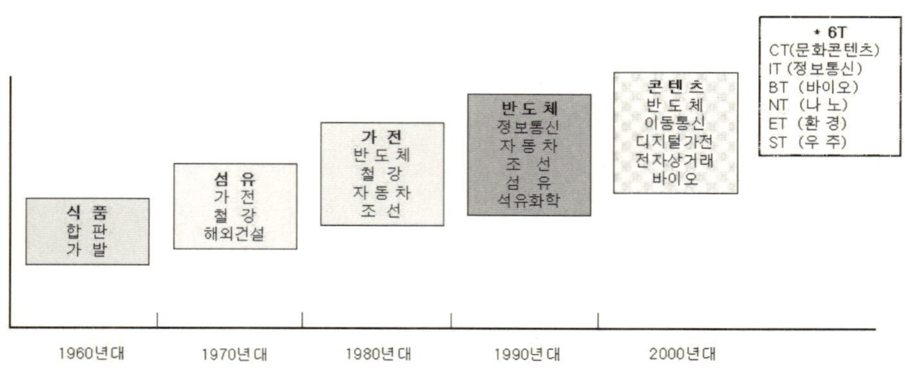


**그림 2-9** 대한민국의 주력산업의 변화

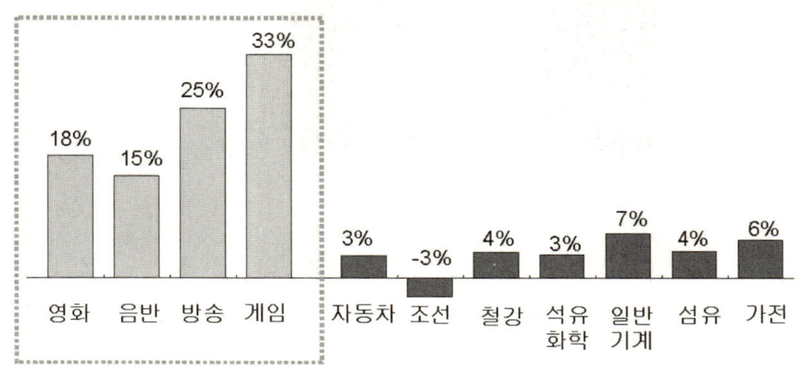




그림 2-10　국내 문화산업과 전통산업의 연평균 성장률

세계관광기구(WTO)는 2010년의 국제관광 시장규모를 1조 5천 5백 달러로 전망하고 있으며, 가장 큰 폭의 성장이 예상되는 지역으로 중국을 중심으로 한 동아시아 지역을 꼽고 있다. 이렇게 21세기 관광산업의 중심부로 부상하고 있는 동아시아지역에 자리잡고 있는 우리나라는 반만년의 유구한 역사와 세계적으로 자랑할 만한 탁월한 문화유산을 지니고 있다. 우리의 풍부한 문화유산은 그 어느 민족, 어느 나라에도 뒤지지 않는다. 그러나 현실에 있어 우리는 우리 문화에 대한 자긍심이 부족하며, 그러한 우수한 문화유산을 지니고도 경제성을 창출하지 못하고 있다. 이 점이 바로 다른 선진관광국과 비교되는 점이다.

세계관광기구(WTO)가 발간한 98세계관광통계 수정보고서에 따르면 우리나라는 외국인 관광객 425만 명을 유치해 세계 32위를 차지하였으며, 관광수입은 58억 7백만 달러로 18위를 차지하였다. 1999년도의 통계를 보면, 가장 많은 관광객을 유치한 나라는 프랑스이며, 가장 많은 관광수입을 올린 나라는 미국이다. 우리나라는 이들 나라에 비해 뒤지지 않는 문화유산을 보유하고 있음에도 불구하고 경제적 이윤을 창출하지 못하여 관광선진국의 대열에 끼지 못하고 있는 안타까운 실정이다. 문화산업 선진국들의 사례를 분석 연구하고 관광선진국들과 같이 문화관광상품화의 중요성을 인식하고 이에 대한 노력을 기울임으로써 막대한 관광수입을 거둘 수 있는 것이다.( 그림 2-11 참조) 우리에게도

● 파급 효과 : 우리 문화에 대한 호감 ⇒ 한국 제품이미지 상승 ⇒고부가가치 창출

'**韓流**' ⇒ 우리문화에 대한 관심 ⇒ 관광 및 팬시, 의류, 가전제품 등 image-up

● 원소스 멀티유즈 : 관련산업으로 영향력이 퍼져나가는 윈도(Window)효과

- 해리포터 : 전세계에서 약 1억2천만부가 팔린 소설로 시작, 영화와
  게임, 그리고 각종 캐릭터로 총 수익이 20억달러를 넘어섬
- 쉬리 : 직,간접 매출액 1,107억원, 부가가치 337억원(30.4%),
  쉬리1편이 쏘나타 11,657대의 생산효과
※ 헐리우드 영화는 보통 극장상영 수입의 4배를
  연관사업에서 벌어들임

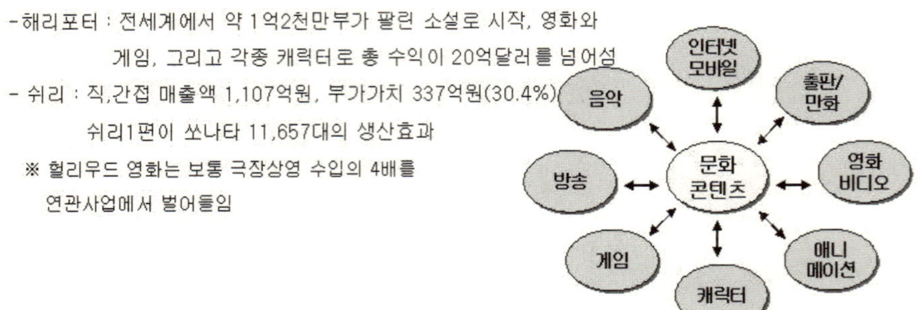


**그림 2-11** 문화산업의 특징 및 효과

가능성이 없는 것은 아니다. 영화, 드라마를 시작으로 우리의 문화를 호의적으로 보는 "한류"의 움직임은 유구한 역사와 문화를 가진 우리나라도 문화산업 시대에서 해 볼만한 가능성을 제시해주고 있으며 이러한 움직임을 더욱 체계적이고 과학적으로 발전시켜 문화산업 선진국으로 발돋움해야 할 것이다. 우리도 이제는 절실하게 문화관광상품화의 중요성을 깨달아야 한다. 철저한 상품화가 이루어지지 않은 문화유산은 지역경제, 나아가 국가경제에 아무런 도움이 되지 못하기 때문이다. IMF 시기를 거치면서 우리는 관광산업의 발전만이 경제적 어려움을 극복할 수 있는 수단임을 절감했다. 그렇기 때문에 뒤늦게나마 문화관광분야의 개발에 박차를 가하고 있는 것이다.

# 4. 문화산업과 지역문화축제

## 1) 지역문화의 시대

세계의 관광선진국들은 지역의 약점을 이미지 메이킹(Image Making)하여 매력적인 요소로 만들어 관광상품화하고 더 나아가서는 지역의 이미지가 그 나라의 이미지가 될 정도로 지역문화축제의 활성화에 힘을 기울이고 있는 실정이다. 관광선진국들의 사례를 보면 유명도시에서의 축제보다도 중소도시의 축제가 세계적으로 알려져 있는 것을 볼 수 있다. 이는 지역의 고유한 문화를 잘 보존하고 상품화한 성과라고 볼 수 있을 것이다. 새로운 천년은 문화관광의 시대라고 한다. 이는 곧 지방의 세계화 시대가 되었음을 말하는 것이다. 따라서 앞으로는 지역이 주체가 되어 지역만의 독창성을 살리면서 세계 속의 지역으로 공헌하며 지역활성화를 도모해야 한다. 오늘날 국가차원에서 국제적 상호관계가 강화되면서 서울뿐만 아니라 전국 각 지방에서도 정치·경제·사회·문화 모든 측면에서 국제적 상호 교류가 활발하게 이루어지고 있다. 이러한 현실은 지역의 경제·문화에도 커다란 영향을 미치고 있으며, 지역의 국제적인 역할이 증대되었음을 의미하는 것이다.

21세기에는 지역의 세계화가 한층 진전될 수밖에 없다고 본다면, 전국의 각 지역들은 각각의 특성을 살리면서 세계도시로서의 기능과 국제교류의 기능을 분담함으로써 지역활성화를 도모함과 동시에, 광범위한 분야에서 세계에 공헌하는 지역사회를 건설해야 할 것이다.

## 2) 지역문화 상품화의 문제점

지방화 시대라는 말은 지방경영의 시대라는 말의 또 다른 표현이다. 이제 지방간의 경쟁이 시작되었으며, 이를 극복하기 위해 체계적이고 효율적인 경영전략이 필요하게 되었다. 각 지방은 그 지역이 가지고 있던 기존의 산업기반으로는 경쟁의 한계를 느끼기 시작하였다.

따라서 지역은 나름대로의 고유성과 차별성을 상품화시켜 경쟁력을 확보하고자 노력하고 있다. 이를 토대로 지역경제에 도움을 얻고자 하는 것이 일차적인 목표이며, 아울러 지방문화의 발전을 도모하고자 한다. 이러한 시도가 성공을 거두기 위해서는 상품화를 뒷받침하는 경영기술이 필요하다. 즉 마케팅전략이 필요하게 된 것이다.

그런데 현재 이뤄지고 있는 지자체의 지역문화 상품화활동에서 우리는 몇 가지 문제점을 발견하게 된다.

첫째, 제한적인 지역문화 개발계획이 수립되고 있다. 자원개발 위주의 개발계획에서 벗어나 좀더 포괄적이고 조화로운 종합계획의 수립이 요구된다. 지역문화자원의 종류는 실로 무궁무진하다. 수려한 자연자원뿐만 아니라 문화유적·생활문화 등 그 지역의 다양한 삶이 모두 문화자원이 될 수 있다. 그러나 기존의 개발계획에서는 특정한 자원만이 문화자원으로 평가되어 지방의 특성을 보여 줄 수 있는 매력요인들이 무시되어 왔다.

둘째, 민간사업자의 역할이 너무나 빈약했다. 지역문화개발도 결국에는 시장원리가 적용되어야 경쟁력을 갖춘 개발이 가능한데도 불구하고, 정부의 역할이 너무나 많은 부분을 차지해 왔던 것이다.

셋째, 지자체의 의식문제이다. 지자체는 문화상품개발에 있어 주체가 되어야 하는데, 아직도 자신들이 지자체 경영의 주체임을 인식하지 못하고 있다. 지역의 경영 마인드가 아쉬운 시점이다.

넷째, 문화상품의 획일성이다. 대다수 지자체는 지역축제를 유일한 문화상품으로 내세우고 있는데, 이는 희소성의 결여라는 측면에서도 문제가 된다. 현재 우리나라 230개의 기초자치단체에서 1,200여 개의 지역축제가 보고 되고 있는 실정이 이를 잘 말해 준다. 지역축제는 문화상품으로서 뿐만 아니라 주민화합 등 지역문화발전에도 큰 기여를 하지만, 축제 이외에 예술과 스포츠 등을 소재로 한 이벤트산업, 학술모임과 회의, 박람회 유치, 국제교류와 같은 컨벤션산업 등 다양한 고부가가치 문화상품개발에도 노력을 기울여야 한다.

다섯째, 지역축제의 모방성이다. 오늘날 지역축제의 실태를 보면, 지역의 문화적 전통이나 역사성에 바탕을 두지 않고, 다른 지역에서 하고 있는 축제를 모방한 유사축제가 대부분이다. 축제가 아무리 훌륭한 문화상품이라 하더라도 지역특성을 고려하지 않은 모방적 지역축제는 엄밀한 의미에서 지역문화상품이 아니다. 이러한 현상은 지역문화축제 개발에 있어서의 전문성 부족에서 기인한다. 그 지역을 가장 잘 알고, 애정을 지닌 전문가의 손에 의해 개발이 이루어질 때 가장 바람직하겠으나, 현실적으로 문화 전반에 걸친 혜안을 가지고 지역을 개발할 수 있는 역량을 지닌 전문가가 절대 부족하다. 지방자치단체가 의욕을 가지고 일을 추진하더라도 마케팅전략을 접목시켜 일을 추진할 전문기술자의 부족이 치명적인 문제가 된다. 그러므로 전문지식을 갖춘 문화기획자의 육성이 시급한 과제로 대두되는 것이다. 이에 대한 해결책으로 우리는 앞에서 문화기획자 양성교육의 필요성과 교육방법을 제시한 바 있다.

여섯째, 브랜드의 부재이다. 문화상품은 과학적인 접근과 전략적이고 체계적인 방법이 동원되어도 디자인이 훌륭한 상품을 개발하기 어렵다. 하물며 ○○문화제와 같은 특징 없는 축제명칭이나 반상회보 혹은 플랜카드 위주의 홍보전략으로는 잠재고객을 결코 유인할 수 없다. 지역문화를 상품화하기 위해서는 지자체의 상징 마크 하나에서부터 지역의 고유한 캐릭터에 이르기까지 BI를 통한 지역 브랜드 이미지 통일화 작업의 시도가 절실하다. 지역문화개발은 고도의 전문적인 작업이 필요함에도 이러한 과학적인 접근방법에 수반되는 약간의 비용부담 때문에 이를 꺼려하는 경향이 있다.


## 3) 지역문화축제의 태동

지방화 시대는 지역문화의 창조와 육성에 지역의 구성원들이 보다 적극적이고 주체적으로 참가하여 지역적 유대를 강화시키고 지역문화를 꽃피우며, 개성이 풍부한 지역건설을 시도하는 지역문화의 시대를 일컫는다. 지역의 각계각층을 이러한 지역문화의 창조와 육성활동에 참여시키고, 또한 그러한 장치를 마련하는 계기와 분위기를 만들어가는 데 효과적인 역할을 담당하는 것이 지역의 축제이다.

모든 지역축제는 성격상 전통문화와 분리하여 생각할 수 없다. 지역축제는 전통문화의 발굴·복원·개발과 그 맥이 닿아 있기 때문이다. 전통문화란 예로부터 전승되어 내려와서 하나의 문화로 정착된 것으로서 시간·공간·주체라는 세 가지의 필연적 문제가 개입된다. 시간적인 관점에서 전통문화는 풍토·역사·생활 속에서 오랜 세월이 흐르면서 생성되고, 전승된 문화이며, 공간적인 관점에서는 하나의 민족이 거주하는 지역에서 전통문화가 형성·전승되고, 주체라는 관점에서는 민족이 그 주체로서 존재하며 그들의 생활·문화 속에서 형성·전승시키는 것이 전통문화이다. 이렇게 형성된 그 지역의 전통문화를 상품화시킨 형태 중 하나가 지역문화축제이다.

문화관광 이벤트란 관광자원의 매력을 널리 알려 관광객을 유치하고, 관광상품으로서의 효용적 가치를 극대화하여 관광수입을 창출해내기 위해 기획된 행사나 지역의 축제를 말한다. 특히 경제상황이 나아지면서 문화관광 이벤트는 현대인에게 없어서는 안될 중요한 하나의 생활양식으로 자리매김하였고, 이러한 활성화는 주최자나 참가자 모두에게 많은 경제적 이익을 창출하고 있는데, 문화관광 이벤트가 활성화된 배경은 다음과 같다.

첫째, 국민소득의 증대와 여가시간의 증대이다. 소득의 증대로 인한 소비의 증가는 문화산업관련 이벤트의 수와 종류의 증가를 가져 왔고, 여가시간의 증가는 관광 레저활동 및 여행의 확대와 문화·예술 이벤트 활성화뿐만 아니라 축제의 참가자수와 참여횟수를 증대시키고 있다.

둘째, 지역문화축제를 통한 지역 및 산업활성화의 추구이다. 지방화 시대를 맞이하면서 개성있는 지역건설, 상점가 활성화, 산업의 진흥을 목적으로 문화관광 이벤트가 개최된다.

셋째, 교류의 장으로서의 역할 증대이다. 지역문화축제는 지역구성원들 간의 단결과 공동체적 연대감 함양, 그리고 참여자들간의 정보교류, 지역과 지역의 교류, 기업간·산업간의 상호 교류, 인적인 국제교류의 장으로 활용된다.

## 4) 지역문화축제의 필요성

지금까지 중앙정부나 지방자치단체의 주어진 예산을 이용한 일회성 행사로도 지역축제는 존재해 왔는데, 새삼 SP 이벤트로서의 지역문화축제를 거론하는 것은 무엇 때문인가? 그것은 더 이상 소모성 행사가 아닌 경제적 수익성을 창출할 수 있는 진정한 지역문화축제를 만들어야만 하기 때문이다.

여기서 한 가지 지적할 사항은 앞으로는 지역축제와 문화관광축제로서의 지역문화축제를 명확히 구분해야만 한다는 사실이다. 문화관광축제는 적극적인 성격의 축제로 버는 즐거움(Earn)이 목적인 축제, 관광객을 끌어들이고, 그들이 기꺼이 지출을 하게끔 만드는 축제를 가리킨다. 반면 지역축제는 그 마을에서 늘 이루어졌던 지역주민들만의 축제를 말하며, 이러한 지역축제에서 벗어나 문화관광축제로 탈바꿈해야만 하는 시기가 되었다. 행사의 주체인 지역주민들이 자부심을 갖고 관광객을 맞이할 준비가 되어 있지 않은 축제는 단순히 지역축제에 머무를 뿐이며, 진정한 의미의 문화관광축제로 승화될 수 없다. 지역주민에게 일방적으로 화합을 강요하는 차원에서 기획된 행사들은 이제 지양되어야만 하는 것이다. 동원된 지역주민들이 화합을 이루는 동시에 그들을 위한 확실한 수익 모델이 제시되어야만 한다.

하나의 문화관광 이벤트가 탄생하기 위해서는 사회의 모든 분야에 대한 전반적인 혜안과 통찰력이 필요하다. 이는 단순한 대행 이벤트에서는 찾아 볼 수 없는 요소이다. 정치·경제·역사 등 모든 분야에 대한 지식과 통찰력에서 컨셉(Concept)이 유출될 수 있으며, 여기에 그 지역의 인프라와 지역주민의 특성 및 특산물에 대한 철저한 이해가 바탕이 되어야만 상품성을 지닌 축제의 형태로 보여질 수 있는 것이다.

## 5) 지역문화축제의 역할과 효용

전국 각지에서 행해지고 있는 지역문화축제는 그 지역만의 독창성과 특성화로 축제의 가치를 높여 개최지역 이외의 구성원들을 불러들이게 되는 까닭에 관광과 연계하여 생각하지 않을 수 없다. 오늘날에는 많은 국가나 지역이 축제상품의 개발을 통해 지역 및 관광촉진활동의 수단으로 활용하고 있다. 축제나 이벤트들은 특성화되어 있거나 고유할수록 관광지에 대한 긍정적 이미지를 창출시키고, 개발을 위한 촉매로서 작용하며, 관광계획수행을 원활하게 한다.

지역별로 개최되는 축제는 다양한 목적들이 중층적(中層的)으로 조합되어 있는 탓에 다양한 파급효과를 수반한다. 그리고 관광대상으로서의 축제는 타지역으로부터 관광객을 흡인할 수 있는 커다란 매력물(魅力物)로서 상당히 중요한 위치를 차지하고 있다.

이상의 여러 가지 사항을 검토해 보면 축제나 그에 따른 각종 이벤트는 문화관광자원으로써 상당히 매력있는 관광대상이라고 할 수 있다. 이러한 관광대상으로서 지역문화축제의 역할과 기능은 다음과 같다.

첫째, 관광대상으로서 관광객을 유도하여 관광지의 시간적·공간적 한계를 극복하게 한다. 시간적으로는 성수기의 연장과 비수기대책으로 활용이 가능하며, 공간적으로는 관광을 지리적으로 확대시켜 주게 된다.

둘째, 관광활성화의 요인으로서 정적 관광대상과 시설을 활성화시켜 줌으로써 자원 및 시설의 활용도를 높여 주며, 관광객의 이들 시설이용에 따른 수익증대효과도 가져 올 수 있다.

셋째, 관광촉진활동의 수단으로서 지역을 위한 광고와 홍보 및 이미지 제고의 효과를 가져다 준다.

넷째, 지역발전의 촉매요인으로서 여러 가지 프로그램과 상품을 개발·판매하여 직접적인 수입원을 제공하며, 지역특산물의 판매 및 판매망 구축, 향토음식의 개발·판매 등을 통하여 지역산업 및 지역경제의 진흥효과도 가져 오게 한다.

다섯째, 고유한 향토문화 창달과 지역전통문화의 보전을 통하여, 자연관광자원의 물리적 변형이나 과도한 개발을 방지할 수 있게 하여 지속적인 관광개발을 가능하게 한다.

여섯째, 지역주민끼리의 교류, 관광객과 주민들의 만남의 장을 제공하여 지역간 교류, 더 나아가서는 국제간 교류를 활발하게 한다.

**표 2-1** 2006년 문화관광부의 문화관광축제 지원사항

최우수 축제-3억 원 × 5개 = 15억 원
우수 축제-1억 5천만 원 × 9개 = 10억 3천 5백만 원
유망 축제-5천만 원 × 13개 = 6억 5천만 원
예비 축제-사업비를 지원하지 않고 축제컨설팅 및 홍보 등 행정지원

## 6) 지역문화축제를 통한 지역문화창달

지역의 문화는 전통과 개성이라는 차원에서 설명이 가능하다. 전통이란 이전 시대에어떤 당사자가 해 왔던 것을 후대의 계승자가 자각과 긍지를 갖고 전승시켜 가는 것으로 정의할 수 있으며, 지역문화의 전통이란 지역주민들이 자각과 긍지를 갖고 지역의 생활양식 또는 행동양식을 전승시켜 나가는 것이다. 지역의 개성이란 지역의 활력 또는 매력이다. 이것은 지역의 인구나 재정규모의 크기에 따라 결정되는 것이 아니라, 그 지역이 갖고 있는 지적·문화적 토양을 기반으로 한 그 지역의 이미지 등과 관련되는 것이다.

개성이 넘치는 지역이란 건물·공원·도로·경관 등과 같은 물리적인 시설의 집합만이 아니라, 지역주민의 생활과 지역 내의 모든 활동으로부터도 생겨나며, 그 지역의

생활문화 요소 간의 조화를 통해 형성된다. 지역색(地域色)이 풍부한 개성있는 지역을 창
조하기 위해서는 지역주민들이 풍부한 삶을 영위할 수 있는 시간과 공간에 대한 디자인
이 요구되는데, 이것은 지역의 축제나 특별 이벤트를 통해서 전기를 마련할 수 있다.

### 7) 국내 문화관광축제의 현황과 전망

#### (1) 2006년 문화관광부 선정 27개 문화관광축제와 25개 예비축제

    문화관광부(한국관광공사)는 1997년부터 관광상품성이 있는 문화관광 지역축제를 선
정하여 후원하고 있다. 1997년에는 10개의 문화축제에서 1998년에는 18개의 지역축제를,
1999년에는 21개의 지역축제를 선정하여 대·내외적인 후원을 해 주고 있는데, 선정기
준은 해당지역의 문화적 배경과 지역적 특성에 기초한 관광상품성이 우수한 축제를 우
선하여 지정하고 있다.( 표 2-2 참조) 2006년 문화관광축제에 대한 지원계획을 보면 다음
과 같으며 2006년 문화관광부가 지원하기로 한 문화관광축제와 예비 축제를 등급별
( 표 2-3 참조)로 나열하고 등급별로 개요( 표 2-4 참조)를 나열하였다.

**표 2-2**  2006년도 문화관광축제 선정기준(문화관광부 자료)

| 구분 | 심사항목 | 세부내용 | 배점 | 선택 |
|---|---|---|---|---|
| 공통<br>평가<br>항목<br>(60%) | 1. 국내외 관광객 유치 가능성<br>(관광상품화 가능성) | • 구체화된 홍보·마케팅 전략 및 상품화 계획<br>　－상품화를 목적하지 않은 단순 홍보는 지양 | 15 | 15 |
| | 2. 축제 기획의 전문성 확보(축제의 콘텐츠) | • 지역의 특성과 문화자원을 활용한 프로그램 마련<br>• 축제 주제와 연관된 프로그램 마련－주제와 무관한 프로그램 지양<br>• 축제 방문객을 위한 지역의 특이한 참여·체험프로그램<br>• 타 지역축제와 차별된 프로그램－그 지역만의 전통/민속적 내용이 담긴 프로그램<br>• 체류관광을 위한 야간 프로그램 개발<br>• 축제의 콘텐츠에 있어 만족도 제고를 위한 개선의지－전문가 집단에 의한 축제 컨설팅 계획<br>• 축제만을 위한 독립적이고 전문적인 축제조직체 구성－비전문적인 축제 조직위원회 지양 | 30 | 30 |
| | 3. 주최 기관의 축제 육성의지 | 광역자치단체의 예산 지원－광역자치단체의 충분한 예산지원이 확보된 축제를 우선적으로 선정<br>문화관광축제 추천을 위한 광역자치단체 차원의 객관적이고 공정한 자체심사 | 15 | 15 |
| | 소계 | | 60 | 60 |
| 선택<br>평가<br>항목<br>(40%) | 4. 문화관광 축제기반시설 | • 행사장내 고정된 축제 시설물－공연장, 화장실, 전시장 등<br>• 방문객을 위한 편의시설(주차장, 휴식공간 등)<br>• 고정된 축제 시설물 확보 축제 우선 선정<br>• 기반시설에 관한 장기계획 수립 축제 우선 선정 | 10 | |
| | 5. 축제의 부가가치 창출 효과 | • 지역경제 활성화(고유의 먹거리, 지역의 전통적 물품·특산품, 캐릭터 상품 등)<br>• 수익성 및 시장성<br>　－수익성 : 관광수입기여도, 지속판매 가능성<br>　－시장성 : 주시장 확보여부, 시장크기 | 15 | |
| | 6. 지역문화 보존 및 계승 | • 지역사회의 미풍양속 부합정도<br>• 지역문화의 발굴 및 교류<br>• 지역문화환경의 보존과 개선 | 15 | |
| | 7. 지역주민 자긍심 고취 | • 지역주민의 자발적 개최의지 및 열의<br>• 지역주민의 참여시스템 유무<br>• 지역문화환경의 보존과 개선 | 15 | |
| | 8. 전년도 축제 개최 실적 | • 축제의 성공적 개최 정도－축제 개최 결과 및 축제 참관평가 | 10 | |
| | 9. 기타 | 재정자립도가 낮은 자치단체 관광활성화<br>먹거리 장터, 잡상인 통제 의지, 주민참여도 등 | 5 | |
| | 소계 | | 40 | 40 |
| 합계 | | | 100 | 100 |

| 시도 \ 등급 | 최우수 | 우수 | 유망 | 예비 |
|---|---|---|---|---|
| 서울특별시 | | | | 하이서울페스티벌 |
| 부산광역시 | | 부산자갈치축제 | | 광안리어방축제 |
| 대구광역시 | | | 대구약령시축제 | |
| 인천광역시 | | | | 강화고인돌축제 |
| 광주광역시 | | | 광주김치대축제 | |
| 대전광역시 | | | | 한밭선비축제(신규) |
| 울산광역시 | | | | 외고산옹기축제 |
| 경 기 도 | | | 이천쌀문화축제<br>연천구석기축제 | 파주장단콩축제 |
| 강 원 도 | | 춘천국제마임축제<br>양양송이축제 | 인제빙어축제 | 화천산천어축제<br>평창효석문화제<br>원주한지문화제<br>태백산눈꽃축제(신규) |
| 충청북도 | | 충주세계무술축제 | 영동난계국악축제 | 전국음성품바축제<br>생거진천화랑축제(신규)<br>괴산청결고추축제(신규) |
| 충청남도 | 보령머드축제 | 금산인삼축제<br>강경젓갈축제 | 한산모시문화제<br>아산성웅이순신축제 | 천안흥타령축제(신규) |
| 전라북도 | 김제지평선축제 | 무주반딧불축제 | 남원춘향제 | 고창모양성제 |
| 전라남도 | 강진청자문화제 | 함평나비축제 | 남도음식문화큰잔치 | 보성다향제<br>담양대나무축제<br>무안백련대축제<br>진도신비의바닷길(신규) |
| 경상북도 | 안동국제탈춤페스티벌 | | 경주한국의술과떡잔치<br>풍기인삼축제 | 문경찻사발축제<br>봉화춘양목송이축제 |
| 경상남도 | 진주남강유등축제 | 하동야생차문화축제 | | 지리산한방약초축제<br>합천팔만대장경축제<br>한산대첩축제(신규) |
| 제 주 도 | | | 정월대보름들불축제 | 서귀포칠십리축제 |
| 계 | 5 | 9 | 13 | 25 |

<table>
<tr><td colspan="2" align="center">**표 2-4**    2006 문화관광축제 개요(문화관광부 홈페이지 재정리)</td></tr>
</table>

| | |
|---|---|
| 축제명 | 제9회 보령머드축제 |
| 축제등급 | 문화관광축제/최우수축제 |
| 행사기간 | 2006년 07월 15일~2006년 07월 21일 |
| 지역분류 | 충청남도 보령시 |
| 행사장소 | 대천해수욕장 및 시내일원 |
| 주최/주관기관 | 보령시/보령머드축제추진위원회 |
| 홈페이지 | www.mudfestival.or.kr |
| 연락처 | 041) 930-3541~2 |
| 소개/행사내용 | 보령시는 예로부터 자원이 풍부하고 산 좋고 물 맑아 산자수명한 땅에 대대손손 평강을 누리며 산다하여 萬世保寧이라 불리던 축복 받은 고장이다.<br><br>96년 7월 대천해수욕장 인근 청정 갯벌에서 채취한 양질의 바다 진흙을 가공하여 머드팩외 16종의 화장품을 개발하였다.<br><br>보령산머드화장품은 인체에 유익한 원적외선이 다량 방출되고, 외국산 제품에 비하여 게르마늄, 미네랄, 벤토나이트 성분 함량이 높아 피부미용에 탁월한 효과가 있음이 한국표준 과학연구원, 한국화학연구원, 한국지질자원연구원, 원광대 김재백 박사팀 등 국내 유수 연구기관으로부터 입증되었으며 2001년도에 ISO 9002 인증획득 및 2004년 미국식품의약국(FDA) 안정성검사를 통과하였다. 따라서 보령머드의 우수성을 널리 알리고 상품화로 성공한 "보령머드 화장품"과 대천해수욕장을 비롯한 지역 관광명소를 홍보코자 98년 7월에 처음으로 축제를 개최하였으며 세계적인 축제로 육성해 나가고자 한다.<br><br>보령머드축제는 동양에서 유일한 패각분 백사장을 자랑하는 대천해수욕장에서 개최로 해수욕 및 머드체험을 동시에 체험을 할 수 있으며, 청정갯벌에서 진흙을 채취하여 각종 불순물을 제거하는 가공과정을 거쳐 생산된 머드분말(Mud Powder)을 이용한 머드마사지(해변셀프 마사지, 첨단머드마사지체험)와 머드체험행사가 운영되고 있다. 머드체험 행사에는 대형머드탕, 머드씨름대회, 머드슬라이딩, 머드교도소, 인간마네킹, 캐릭터인형, 갯벌극기훈련체험 등 관광객을 위한 다양한 프로그램과 연계행사를 개최하여 관광객에게 볼거리와 즐길거리를 제공하고 있다.<br>또한, 신이 빚어 놓은 듯한 환상의 섬 외연도를 비롯한 78개의 크고 작은 섬과 모세의 기적으로 유명한 무창포 신비의 바닷길, 한여름에도 오싹한 냉풍욕장, 석탄박물관, 국보 낭혜화상백월보광탑비 등 36점의 귀중한 문화 유산을 함께 보고 즐길 수 있어 연계관광으로 "문화관광보령"을 알리고 보령머드화장품을 국내외에 널리 홍보하고 있다. |

| 축제명 | 김제지평선축제 |
| --- | --- |
| 축제등급 | 문화관광축제/최우수축제 |
| 행사기간 | 2006년 09월 20일~2006년 09월 24일 |
| 지역분류 | 전라북도 |
| 행사장소 | 전북 김제시 부량면 벽골제 중심(김제시 일원) |
| 주최/주관기관 | 전라북도 김제시/김제시지평선축제제전위원회 |
| 홈페이지 | www.egimje.net |
| 연락처 | 063) 540-3948 |

| 소개/행사내용 |  |
| --- | --- |

　• 우리 한민족의 문화는 농경문화 속에서 발달하여 왔으며, 그 호남평야의 중심에 삼한 시대의 최대최고의 수리시설인 벽골제가 위치하였던 곳으로 국내 유일의 농경문화축제인 김제지평선축제!

　• 옛 농경문화의 메시지를 통해 내·외국인들에게 자연속의 감동을 제공하고 도작문화에 대한 학습적인 경험과 외국인에게 한민족 농경문화체험 기회제공

　• 드넓은 평야 지평선을 테마로 자연환경과 풍습, 역사 등을 보전하는 가운데 자연친화적으로 몸과 마음을 풍요롭게 경험하는 다양한 감동과 교육성을 겸비한 농촌향수를 남녀노소 누구나 함께 즐길 수 있는 축제의 장임.

　• 주요행사
　농경문화체험 행사, 전통문화행사, 공개/공연행사, 문화예술행사, 지평선쌀음식 행사, 기타참여행사

| 표 2-4 | 2006 문화관광축제 개요(문화관광부 홈페이지 재정리) |
|---|---|
| 축제명 | 강진청자문화재 |
| 축제등급 | 문화관광축제/최우수축제 |
| 행사기간 | 2006년 10월 14일~2006년 10월 22일 |
| 지역분류 | 전라남도 |
| 행사장소 | 강진군 고려청자도요지 |
| 주최/주관기관 | 강진군/강진군 향토축제추진위원회 |
| 홈페이지 | www.gangjinfes.or.kr |
| 연락처 | 061) 430-3223, 3228 |
| 소개/행사내용 | |

< 손 흔드는 청낭자 청도령 >

도공혼이 살아숨쉬는 고려청자의 고장 청자골 강진!

강진은 청자의 집산지라 할 만큼 전국 400여기 가마터 중 188여기가 강진에 현존하고 있으며, 우리나라 국보, 보물급 청자 중 80%가 강진에서 만들어진 것으로, 한국청자문화의 보고이다.

청자문화제는 모든 연령층이 함께 할 수 있는 다양한 볼거리, 즐길거리, 먹거리, 만질거리 등 직접 관광객이 청자를 만들어 볼 수도 있는 청자빗기 체험, 고려전통문화체험 등 많은 체험프로그램을 개발하는 반면 청자문화제 기간동안 청자 및 생활용품을 20% 정도 저렴한 가격으로 구입 할 수 있는 타 축제와 차별화된 축제이다.

| 축제명 | 안동국제탈춤페스티벌 |
|---|---|
| 축제등급 | 문화관광축제/최우수축제 |
| 행사기간 | 2006년 09월 29일~2006년 10월 08일 |
| 지역분류 | 경상북도 |
| 행사장소 | 안동시내 |
| 주최/주관기관 | 안동시/안동국제탈춤페스티벌 추진위원회 |
| 홈페이지 | www.maskdance.com |
| 연락처 | 054) 851-6398 |
| 소개/행사내용 | <br><br>안동국제탈춤페스티벌은 다양하며 예술성 있는 우리 탈춤의 전통을 보존 및 전수, 개발함으로써 문화시민의 자긍심 고취와 국민에게 양질의 문화행사 제공한다. 그리고 국내외 탈춤의 상호교류를 통해 안동을 한·중·일 베세토라인(Beseto-Line)을 잇는 탈춤 메카로 조성하여, 아시아적 대표이미지의 세계축제를 지향한다. |

표 2-4   2006 문화관광축제 개요(문화관광부 홈페이지 재정리)

| | |
|---|---|
| 축제명 | 진주남강유등축제 |
| 축제등급 | 문화관광축제/최우수축제 |
| 행사기간 | 2006년 10월 01일~2006년 10월 10일 |
| 지역분류 | 경상남도 |
| 행사장소 | 경상남도 진주시 진주남강 및 진주성 |
| 주최/주관기관 | 진주시, 진주문화예술재단/진주남강유등축제 제전위원회 |
| 홈페이지 | www.lanternfestival.org |
| 연락처 | 055) 749-5076 |
| 소개/행사내용 |  |

충절의 고장 진주에는 남강이 흐르고 있습니다.

   천년 역사의 애환을 담고 도도히 흐르는 남강은 그 풍광도 아름답거니와 나라가 위태로울 때 민·관·군이 한 몸 한 뜻으로 싸워 겨레의 자존을 드높인 거룩한 민족혼의 텃밭이기도 합니다.

   이 역사의 강 언저리에서 진주남강 유등축제의 불을 밝히는 것은 임진·계사년에 순국한 의로운 넋을 기리고 우리 고장의 전통문화를 이어 나간다는 것이며 한편으로는 진주의 대표적인 문화관광상품으로 키워 나가자는 뜻을 담고 있습니다.

 2006 문화관광축제 개요(문화관광부 홈페이지 재정리)

| 축제명 | 부산자갈치축제 |
|---|---|
| 축제등급 | 문화관광축제/우수축제 |
| 행사기간 | 2006년 10월 18일~2006년 10월 22일 |
| 지역분류 | 부산광역시 |
| 행사장소 | 부산광역시 중구 남포동 |
| 주최/주관기관 | (사)부산자갈치문화관광축제위원회 |
| 홈페이지 | www.ijagalchi.co.kr |
| 연락처 | 축제추진위원회 051) 243-9363 |
| 소개/행사내용 | 매년 10월이면 이곳에서 오이소! 보이소! 사이소! 를 외치는 정겨운 자갈치 아지매들의 축제가 펼쳐집니다.<br><br>현대가 조화롭게 어우러진 한국 최대의 수산물 축제 한마당이 펼쳐집니다.<br><br>부산의 상징이며 부산 사람들의 마음의 고향인 자갈치축제에 오셔서 신선하고 특색 있는 수산문화와 오직 이곳의 이색적인 거리에서만 맛볼수 있는 추억과 낭만의 즐거움을 가져 보십시오.<br><br>주요행사<br><br>• 공식행사(여는마당) : 환경캠페인, 출어제, 길놀이, 만선제, 개막축하공연<br>• 오이소 마당 : 외국인요리 경연대회, 해상관광유람선 무료운항<br>• 보이소 마당 : 생선회 정량달기, 낙지속의 진주찾기, 멍게 던지기 등<br>• 사이소 마당 : 수산물 깜짝경매, 자갈치 수산물 난전거리 등 |

**표 2-4**  2006 문화관광축제 개요(문화관광부 홈페이지 재정리)

| | |
|---|---|
| 축제명 | 춘천국제마임축제 |
| 축제등급 | 문화관광축제/우수축제 |
| 행사기간 | 2006년 05월 29일~2006년 06월 04일 |
| 지역분류 | 강원도 |
| 행사장소 | 마임의 집, 강원대, 한림대 춘천일원 |
| 주최/주관기관 | (사)춘천마임축제, 한국마임협의회, 춘천MBC/춘천마임축제운영위원회 |
| 홈페이지 | www.mimefestival.com |
| 연락처 | 033) 242-0585 |
| 소개/행사내용 |  |

| | |
|---|---|
| 축제명 | 양양송이축제 |
| 축제등급 | 문화관광축제/우수축제 |
| 행사기간 | 2006년 09월 28일~2006년 10월 04일 |
| 지역분류 | 강원도 |
| 행사장소 | 강원도 양양군 양양읍 양양일원 |
| 주최/주관기관 | 양양송이축제위원회 |
| 홈페이지 | http://www.yangyang-gun.gangwon.kr:8090/festival/songi/ |
| 연락처 | 033) 670-2724 |
| 소개/행사내용 | <br><br><br>　수십년 자란 소나무 밑 솔잎을 살짝 들추면 천년의 향을 간직한 황금송이가 살포시 고개를 내밉니다.<br><br>　자연의 향으로 가득한 설악산에서 신비의 영물 양양황금송이를 만날 수 있는 좋은 기회! 양양송이축제로 여러분을 초대합니다.<br><br>　백두대간의 중심 강원도 양양송이축제에서 온가족이 함께 전원을 느끼고 솔잎 향 물씬 풍기는 송이도 따 보세요. 대자연의 벅찬 감동이 가슴으로 전해옵니다. |

**표 2-4**  2006 문화관광축제 개요(문화관광부 홈페이지 재정리)

| | |
|---|---|
| 축제명 | 충주세계무술축제 |
| 축제등급 | 문화관광축제/우수축제 |
| 행사기간 | 2006년 09월 30일~2006년 10월 08일 |
| 지역분류 | 충청북도 |
| 행사장소 | 탄금대 무술 테마파크 공원 |
| 주최/주관기관 | 충주시/충주세계무술축제 추진위원회 |
| 홈페이지 | www.martialarts.or.kr |
| 연락처 | 043) 850 – 7981~3 |
| 소개/행사내용 | <br><br>오천년 민족혼과 세계무술의 만남이란 주제로 한국무술의 뿌리인 택견의 본고장인 충주에서 열리는 충주세계무술축제는 문화관광부 지정 축제로써 세계 각국의 전통무술 시연을 볼 수 있는 국내 유일의 축제이다. |

| **표 2-4** | 2006 문화관광축제 개요(문화관광부 홈페이지 재정리) |

| | |
|---|---|
| 축제명 | 금산인삼축제 |
| 축제등급 | 문화관광축제/우수축제 |
| 행사기간 | 2006년 09월 22일~2006년 10월 01일 |
| 지역분류 | 충청남도 |
| 행사장소 | 충청남도 금산군 금산읍 중도리 인삼약초시장 및 군내전역 |
| 주최/주관기관 | 금산인삼선양위원회/금산인삼축제집행위원회 |
| 홈페이지 | www.geumsan.go.kr |
| 연락처 | 금산군청 관광개발 041) 750-2391~4 |
| 소개/행사내용 | <br><br>전통의 풍류와 현대적인 멋이 조화를 이루는 감동축제!<br><br>금산인삼축제는 국내최고의 향토문화 축제로 자리 매김하고 국제적 축제로 발돋움하는 전기를 마련하였고, 인삼축제에서는 특산품과 향토문화를 주제로 하는 산업형 문화관광축제의 특성을 살리면서 축제를 빛내 줄 수 있는 특화전략 이벤트를 수립하였습니다.<br>　또한, 토착적인 우리만의 문화를 보여주면서 깊은 인간관계를 형성 할 수 있는 프로그램 개발을 새로이 선보였습니다. 축제장소의 편리성과 쾌적성을 증대시켜 예년의 불편요소를 획기적으로 개선하여 관광객들의 한층 즐거운 볼거리를 마련하였습니다. 제26회 금산인삼축제가 금산세계인삼엑스포와 9월에 동시에 열리는 만큼 환상적인 축제가 될 것입니다.<br><br>깊어가는 가을에 멋진 추억을 남길 수 있는 금산인삼축제에 여러분을 초대합니다. |

<table>
<tr><td colspan="2" style="text-align:center">표 2-4   2006 문화관광축제 개요(문화관광부 홈페이지 재정리)</td></tr>
<tr><td>축제명</td><td>강경젓갈축제</td></tr>
<tr><td>축제등급</td><td>문화관광축제/우수축제</td></tr>
<tr><td>행사기간</td><td>2006년 10월 19일~2006년 10월 23일</td></tr>
<tr><td>지역분류</td><td>충청남도</td></tr>
<tr><td>행사장소</td><td>충청남도 논산시 강경읍 강경포구 일원</td></tr>
<tr><td>주최/주관기관</td><td>논산시/강경젓갈축제 추진위원회</td></tr>
<tr><td>홈페이지</td><td>www.ggfestival.net</td></tr>
<tr><td>연락처</td><td>강경젓갈축제 추진위원회 041) 730-1224</td></tr>
<tr><td>소개/행사내용</td><td>

늦가을의 정취와 강경의 넉넉한 <덤> 문화를 마음껏 느끼게 될 2005년도 강경젓갈축제는 해마다 70~80만 명의 관광객이 찾아오고 있으며 축제기간 중 젓갈판매액이 300여 억에 달하고 있어 우리나라의 대표적인 산업형 축제로 성장을 거듭하고 있습니다.

금년에는 국가지정 문화관광 우수축제로 한 단계 높아진 위상으로 그 규모나 질적인 면에서 그 동안의 축제와는 다른 질과 양, 모두 업그레이드된 모습으로 여러분에게 감동으로 다가가게 될 것입니다. 강경에서 넉넉한 <덤> 문화와 아름다운 추억을 가슴가득히 담아가기를 기대하셔도 좋습니다

</td></tr>
</table>

| | |
|---|---|
| 축제명 | 무주반딧불축제 |
| 축제등급 | 문화관광축제/우수축제 |
| 행사기간 | 2006년 06월 02일~2006년 06월 11일 |
| 지역분류 | 전라북도 |
| 행사장소 | 무주군 일원 (등나무운동장, 지남공원, 예체문화관, 남대천수변공원, 반딧불이서식지 등) |
| 주최/주관기관 | 무주군/(사)무주반딧불축제제전위원회 |
| 홈페이지 | www.firefly.or.kr |
| 연락처 | 063) 320-2440 |
| 소개/행사내용 | 

1. 2005 문화관광부 지정 친환경적 문화관광 지정 축제<br> -99년 제3회부터 문화관광부 우수축제로 지정<br><br>2. 전국 유일 천연기념물을 소재로 한 환경테마 축제<br> -천연기념물 제322호로 지정된 '반딧불이와 그 먹이 서식지'를 모티브로한 축제<br> -무주의 젖줄 남대천에서만 볼 수 있는 깃대종 곤충<br><br>3. 동심 속에 추억을 만들어 꿈과 희망을 주는 사랑과 행복의 축제<br> -엄마는 "아~ 옛날에는" 하고 아이들은 환한 웃음으로 화답하는 고향의 향취를 만<br> 끽하는 축제<br><br>4. 농경·산골문화를 접하고 체험을 통한 학습축제<br> -전통 민속문화 체험과 반딧불이 생태탐사의 확대<br><br>5. 군민은 어울리고 관광객은 열광하는 생생한 감동의 축제<br> -무주인이 만들고 관광객은 참여하는 다양한 프로그램 개발 |

| | |
|---|---|
| | **표 2-4**　2006 문화관광축제 개요(문화관광부 홈페이지 재정리) |

| | |
|---|---|
| 축제명 | 함평나비축제 |
| 축제등급 | 문화관광축제/우수축제 |
| 행사기간 | 2006년 04월 29일~2006년 05월 08일 |
| 지역분류 | 전라남도 |
| 행사장소 | 전라남도 함평군 함평읍 내교리 친환경농업지구 및 함평천 수변공원 |
| 주최/주관기관 | 함평군/함평나비대축제추진위원회 |
| 홈페이지 | www.inabi.or.kr |
| 연락처 | 061) 320-3224 |
| 소개/행사내용 | <br><br>나비야 청산가자<br>호랑나비 앞장서라<br>청산이 어디메뇨<br>자운영꽃 너른 뜰 함평천지라네<br><br>봄이여!　아름다운 계절이여!<br>계절의 여왕 5월,<br>대자연을 배우고, 즐기며, 가슴에 담아가는<br>쾌적하고 맑은 농촌어메니티가 가미된<br>함평나비대축제!<br><br>1,000만평의 유채와 자운영 꽃물결 속에서<br>살아있는 나비와 뒹굴며<br>꽃향기에 취해 보세요!<br><br>어린이에게는 체험학습의 기회로<br>어른에게는 추억과 동심의 세계로<br>…<br><br>유채와 자운영 꽃물결이 넘실대는<br>함평으로 나비보러 오세요! |

 2006 문화관광축제 개요(문화관광부 홈페이지 재정리)

| | |
|---|---|
| 축제명 | 하동야생차문화축제 |
| 축제등급 | 문화관광축제/우수축제 |
| 행사기간 | 2006년 05월 18일~2006년 05월 21일 |
| 지역분류 | 경상남도 |
| 행사장소 | 경남 하동군 화개면 쌍계사 차 시배지 및 진교면 백련리 도요지 일원 |
| 주최/주관기관 | 하동군/하동야생차 문화축제 조직위원회 |
| 홈페이지 | www.hadong.go.kr |
| 연락처 | 055) 880 - 2375~8 |
| 소개/행사내용 | <br><br>　　지리산 국립공원과 한려해상의 수려한 자연경관 속에 청정한 섬진강이 어우러지고, 불교음악인 범패의 발생지인 하동.<br><br>　　천년의 향기가 그대로 살아있는 아름다운 고장에서 개최되는 하동야생차문화축제는 정부가 지정한 문화관광축제로서 야생차의 역사적 전통과 한국의 전통적인 차문화를 직접 체험할 수 있으며 문화유적답사를 통하여 잊혀지지 않는 향기와 추억을 선사한다. |

| 표 2-4 | 2006 문화관광축제 개요(문화관광부 홈페이지 재정리) |
|---|---|

| | |
|---|---|
| 축제명 | 대구약령시축제 |
| 축제등급 | 문화관광축제/유망축제 |
| 행사기간 | 2006년 05월 03일~2006년 05월 07일 |
| 지역분류 | 대구광역시 |
| 행사장소 | 대구시 중구 남성로 일원 |
| 주최/주관기관 | 대구광역시 중구청/(사)약령시 보존위원회 |
| 홈페이지 | www.herbmart.or.kr/festival/index.asp |
| 연락처 | 053) 253-4729 |
| 소개/행사내용 | <br><br>　대구약령시가 전국 유일하게 한방특구로 지정된 원년인 해로 보다 다양하고 짜임새 있는 행사로 펼치고자 축제 대표 프로그램으로 '나랏님 한약재진상행사', '전국 최우량 한약재 선별대회'와 한방관련 참여형 행사로 '2006명과 함께하는 정성탕 나눔행사', '환약 만들기 체험행사' 등 지역민들이 행사 주체가 될 수 있는 프로그램으로 구성하여 명실상부한 대구 대표 축제로 거듭나고자 합니다. |

**표 2-4**  2006 문화관광축제 개요(문화관광부 홈페이지 재정리)

| | |
|---|---|
| 축제명 | 광주김치대축제 |
| 축제등급 | 문화관광축제/유망축제 |
| 행사기간 | 2006년 11월 16일~2006년 11월 20일 |
| 지역분류 | 광주광역시 |
| 행사장소 | 광주광역시 서구 화정4동 404-8 광주염주종합체육관 일원 |
| 주최/주관기관 | 광주광역시/광주김치대축제 추진위원회 |
| 홈페이지 | www.kimchi.gwangju.kr |
| 연락처 | 광주광역시 관광과 062) 613-3621~3 |
| 소개/행사내용 | 

호남은 드넓은 평야에서 생산되는 풍부한 농산물과 서남해안의 각종 해산물의 집산지.

예로부터 맛과 멋이 그윽한 본 고장으로 일컬어 올만큼 음식문화가 발달한 곳으로 전통김치하면 곧 그 대명사로 광주를 생각할 만큼 그 우수성이 국내·외 널리 알려져 있음.

광주김치대축제는 이러한 전통을 바탕으로 음식중 특히 우리 전통김치의 우수성을 세계에 널리 알려 김치산업을 육성하는 한편 관광상품화를 통한 국내·외 관광객을 유치하기 위하여 1994년부터 매년 11월경 개최하고 있음. |

표 2-4　2006 문화관광축제 개요(문화관광부 홈페이지 재정리)

| | |
|---|---|
| 축제명 | 이천쌀문화축제 |
| 축제등급 | 문화관광축제/유망축제 |
| 행사기간 | 2006년 10월 26일~2006년 10월 29일 |
| 지역분류 | 경기도 |
| 행사장소 | 경기도 이천시(利川市) 관고동(官庫洞) 산(山) 69-1 |
| 주최/주관기관 | 이천시/이천쌀문화축제 추진위원회 |
| 홈페이지 | www.ricefestival.or.kr |
| 연락처 | 031) 644-2606~7 |
| 소개/행사내용 | 

핸쌀축제는 이천시의 상징인 쌀과 농경문화의 백미인 가을걷이를 전국적인 관광축제로 승화한 잔치마당이다.

들에 서서 들을 닮아가는 농부와 쉼을 찾아 떠나는 도시의 사람들이 아름드리 나무처럼 하나가 되어 풍년잔치를 벌이는 한마당이다.

심는 대로 거두는 '가을걷이 한마당', 지은이가 팔고 먹는이가 사는 '시골장터 한마당', 농경생활 체험하는 '짚풀문화 한마당', 쌀의 모든 것을 보여주는 '햅쌀문화 한마당', 거북놀이와 풍물놀이의 '들놀이 한마당'을 펼치고자 한다. |

| | |
|---|---|
| 축제명 | 연천전곡리구석기축제 |
| 축제등급 | 문화관광축제/유망축제 |
| 행사기간 | 2006년 05월 04일~2006년 05월 08일 |
| 지역분류 | 경기도 |
| 행사장소 | 경기도 연천군 전곡읍 전곡리 선사유적지 일원 |
| 주최/주관기관 | 연천군/연천전곡리구석기축제 추진위원회 |
| 홈페이지 | www.seonsa.go.kr |
| 연락처 | 031) 839-2562 |
| 소개/행사내용 | 

연천전곡리구석기축제는 가족중심 축제로 역사체험, 교육행사, 오락프로그램이 함께 어울려 온 가족이 참여해 구석기문화를 보고, 느끼고, 배우고, 즐길 수 있는 축제의 장이 될 것입니다.

가족과 함께 구석기 시대의 역사를 체험할 수 있는 연천전곡리구석기축제로 여러분을 초대합니다. |

**표 2-4** 2006 문화관광축제 개요(문화관광부 홈페이지 재정리)

| | |
|---|---|
| 축제명 | 인제빙어축제 |
| 축제등급 | 문화관광축제/유망축제 |
| 행사기간 | 2006년 02월 02일~2006년 02월 05일 |
| 지역분류 | 강원도 |
| 행사장소 | 강원도 인제군 남면 부평선착장 소양호 일원 |
| 주최/주관기관 | 인제군/인제군축제추진위원회 |
| 홈페이지 | www.injefestival.net |
| 연락처 | 033) 460-2082 |

여러분의 관심과 사랑속에 전국제일의 축제로 꽃을 피우게 되겠습니다.

- 2000년 강원도 지역축제중 가장 성공한 축제로 평가
- 2000년 제1회 지방자치단체 개혁박람회 전국 2대 축제로 선정:
  행정자치부, 경실련, 한국관광공사 주관
- 2001년 전국 경영행정연구 발표대회에서 우수상 시상: 행정자치부, 한국자치경영협회
- 2003~2004「문화관광예비축제」선정: 문화관광부
- 2005~2006「문화관광유망축제」선정

## Natural Theme Park!

**- 2006 겨울 빙어축제 풍경은 맑은 행복과 사랑으로 가득합니다.**

**소개/행사내용**

눈물이 날 정도로 투명한 얼음벌.....
인제의 소양호는 겨울이면 백담계곡과 내린천에서 흘러내려온 계곡물과 내설악 골골마다 내리치는
칼바람이 만나 상상할 수 없을 만큼의 광활한 얼음벌을 만듭니다.

추운 겨울 소양호 얼음벌판에서는 아이들의 웃음소리와 재잘거리는 속삭임이 끊이질 않습니다.
그리고 엄마 아빠는 그 해맑은 웃음을 보느라 시간 가는 줄 모릅니다.

부산에서 왔다는 한 가족은 어마어마한 얼음벌에 넋을 놓아버리고, 한동안 입을 다물지 못했습니다.
이내 아이들이 먼저 시작한 얼음지치기에 아빠도 엄마도 덩달아 유년의 추억으로 뛰어들었습니다.
서울에서 내려온 어떤 연인은 얼음구멍에서 건져올린 은빛 빙어의 파닥거림을 디카로 담기에 여념이 없었습니다.

아빠는 아이들의 썰매를 끌어주느라 여념이 없고 평소 일에만 시달리던 신랑은 부인과 강아지를 함께 즐겁게 해주느라 힘겹지만 재미있어 합니다.
연인들은 얼음판을 걸으며 맑은 사랑을 이야기하고 있습니다. 그리고 어떤 노년부부는 아예 얼음판에 자리를 깔고
해가 지는 줄도 모르고 얼음낚시에 취했습니다.

이 모든 풍경은 겨울여행 최적지! 강원도 인제빙어축제에서 만나실 수 있습니다.
끝없이 펼쳐진 드넓은 얼음벌에 빙어낚시와 얼음썰매, 얼음축구.....그리고 아름다운 사랑 이야기가 가득하기 때문입니다...

새로운 2006년의 시작!
4가지 겨울을 만나러 갑니다. 인제빙어축제~~

| | |
|---|---|
| 축제명 | 영동난계국악축제 |
| 축제등급 | 문화관광축제/유망축제 |
| 행사기간 | 2006년 09월 22일~2006년 09월 25일 |
| 지역분류 | 충청북도 |
| 행사장소 | 충청북도 영동군 영동천 둔치 |
| 주최/주관기관 | 영동군, (사)난계기념사업회/(사)난계기념사업회 |
| 홈페이지 | nangye.yd21.go.kr |
| 연락처 | 043) 740-3224 |
| 소개/행사내용 | 우리나라 국악의 거성 난계 "박연" 선생의 음악적 업적을 기리고 전통문화예술의 진흥을 위해 매년 영동에서 열리고 있는 "난계국악축제"는 문화관광부가 선정한 유일한 국악축제이며 민족의 신명이 4일 동안 끊이지 않는 전통 국악의 종합 페스티벌입니다. |

<table>
<tr><td colspan="2">표 2-4 2006 문화관광축제 개요(문화관광부 홈페이지 재정리)</td></tr>
<tr><td>축제명</td><td>한산모시문화제</td></tr>
<tr><td>축제등급</td><td>문화관광축제/유망축제</td></tr>
<tr><td>행사기간</td><td>2006년 05월 04일~2006년 05월 09일</td></tr>
<tr><td>지역분류</td><td>충청남도</td></tr>
<tr><td>행사장소</td><td>충남 서천군 한산면 지현리 한산모시관 일원</td></tr>
<tr><td>주최/주관기관</td><td>서천군/한산모시문화제 추진위원회</td></tr>
<tr><td>홈페이지</td><td>www.mosi.go.kr</td></tr>
<tr><td>연락처</td><td>041) 950-4017</td></tr>
<tr><td>소개/행사내용</td><td>

　백제의 옛땅 충남 서천군 한산면은 모시의 본산지로, 이곳에서 생산된 한산 세모시는 모시 중의 모시로 인정받으며 명실공히 그 오랜 명성을 지켜가고 있다.

　천년을 면면히 이어온 한산 세모시의 역사, 그 씨줄과 날줄을 세세히 살필 수 있는 한산 모시문화제가 2006. 5. 1~5. 5까지 펼쳐진다.

　이번 행사는 아름다운 한산 모시옷 패션쇼 및 저산팔읍길쌈놀이, 모시와 관련된 다양한 볼거리와 모시옷 입어보기 등 흥미진진한 체험의 기회가 마련되 한산 모시의 우수성과 아름다움을 거듭 확인하는 축제의 한마당으로 기획되고 있다.

</td></tr>
</table>

| | |
|---|---|
| 축제명 | 아산성웅이순신축제 |
| 축제등급 | 문화관광축제/유망축제 |
| 행사기간 | 2006년 04월 27일~2006년 05월 01일 |
| 지역분류 | 충청남도 |
| 행사장소 | 충청남도 아산시 현충사 |
| 주최/주관기관 | 아산시/아산성웅이순신축제위원회 |
| 홈페이지 | www.yisunsinfestival.or.kr |
| 연락처 | 041) 540-2404 |
| 소개/행사내용 |  아산성웅이순신축제는 충무공 이순신 장군의 애국애족정신을 되새기고 국난극복의 위업을 계승하고자 매년 장군의 탄신일(4월 28일)을 전후하여 개최해 온 전통 깊은 문화관광축제입니다. |

표 2-4　2006 문화관광축제 개요(문화관광부 홈페이지 재정리)

| | |
|---|---|
| 축제명 | 남원춘향제 |
| 축제등급 | 문화관광축제/유망축제 |
| 행사기간 | 2006년 05월 04일~2006년 05월 08일 |
| 지역분류 | 전라북도 |
| 행사장소 | 전라북도 남원시내 일원 |
| 주최/주관기관 | 재76회 춘향제전위원회 |
| 홈페이지 | www.chunhyang.org |
| 연락처 | 063) 620-6153 |
| 소개/행사내용 | 한결같은 사랑/아름다운 사랑<br><br>　사랑, 화합 그리고 지조와 절개로 상징되는 일편단심의 춘향정신을 남원의 얼, 민족의 얼로 승화시키고 제76회 춘향제를 통하여 아름답고 한결같은 사랑의 결실들이 맺어지고 가족사랑과 부부사랑의 양성평등을 실현하여 관광객 유치증대와 지역경제 및 관광 활성화를 기하고자 함. |

| | |
|---|---|
| 축제명 | 남도음식문화큰잔치 |
| 축제등급 | 문화관광축제/유망축제 |
| 행사기간 | 2006년 10월 18일~2006년 10월 23일 |
| 지역분류 | 전라남도 |
| 행사장소 | 전라남도 순천시 낙안면 낙안읍성민속마을 |
| 주최/주관기관 | 전라남도 22개 시,군 |
| 홈페이지 | www.namdofood.or.kr |
| 연락처 | 061) 286-5241 |
| 소개/행사내용 | <br>五・感・滿・足 Well-being Festival<br>맛 찾아 떠나는 남도 가을여행<br><br>하늘과 땅, 대륙과 해양의 힘이 끊임없이 만나는 축복받은 땅, 남도에서 다양한 색과 다양한 맛에 후덕한 인심과 웅숭 깊은 손맛을 더해 다듬고, 씻고, 절이고, 버무리고, 굽고, 조리고, 삭혀 만든 남도음식을 주제로 한 축제입니다.<br><br>요즘 건강을 생각하는 <웰빙>, <유기농>, <친환경> …<br>이 모든 수식어를 대표하는 음식이 바로 맛의 고장 전라남도의 남도음식이 아니겠습니까?<br>풍요로움과 넉넉함, 여유로움, 낭만과 여행의 계절인 이 가을에 다양한 남도 음식의 깊은 매력과 다양한 볼거리와 체험거리를 함께할 수 있는 제13회 남도음식문화큰잔치에 여러분을 초대합니다. |

<table>
<tr><td colspan="2" align="center">표 2-4  2006 문화관광축제 개요(문화관광부 홈페이지 재정리)</td></tr>
</table>

| | |
|---|---|
| 축제명 | 경주한국의술과떡잔치 |
| 축제등급 | 문화관광축제/유망축제 |
| 행사기간 | 2006년 04월 15일~2006년 04월 20일 |
| 지역분류 | 경상북도 |
| 행사장소 | 경상북도 경주시 경주황성공원 |
| 주최/주관기관 | 경주시/경주한국의술과떡잔치 추진위원회 |
| 홈페이지 | sulddeok.gyeongju.go.kr |
| 연락처 | 054) 779-6396 |
| 소개/행사내용 | 우리 쌀 음식의 우수성과 다양한 영양소가 함유된 오곡을 원료로한 민족 전통음식인 술과 떡을 국내외에 널리 알리고, 민족문화의 우수성이 돋보이는 전통 먹거리를 관광 상품화하여 관광객 유치증대와 지역경제 및 관광활성화를 기하고자 함. |

 2006 문화관광축제 개요(문화관광부 홈페이지 재정리)

| 축제명 | 풍기인삼축제 |
|---|---|
| 축제등급 | 문화관광축제/유망축제 |
| 행사기간 | 2006년 09월 29일~2006년 10월 03일 |
| 지역분류 | 경상북도 |
| 행사장소 | 경상북도 영주시 풍기읍 남원천 일원 |
| 주최/주관기관 | 풍기인삼축제추진위원회/풍기인삼축제실무위원회 |
| 홈페이지 | tour.yeongju.go.kr |
| 연락처 | 054) 639-6064 |
| 소개/행사내용 | 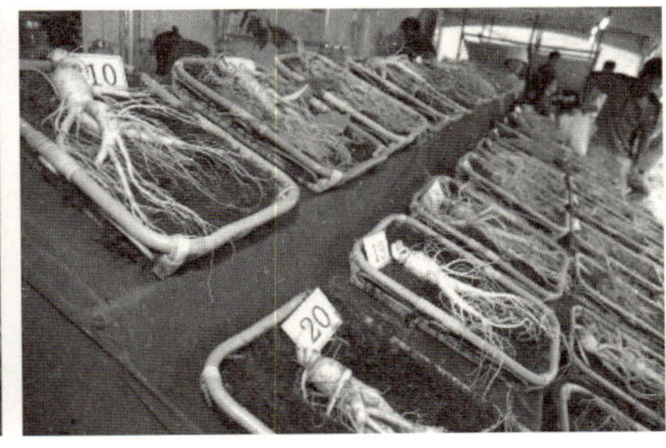

수려한 소백산 아래 찬란한 유불문화가 살아 숨쉬며 정감록의 십승지 중 제일승지로 알려진 영주는 신라 불교문화의 향취가 그윽한 부석사와 우리나라 최초의 사액서원인 소수서원이 있는 유불문화의 보고이다.

특히 2004년 9월에 순흥 선비촌이 개촌되어 명실상부한 선비의 고장으로서 유불문화 유적지와 연계하여 소백산의 정기를 머금고 자란 풍기인삼을 소재로 한 최고의 건강 체험 축제인 풍기인삼축제!

풍기인삼의 우수성을 널리 알려 인삼소비의 저변 확대와 국내외 관광객이 동참하여 체험하는 축제로 승화시켜 지역 경쟁력 확보는 물론 영주시의 문화관광자원을 대내외에 널리 알려 지역경제 활성화에 크게 기여하고자 하는 축제이다. |

<table>
<tr><td colspan="2">표 2-4   2006 문화관광축제 개요(문화관광부 홈페이지 재정리)</td></tr>
</table>

| | |
|---|---|
| 축제명 | 정월대보름들불축제 |
| 축제등급 | 문화관광축제/유망축제 |
| 행사기간 | 2006년 02월 09일~2006년 02월 11일 |
| 지역분류 | 제주도 |
| 행사장소 | 북제주군 애월읍 봉성리 서부관광도로변 |
| 주최/주관기관 | 북제주군 |
| 홈페이지 | http://buriburi.go.kr |
| 연락처 | 064) 741-0544 |
| 소개/행사내용 | 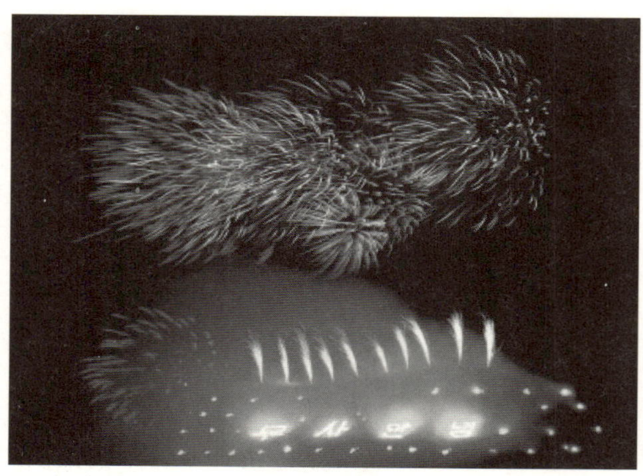<br><br>제주인들의 삶의 지주가 돼온 목축문화와 제주의 전통 민속 자연을 현대적 감각으로 조화시켰고, 또한 불(火), 말(馬), 오름(岳) 등의 독특한 지역적 소재를 가미시킨 문화 관광축제.<br><br>세계적인 축제로 평가받고 있는 정월대보름들불축제는 10만평이 넘는 오름에 불을 놓아 화산이 분출하는 것과 같은 형상으로 치러지게 되며, 활화산을 연상케하는 그 웅장함만으로도 진한 감동을 안겨주게 될 것이다.<br><br>2006년도 정월대보름들불축제는 불(火), 말(馬), 오름(岳) 등 소재와 제주의 전통 민속 자원을 극대화하여 축제의 의미를 부각 시키게되며 또한 북제주군과 국제 자매결연을 맺고 있는 중국 래주시와 미국샌타로사시의 특별공연 등 다채로운 공연과 함께 축제의 분위기를 더한층 고조될 것이다. |

## (2) 지역문화관광축제의 관광상품성

국민소득 증대와 여가시간의 증대, 반나절생활권이 가져다 준 결과로 문화를 향유하려는 움직임이 도처에서 일어나고 있다. 이에 발맞추어 지역축제를 활용한 지역경제 활성화 전략이 각 지방자치단체별로 일어나고 있으며 현재 전국적으로 대략 2,200여건의 지역축제가 벌어지고 있는 것으로 보고되고 있다. 이 중 문화관광 이벤트로서의 성격을 지닌 축제는 650~700개로 추산된다. 그 중에서 문화관광부가 선정하여 지원·육성하는 대표적인 축제 27개(2006년도 문화관광부 문화관광축제 선정결과 기준, 예비축제는 25개) 는 그 지역의 특화상품에 대한 컨셉(Concept)을 설정하여 브랜드화(Brand Identification)를 통한 지역의 이미지 제고 및 관광자원화 전략차원에서 개발하여 지역경제 활성화를 도모하고자 하는 것으로, 지역주민들만의 화합축제의 형태를 넘어서 외지 관광객 및 외국인 관광객까지 끌어 들일 수 있는 독창적인 프로그램과 경제적 파급효과가 큰 축제의 성격을 지닌 것들이다.

이처럼 문화관광 이벤트의 관광상품성은 지역의 문화와 지역주민들의 열망을 반영한 지역만이 가지고 있는 지역문화의 골격을 기초로 하여 이루어지는데, 이를 발전시키기 위해서는 지역 고유의 전통문화 발굴, ·보존·복원·상품화·개발하여, 개발주민 스스로가 적극적이고 주체적으로 지역문화에 자긍심을 가지고 지역의 특성을 살릴 수 있는 테마(Theme)를 설정하여 지속적이고 일관성있는 프로그램을 개발하는 것이 매우 중요하다. 이 때 이벤트는 매우 중요한 기능과 역할을 담당하는 것으로, 지역관광산업의 성패 자체를 좌우할 요소로서 작용하리라 본다.

# 제 3 장

# 이벤트기획

## 1. 꿈

### 1) 자긍심 부여

기존의 모든 이벤트는 앞에서 언급했듯이 노는 즐거움(Enjoy) 만을 고려하여 기획되고 있어 레크레이션(Recreation)적 성격이 강한 이벤트가 주류를 이루고 있다. 이러한 현실을 개선하기 위해서 3E의 요소 중 어느 부분에 중점을 두고 기획되느냐 하는 것은 매우 중요하다. 왜냐하면 그에 따라 기획뿐만 아니라 연출·실행의 모든 단계 자체가 달라지기 때문이다. 3E 이론은 특히 기획의 제1단계인 꿈(Dream) 부분에 미치는 영향이 가장 큰데, 이벤트의 목표 자체가 전혀 다른 형태로 정해지기 때문이다.

그런데 지금까지의 지역축제기획에서 더 한층 문제가 되고 있는 부분은 노는 즐거움의 대상이 참가자 내지는 지역주민이 아니라 주최자였다는 사실이다. 이는 지역축제가 관(官)이나 특정주체의 주도로 기획되고, 지역주민은 수동적인 참가자의 입장이 되었기 때문에 비롯된 현상이다. 그렇기 때문에 지역축제 주최자의 과시 내지는 만족을 위한 기획이 이루어지고 있는 것이다. 참으로 안타까운 현실이 아닐 수 없다. 지역문화축제에서 중요한 것은 외국인 관광객을 얼마큼 유치할 수 있는 축제가 될 것인지, 그리고 찾아 온 관광객들에게 어느 정도의 만족을 줄 수 있는 이벤트로 기획할 것인지의 여부이다. 마을 사람들끼리의 축제는 더 이상 아무 의미가 없음을 인지하고, 지역 경제 활성화에 맞추어 기획되어야 할 것이다. 연출만을 고려한 축제에서 벗어나 기획과 상품기획부분에서, 나아가 축제의 목적성부분에서 어떤 것을 위주로 심도있게 기획되어야 하는지를 알아야 할 것이다.

기획단계가 제대로 진행되지 않는다면, 아무리 훌륭한 연출기법이 보여진다고 하더라도 제대로 평가받을 수 없는 단순연출로 끝나고 마는 것이다. 이제는 자기 중심의 꿈에서 벗어나 주체세력으로서의 지역주민에 대한 자긍심 부여와 지역경제에 도움이 될 수 있는가를 따지는 것이 중요하다는 사실을 깨달아야 한다.

진정한 지역문화축제가 탄생하기 위해서는 주체세력의 자긍심 33%, 주관세력의 마케팅 홍보력 33%, 기획자의 역량 33% 비율의 삼자(三者) 공통분모의 꿈(Dream) 설정이 중요하다. 이 단계에서 테마(Theme)와 브랜드(Brand) 및 정체성(Identity)의 윤곽이 드러나기 때문에 삼자의 꿈과 욕망이 실현될 수 있는 꿈이 되어야 하는 것이다.

지역문화 축제기획에서는 꿈(Dream)단계에서부터 지역주민과 지역경제 활성화에 대한 고려가 선행되어야 하며, 이를 통해 자긍심을 부여해 주어야만 한다. 그렇게 해서 지역주민을 지역문화축제의 진정한 주체로 인식시킬 때 비로소 문화관광축제의 기획이 출발될 수 있으며, 이러한 자긍심 부여는 축제의 "주인의식" 인식이라는 측면에서 행사전반에 지대한 영향을 미치며 이러한 주인의식 없이는 어떠한 지역문화축제도 성공할 수 없다는 사실을 명심해야 한다.

## (1) G.O시스템을 통해 본 자긍심 부여의 중요성

저자는 꿈(Dream)단계에서 가장 중요한 요소가 자긍심의 부여라고 주장하였다. 완벽한 자긍심의 부여를 통해 성공한 사례로 클럽 메드의 G.O시스템 운영을 살펴 보기로 하

자. 클럽 메드가 G.O시스템을 통해 성공을 거두자 많은 사람들이 G.O시스템을 받아 들여 경영에 참고하고 있다. 그런데도 불구하고 클럽 메드만큼의 성공을 거두지 못하는데에는 이유가 있을 것이다. 단순히 시스템의 모방이 문제가 아니라는 것을 파악해야만 한다. 클럽 메드의 G.O시스템 운영의 성공열쇠는 바로 G.O요원에 대한 자긍심 부여였다.

클럽 메드는 G.O에게 빌리지(Village)의 운영에 있어 절대 필요한 요원임을 인식시키고, 빌리지의 주인이라는 생각을 심어줌으로써 서비스의 개선에 획기적인 효과를 보았던 것이다. 단순히 봉급을 받는 소극적인 의미의 직업인이라는 개념을 벗어나 자신들이 빌리지의 주체이자, 클럽 메드 경영에 참여하는 파트너(Partner)라는 인식을 주어, G.M(Gentle Members: 클럽 메드에서 고객을 가리키는 용어)의 만족을 책임지는 사람이라는 자긍심을 부여해 주었던 것이 주요하게 작용했던 것이다. 이러한 자긍심부여와 주인의식의 인식은 세계적으로 9,000여 개의 커피체인점을 가지고 있는 스타벅스(Starbucks Coffee)에서도 성공한바가 있는데 직원을 고용자(Employee)가 아닌 파트너(Partner)로 인식시켜 파트타임제의 잦은 이직율을 감소시켰으며 이러한 이직률 감소는 고객에 대한 안정적인 서비스로 나타나 세계적인 커피체인점을 될 수 있었을 것이다.

기획·진행·연출가인 G.O는 스스로가 많은 수익을 얻으며, 동시에 세계 각국의 G.M들을 통해 배움의 즐거움을 향유하고, 그리고 G.M과 더불어 노는 즐거움(Enjoy)까지 느낄 수 있다. G.O에게는 최상의 숙소와 6개월 단위의 빌리지 이동, 교통비·식비 등 모든 것이 제공된다. 클럽 메드는 왜 G.O에게 이렇게 최상의 대우를 보장해 주는가? 바로 G.O라는 자긍심을 부여해 줌으로써 창출되는 효과를 노린 것이다. 이러한 사례를 통해 우리는 하나의 이벤트 기획에서 주체세력에게 자긍심을 부여해 주었을 때 최고의 효과를 얻을 수 있음을 알 수 있다.

지역문화축제를 기획할 때 어떻게 주체세력인 지역주민에게 자긍심을 부여해 줄 것인가 하는 부분을 철저히 기획하는 것, 즉 행사주체에 대한 자긍심 부여가 연출·무대·조명 등의 부분에 앞서 고려되어야만 한다. 지금까지 지역축제에 있어서는 행사에 어떤 출연자를 섭외할 것인지 등의 연출부분에만 집착하는 기획이 이루어져 왔던 것이 현실이다. 그렇기 때문에 우리가 추구해야 할 상품기획과 SP부분에서는 큰 것을 놓치고만 결과가 나왔다.

우리는 클럽 메드 G.O를 통해 왜 자긍심이 필요한지, 왜 지역축제에서 축제를 하기에 앞서 지역주민들에게 축제의 당위성을 알리고, 자긍심을 부여해 주어야 하는지 이유를 알 수 있을 것이다. 바로 자긍심이 있어야 지역주민들의 적극적인 참여를 유도할 수 있기 때문인 것이다. 거창한 형태의 참여가 아니더라도 진심에서 우러 나오는 참여를 유도해 냈을 때 비로소 진정한 문화가 발현되는 것이라고 생각한다.

이런 의미에서 50년 동안의 G.O에 대한 자긍심 부여의 교육은 주목할 만한 것이다. 우리는 클럽 메드가 얼마나 치밀한 G.O 교육을 실시하여 왔는지를 알 수 있다. 또한 그러한 교육을 통해 G.O가 된다는 사실이 얼마나 자부심을 가질 수 있는 일인지를 각인시키고 있음을 알 수 있다. 확실한 자긍심의 부여가 없었다면, 기꺼이 1인 2~3역을 담당하려는 사람은 없었을 것이다. G.O들이 마치 자신의 집에 찾아 온 손님처럼 극진한 서비스를 제공할 수 있었던 것은 G.O들 자신이 주인이라는 생각이 없다면 불가능한 일인 것이다. 따라서 바람직한 지역문화축제에서는 바로 지역주민들이 스스로 주인이라는 자긍심을 갖도록 사전에 붐업(Boom-Up) 작업을 하는 것이 중요한 일임을 알 수 있을 것이다.

지금까지 저자가 해 왔던 기획들을 보면, 집요한 사전활동들을 포착할 수 있을 것이다. 주민들에게 자긍심을 부여하고, 주민들에게 이슈(Issue)를 제공하고, 지역주민이나 관광객들이 모두 공감할 수 있는 테마(Theme)를 잡는 부분에 심혈을 기울인 흔적들을 볼 수 있을 것이다.

강원도 평창군의 경우, HAPPY 700이라는 브랜드를 개발하게 된 것은 평창군민들이 자긍심을 가질 수 있는 부분들을 많이 제공하기 위해서였다. 해발 700미터에서 태어나 자란 군민들에게 자신들의 고장이 인체의 최적지라는 강한 자긍심과 자부심을 갖게 하기 위해서 HAPPY 700이라는 브랜드를 개발하게 되었던 것이다.

아산시 온양문화제의 경우는 찬란하고 성스러운 영웅도시 아산의 온양문화제를 표방하면서 Amazing Hero라는 브랜드를 탄생시켰고, 이를 지역주민들에게 인지시키면서 영웅도시의 시민이라는 자긍심을 갖게 하고, 따라서 Amazing Hero라는 브랜드를 통한 지역문화축제가 얼마나 소중한 것인지를 알리려고 하였다. 이러한 시도가 성공을 거두었을 때, 지역주민들의 자발적이고 능동적인 축제참여를 이끌어 낼 수 있을 것이다.

결국 가장 중요한 사항은 축제에서 무엇을 할 것인가보다는 어떻게 지역주민들에게 자긍심을 부여해 줄 것인가가 관건이라는 사실을 잊어서는 안 된다. 그것이 바로 전문문화기획자들의 과제인 것이다.

# 클럽 메드(Club Med)

## 1. 클럽 메드란

불어로 Club Mediterranean의 약어로 '지중해 클럽'이라는 뜻이다. 로고인 삼지창은 그리스 신화의 바다의 신 넵튠을 의미하고, 로고의 파란색은 바다를, 노란색 점은 태양을 상징한다. 클럽 메드는 전세계 35개국의 가장 아름다운 지역에 약 130여 개의 휴양촌을 운영하고 있는 세계 최대의 휴양전문 회사이다. 첫 텐트 빌리지인 알쿠아디아 빌리지가 1950년 스페인에 처음 생긴 것을 시작으로 이후 50년의 시간동안 휴가의 대명사로 자리잡으며 오늘에 이르렀다. 1997년 기준으로 12,000여 명의 한국인이 클럽 메드의 고객이 되었으며, 전세계적으로는 2,000,000여 명이 해마다 클럽 메드에서 휴가를 보낸다.

## 2. 클럽 메드의 특징

### 1) 자연과의 조화 속에서 누리는 자유

클럽 메드는 자연 속에서의 휴양을 추구하면서 좀 더 자연스럽고 인간미 있는 유럽식 운영을 하며, 본사는 프랑스 파리에 있다. 35개국의 130여 군데의 빌리지에 모인 모든 손님들은 평등이라는 개념 아래 같은 서비스를 누린다. 클럽 메드는 기존의 여행 패턴에 과감히 반기를 들고, "무엇이든 할 자유, 아무 것도 하지 않을 자유"라는 슬로건 아래 해외여행 자율화 이후 관습이 된 단체 관광, 패키지 여행 등에 싫증을 내기 시작한 한국인들에게 크게 어필하기 시작했다. 클럽 메드의 활동들은 인간의 육체를 움직여 자연스럽게 할 수 있는 것들로 스포츠가 구성이 되는데, 이것은 해양 스포츠의 리스트를 보면 알 수 있다. 윈드서핑, 카약, 세일링, 스노클링, 스쿠버 다이빙, 페달 보우트, 선셋크루즈 등이고, 제트스키나 바나나 보우트, 패러세일링 같은 극도의 위험을 안고 즐기는 활동이라든가 동력을 이용하여 소음과 바다에 오염을 일으킬 수 있는 활동 등은 배제하고 있다. 인조 조형물이라든가 인공 파도풀 등을 찾아볼 수 없는 것도 같은 맥락에서 이해할 수 있다.

### 2) 빌리지(Village)

빌리지라는 새로운 개념을 이해하기 전에는 클럽 메드를 이해하기 힘들다. 빌리지는 말 그대로 마을·촌의 개념이고, 클럽 메드는 모든 리조트를 호텔이나 콘도미니엄이 아닌 빌리지로 칭한다. 왜냐하면 빌리지라는 단어에는 단순한 호텔의 객실과 부대시설의 열거와는 달리 그곳에 사는 사람들이 포함되기 때문이다. 이들은 촌장(Chef de Village)을 비롯하여 G.O(Gentle Organizer)로 구성되어 있다.

# 3 . G.O

### 1) G.O란

G.O는 Gentle Organizer의 약자로 클럽 메드의 빌리지에 상주하는 요원들을 지칭한다. 이들은 보통 30개국 이상에서 모여든 재능과 열성을 지닌 젊은이들로 이루어져 있다. 이들은 게스트들(G.M(Gentle Members)이라고 지칭됨)과 어울려 최고의 휴가를 만들어주기 위해 각 분야에서 열심히 근무한다. 그들은 친절한 안내자로서의 역할을 하며, 친구인 동시에 스포츠 강사이며, 요리사, 은행원, 상점점원, 리셉셔니스트, 바텐더이지만 저녁엔 화려한 무대 위에 댄서, 코미디언, 배우로 변신하는 다재 다능한 파티 오거나어져들이다. G.O시스템은 클럽 메드가 성공을 이룬 가장 중요한 요인이라고 할 수 있는 독특한 소프트웨어이고, 그 방대함과 다양함, 국제성은 50년간의 역사와 경험을 자랑하는 다국적 성격의 클럽 메드만이 이루어 낼 수 있는 조직이므로 그 누구도 모방하기 힘들다.

### 2) G.O의 채용

클럽 메드의 가장 큰 자산은 9,000에서 11,000명에 이르는 G.O들이다. 그가 수상스키 강사든 포도주 전문가든 예능인이든, 이들 전세계 70여 개국으로부터 모여든 젊은이들은 "게스트들의 만족은 책임진다"는 하나의 기본적인 임무를 가진다. 매년 모든 전문 분야에서 3,500명 이상의 새로운 G.O를 채용하고 있다. 이들 중 대다수에게는 클럽 메드에서의 재직이 비록 몇 시즌 정도만 지속될 뿐이지만, 관용, 팀웍, 공동체 등의 클럽 메드의 기본 개념에 매혹된 G.O들은 클럽 메드를 자신들의 인생 경력의 하나로 만든다.

### 3) 클럽 메드의 정수

게스트가 도착하는 순간부터 송별 칵테일 파티까지 그들의 클럽 메드에서의 모든 경험은 체류기간 내내 만나게 되는 G.O들에 의해 결정된다. 그렇기 때문에 G.O(테니스 강사든 간호사든 DJ든 간에)들에게는 따뜻하고 친숙한 분위기를 만드는 것이 매우 중요한 것이다. 그들은 G.M들이 일상생활의 스트레스로부터 벗어날 수 있도록 해주어야만 하기 때문이다.

### 4) 당신은 G.O 재원인가?

당신은 젊고, 외향적이고, 즐기는 것을 좋아하고, 개방적인 사고를 지니고 있는가? 그리고 당신의 내부에서 자연스럽게 발산된 무엇을 가지고 다른 사람들을 기쁘게 만들어 줄 수 있는가? 당신은 아이디어가 넘쳐나는 낙관주의자인가? 이들 질문에 "네"라고 대답하였는가?
그리고 다음의 질문들에도 "네"라고 대답할 수 있는가? 그렇다면 당신은 아마도 G.O 재원일 것이다.

### 1. 당신은 대중적인 사람인가?

G.O들은 클럽 메드가 명성을 얻게 된 요인인 "공동체의 특성"을 창조할 책임을 지닌다. 그렇기 때문에 그들은 무엇보다도 진정으로 사람들을 좋아해야만 한다. 훌륭한 G.O는 명랑한 성격이며, G.M들과 어울리고, 그들을 도와주는 것을 즐기는, 타고난 "사교적인 사람 Mixer"이어야 한다. G.O들에게는 또한 인내심도 요구된다. 매번, 매일 반복되는 똑같은 질문에 대답하기 위해서는 인내심이 필요하다. 그리고 G.O는 G.M들의 일상생활을—식사를 함께 하고, 스포츠를 즐기고, 그들을 소개시켜주고, 격려해주는 일들에서 일부분을 담당할 뿐만 아니라 거의 언제나 다른 G.O들과 함께—한 방을 쓰고, 저녁 공연을 위한 연습을 하고, 다음 날의 테니스 토너먼트 계획을 짜는 일들—하기 때문에 그들은 클럽 메드의 생활 스타일에 전적으로 편안함과 행복을 느껴야만 한다.

### 2. 사람들이 당신의 말에 귀를 기울이는가?

G.O는 어떻게 의사소통을 해야하는지를 알아야만 한다. 그들은 클럽 메드의 주요 활력소이다. 웃는 얼굴과 다정한 매너로 그들은 끊임없이 G.M들에게 활동거리를 제안한다. 그들의 의사소통 능력은 신뢰의 분위기를 만들 수 있게 해줄 것이다. 그러한 분위기 속에서 G.M들은 의심을 품을 수도 있는 분야에 도전을 할 수 있게 될 것이다.

### 3. 당신은 다른 문화에 대해서 호기심이 많은가?

G.M들은 거의 전세계로부터 온다. 그렇기 때문에 훌륭한 G.O는 필히 다양한 문화권으로부터 온 사람들과 만나고 일하고 싶어해야만 한다. 적어도 하나의 외국어를 말할 수 있는 능력을 지녔을 뿐만 아니라 G.O들은 또한 다른 국가들의 관습과 풍습에 거부감 없이 적응해야만 한다. 오직 그들이 진정으로 다른 문화들에 대해 호기심을 가지고 있어야만 G.O들은 G.M들의 언어로 의사소통하는 것을 배울 수 있기 때문이다.

### 4. 당신은 독립적으로 상황에 맞게 생각할 수 있는가?

쉽게 적응하고, 창조적인 훌륭한 G.O는 클럽 메드 빌리지 내에서의 자신의 역할에 재빨리 적응한다. 그리고 G.O들이 새로운 빌리지에 배정되는 즉시 그 임무는 엄청난 유연성을 요구하게 된다. 그것은 빌리지의 다이나믹하고 지속적인 변화가 큰 유연성을 요구하는 것과 마찬가지이다. G.O들은 다양한 게스트들, 다양한 기후에 적응해야 하는 것과 마찬가지이다. G.O들은 물론, 그들은 빌리지가 원하는 것이다. G.O들은 물론, 그들의 빌리지가 환경변화를 시도하는 것을 도와줄 만반의 준비가 되어있어야만 한다. 이상적인 G.O는 호기심 많고, 상상력이 풍부하며, 언제나 빌리지를 환상적인 장소로 만들기 위한 새로운 아이디어를 개발하는 사람이어야 한다.

### 5. 당신은 웃는 것을 좋아하는가?

마지막으로 위의 질문들 못지않게 중요한 것으로, G.O들에게는 유머감각이 필요하다. G.O들이 최고의 전문가 기질로 그들의 직업을 수행한다하더라도 그들은 결코 웃는 능력을 상실해서는 안 된다.

### 5) 클럽 메드에 오신 것을 환영합니다.

일단 클럽 메드 조직에 들어오면 G.O들은 실질적으로 자신들의 특기에 있어 기술을 향상시킬 수 있는 무제한적인 훈련 프로그램에 참여할 수 있는 기회를 가지게 된다. 이것이 많은 사람들이 클럽 메드를 재능의 양육 장소로 보고 있는 하나의 이유이다. 그 외에 더 무엇이 있을까? 야심차고 재능있는 G.O들은 활동 매니저(Activity Manager) - 테니스와 같은 특별 활동을 책임지는 사람 - 단계까지 올라갈 수 있고, 그 다음엔 분과장(Department Head) - 스포츠나 오락과 같은 하나의 전 분야를 책임지는 사람 - 마지막으로 정수 중의 정수이고, 최고의 G.O인 촌장(Chef de Village)의 직위까지 올라갈 수 있다. 촌장은 마치 오케스트라의 지휘자처럼 G.O들의 팀을 이끌고, 동기를 부여해 주고, 관리하는 역할을 담당한다.

### 6) 최종 견해

G.O가 된다는 쉬운 일이 아니다. 그러나 보답이 따르는 일이다. 당신은 남은 생애 동안 유용하게 쓰여질 기술들을 배우게 될 것이다. 이해하고, 대화하고, 배우고, 혁신하는 방법들을 배우게 될 것이다. 당신이 우리와 함께 단 몇 시즌만을 일하게 되든, 전 생애동안 함께 일하게 되든, 이 경험들은 당신의 삶을 바꿔줄 훌륭한 특성들이 될 것이다.

### 7) G.O에 관한 빈도성 높은 질문들

① 나는 완벽한 지원서를 제출하였는데 아직도 답장을 받지 못하고 있다. 어떻게 된 것인지?

클럽 메드는 매 시즌마다 수천 통의 지원서를 접수하고 있다. 일반적으로, 채용 여부를 떠나서 모든 지원자들 개인에게 답장을 보내기 위해 노력하고 있다. 만약 당신이 답장을 받지 못했다면, 당신이 회신 주소를 기입할 때 실수가 있었거나 지원서 상에 불충분한 점이 있어 우리가 처리하지 못했을 가능성이 높다. 6주 내지 8주가 지나도 답장을 받지 못했다면, 당신의 지원서가 받아들여지지 않았다고 간주해야 할 것이다.

② 어떻게 하면 나의 지원서가 받아들여질 가능성을 높일 수 있는가?

몇 가지 상식적인 비결이 있다. 완벽한 지원서(이력서, 자기소개서, 사진)를 마감일 까지 제출하시오. 지원하는 분야에 반드시 요구된 자격요건(언어 요건, 학위, 경력, 근무 가능한 기간)에 세심한 주의를 기울이시오. 그리고 가장 중요한 것은 반드시 인터뷰에서 당신의 모든 열정과 에너지를 전달할 수 있도록 하시오.

③ 채용된 후 배정 받은 빌리지로 떠나기 얼마 전에 통보 받게 되는가?

인터뷰를 성공적으로 마치고 나면, 채용확인 서신을 받게 될 것이고, 몇 가지 양식서류를 작성하게 될 것이다. 그리고 나면, 빌리지로 떠나기 1주에서 4주 전에 통보 받게 될 것이다. 만약 당신의 임무가 시즌 중에 시작된다하더라도 적어도 48시간 이전에는 통보 받을 수 있을 것이다. G.O는 항상 떠날 준비가 되어 있어야만 한다.

④ 내가 임무지를 선택할 수 있는가?

그렇지 않다. 첫 번째 시즌에는 우리의 필요와 당신의 근무 가능 날짜에 따라 우리가 장소를 제공하게 된다.

⑤ 임무지까지의 비행경비는 누가 지불하는가?

당신의 집에서부터 빌리지까지의 모든 교통비용은 채용시에 설명된 방식으로 클럽 메드에 의해 지불될 것이다.

⑥ 무엇을 가져가야 하는가?

당신이 근무하게 될 빌리지의 성격(호텔 빌리지 또는 방갈로 빌리지)과 기후에 따라 정장을 하거나 평상복 차림을 할 수 있다. 자세한 사항에 대해서는 출발하기 전 해당 빌리지 담당자에게 문의하면 된다.

⑦ 봉급은 어떻게 되는가?

당신은 백만장자가 되기 위해 클럽 메드에서 일하는 것은 아니다. 오히려 다양한 생활양식을 체험하기 위해 일하는 것이다. 더구나 당신은 봉급의 대부분을 저축할 수 있을 것이다. 왜냐하면 클럽 메드가 숙식과 빌리지의 모든 레크리에이션 시설 사용을 포함한 비용 일체를 감당하기 때문이다. 당신의 봉급은 배정 받은 특정 직업과 책임 정도에 따라 결정될 것이다.

⑧ 자유시간은 있는가?

있다. 그러나 당신이 배정 받은 빌리지의 여유 정도와 당신의 임무에 따라 차이가 있을 것이다. 당신은 또한 다양한 빌리지 활동(버라이어티 쇼, 게임, 게스트들의 환영/환송 파티 등)에도 참여해야만 하는데 이로 인해 당신의 여가시간이 빼앗길 것이다.

⑨ 개인방을 갖게 되는가?

그렇지 않다. 그러한 실질적인 시설을 갖춘 빌리지는 거의 없다. 일반적으로 2인 1실을 사용한다.

⑩ 만일 몸이 아프면 어떻게 되는가? 보험 가입은 되는가? 귀향조치를 해주는가?

당신이 어떤 나라에서 근무하게 되든 당신은 건강보험과 사고보험 혜택을 받을 수 있다. 모든 G.O들은 필요한 경우 귀향을 포함한 보험 혜택을 받는다.


## 4. 클럽 메드에서의 직책

### 1) 수상 스포츠 강습

수상 스포츠 강습 분야에서 G.O 직책의 자격을 갖추기 위해서는 열정적이고, 자발적이고, 유연성이 있어야 한다. 우리는 강한 리더십과 다른 사람들의 안전에 대한 관심을 가진 지원자를 찾고 있다. 당신은 인명구조 상급 자격을 소지해야하고, 당신의 특별 스포츠 분야를 가르칠 수 있는 초급부터 상급까지의 기본을 갖추고 있어야 한다. 당신은 스포츠 장비에 익숙해야하고, 그것을 유지할 수 있어야 한다. 게다가 G.M들에게 기꺼이 시범 실습을 보여줄 수 있어야만 한다. 2개 국어(불어, 영어, 독어 또는 이태리어)에 능통해야 한다.

▶ 가능한 직책

수상스키 강사/세일링 강사/윈드 서핑 강사/스노클링 강사/스쿠버 강사/카약 강사


### 2) 지상 스포츠 강습

스포츠 강습 영역에서 우리는 탁월한 의사소통 능력과 게스트들에게 동기를 부여하고, 용기를 북돋울 수 있는 능력을 지닌 지원자를 찾고 있다. 당신은 아동과 성인을 모두 강습한 경험이 있어야 하며, 자격증을 소지한 강사이어야 하고, 당신의 전공 스포츠 분야 장비와 안전 조치에 대한 전문지식을 지니고 있어야만 한다. 지원자는 반드시 외향적이고 활력이 넘치며, 신체적 체형 조건도 훌륭해야 한다. 게다가, 당신은 반드시 자발적으로 게임, 토너먼트, 특별 야간 스포츠 활동을 조직해야하고, 필요할 경우 스포츠 이벤트의 사회를 보아야만 한다. 2개 국어(불어, 영어, 독어 또는 이태리어)에 능통해야 한다.

▶ 가능한 직책

스키 강사/스키 기술 전문가/스포츠 강사/테니스 강사/골프 강사/인라인 스케이팅 강사/암벽등반 강사/에어로빅 강사/양궁 강사/펜싱 강사/승마 강사

### 3) 리조트 유지 · 보존

클럽 메드의 리조트 유지 · 보존 분야에서 G.O 직책의 자격을 얻기 위해서는 반드시 조직적이고, 매우 자발적이고, 다국적 팀에서 근무하는 것에 편안함을 느껴야만 한다. 우리는 기꺼이 솔선하고, 신중하게 관리할 줄 아는 지원자를 찾고 있다. 당신은 최소한 23세 이상이어야 하며, 자신의 분야에서 3년 이상의 경력이 있어야만 한다. 모든 필요한 자격증을 소지해야만 하고 스페인어, 불어, 영어 또는 이태리어를 포함한 2개 국어 이상의 지식을 가지고 있어야 한다.

▶ 가능한 직책

택지(정원) 감독/정원사/호텔 보급품 매니저/목수/냉각 기술자/전기 기술자/배관공/난방 기술자


### 4) 주방 예술

클럽 메드의 주방 예술 분야에서 G.O 직책의 자격을 얻기 위해서는 전공 직업교육 수료증이나 다방면의 실제 경력을 가지고 있어야만 한다. 우리는 적어도 3년 이상의 직업 경력과 그 중 1년의 "파인 다이닝(정찬)" 분야에서의 경력을 우대한다. 게다가 지원자는 "프랑스 요리"를 파악하고 있어야 하며, 22세 이상이어야 한다. 훌륭한 개인 능력소개와 조직 능력은 플러스 요인이 된다. 2개 국어(불어, 영어, 독어 또는 이태리어)에 능통해야 한다.

▶ 가능한 직책

레스토랑 매니저/F&B(Food & Beverage) 보조 매니저/패스츄리 요리사/제빵 요리사/바텐더/요리장/육류 담당자


### 5) 오락 밤과 낮

오락 분야의 G.O 직책을 충원할 경우 우리는 청중 앞에서도 자연스럽게 행동하고, 자신의 분야에서 경험을 가지고 있는 외향적이고, 창조적이며, 자발적인 사람을 찾고 있다. 우리는 조직적이고, 유능하며, 심한 정신적 중압감 하에서도 임무를 잘 수행할 수 있어야 한다. 당신은 종종 마지막 1분의 변화 상황에도 적응하도록 요구될 것이며, 공식적으로는 "당신의 일"이 아닌 임무들을 수행하도록 요구될 것이다. 그렇기 때문에 우리는 당신에게 유연성과 참을성을 기대하는 것이다. 마지막으로 당신은 21세 이상이어야 하며, 공업-규격 장비에 익숙해야 하고, 해당분야의 학위를 소지하거나 다방면의 실제 경험을 지니고 있어야 한다.

음향 엔지니어/조명 엔지니어/세트 디자이너/의상 디자이너/나이트클럽 DJ/댄서/안무가/코미디언/M.C.


## 6) 접객과 행정

접객과 행정 분야에서 G.O 직책을 충원할 경우 우리는 전문적이고, 외교적 수완이 능숙한 태도, 평균 이상의 조직 능력, 정신적인 중압감 하에서도 평정을 유지 할 수 있는 능력을 보여주는 지원자를 찾고 있다. 몇몇 직책의 경우는 기본 사무기능과 컴퓨터 조작에 능숙한 솜씨를 요구하기도 한다. 지원자는 21세 이상이어야 하고, 해당 수료증을 소지하고, 최소한 1년 이상의 전문 경력을 가지고 있어야 한다. 불어나 스페인어, 이태리어 중 하나와 영어에 능통하면 플러스 요인이 된다.

▶ 가능한 직책

사무팀 보조/투어 가이드/판매원/미용사/리셉셔니스트/사무소 관리 감독/세탁소 관리 감독/캐셔/회계사/수송부/비서실


## 7) 아동 및 건강 담당

모든 클럽 메드에 어린이 담당 직책은 어린이와 함께 있는 것을 진심으로 즐거워하는 사람을 필요로 한다. 당신은 추진력 있고, 매우 자발적이며, 긍정적인 행동 양식을 가진 사람이어야 한다. 나이는 21세 이상이어야 하며, 적어도 2년 이상의 조직적인 아동 담당(보육원, 유치원) 기관에서 일한 경험이 요구된다. 그리고, 여름 캠프 설치의 경험을 가진 사람을 우대한다. 2개 국어(독어, 불어, 이태리어) 이상에 능통해야 한다. 건강담당 G.O요원으로 일하기 위해서는 21세 이상이어야 하며, 공인된 간호사 자격증이 있어야 하고, 1년 이상의 응급실 근무 경험을 가지고 있어야 한다.
1개 이상의 외국어에 능통해야 한다.

▶ 가능한 직책

아동 담당/아기와 함께 클럽/애완동물 함께 클럽/미니 클럽/간호사/체중 감량사/피부 관리사/미용 전문가

## 2) 꿈과 3E 이론

그렇다면 주체세력, 즉 지역주민들에게 자긍심만 부여해 주면 모두가 지역개발의 기수로서 자발적인 참여를 할 것인가? 자긍심 부여는 지역주민의 자발적 참여를 유도하기 위한 가장 기본적인 기초작업이지 그 자체가 전적인 해결책이 될 수는 없다.

대중은 효용이 비용을 능가할 때 움직인다고 했다. 이는 지역문화축제에 참가하는 지역주민에게도 마찬가지로 적용된다. 충분한 홍보작업을 통해 자긍심을 갖게 된 지역주민들이 실제 행사에 적극적으로 참여하도록 만들기 위해서는 명확한 이익이 제시되어야만 한다. 왜냐하면 대중은 언제나 무언가 얻기를 바라는 속성을 지니기 때문이다. 아무도 손해보는 일을 하기 원하지 않는다. 지역개발과 지역문화축제를 통해 자신에게 확실한 이익이 발생한다는 보장이 있어야만 더욱 적극적인 자세로 임하게 되는 것이다. 자신이 행사의 주체이며, 행사를 통해 발생한 이익이 자신에게 돌아온다는 것을 확신시켜 주는 작업이 꿈(Dream)단계에서 가장 중요한 항목이다.


## 2. 드라마

드라마 작업(Dramatization)에서 중요한 점은 꿈(Dream) 단계에서 그려내었던 주제와 테마를 모두 충실히 반영한 드라마가 구성되었는가 하는 것이다. 그러나 주제와 테마가 결정되었다고 해서 이를 단순히 전달한다는 생각으로 연출작업을 시작하는 것은 위험천만한 행동이다. 꿈단계에서 제시되었던 꿈과 테마를 어떻게 고객의 마음에 감동을 불러 일으키며 전달할 수 있을까 하는 것이 더 중요하기 때문이다. 그 꿈들을 어떠한 시나리오 작업을 거쳐 모든 사람들에게 만족을 줄 수 있는 이벤트로 만들어 낼 것인가를 고민해야만 한다. 이런 작업을 거쳐 철저히 상품화된 이벤트와 그렇지 못한 이벤트는 그 결과에 있어서는 엄청난 차이를 보이게 될 것이다. 치밀한 드라마 작업을 거치는 동안 우리는 기존의 이벤트들이 놓쳐 버렸던 수많은 수익 모델을 포착할 수 있으며, 이벤트의 주체자와 관객 모두에게 만족을 줄 수 있는 행사로 연출해 낼 수 있다는 사실을 기억하기 바란다.

지금까지 꿈단계에서 좋은 아이디어(Idea)는 많이 제시되었었다. 그리고 그것을 바로 연출로 옮기려는 시도도 무수히 이루어졌었다. 그러나 여기서의 문제는 제대로 드라마

화(Dramatization)되지 않은 아이디어는 결코 생명력을 지닌 이벤트로 태어날 수 없다는 사실이다. 기존의 이벤트 기획에서는 꿈(Dream)이 현실이 되기 위해서 반드시 거쳐야만 하는 드라마 작업이 제대로 이루어지지 못했던 것이다.

전체의 흐름을 구축해 놓아야만 다음 단계로의 원활한 진행이 가능하다. 드라마 작업 없이 단위행사만을 기획하면 공동 마케팅(Co-Marketing)이나 스폰서(Sponsor)부분을 놓치는 결과를 초래하게 된다. 하나의 이벤트를 놓고 봤을 때, 전체적인 시나리오 작업이 마무리되면, 어떤 부분에서 공동 오거나이징(Co-Organizing)이 가능한지, 어떤 부분에서 스폰서링(Sponsoring)이 가능한지 파악하는 데 많은 도움이 된다. 이렇게 되면 제작비를 절감하면서도 공동참가자 모두에게 만족을 줄 수 있는 이벤트를 기획할 수 있는 것이다. 이러한 드라마 작업의 성공 사례로 97/98 FILA Fashion Festival을 살펴보도록 하자.

## 1) Winter Dreams의 성공 사례

드라마 작업의 대표적인 성공 사례로 97/98 용평 Open 기념 FILA Fashion Festival을 들 수 있다. 이 행사는 원래 FILA측의 제안으로 패션쇼 기획으로 시작되었다. 그러나 기획 단계에서 패션쇼라는 테마로 드라마 작업을 거친 결과 FILA 단독 패션쇼 대신 용평 리조트의 개막행사에서 FILA 패션 페스티발을 개최하는 것이 더욱 큰 효과가 있을 것으로 판단되었다. 20대를 타겟(Target)으로 하는 겨울 패션쇼였기 때문에 스키 리조트 개막행사와 연계하려는 생각이 FILA와 용평 리조트 양측의 의도와 부합했던 것이다. 이렇게 해서 행사의 규모도 커진 반면, FILA와 용평 리조트라는 두 기업의 결합으로 행사 자체의 신뢰도 커지는 효과를 얻을 수 있었다.

또한 패션 페스티발에서 있게 될 Best Dresser 선발대회에 대한 연출이 구상되자, 이를 위한 예선행사를 서울과 부산에서 개최하는 드라마(Drama)가 구성될 수 있었다.

당초 1회성 패션쇼를 생각했던 FILA측은 서울과 부산지역에서 예선대회를 치름으로써 장기적인 선전효과를 얻을 수 있었고, 용평 리조트측은 개장행사에 화려한 패션쇼 무대를 올림으로써 보다 많은 고객을 유인할 수 있었으며, 예선행사를 진행한 서울과 부산의 디스코텍 두 곳도 크게 만족하였다.

이것은 패션쇼라는 테마를 바로 연출로 옮기지 않고, 어떻게 하면 좀더 효율적이고, 많은 이익을 창출할 수 있을까 하는 끊임없는 고민으로부터 나온 보람된 결과였다. 패션쇼를 성공시킨 FILA측도, 개막행사를 멋지게 치른 용평 리조트측도, 예선행사를 진행한 두 곳의 디스코텍도, 패션쇼에 참가하고, 관람했던 관객 모두 만족하는 Win-Win 전략의 정수를 보여 준 행사였다. 이러한 성공이 가능했던 것은 이들 공동참여업체에 대한 철저한 분석과 그들 입장에서 이뤄진 꿈(Dream)의 결과였으며, 행사연출 이전에 완벽한 드라마 작업(Dramatization)이 이뤄졌기 때문이다.

## 2) 사전 프로그램 개발

위의 Winter Dreams의 예에서는 패션쇼에 대한 드라마 작업이 어떻게 성공적으로 이루어졌는가를 살펴 보았다. 그런데 지역문화 축제기획에 있어서는 지역주민에게 지역축제의 성공을 통한 지역의 발전이 곧 개인의 발전이라는 사실을 인식시키기 위한 충분한 사전 프로그램을 구성하는 것이 드라마(Drama)단계에서 빼놓을 수 없는 부분이다. 다시 말해서 지역축제라는 아이템(Item)이 구상되었을 때 바로 연출의 단계로 들어 가는 것이 아니라, 어떻게 해서 지역주민의 참여를 좀더 많이 유도할 것인지, 또 어떤 디자인물을 이용하여 협찬사를 끌어 들일 것인지, 또 어떤 홍보용 이슈를 만들어 언론에 보도될 수 있게 만들 것인지, 메인(Main) 행사인 축제에서는 어떤 프로그램을 전개할 것인지, 어떠한 요소로 외부 관광객들의 지출을 늘릴 것인지에 대한 충분한 드라마 구성작업(Dramatization)이 먼저 선행되어야만 한다는 것이다.

위의 항목들이 모두 만족되었을 때 비로소 본 행사인 축제가 지역 이미지 홍보와 지역경제에 도움이 되는 성공적인 행사가 될 수 있는 것이다. 따라서 본 행사 이전의 사전 프로그램 개발이 얼마나 중요한 것인지 부언할 필요조차 없을 것이다. 일부 지자체에서 지역의 축제를 위한 사전 프로그램을 진행 중이기는 하지만, 아직은 단발성으로 이뤄져 그 효과를 제대로 얻지 못하고 있다. 사전 프로그램의 내용이 다양하면서도 서로 유기적으로 구성이 되어야 최대의 성과가 나타나는 것이다. 예를 들어 언론홍보를 위한 보도기사를 먼저 작성할 것이 아니라 언론매체가 관심을 보일만한 홍보용 이슈를 먼저 개발하는 것이 순서인 것이다. 이 순서가 무시되었을 때는 기대했던 효과에 미치지 못하는 결과가 나오는 것이다.

지역축제라고 해서 본 행사의 무대에 올릴 프로그램만을 생각한다면, 그것은 그야말로 지역축제로 소모성 행사에 그칠 것이며, 진정한 SP 이벤트로서의 문화관광 이벤트로 발전할 수 없음을 여러 차례 강조한 바 있다. 드라마 구성작가의 경우처럼 전체의 흐름을 파악하여 시나리오를 작성하는 것이 필요한 것이지, 한 장면의 콘티(Conti)를 작성하는 것이 드라마 구성작업(Dramatization)을 의미하는 것은 아니다.


## 3. 디자인

서울시는 서울의 역동적 이미지 브랜드화하여 지구촌에 서울의 밝고 친근한 이미지를 전달하기 위하여 새로운 슬로건을 선정, 새롭게 태어나는 서울의 새 얼굴 "Hi Seoul"을 세계인에 대한 친절하고 따뜻한 서울시민의 마음을 나타내며, 서울의 높은 비전을 제시함.

**Lovely Seoul**
: 고향과 같이 따뜻하고 사랑스러운 도시 Lovely Seoul.
**Friendly Seoul**
: 개방적이고 친근한 도시 Friendly Seoul.
**High Seoul**
: 교통, 환경, 기업여건, 행정 등이 세계 일류 수준으로 발전하는 High Seoul.

－"Hi"는 전세계 사람들이 가장 많이 쓰는 영어 인사말로서 지구촌에 밝고 친근한 서울의 이미지를 전달하고 다양하고 활기찬 서울의 매력을 표현.
－시민들이 친근한 인사말로 서로 가까운 이웃임을 확인하고 지역 · 계층 간 화합은 본래 고향의식을 가질 수 있는 통합 의지를 표현.
－"High"와 동음으로 대한민국의 수도를 뛰어넘어 지구촌 시대의 세계 대도시 간 경쟁에서 서울이 나아가야 할 비전을 제시.
－서울의 관광, 상품마케팅, 문화, 부자유치 등 특수목적에 이용할 수 있는 부제 슬로건과 어울려 활용될 수 있도록 대표 이미지를 구현.
－슬로건 그래픽은 "Hi"의 의미와 일치하도록 밝고 활기찬 서체를 활용하여 남녀노소 누구나 쉽게 이해하고 사랑받을 수 있는 친근한 스타일로 표현.
－정형성을 탈피한 자유로운 서체로 다양하고 활기찬 서울의 모습을 형상화.
－색상은 한국을 대표하는 삼태국의 청 · 적 · 황 3색을 사용함.

## 브랜드 특징

용인시의 도시 브랜드인 ACE YONG—IN은 용인시의 특성과 향후 발전 방향을 반영한 용인시의 새로운 상징으로 용인시만의 공동체 의식을 고양하고 향후 수도권의 중심도시로서 도약하고자 하는 용인시의 비전을 국제적인 시각으로 형상화.

ACE는 "최고(NO.1)"를 뜻함과 동시에, "농업(Agriculture)＋문화(Culture)＋환경(Environment)＋교육(Education)＋경제(Economy) 지향 이미지"를 모두 포괄함으로써 용인시의 "균형 발전하는 도·농 복합 일등 도시"의 이미지를 함축.

## 워터마크의 의미

용인시의 이미지를 역동적이며 진취적인 형태의 ACE를 통해 형상화하였고, 최고를 상징하는 별과 ACE YONG—IN의 이니셜인 "A"를 결합하여 세계적인 도시로 부상하며, 최고의 도시로 빛나는 용인시의 미래지향적 이미지를 표현하였음. 색상에 있어서는 자연, 환경을 상징하는 그린과 문화를 상징하는 보라색을 적용하여 자연과 문화가 조화된 자연친화적이며 인간친화적인 용인시의 이미지를 표현.

## ACE 문자별 의미

영문 의미 : ACE.

한글 의미 : 최우수의, 가장 멋진, 일류의, 제1인자, 균형 발전하는 도·농 복합 일등 도시 추구.

Agriculture

한글 의미 : 농업, 농경, 농예.

1차산업의 발전을 통해 균형적인 개발 추구.

Culture

한글 의미 : 문화, 정신문명, 문예.

문화적인 일등 도시로서의 발전 추구.

Ecology

한글 의미 : 생태환경, 생태학, 인류생태학.

환경지향적·자연친화적인 용인의 생활, 주거 환경을 표현.

Education/Economy

한글 의미 : 교육, 덕성, 지식, 경제, 절약.

교육(education), 경제생활(economy)에서의 최고를 지향.

# *e*-푸른성남

### 의미

e : 첨단산업, IT(정보통신), 인터넷, 정보화 발전 등의 뜻을 포괄적으로 포함하고 있음.
푸른 : 푸른 숲, 푸른 나무를 지칭하는 의미 외에 "청신호"라는 말의 상징처럼 영어로도 그린(green)은 고대영어 어원에 의하면 "성장하다"라는 뜻에서 유래되었음.

### e-푸른 성남

벤처기업육성촉진지구 135만평 지정(성남 2·3공단, 야탑역~오리역, 분당 테크노파크 일원). 야탑동 전자부품 연구단지 조성. 분당벤처타운 조성. 지식정보산업비즈니스센터건립 및 판교벤처단지 조성 등 지식정보산업 도시로서의 기능을 갖춘 미래지향적인 시 이미지.

－주거만족도 전국 1위의 분당. 신 주거 개념의 도시모델이 된 판교개발. 구시가지 재개발 등 역동적으로 성장하는 의미.
－남한산성, 검단산, 영장산, 불곡산 등 푸른 숲과 산으로 둘러싸인 우리시 지리적 여건의 상징.
－녹지 공간 확대와 탄천 생태계 복원 등 환경 살리기에 주력하는 시정방향이 내포되어 있음.

시마크      마스코트      브랜드마크

### 시마크
천·지·인의 이미지를 천안의 영문 첫글자 C를 기본으로 표현.
타원의 진취적 기상과 교통(청색), 교육(적색), 문화(녹색)의 중심도시를 표현 흥타령에 어우러진 춤사위를
나타냈으며, 국토의 중심, 21세기 천안인을 나타냈고, 하단부분의 회색은 편안한 땅을 나타냄.

### 마스코트 - 횃불낭자
천안의 생명 원천인 충절사상의 핵심인 유관순 열사의 정신과 사상을 기본으로 천안시 마스코트가 지닌 정
체성을 높였고, 그 표현은 "우리나라의 보편적 얼굴형"을 지닌 용기와 당당함이 깃든 낭자의 모습을 기본형
상으로 표현하였다.

### 브랜드마크
농특산물 생산의 근원이 되는 태양과 땅을 캐릭터화하여 소비자에게 친근감을 주도록 표현하였고, 충절천
안의 로고를 삽입하여 신뢰도를 높였다.
⇨ 시마크, 마스코트(횃불낭자), 브랜드마크는 2001. 4. 18자로 특허청에 특허 등록(업무표장등록)되었으며
시민복지증진 등을 위한 공공업무외에 사적인 용도로 무단 사용할 수 없음.

### 꽃 - 개나리
천안을 상징하고 있는 꽃. 개나리는 이른 봄에 피어나며 희망을 나타낸다.

### 나무 - 능수버들
천안을 상징하고 있는 나무. 능수버들은 개울가나 들에서 자라는 교목으로 천안삼거리의 전설을 간직하고
있다.

### 새 - 비둘기
천안을 상징하고 있는 새. 비둘기는 평화를 상징하며 만인의 사랑을 받고 있다.

### 동물 - 용
천안을 상징하고 있는 동물. 용은 위험이 있는 치수의 영물로 예부터 내려오는 천안의 지세에서 유래된다.

**그림 3-1**  2002 FIFA WORLD CUP KOREA/JAPAN ™ 서울 플라자 홍보물

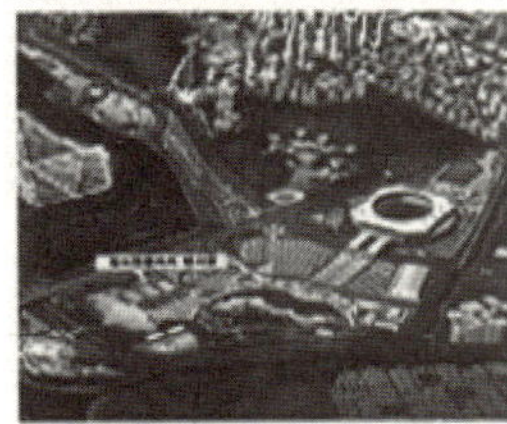

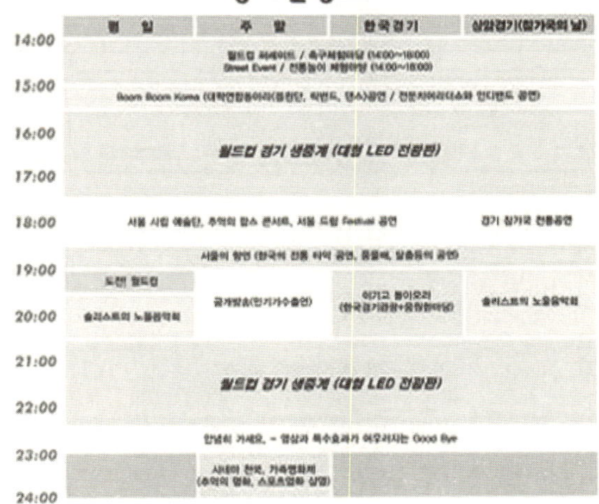

 2002 FIFA WORLD CUP KOREA/JAPAN ™ 서울 플라자 홍보물

## 1) BI와 FI의 필요성

### (1) 이미지 메이킹 작업

### ① 지역 이미지 메이킹

지역 이미지 메이킹(Image Making) 작업은 그 지역 이미지를 체계화하여 외지인에게 인식시키는 제반 작업을 뜻한다. 지역 이미지는 어느 한 지역을 지시했을 때 가장 먼저 떠오르는 일반적인 영상 내지는 상징이라고 할 수 있다. 지역 이미지 형성은 오랜 시간을 통해 이뤄지는 것이 일반적이지만, 효과적인 홍보전략과 기술에 의해 얼마든지 새롭게 창조될 수도 있다. 특히 외지인들은 한 지역에 대해 자세히 알게 되기 이전에 지역 이미지를 통해 그 지역을 인식하게 되기 때문에 지역 이미지는 선입관처럼 작용한다. 따라서 지역에 대한 보다 나은 이미지화는 더욱 높은 상품유인력을 가지게 하는 밑거름이 된다.

지역 이미지 메이킹 작업에서는 상징화의 작업이 주로 사용되며, 효과적인 것으로 드러나고 있다. 예를 들어 파리(Paris)의 에펠탑(Eiffel Tower), 뉴욕(NewYork)의 자유의 여신상(Statue of Liberty) 등은 한 지역의 대표상징이다. 물론 이렇게 대단한 구조물이 아니더라도 얼마든지 상징물이 될 수 있다. 뿐만 아니라 체계적인 상품화의 작업과 홍보전략이 마련된다면, 다른 나라의 상징물이라 할지라도 얼마든지 자신의 것으로 만들 수 있는 것이 사실이다. 예를 들어 일본의 한 현(縣)에서는 네덜란드의 튤립 정원을 모방하여 일본 속의 네덜란드라는 상징을 만들었고, 또 다른 현에서는 가위·바위·보 게임을 특화시켜 도시의 상징으로 만든 예도 있다. 이 지방에서는 어느 상점을 가더라도 주인과 가위·바위·보 게임을 하도록 하여 관광객들의 기억 속에 가위·바위·보 도시로 각인되었다.

지역문화란 결국 일정한 지역 내에서 오랜 시간에 걸쳐 형성된 특징이나 포괄적 인상을 나타내는 지역의 정체성(Identity)을 의미한다. 그리고 이 정체성이 상징을 통하여 형상화되는 것이다. 그러므로 지역문화의 상품화란 바로 이러한 지역의 상징성을 상품화시키는 것이다. 지역문화는 문화가 지니는 보편성과 지역이 지니는 독창성을 동시에 가지고 있다. 지역문화상품의 개발은 이 중 독창성을 최대한 살려야 한다. 그 지역을 외지인에게 기억시키는 핵심적인 요소는 바로 이 독창성이다. 그리고 지역문화는 문화상품을 통하여 외지인들에게 보여진다.

우리들은 강원도 평창이나 충청남도 아산에 대해 평창의 메밀묵, 봉평장터, 이효석,

상원사, 월정사, …… 아산의 현충사, 이순신 장군, …… 외에 얼른 형상화된 이미지를 떠올리지 못한다. 이것이 바로 우리나라 지역문화의 상품화현황을 단적으로 드러내는 현상이다. 지역문화는 있되, 아직까지 지역문화를 상품화하지 못한 결과다. 바로 이러한 지역문화를 판매할 수 있도록 상품화시키는 상품기획력과 이를 대외적으로 알릴 수 있도록 다양한 매체를 통해 홍보하는 마케팅전략이 요구된다.

그러므로 한 지역의 이미지를 창조하는 작업에서 중요한 것은 상징물이나 문화유적이 아니다. 이것들을 바탕으로 하나의 상품으로서 지역 브랜드를 개발하여 지역의 이미지를 외부에 알리는 것이 더욱 필요한 작업이다.

지역이미지화 작업에서 왜 브랜드를 만들어야 하는가?라고 의문을 제기하는 사람들도 있을 것이다. 브랜드의 중요성에 대해 예를 들어 설명해 보자. 대부분의 해외 유명 브랜드는 CI(Corporate Identity)와 BI(Brand Identity)가 동일한 경우가 많지만, 그런 경우를 제외하면, 일반적으로 대중은 CI보다는 BI에 더 친숙하다. 농심보다는 새우깡이 더 익숙하다는 것이다. 그렇기 때문에 기업들이 새로운 아이템을 개발했을 때 브랜드 네이밍(Naming) 작업에 그토록 심혈을 기울이는 것이다. 결국 CI가 아닌 BI로 고객에게 어필(Appeal)할 것이기 때문이다.

이것은 지역 이미지화 작업에서도 동일하게 적용된다. 이렇게 지역 브랜드를 개발하여 성공한 사례로 평창군을 들 수 있다. 평창군은 이제 평창군이라는 CI보다는 HAPPY 700이라는 지역 BI로 확실히 자리잡아 가고 있다. HAPPY 700이라는 브랜드가 탄생하기까지의 배경을 살펴 보면, 지역 브랜드 개발이 지역 이미지화 작업에서 차지하는 중요도를 파악할 수 있을 것이다.

브랜드를 개발하기 위한 첫 작업은 우선 그 지역의 특색을 파악하는 일일 것이다. 지역의 특색이라고 할 때 흔히 떠오르는 것들이 앞에서 언급했던 상징물 내지는 특산품일 것이다. 물론 이것들로도 얼마든지 훌륭한 관광상품개발이 가능하며, 한 지역의 이미지로 사용할 수 있다. 일례로 이천 도자기축제나 금산의 인삼축제는 특산품을 관광축제의 아이템(Item)으로 개발하여 성공을 거두었다. 그러나 지역관광상품 개발의 문제점에서 지적했듯이 이러한 편협한 생각에서 벗어나야만 한다.

평창군의 경우 처음으로 떠오른 특색으로는 특산품인 메밀이나 고냉지채소인 감자였다. 그러나 이들 특산품을 지역의 이미지로 만들기에는 너무나 빈약했다. 대부분의 특산품의 한계는 제품의 성격이 강하다는 것이다. 일개 제품으로는 상품기획에 있어서 가장 핵심이 되는 요소이기도 한 느낄거리 부분의 특화가 이루어지기 어렵다. 느낄거리 부분의 특화를 위해서는 제품이 아닌 상품이 필요하고, 상품화시키기 위해서는 제품에 덧붙여질 수 있는 이야기의 줄거리를 만들어 줄 부분이 필요하다. 대중은 하나의 제품에 하나의 이야기를 만들어 주었을 때 그 제품을 상품으로 받아들이게 되고, 비로소 상품의 가치를 지닐 수 있게 되기 때문이다.

그렇기 때문에 특산품보다는 다른 지방보다 특별하면서도 한 번에 각인될 수 있는 강한 이미지가 필요했다. 이런 필요성에서 작품『메밀꽃 필 무렵』의 저자 이효석에 집중하게 되었다. 이효석의『메밀꽃 필 무렵』을 상품화시켜 평창의 이미지로 만들려는 시도가 이루어졌다.

외국의 경우에서도 종종 볼 수 있듯이, 유명한 문학작품을 지역 이미지화시키는 것은 의외로 성공할 확률이 높다. 그 대표적인 예로 이태리(Italy)의 베로나(Verona)를 들 수 있다. 베로나는 이태리의 오페라(Opera) 공연을 상품화시켜 큰 관광수입을 올리고 있는 도시이다. 그 외에도 베로나에는 또 하나의 관광상품이 있는데, 바로 셰익스피어의 작품『로미오와 줄리엣』이 그것이다.

『로미오와 줄리엣』은 베로나를 배경으로 한 작품이다. 사실 이 비극의 두 주인공이 실제 인물이었다는 근거는 어디에도 없다. 그러나 베로나는 로미오와 줄리엣의 저택과 배경·건물 등을 작품에 근거하여 복원해 놓고, 관광객들로 하여금 로미오가 줄리엣을 만나기 위해 실제로 덩굴을 타고 테라스로 올라 갔다는 것을 믿게 만들었다. 그리고 관광객들은 그 관광지를 방문함으로써 자신을 로미오와 줄리엣에 투영시키는 감동을 느끼게 되는 것이다.

베로나의 경우는 하나의 훌륭한 문학작품을 읽고 감동을 느낀 독자들은 직접 그 작품의 배경도시를 방문하고자 하는 충동을 느낀다는 심리를 파악했기 때문에 가능한 상품기획이었던 것이다. 특히『로미오와 줄리엣』처럼 세계적인 명작으로 손꼽히는 작품인 경우는 전세계에서 관광객을 불러들이는 놀라운 힘을 발휘할 수 있었던 것이다.

이러한 상품기획에서는 문학작품을 통해 느낀 감동을 그 배경지역을 방문함으로써 그 지역 자체에 고스란히 투사할 수 있다는 장점을 지닌다. 그런 의도에서 이효석의『밀꽃 필 무렵』은 평창 최고의 상품화 가치를 지닌 것으로 생각되었다. 그런데 여기서 한 가지 난관에 부딪치게 되었다. 이효석 선생의 묘가 자손에 의해 이장되었던 것이다. 애초에 기획했던 지역 브랜드 개발의 근본요소가 없어졌던 것이다. 이렇게 해서 이효석의

『메밀꽃 필 무렵』은 평창의 대표 브랜드로서의 자격을 상실하게 되었다.

그 결과 새로운 이미지를 찾아내어 평창군의 BI를 개발해야만 했다. 일반적으로 평창은 각종 리조트를 비롯한 휴양관광시설이 밀집한 지역으로 인식되고 있다. 평창의 대관령은 하늘 아래 첫 고을인 강릉을 위시한 동해 일대의 정신적 발원지임과 동시에, 한강의 발원지로서 한(韓)국민의 문화적 발원지로 평가되고 있는 곳이다.

평창군은 태백산맥과 차령산맥의 분기점에 해당되는 산악지역이기 때문에 대부분의 거주지역이 고원지역으로 산이 높고 계곡이 깊은 곳이다. 흥정산에서 발원되어 남으로 흐르는 평창강과 오대산에서 발원되어 남으로 흐르는 오대천은 청정한 한강 수원의 발원지로 사계절 청정한 공기와 맑은 물, 숲에서 뿜어 나오는 깨끗한 산소로 인간과 모든 동식물이 생활하고 자라는 데 최적의 조건을 갖추고 있는 지역이다. 또한 한국의 사계를 가장 뚜렷이 느낄 수 있는 천연적·기후적 특징으로 무궁한 고산 천연자원과 문화유산 및 놀이문화의 요소들을 두루 갖춘 천혜의 관광지임에 틀림없다.

이러한 자연적 입지조건에 초점을 맞추어 평창의 브랜드를 개발한다면, 기존의 평창 이미지를 한 단계 높게 발전시킴으로써 친숙함과 신선함이라는 두 가지 요소를 충족시킬 수 있을 것이라고 판단되었다.

평창군은 전체적인 지형특성상 고원지대에 속한다. 평창군 전체면적의 65%는 해발 700미터에 위치하고 있다. 광범위한 조사의 결과, 해발 700미터는 인체공학상 최상의 생체리듬을 유지하게 한다 하여 김일성 별장과 모택동 별장 등이 위치하고 있는 최상의 휴양지 고도임을 알 수 있었다. 미국의 콜로라도, 일본의 도가촌과 삿뽀로, 캐나다의 몬트리올, 유럽의 스위스, 오르트리아의 찰스부르크, 영국의 에딘버러 지역이 해발 700미터에 위치하며, 우리나라의 경우 평창의 용평 리조트와 보광 휘닉스 파크, 횡성의 현대 성우 리조트 지역이 요양·휴양의 최적지로 손꼽히고 있다.

또한 인체공학적으로 저기압과 고기압이 만나는 지역이 해발고도 700미터이며, 대기의 영향을 전혀 받지 않고, 양질의 동·식물이 서식하는 곳이고, 고혈압·저혈압·심폐기능 저하 등 만성 질병을 예방할 수 있는 지역으로, 숙면시간은 1~2시간, 피로회복시간은 2~3시간 다른 지역보다 단축된다는 조사결과를 얻게 되었다.

평창지역의 평균수명을 타지역과 비교해 보거나, 동식물의 효능을 비교해 보더라도 이를 알 수 있었다. 평창군민의 평균수명(1996~1998)은 전국평균 73.45세보다 1.92세 높은 75.37세로 장수하는 지역이며, 평창 대관령지역은 양질의 한우소고기와 황태로 유명하고, 광동제약 및 경희대학교와의 당귀계약재배로 인하여 약초의 우수성이 입증되었으며, 고랭지 화훼·양파·감자·더덕 등 평창에서 생산되는 모든 농축산물은 최고 양질로 생산되어 전국민에게 공급되고 있다.

HAPPY 700이란 인간을 비롯한 모든 동식물의 생활과 생육에 최적의 조건을 갖춘 해발고도 700미터를 의미하며, 이와 같이 평창지역은 모든 동식물이 생육하는 최적조건을 갖춘 곳이며, 공해에 찌든 도시민들이 수시로 휴식과 휴양을 하기에 적합하기 때문에 그 의미를 HAPPY 700으로 함축하여 평창군을 전국민의 휴식을 위한 고향으로 알리기로 한 것이다.

브랜드 네이밍(Naming)의 원칙 중 하나는 대중이 잘 알고 있는 친숙한 단어를 사용하는 것이다. 그래야 가장 빨리 거부감 없이 대중에게 인식되기 때문이다. 따라서 HAPPY라는 단어의 사용은 대중에게 가장 빨리, 가장 효과적으로 어필(Appeal)할 수 있으며, 사람들의 마음 속에 행복이라는 꿈을 그릴 수 있게 해 주고, 그 꿈을 평창군과 연결시켜 주는 효과를 노린 발상이었다.

지금까지 강원도 평창군이라고 하였을 때, 사람들은 메밀묵과 감자 및 이효석의 『메밀꽃 필 무렵』 등을 떠올렸었다. 물론 이런 것들이 평창을 대표하는 상징이며, 실제 감자큰잔치나 효석문화제 등을 통해 평창의 자랑거리로 알려져 있기도 하다. 그러나 HAPPY 700이라는 브랜드는 이러한 하나하나의 요인을 묶어 줄 지역의 대표적 이미지로서의 역할을 훌륭히 수행할 수 있게 되었다. 게다가 평창군의 주요 6개 지역축제, 즉 대관령눈꽃축제, 감자큰잔치, 노성제, 효석문화제, 산나물축제, 오대제를 비롯해 사계절 벌어지고 있는 평창의 축제들은 이제 HAPPY 700이라는 브랜드를 통해 하나의 통일된 이미지를 중심으로 점차 활성화되고 있다.

HAPPY 700 브랜드 엠블렘은 평창군의 자연환경을 시각화하여 제작하였다. 평창군내 8개 면을 햇살 모양으로 표현하고, 따뜻하고 친근한 지역의 이미지를 곡선으로 나타내고, 그 속에 지역의 자연·문화유산을 상징하는 눈결정(雪結晶)·단풍·노성산성·효석 기념물 등을 표현하였다. 전체적으로 평창군 청정지역의 푸르름과 세계로 도약하는 기상을 이미지화하였다.

브랜드 로고는 휴양지의 최적해발고도인 700미터를 이용하여 Happy 700이라는 브랜드를 이미지화한 것으로 관광지로서 평창군의 이미지를 극대화하였다. 시그니처는 심벌마크로 평창군을 상징하고, 로고 타입으로 평창군의 이름을 알리기 위한 합성물이다.

또 하나의 사례로는 천안시의 도시브랜드를 들 수 있을 것이다. 지방자치제가 정착기에 접어 들면서 각각의 도시마다 자기 지역의 고유한 아이덴티티(Identity)를 알리기 위한 고유 도시브랜드를 만들고 있다. 도시 B.I(Brand Identity)의 정의는 다음과 같이 네 가지로 상세하게 설명할 수 있을 것이다. 첫째, 특정도시가 그 지역만이 가지고 있는 자연환경, 역사적인 특징, 문화적인 매력, 행정서비스 등 다른 도시와 확연히 구별하기 위해 사용하는 도시의 명칭, 상징물, 디자인 혹은 그들의 결합체이며. 둘째, 도시가 가지고 있는 차별화 된 복합적인 이미지 또는 행정서비스를 거주 시민과 잠재적 고객(도시를 방문하는 내·외국인)에게 명확히 인식키기 위한 기능. 셋째, 경쟁도시로부터 차별화하기 위한 수단(도시명칭, 상징물, 디자인등을 포함) 넷째, 거주시민과 잠재적 고객은 그 도시를 인식하고 이것을 통하여 자신의 정체성과 이미지를 표출하는 폭넓은 개념의 행위수단일 것이다. 간단하게 정의하자면 자신의 지역과 다른 지역과의 차별화하기 위한 수단일 것이다.

천안시의 도시 B.I 형상화 개발 목적은 첫째, 세계화 시대에 도시 경쟁력 확보를 위한 천안시의 정체성과 비젼이 담긴 시민통합 및 도시홍보 브랜드를 개발하여, 유·무형의 인프라를 구축하고 전략적 브랜드 마케팅 프로그램 개발로 도시브랜드 가치를 극대화하며. 둘째, 천안의 이미지를 쇄신하고 천안시만의 지역 이미지를 창출하여 적극적이고 지속적인 국내외 홍보를 통해 지역 활성화 및 경쟁력 강화. 셋째, 시민들의 천안사랑 정신을 고취시켜 시민 단합과 역량결집 유도. 넷째, 시민의 에너지와 자부심을 하나로 모아 공동체 의식을 함양하여 세계적인 도시로 발전하는 계기를 마련하기 위함이다. 천안의 도시브랜드 개발은 타지역 도시브랜드 자료조사와 기본컨셉 및 슬로건 방향 회의에서 [F.A.S.T 천안] 상징적 의미는 교통·산업·교육·문화·행정들을 비롯한 모든 분야에서 빠르게 발전하고 있으며, 아울러 시민과 시 전체가 활기차고 역동성 넘치는 도시임을 표현하기 위하여

F[First]　　　　　제일의 도시 천안
　　　　　　　　시발전, 행정, 시민의식 등 모든 분야가 앞서 간다는 의미.

A[Abundant]　　　풍부한 도시 천안
　　　　　　　　인적, 관광, 교육, 문화, 체육 등 모든 분야의 자원이 넉넉함을 의미.

S[Satisfied]　　　만족스런 도시 천안
　　　　　　　　주거, 산업, 환경 등 모든 분야에서 만족을 느낄 수 있음을 의미.

T[Technologic]　첨단 과학기술의 도시 천안
　　　　　　　　IT, 영상 등 첨단과학의 요람이며, 또한 그 집합체인 고속철도가 있는
　　　　　　　　도시임을 의미.

하는 이니셜을 단어나 문장으로 표기하여 가독성이 높고 명확하게 인식되도록 하였다.

　천안 도시브랜드는 제3차 보고회를 거치면서 300개안 ⇨ 30개안 ⇨ 5개안 ⇨ 3개안
으로 압축되었으며 설문조사를 위한 세 가지 안이 결정되었다. 1,216명의 설문조사에서 아
래표의 1번으로 결정이 되어 매뉴얼(Basic/Application system) 전개를 거친 후 천안시의 도시브
랜드가 탄생되었다.

표 3-1　천안도시브랜드 설문조사 3안

| 1안 | 2안 | 3안 |
|---|---|---|
|  |  |  |

그림 3-2　천안시 도시 브랜드 형상화 예시

**그림 3-3** 천안시 도시브랜드 Concept Image

## ② 축제 이미지 메이킹

지역 이미지 메이킹(Image Making)에서 뿐만 아니라 하나의 지역문화축제에서도 FI는 필요하다. 이것은 지역문화축제도 이제는 하나의 상품으로 철저히 기획되어야 한다는 것을 의미하는 것이다. 앞에서도 지적했듯이 하나의 지역문화축제가 한 지역을 대표하는 이미지로 정착될 수 있기 때문에 고유한 지역문화축제의 개발에도 남다른 노력을 기울여야 한다.

다음에 사례로 살펴 볼 지역축제들은 새로운 FI의 개발을 통해 기존의 지역축제에서 한층 발전되고, 대외적인 홍보측면에서도 FI를 활용하여 효과를 올리고 있는 축제들이다.

### ● 대관령눈꽃축제 ●

대관령지역은 시월에 첫 얼음이 얼어 이듬해 사월이 되어야 풀리는 우리나라에서 눈이 가장 많이 내리는 곳이며, 높고 낮은 구름 위로 펼쳐진 대관령 목장과 눈길 닿는 곳,

발길 닿는 곳마다 절로 탄성을 자아내는 자연 그대로의 모습을 간직한 곳이다. 바로 이 곳을 배경으로 대관령눈꽃축제가 개최된다. 우리나라에서 눈과 관련된 제일의 축제인 대관령눈꽃축제는 2000년도 상반기 문화관광부 선정 12대 축제로, 한국에서 최초로 개최된 축제이기도 하다.

매년 겨울이면 3미터 이상의 많은 눈이 내려 마을이 고립되기 일쑤였던 이 마을사람들은 문 밖 출입을 위해서 설피를 신어야 했고, 사냥을 즐겼으며, 운반수단이 없어 발구를 이용하여 생필품과 땔감을 실어 나르던 이 곳 사람들은 전통문화를 계승·발전시키고, 세계로 뻗어 가는 눈마을의 이미지를 국내외에 널리 알리기 위해 매년 개최되는 대관령눈꽃축제는 명실공히 한국 최고의 전통 겨울축제로 자리매김하고 있다.

지역주민들이 스스로 창시하고, 개최하며, 발전시킨 지역 주민의 축제로 눈마을이 아니면 볼 수 없는 독특한 겨울생활 이벤트를 연출하는 생활문화축제로, 지역주민과 관광객이 함께 참여하고 즐기면서 겨울생활의 전통 멋을 맛볼 수 있는 체험축제로서도 손색이 없다. 대관령눈꽃축제의 심벌은 대관령의 눈과 언덕 속에서 뛰어 노는 어린 아이들을 통해 겨울의 꿈과 희망을 표현한 것이다. 그리고 눈(雪)의 결정(結晶) 모양을 사용하여 눈(雪)축제의 의미를 전달하고 있다.

### ● ● 효석문화제 ● ●

멋진 자연경관, 특유한 향토색과 가산 이효석의 우수한 문학적 향취가 어우러진 효석문화제는 이효석의 문학을 아끼는 많은 사람들이 그를 추모하여 개최해 온 효석백일장을 축제화한 행사이다. 어느 축제나 볼거리·느낄거리·먹거리·놀거리 등이 있겠지만, 효석문화제는 자연친화적인 봉평만의 맛을 곳곳에서 느낄 수 있도록 독특한 테마로 구성되어 있다는 평가를 받고 있다.

효석문화제의 심벌은 이효석 선생의 문학세계를 상징하는 책과 펜을 모티브로 표현하였으며, 작품 『메밀꽃 필 무렵』을 연상시키는 메밀꽃을 형상화하여 나타내었다.

### ● ● 노성제 ● ●

노성제는 평창군민의 날 행사와 함께 치뤄지는 행사이다. 임진왜란 당시 민관이 힘을 합쳐 왜적과 맞서 싸운 대격전지인 노성산성에 훗날 성황당이 세워져 군민의 안녕(安

寧)과 백의의병(白衣義兵)의 넋을 비는 성황제로 이어져 오던 행사를 노성제로 발전시켰으며, 이 날을 군민의 날로 제정함으로써 군민의 문화축제로 자리잡게 되었다.

따라서 노성제의 심벌은 노성산성을 간략화시켜 표현하여 노성제의 전통을 나타내고, 원형(圓形)을 통해 지역주민의 단합을 상징화시켜 군민의 자긍심이 발현된 문화축제임을 표현하고 있다.

● 오대제 ●

오대제는 천혜의 자연환경을 소유한 오대산 지역의 자긍심을 지역주민 스스로가 인식하고, 이를 발전시켜 역량있는 지역건설을 위한 주민화합의 장을 마련하기 위한 행사이다. 기존의 단편적인 소규모 행사들을 오대제로 통합시켜 대규모의 축제분위기로 조성하였을 뿐만 아니라 각종 문화행사 및 전시회로 지역주민의 정서함양에도 이바지할 수 있는 행사로 발전시켰다. 오대제는 평창군의 특산물을 이용하여 참여 프로그램을 개발하였기 때문에 독특한 맛과 향을 체험할 수 있는 계기를 마련하고 있기도 하다.

오대제 심벌의 주요 모티브는 천혜의 자연환경을 위주로 표현하였다. 따라서 오대산을 나타내는 심벌과 단풍잎 등의 자연소재를 이용하여 깨끗하고 아름다운 자연환경을 강조하였다.

③ Hit Local Brand

하나의 지역 브랜드가 성공하기 위해서는 **표 3-2** 에서 보여지는 조건들을 충족시켜야만 한다.

**표 3-2** Hit Local Brand

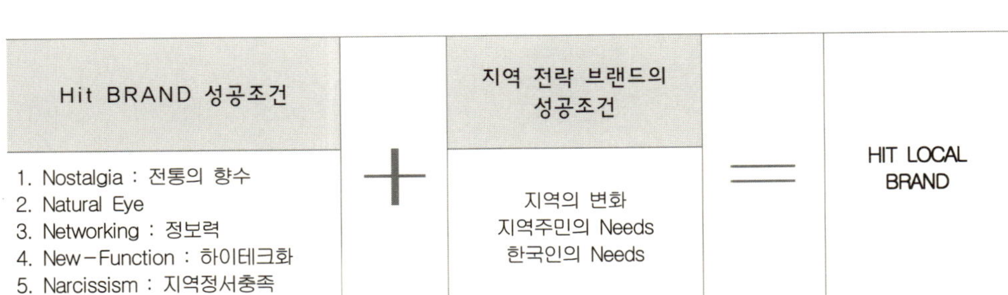

## (2) 캐릭터의 개발

### ① 지자체 캐릭터 개발

**그림 3-4**  서울시 캐릭터 "왕범이"

서울특별시의 왕범이를 비롯해 최근 지자체의 캐릭터 (Character) 개발이 활기를 띠고 있다. 이들 지역의 캐릭터들은 외지방문객들에게 밝고 활기찬 지역의 이미지를 전달하는 메신저(Messenger) 역할을 하게 되며, 그 지역의 각종 장치물에 삽입되어 활용됨으로써 시선을 주목시키는 효과와 상점에 캐릭터를 사용함으로써 지역의 대표상점으로써도 인지도를 주는 효과로도 사용 가능할 것이며, 지역의 행정기관이 경직된 이미지에서 벗어나 주민에게 친근하게 다가갈 수 있는 역할을 하기도 한다.

일반적으로 캐릭터는 장문의 글보다는 빨리 시선을 끌며, 전달하고자 하는 메시지를 한 눈에 표현해 내기에 효과적이라는 장점을 지닌다. 점차 가시적인 비주얼(Visual)의 역할이 증대되고 있는 현대에 캐릭터의 개발이 그 중요성을 인정받고 있는 것은 바로 이러한 효과 때문이다. 그러므로 지자체에서도 그 지역의 얼굴로서 지역 이미지 메이킹(Image Making)의 주역이 될 캐릭터 개발에 좀 더 전문적인 접근을 시도해야 할 것이다.

## ★서울지방경찰청 캐릭터

포돌이는 만화가 이현세씨의 작품으로 상상의 동물을 형상화하여 흥미있고 귀여운 모습으로 시민으로부터 사랑받는 서울경찰의 상징이다.

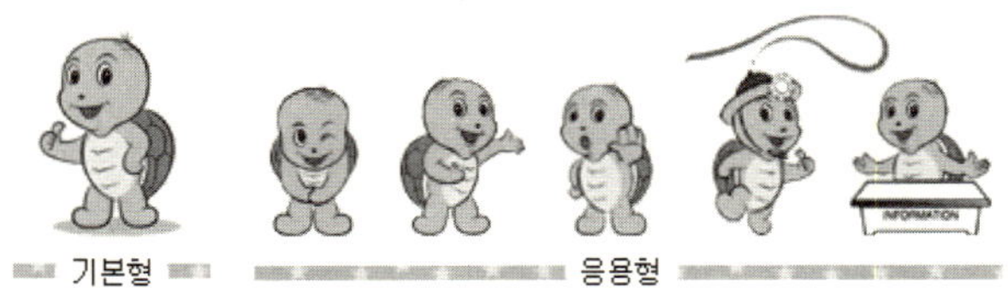



## ★충청남도 캐릭터

예로부터 십장생 중의 하나로 신성시 여겼으며 은근한 끈기와 장수, 그리고 인간과 친근한 동물인 거북이를 귀여운 형태로 형상화하였다. 국가의 위기를 극복했던 충남의 충신 성웅 이순신 장군과 거북선 이미지에 더욱 접근하여 충절의 고장, 충남정신과 21세기를 준비하는 도의 의지를 나타냈다.

## ★대전시 캐릭터

'한꿈이'는 미래의 세계에서 날아온 큰 꿈을 가진 어린왕자를 귀엽고 깜찍한 이미지로 형상화하여 '과학'과 '미래'라는 대전의 이미지를 상징한다. 21세기 세계 초일류 과학기술도시를 지향하는 대전의 비전과 새천년을 이끌어갈 진취적인 시민정서를 담고 있으며, 특히 네트웍 시대의 중심에 대전 시민이 있음을 의미한다.

기본형　　　　　　　응용형

★**목포시 캐릭터**

청정도시 목포의 파도와 물 이미지를 목포시의 새로운 심볼과 결합한 밀레니엄 베이비 마스코트입니다.

'포포'와 '포미'는 목포시의 지명과 항구를 지칭하는 '포'(浦, port)와 아름다울 '미'(美)를 사용함으로써 귀엽고 발랄한 느낌을 부여한 이름입니다.

기본형　　　　　　　응용형

★**전라북도 캐릭터**

'신명이'는 전라북도의 자랑스러운 문화유산을 상징적으로 표현하는 '북'을 의인화한것이며, 북소리를 울리며, 도민이 하나로 뭉쳐 도약해 나간다는 미래지향적인 밝은 이미지를 나타내고 있다.

평창군의 BI(Brand Identity)로서
해발 700m 지점이 가장 행복한 고도라는 의미입니다.

### 신브랜드 설명

세련된 감각이미지를 프리터치 워드마크로 디자인하여
새로운 활력과 생동감에 대해 표현 하였습니다.

영문이니셜 "Y" 를 부각하여 젊음이 넘치는 도시로서의
HAPPY 700 평창을 임펙트하게 상징화하였습니다.

청정지역 평창의 이미지와 해발 700m 의 산세를
Green 의 영문이니셜 "Y" 로 표현하였습니다.

HAPPY Logo Type 각 이니셜에 다양한 색상을 사용하여
변화에 능동적으로 대처하는 모습과 HAPPY 700
평창의 밝은 미래상을 형상화하였습니다.

21세기 신문화 공간으로 도약을 준비하는
HAPPY 700 평창을 부드러운 곡선을 사용하여
보다 친숙하게 다가갈수 있도록 디자인하였습니다.

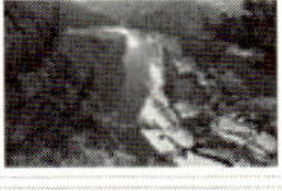

1. 인체에 가장 적합한 기압상태로 생체리듬에 가장 좋습니다.
2. 고기압과 저기압이 만나는 지역으로 인간의 생활과 모든 동식물의 생육에
   최적의 조건을 갖춘 곳입니다.
3. 뇌에서 분비되는 멜라토닌 호르몬의 증가로 5~6시간만으로도 충분한 수면효과가
   있습니다.(고, 저지대보다 1~2시간)
4. 노화를 지연시키고 건강한 삶을 유지하게 합니다.
5. 충분한 혈류 공급으로 젖산과 노폐물의 제거에 효과가 있어 피로 회복이 빠릅니다.
   (고, 저지대보다 2~3시간)
6. 산성비가 없고 맑은 이슬과 신선한 공기는 양질의 무공해 농축산물을 생산할 수
   있는 여건이 됩니다.
7. 다양한 문화, 따듯한 인정, 평창만의 축제가 있습니다.
   이러한 조건들을 함축하여 "Happy700평창" 이라는 BI를 정합니다.

" 건강, 휴양, 레포츠의 최적지 Happy700 평창 "
" 자연, 건강, 장수의 Happy700 평창 "
" 인간 최적의 생활환경 Happy700 평창 "

**그림 3-5** 평창군 HAPPY 700 (BI)의 사례(평창군 홈페이지 인용)

**그림 3-6** 평창군 마스코트 "창창이"(기존)     **그림 3-7** 평창군 마스코트 "눈동이"(현재)

## 가) 평창군 캐릭터 개발 사례

현재 평창군의 캐릭터로는 군(郡)의 상징조류인 까치를 친근하고 귀여운 이미지로 의인화하였다가 HAPPY 700의 관광이미지 중 가장 큰 부분을 차지하는 스키활동에 중점을 두어 캐릭터 소재를 눈사람으로 다시 선정하여 사용하고 있다. 평창군 캐릭터의 이름은 "눈동이"라고 명명하였으며 동글동글한 모습은 넉넉하고 푸근한 평창군의 인심을 표현하고, 눈사람의 흰색은 무공해 자연의 순수함과 지역민의 깨끗한 마음을 나타낸다. 함께 굴려 눈사람을 만들듯이 군민의 화합을 기원하는 의미가 캐릭터에 표현되어 있으며 각을 배제하고 선을 살려 부드러움을 극대화한 것이며, 밀짚모자를 사용하여 인상 좋은 농부의 모습을 의인화한 것이다. 평창군 캐릭터 "눈동이"는 각종 안내표지판 등에 활용하고 있으며 또한 눈동이는 각종 특산품과 관광기념품에도 활용되어 평창의 이미지를 대표하게 될 것이다. 이러한 지역의 캐릭터는 함축적으로 타지인들에게 지역의 이미지를 전달할 수 있으며 이미지산업 시대에 가장 적절한 지역의 표현방법이라고 할 수 있으며 지역민들에게도 일체감 형성과 지역민으로서의 자부심을 갖게 하는데도 큰 도움이 될 것이다. 또한 평창을 찾은 관광객들에게 오래토록 선명한 이미지를 남기게 될 것이다.

지금은 변경되었지만 예전의 캐릭터 사례가 학습에 도움이 되리라고 믿고 예전 평창군의 "창창이" 캐릭터 사례와 현재 "눈동이" 사례를 싣도록 하겠다.

## 나) 아산시 캐릭터(보라미) 활용 사례

아산시의 캐릭터는 날으는 소년 이순신을 사용하고 있다. 이순신 장군의 이미지를 좀더 친숙하고, 귀엽게 표현하고, 하늘을 비상하는 모습을 통해 미래를 향한 전진의 의미를 표현하고 창의적이며, 지도력있는 아산의 새천년을 이끌 슬기로운 어린이를 상징한다.

제40회 온양문화제의 브랜드인 Amazing Hero에서는 기존의 지역 캐릭터인 날으는 소년 이순신과 새로 개발된 온양문화제의 심벌·로고인 이순신 장군의 동상을 적절히 활용함으로써 자칫 이순신 장군의 동상에서 느껴질 수 있는 중압감을 완화시키는 효과를 기대할 수 있었다.

그림 3-8  아산시 캐릭터 "보라미"

## 다) 제23회 전국장애인체육대회 캐릭터 활용 사례

제23회 전국장애인체육대회는 전국체육대회가 열린 도시에서 열리는 행사로, 축제의 캐릭터인 마스코트(Mascot)로는 충청남도의 마스코트인 귀도리를 응용하여 충남의 이미지, 장애인체전이라는 의미가 동시에 나타낼 수 있도록 제작하였다. 의인화한 거북인 귀도리와 장애인을 의인화한 곰이 발을 묶어 함께 힘차게 뛰는 모습을 표현하였다.

## ② 캐릭터 상품개발(Character Merchandising)

관광객에게 다양한 살거리 측면과 축제나 이벤트의 일관성있는 이미지 표출을 위해서도 캐릭터 개발은 중요한 의미를 가진다. 개발된 캐릭터와 BI 디자인물을 응용하여 다양한 관광기념품을 제작·판매하는 것은 관광객에게는 살거리를 제공하여 기념으로 간직하게 하는 동시에, 지역주민에게는 수입원이 될 수 있다. 캐릭터 상품개발에서도 BI와 FI와의 통일성을 유지하면서 다양하고, 실용적이며, 간직하고 싶은 상품개발이 이루어져야 하며, 이러한 캐릭터 상품개발은 지역 경제활성화의 한 가지 방안으로 활용할 수 있을 것이다. 관광형의 축제만을 추구하는 것이 아니라 지역을 대표하는 캐릭터 개발로 관광객은 잊지못한 추억의 매개체를 구입할 수 있으며, 잊지 못할 추억을 간직한 관광객이 캐릭터라는 매개체로 다른 예비 관광객에게 홍보할 수 있다는 측면에서 캐릭터 개발은 중요한 의미를 가지며, 축제의 대표이미지라고 생각하여 최대한 간직하고 싶은 제품을 상품화하여야 할 것이다.

관광기념품 개발에 있어서는 매너리즘 탈피를 강조하고 싶다. 기존의 관광기념품은 천편일률적인 것들이었다. 전국의 관광지 어디를 가도 똑같은 기념품을 팔고 있는 것이 우리의 실정이다. 예를 들면 "○○○ 방문 기념 수건"은 어느 관광지를 가더라도 볼 수 있는 안타까운 일이다. 게다가 최근에는 인건비가 저렴한 중국 등지에서 생산된 국적불명의 물건들이 버젓이 우리의 관광기념품으로 판매가 되고 있어 물의를 빚기도 하였다. 이제는 이런 수치스런 일은 없어져야 할 것이다. 똑같은 관광기념품보다는 저렴하면서도 정말로 기념이 될 만한 상품개발이 절실히 요구된다. 일본의 축제에서는 자연스럽게 축제를 참여하려면 갖추어야 할 것을 판매함으로써 자연스럽게 지역 경제활성화와 그 제품에 이미지를 불어넣어 관광객의 입장에서는 그 제품을 사지 않을 수 없게 하는 전략을 사용하는 것도 볼 수 있다. 즉, 제품을 사는 것이 아니라 이미지를 사는 이러한 전략은 제4차산업인 이미지산업의 이미지 판매 전략에도 합당한 판매전략이라고 할 수 있을 것이며 앞에서도 이야기 했듯이 제품에 이미지가 불어넣어져 상품이 되면 예비 관광객들에게 스토리 텔링(Story Telling) 기법이 사용되어져 축제에 오지 않았던 예비 관광객들에게도 강력한 지역 방문에 대한 흡입력을 줄 수 있을 것이다.

또 한편으로 최근 일부 지역축제에서 축제의 재정확보를 위해 일반인에게 입장료를 부과하는 경우가 있어 여러 가지 측면에서 긍정적 효과와 부정적 효과에 대한 논의가 진행 중이라고 한다. 그런데 만약 입장료를 부과하는 대신 축제의 캐릭터를 응용한 기념

**그림 3-9** 전국장애인체육대회 마스코트

품을 제공하게 되면, 입장료 부과에 따른 부정적인 이미지 상쇄에 도움이 될 수 있을 것이라고 생각된다.

### (3) 장기적 차별화 · 홍보전략

장기적인 안목에서의 홍보전략의 첫걸음은 BI와 FI 개발일 것이다. BI와 FI가 가지는 최대의 효과는 바로 지속적이고 장기적인 홍보전략으로 활용가능하다는 점이다. 우리가 그토록 지역 BI와 축제 FI를 개발해야 한다고 역설하는 것도 바로 이 점 때문이다. 단발성 · 소모성 행사를 탈피하기 위해서는 장기적인 안목이 절대적으로 요구된다. 축제에는 축제의 개최지를 따라다니는 잡상인들이 있을 정도로 지역별로 차별화되어 있지 않은 곳이 많다. 지역경제활성화를 위해서는 잡상인들과 지역민들과 차별화가 필요한데 지역민들에게는 BI와 FI의 사용권을 부여하여 잡상인과 구별하여 지역경제활성화와 지역의 이미지를 실추시키지 않도록 하는데 BI와 FI의 한 가지 활용방안이라고 할 수 있을 것이다.

지역 브랜드는 영역의 단계별 발전에 있어서 가장 중요한 것은 진입단계인 것이다. 한 지역에서 시작하여 지역권으로, 전국권으로, 나아가 세계적으로 지역 브랜드 인식을

**그림 3-10** 각 지역의 도시 브랜드

확장시키면 축제에 참가하기 위해 베니스에 가고, 에펠탑을 보기 위해 파리에 가듯이, 외국인이 우리의 지역축제와 문화유산을 보기 위해 찾아오도록 만드는 것이 궁극적인 목표가 되어야 마땅할 것이다. 그리고 이를 위한 가장 효과적이고 필수적인 작업이 바로 BI와 FI 작업임을 깨달아야 할 것이다.

## 2) BI와 FI 작업의 진행과정

그러면 실제 BI와 FI의 매뉴얼 작업이 어떠한 순서로 이루어지는지를 살펴 보도록 하자. BI와 FI의 작업은 매뉴얼 북(Manual Book)으로 작성되어 보여지는데, 매뉴얼 북이라는 것은 개발된 BI와 FI의 활용양식을 규정한 것으로 디자인물을 제작할 경우 반드시 매뉴얼 북에 지정된 사항을 따라야 한다.

BI와 FI의 작업의 첫단계는 네이밍(Naming)이다. 앞에서 우리는 하나의 BI와 FI가 탄생하기 위해 얼마나 치밀한 사전조사가 필요한지를 보았다. 사전조사를 통해 지역 이미지를 결정하고 그에 상응하는 명칭을 부여해야 한다,

다음은 BI와 FI에 적합한 심벌과 로고·엠블렘·마스코트·시그니처를 결정한다. 그 다음에는 한글 전용서체와 한글 지정서체 및 영문 지정서체 등을 명시해야 한다. 디자인 작업에서 제외되어서는 안 될 부분은 전용색상을 지정하는 것이다.

여기까지의 기본적인 사항에 대한 지정이 끝나면 다양한 디자인 활용물에 대한 예시물을 제시해 주어야 한다. 예를 들어 지면광고 타입·초청장·봉투·위촉장·감사패·명함·포스터·팜플렛·간행물·종합안내 사인·가로등 배너·현수막·아취 타워·빌보드·청사초롱·차량용 스티커·관광안내표지 사인·행사관련차량·공중화장실·휴지통·기념탑·주차유도사인·진행요원의상·기념품·뱃지 등 BI와 FI를 적용할 수 있는 부분에 대해 최대한의 예를 제시해 주어 관련 조직위원회에서 효과적으로 사용할 수 있도록 해야 한다.

또한 최근 정보통신망의 발달로 인터넷을 통한 홍보가 활발히 이루어지고 있으므로, 인터넷상의 홈페이지 제작에도 BI와 FI를 적용하는 것이 바람직하다.

BASIC SYSTEM                                                        BO1/Symbol

FAST CHEONAN의 심볼은 모든 시각 커뮤니케이션의 핵심이 되는 대표적인 상징물이므로 형태나 색상 등의 변형된 사용을 하지 않도록 세심한 주의를 요한다. 사용시에는 CD-Rom(Macintosh용)에 수록된 원고용 파일을 출력하여 사용하며 원고용 파일의 사용이 불가능할 경우에는 반드시 본항에 제시된 워드마크 그리드 시스템의 비례규정에 따라 정확하게 제작, 사용한다.

Symbol

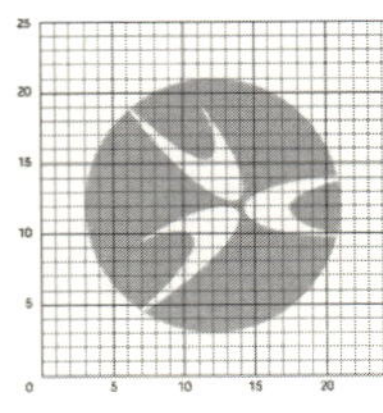

Grld System

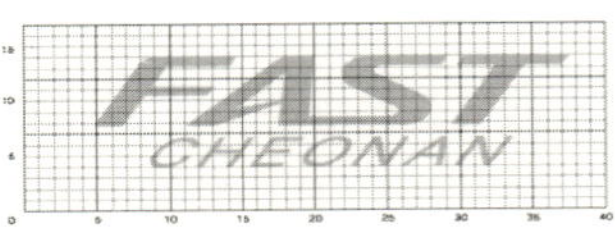

Grld System

Word Mark

상하조합 시그니처

좌우조합 시그니처

워드마크의 효과적인 활용을 위해서는 적용시 워드마크가 침해받지 않는 최소한의 공간이
확보되어야 한다. 각종 매체에 적용할 경우 최소 공간내에서는 다른 요소나 복잡한 패턴이
침범하는 경우가 없도록 주의한다.

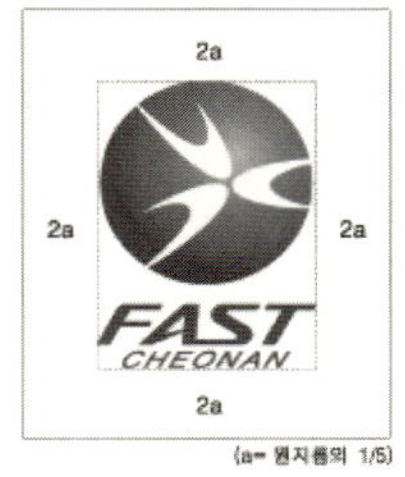


시그니처1

시그니처2

워드마크 최소크기 규정(m/m)

FAST CHEONAN 슬로건의 한글 지정서체는 워드마크와 조화를 이룰 수 있는 고딕서체이
다. 슬로건과의 조합은 고객이나 일반 대중들에게 FAST CHEONAN의 이미지를 보다 쉽게
전달할 수 있는 직접적인 표현 시스템이다. 사용시에는 변형을 막기 위하여 본 매뉴얼 CD
－Rom에 수록된 원고를 정비례로 확대, 축소하여 사용하도록 한다.

희망이 넘치는 미래도시

태고딕 30˚ , 억 60%

Slogan－Typeface

slogan  signature

FAST CHEONAN의 전용색상은 FAST CHEONAN을 차별화시키는 또하나의 중요한 수단
이므로 지정된 색상을 통일성있게 지속적으로 정확하게 사용하는 것이 중요하다. 대외적
인 모든 행사의 기본은 천안블루를 사용하며, 지역 행사나 지역특정상품 브랜드고지시 네
가지 응용색상을 행사 내용에 따라 사용한다.
전용색상은 별색사용을 원칙으로 하며, 표현매체(신문, 잡지 등)에 따라 4원색(4Color
Process) 인쇄를 할 수도 있다.

● Main Color

FAST CHEONAN BLUE

Pantone : 2935 C
Process Color : C 100% + M 50%
RGB : R 10% + G 85% + B 163%

● Sub Color

• 제일의 도시 천안-First

FAST CHEONAN RED

Pantone : Red 032 C
Process Color : M 90% + Y 80%
RGB : R 253% + G 24% + B 19%

• 풍부한 도시 천안-Abundant

FAST CHEONAN YELLOW

Pantone : 130 C
Process Color : M 30% + Y 100%
RGB : R 255% + G 186%

• 만족스런 도시 천안-Satisfied

FAST CHEONAN GREEN

Pantone : 376C
Process Color : C 50% + Y 100%
RGB : R 112% + G 188% + B 31%

• 첨단 과학 기술 도시 천안-Technologic

FAST CHEONAN PURPLE

Pantone : 527C
Process Color : C 80% + M 90%
RGB : R 65% + G 14% + B 130%

FAST CHEONAN GRAY

Pantone : Cool Gray 7 C
Process Color : B 50%
RGB : R 135% + G 135% + B 135%

FAST CHEONAN LIGHT GRAY

Pantone : Cool Gray 3 C
Process Color : B 20%
RGB : R 204% + G 204% + B 204%

FAST CHEONAN SILVER

Pantone : 877 C

FAST CHEONAN GOLD

Pantone : 872 C

FAST CHEONAN의 시그니처의 색상활용은 인쇄매체와 바탕색에 따라 표현을 달리한다. 아래는 충분한 명시성을 확보하기 위해 제안된 워드마크 색상활용의 적합한 예시이다. 패턴이나 장식적 목적의 활용에 의한 특별한 경우에는 작은 명도 차이(바탕과 워드마크의 작은 톤차이)를 이용한 활용도 가능하다.

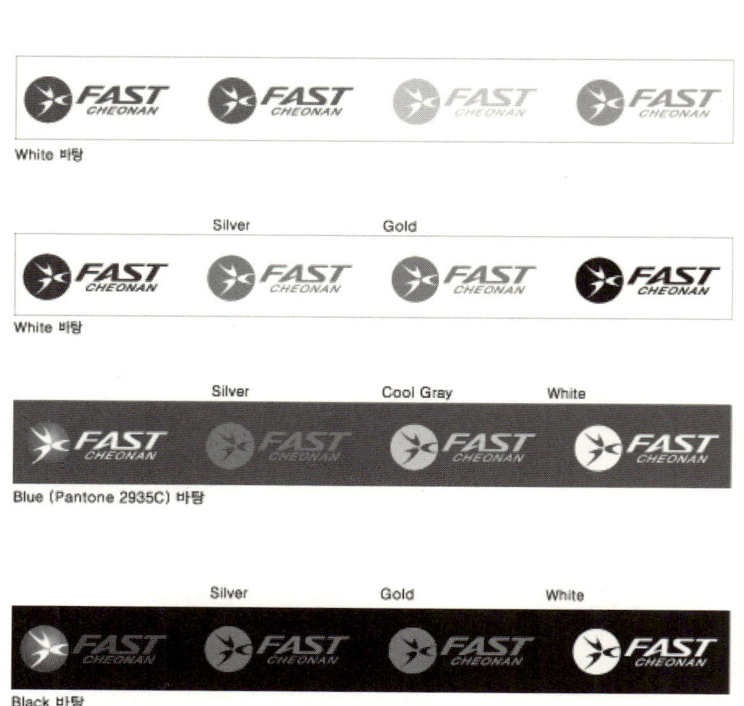

전용문양은 장식성이 요구되는 응용항목에 활용함으로써 적용매체의 품위를 높이고 특징을 살리는 보조적 캐릭터의 역할을 한다. 본 항목의 예시와 같이 심볼마크와 로고타입에서 추출한 그래픽 요소를 일정간격으로 연속 배열한 것으로 포장 등에 활용할 수 있다. 응용항목의 바탕으로 활용할 때는 적당한 농도로 색상을 옅게 조정할 수도 있다. 전용문양의 사용은 예시된 규정을 우선적으로 준수하고 응용편의 적용 사례를 참고한다.

A Type

B Type

(Silver)

국문 지정서체는 로고타입과 조화를 이루도록 지정된 서체로서 대체의 성격이나 내용에 따라 선택하여 사용할 수 있다. 모든 매체에 국문이 적용될 때에는 본 지정서체의 사용을 원칙으로 하나, 매체의 특성과 적용조건, 디자인 컨셉에 따라 다른 서체의 활용도 가능하다.

## 한글 지정 서체

**지시적인 사용을 위한 서체**

HY울릉도 Blod

**지정서체는 로고타입과 조화를 이루도록 지정된 서체로서 매체의 성격**

HY울릉도 서체는 사인, 행사타이틀, 제목 등에 헤드라인서체로 사용할 수 있다.
(문자폭 100%)

HY울릉도 Medium

**지정서체는 로고타입과 조화를 이루도록 지정된 서체로서 매체의 성격**

HY울릉도 Light

**지정서체는 로고타입과 조화를 이루도록 지정된 서체로서 매체의 성격**

HY울릉도 Medium, Light은 본문서체로 사용할 수 있다.
(문자폭 100%)

**설명을 위한 서체**

HY태고딕

**지정서체는 로고타입과 조화를 이루도록 지정된 서체로서 매체의 성격**

HY중고딕

**지정서체는 로고타입과 조화를 이루도록 지정된 서체로서 매체의 성격**

HY태고딕,중고딕은 본문서체로 사용할 수 있다.
(자간-40, 문자폭 85%)

영문 지정서체는 로고타입과 조화를 이루도록 지정된 서체로서 대체의 성격이나 내용에 따라 선택하여 사용할 수 있다. 모든 매체에 국문이 적용될 때에는 본 지정서체의 사용을 원칙으로 하나, 매체의 특성과 적용조건, 디자인 컨셉에 따라 다른 서체의 활용도 가능하다.

**영문 지정 서체**

Frutiger Black

ABCDEFGHIJKLMNOPQRSTUVWXYZ
abcdefghijklmnopqrstuvwxyz1234567890

Frutiger Bold

ABCDEFGHIJKLMNOPQRSTUVWXYZ
abcdefghijklmnopqrstuvwxyz1234567890

Frutiger Bold, Black은 사인, 행사타이틀, 제목 등에 헤드라인서체로 사용할 수 있다.

Frutiger Regular

ABCDEFGHIJKLMNOPQRSTUVWXYZ
abcdefghijklmnopqrstuvwxyz1234567890

Frutiger Light

ABCDEFGHIJKLMNOPQRSTUVWXYZ
abcdefghijklmnopqrstuvwxyz1234567890

Frutiger Light, Regular는 Medium, Light은 본문서체로 사용할 수 있다.

FAST CHEONAN B.I는 천안을 상징하는 중요한 요소이므로 색상과 형태를 임의로 바꾸거나 변형할 경우 고유의 이미지가 훼손되므로 반드시 표준색상과 형태를 준수해야 한다. 특히 아래의 예시는 잘못 사용한 경우로 이러한 사용은 절대로 금한다.

지정색상 이외의 것을 사용한 경우

심볼의 요소를 변형하여 사용한 경우

워드마크 지정색의 위치를 바꾼 경우

시그니처를 외곽선으로 표현한 경우

바탕색을 규정색 이외의 것을 사용한 경우

낮은 명도대비로 선명도가 떨어지는 경우

시그니처의 간격을 임의로 조정한 경우

시그니처의 비례를 임의로 조정한 경우

복잡한 그래픽요소 위에 사용한 경우

워드마크의 색상활용 규정에 어긋난 경우

워드마크의 서체를 다른 서체로 사용한 경우

심볼 형태를 변형 해서 사용한 경우

SUNGBO Primary C·I  1-1

· 기본형 C·I - 국문 상하조합

가장 바람직한 형태의 C·I로 임의대로 비례를 조절하여 사용할 수 없다.

· 기본형 C·I - 국문 좌우조합

· 기본형 심볼마크 단독형
기본형 심볼마크는 특별한 행사나 마케팅상의 필요성에 따라 로고타입 없이 단독으로 사용할 수 있다.

· **기본형 C·I – 영문 상하조합**

가장 바람직한 형태의 C·I로 임의대로 비례를 조절하여 사용할 수 없다.

· **기본형 C·I – 영문 좌우조합**

· 기본형 C·I - 중문 상하조합

가장 바람직한 형태의 C·I로 임의대로 비례를 조절하여 사용할 수 없다.

· 기본형 C·I - 중문 좌우조합

· **칼라  Color**
아래에 표기된 색상을 기준으로 적용한다.

· **기본 색상체계**
PANTONE 색상

본 지침서의 색상은 칼라프린터에 의한 것이며, 재생용 색상이 아니다.
재생용 색상은 Pantone Color를 참고하도록 한다. 무광표현에 인쇄할 경우도 유광 Color Sample을 참고한다.

· **C·I − 4원색 Process Color**
아래에 표기된 ■C=Cyan,  ■M=Magenta,   Y=Yellow,  ■K=Black 을 말한다.

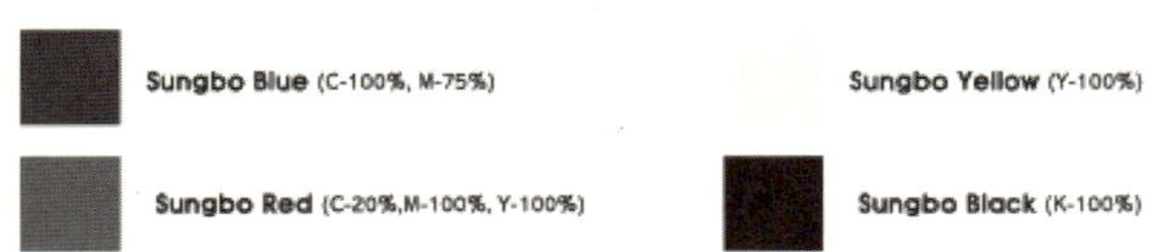



4원색 Process Color 인쇄는 정확한 색상의 표현이 어려우므로 가능한 별색인쇄를 하도록 한다.

상기 4원색 Process Color 비율은 Pantone Color에 가장 가깝게 인쇄될 수 있도록 선택했다. 그러나, 인쇄기계의 노후, 품질 등 많은 변수에 따라 인쇄의 색상이 다를 수 있으므로 상기 비율 이외의 비율로 사용할 수 있으나 최종적으로 Pantone Color에 가장 근접한 비율이 되도록 한다.

· **최소 공간 기준**

　C·I는 글씨나 그밖의 보조그래픽 요소들에 의해 시각적으로 손상받지 않도록 최소공간을 두었으며
본 공간에는 어떠한 요소들도 들어올 수 없다.

· **기본형 C·I − 국문 상하조합**

· **기본형 C·I − 국문 좌우조합**

· **기본형 심볼마크 단독형**

· **최소 공간 기준**

C·I는 글씨나 그밖의 보조그래픽 요소들에 의해 시각적으로 손상받지 않도록 최소공간을 두었으며
본 공간에는 어떠한 요소들도 들어올 수 없다.

· **기본형 C·I − 영문 상하조합**

· **기본형 C·I − 영문 좌우조합**

· 흑백 칼라 적용

　4원색 인쇄가 불가능한 흑백신문 등 특수한 경우에는 회색이미로 된 심볼을 사용할 수 있다.


· 흑백 기본형 C·I － 국문 상하조합

· 흑백 기본형 C·I － 국문 좌우조합

· 흑백 기본형 심볼마크 단독형

## · C·I의 단색적용

C·I를 원색4도 또는 흑백으로 재생할 수 없는 경우에는 보조형 C·I를 다음의 색상들 중의 한가지로 출력할 수 있다.

**Sungbo Purple**
PANTONE 228C (M-94%, K-43%)

**Sungbo Warm Gray**
PANTONE WG 6C (M-9%, Y-11%, K-30%)

**Sungbo Gold**
PANTONE 1255C 80%(C-10%, M-25%, Y-70%, K-20%)

**Sungbo Black**
PANTONE 426C (K-100%)

**Sungbo 금박**

## · 어두운 배경상의 단색 C·I 적용

C·I를 배경 위에 사용할 경우 배경색은 Sungbo Purple을 사용하고 다음과 같은 색상들 중에 한 가지로 사용할 수 있다.

SUNGBO **C·I Guidelines 1—13**

· **C·I의 최소크기 기준**

C·I의 최소 사용크기는 아래와 같으며 예시된 크기보다 작은 크기로 적용해서는 안된다.

SUNGBO **C·I Guidelines 1—17**

· **보조형 C·I — 입체**

가장 바람직한 형태의 C·I로 임의대로 비례를 조절하여 사용할 수 없다.

## 3) 지역문화축제 FI작업 : 축제 이미지 차별화 작업

### (1) 목적

① 관광상품개발의 초석 Image 작업
② 정보화, 통합적 관광마케팅 전략, 캐릭터 상품 개발작업
③ 지속적 축제의 홍보, 광고의 전략화
④ 축제의 긍정적 Image 구축 및 차별화 전략

### (2) 매뉴얼 Process(예시)

| No | Process | Remark | No | Process | Remark |
|---|---|---|---|---|---|
| 1 | Naming | 행사제목 | 21 | 종합 안내사인 | |
| 2 | 심벌마크 | | 22 | 플랜카드 | |
| 3 | 로고타입 | | 23 | 아취 타워 | |
| 4 | 엠블렘 | | 24 | 빌보드 | |
| 5 | 마스코트 | | 25 | 기념탑 | |
| 6 | 시그니처 | 복합적 응용작업 | 26 | 배너 | 가로기 외 |
| 7 | 한글 전용서체 | | 27 | 청사초롱 | |
| 8 | 한글 지정서체 | | 28 | 차량용 스티커 | |
| 9 | 마스코트 운영 | | 29 | 주차 유도사인 | |
| 10 | 그래픽 모티브 | | 30 | 축제자 유니폼 | |
| 11 | 명함 | | 31 | 기념품 | |
| 12 | 봉투, 메모지 | | 32 | 뱃지 | |
| 13 | 초청장/안내장 | | 33 | 영문 로고 타입 | |
| 14 | 감사패/시상패 | | 34 | 일문 로고 타입 | |
| 15 | 포스터 | | 35 | 인터넷 홈페이지 | |
| 16 | 팜플렛 | | 36 | 인터넷 디자인 | |
| 17 | 지면광고 | | 37 | 인터넷 | |
| 18 | 정기축제 간행물 | | 38 | 업그레이드 | |
| 19 | 현판 | 케노피 사인 | 39 | 월간지 | |
| 20 | 게시용 | 공고 용지 | 40 | 계간지 | |

## 4) "지역브랜드 슬로건 활용계획" 사례

마산시의 브랜드 슬로건 컨설팅에서 제시한 활용계획 사례를 들어 지역의 바람직한 브랜드 활용방안을 제시하고, 해외 도시 브랜드 적용 사례를 통하여 왜 지역브랜드 슬로건이 도시의 이미지를 대표할 수 있는지 알아보도록 하자.

### (1) 브랜드 슬로건 활용계획

### ① 활용 전략

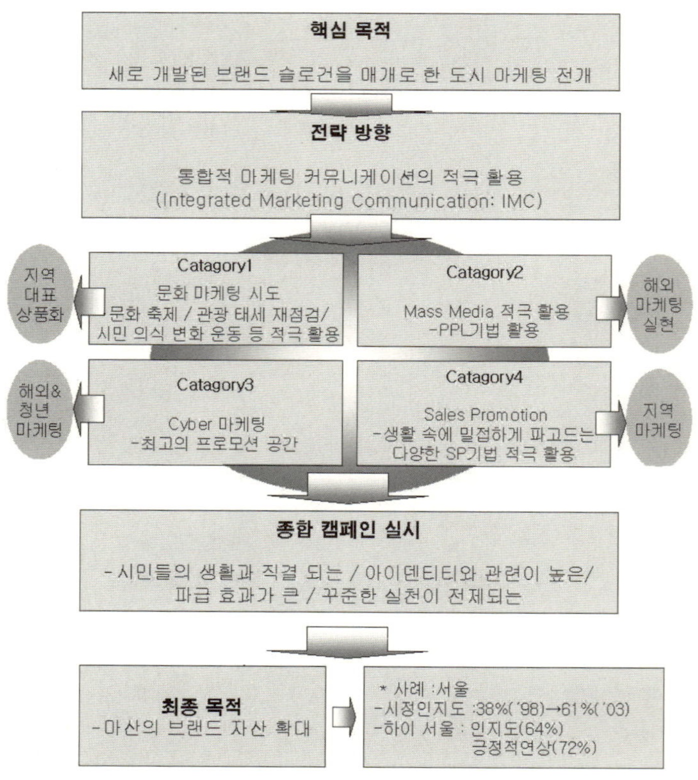

②활용 방안

핵심 목적

브랜드슬로건을 통한 도시 브랜드 '마산'의
새로운 가치 부각 시킨다.

주요
연구
방향

## 시민의식 고양

도시 발전의 가장 큰 힘은
시민들의 의식이다.
도시 브랜드 '마산'의 성공은
궁극적으로 시민들의 결집된
힘이 아니면 만들어지기 힘들다.
따라서 새로 개발되는 브랜드
슬로건은 시민들의 역량을
하나로 모으는 매개체가 되어야
한다.

예) 깨끗한 식당 인증서
　　전통 음식 인증서
　　깨끗한 화장실 인증서
　　친절한 택시,버스 인증서
　　추천 관광지 인증서
　　깨끗한 마을 인증서

마산의 뛰어난 문화 인증서
주요 예술 활동 인증서
관광 프로그램 인증서

시민대회(마라톤 )등

## 문화 산업 콘텐츠화

문화산업은 21세기 최고의
부가가치를 창출하는 분야이다.
특히 성공한 축제는 다양한 부가
효과를 가져다 주는 중요한
요소이다.
자기 도시만의 특색을 가지고
자신만의 특징을 잘 표현한
축제는 지역 경제 활성화에 큰
도움을 준다.

핵심과제) 문화축제의 개발:
특히 마산만의 독창적인 축제
아이템의 개발.
개발되는 축제는 문화적
성격을 최대한 부각하고 새로
개발되는 브랜드 슬로건과
밀접한 관계를 가져야 한다.

핵심과제) 해외 마케팅의 활성화:
관광,투자의 대상인 해외를 적극
공략할 수 있는 마케팅 기법을
개발해야 한다.

## (2) 홍보물 개발 계획

<table>
<tr><td>

**1. 관광 홍보물**
- 대상 : 내국인용
  외국인용
- 용도 : 신규 브랜드 슬로건을 이용한
  도시 브랜드 '마산' 알리기
- 형태 : 리플렛 4~8page

- 주요내용 :
  1) 새 브랜드슬로건을 통한 도시
  브랜드 '마산'의 의미, 그리고 '마산'
  이 가지고 있는 가치, 특히 미래
  가치에 대해 충분히 전달한다

  2) 특히 구성 메시지는 일방적인 홍보
  를 탈피, 소비자 편익에 중점을
  맞춰 제작한다.

  3) 글 보다는 사진과 비쥬얼 중심의
  '이미지' 위주의 제작을 통해 젊은
  타겟에게 긍정적인 반응을 기대한다.

</td><td>

**2. Cyber홍보물**
- 대상 : 젊은 층 (국내 & 국외)
- 용도 : Cyber 상에서의 홍보
- 특징 : 3D 동영상
  기존 캐릭터 '만남이'와 함께
- 형태 : 플래시 애니메이션 10초 내외

- 주요내용
  1) 즐겁게, 발랄하게 새로 태어난
  도시 브랜드 '마산'을 축하하는
  줄거리

  2) 새로 개발된 브랜드슬로건과 기존의
  캐릭터 '만남이'가 주인공이며 기존
  CI 등의 요소들도 함께 어울리며
  등장 할 수 있게 한다.

  3) 심볼 프레임 요소를 동원 단순한
  비쥬얼 만이 아닌 공감각적 이미지
  의 전달이 가능하게 구성한다.

</td></tr>
<tr><td>

**3. 차량 홍보물 1**
- 대상 : 마산 시민 및 관광객
- 용도 : 소형차 치장(Decoration)용
- 특징 : 깜찍하고 부착하고 싶은 맘이
  들게, 3~4종 형태
- 형태 : 스티커

</td><td>

**4. 차량 홍보물2**
- 대상 : 마산 시민 및 관광객
- 용도 : 버스 부착용
- 특징 : 마산시내 버스에 부착 할 용도로
  제작, 크고 잘 보이게
- 형태 : 데칼

</td></tr>
<tr><td>

**5. 거리 홍보물**
- 대상 : 마산 시민 및 관광객
- 용도 : 거리 시설물 부착용
- 특징 : 깜찍하고 부착하고 싶은 맘이
  들게, 3~4종 형태
- 형태 : 스티커

</td><td>

**6. 기타**
- 포스터
- 점포 인증용 스티커
- 어린이용 홍보물
- 거리용 깃발
- 판촉물 등

</td></tr>
</table>

## (3) 기존 시상징물(마크, 캐릭터) 등과 조화방안

마산시의 도시브랜드를 개발하는 데 있어서 Identity Mark와 Image Mark 두 가지를 동시에 개발하여 사용하는 방법을 고려할 수 있다. 즉 Identity Mark를 통해 도시로서의 규모 혹은 공식성 등을 표현하고 고객과의 접점이 많은 매체에는 Image Mark를 활용하여 도시의 인지도 및 친밀도를 높일 수 있는 방안이다. 이 경우 엄격한 활용기준과 커뮤니케이션의 이원화 정책이 수반되어야 한다.

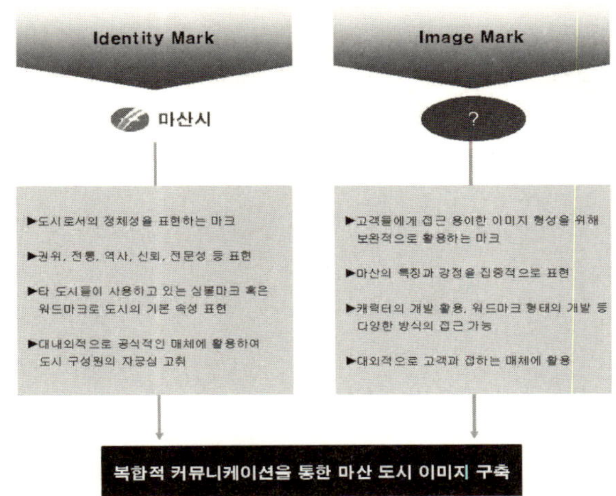


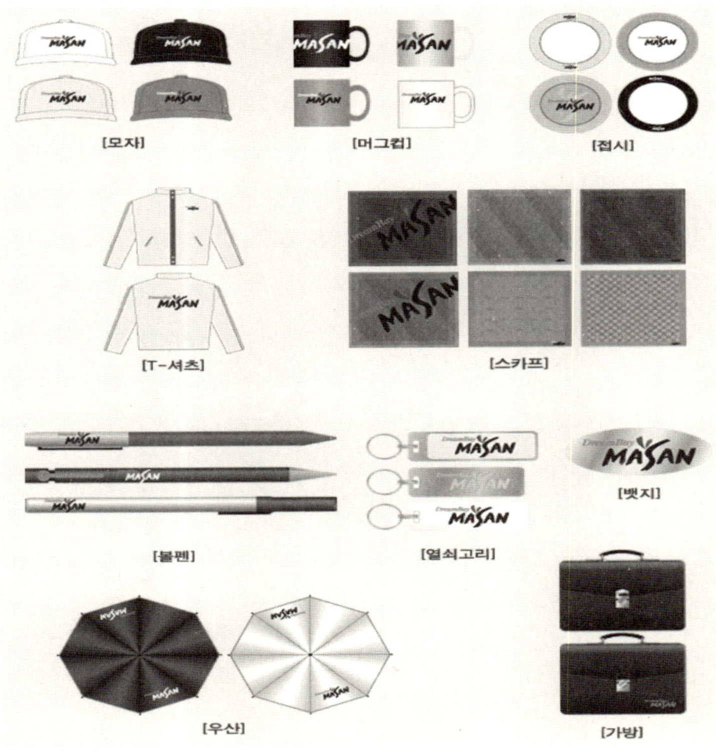


그림 3-11  마산시 도시브랜드 사례

## (4) 해외 도시 사례

### ① 홍콩(HONGKONG)

홍콩은 세계에서 가장 분주한 컨테이너 항구이며, 세계 기업들의 지역 본사와 사무국이 아시아에서 가장 많이 위치한 아시아의 관문같은 곳이다. 아시아 속의 세계도시로 홍콩은 유형, 무형의 사회간접자본을 확충하고 IT와 관광산업을 향상시켜 대륙과 세계와의 연합을 강화하기 위한 노력을 기울이게 되었다. 시각적 아이덴티티는 홍콩의 역사적, 문화적 아이콘을 연결하고 전달하기 위한 디자인이다. 홍콩의 힘과 역동성, 리더십을 나타내는 상징임과 동시에 중국문화에 익숙한 용을 홍콩의 시각 아이덴티티로 활용하였다.

② 뉴욕(NEWYORK)

    ILNY는 1975년 뉴욕주의 경기가 침체되었을 때 관광활성화를 통한 경기회복의 방안으로 시작된 것이다. 즉 도시의 브랜드라기보다는 프로모션의 성격이 강하다. 뉴욕은 세계에서 가장 복잡한 도시이다. 이 복잡한 도시에 살고 있는 사람들에게는 자신의 정체성을 말해주고, 뉴욕을 방문하는 사람들에게는 친근감을 주기 위해 가장 친숙하면서도 간단한 하나의 언어로 통일화시켰다. 이러한 단순한 프로모션 브랜드는 전 세계에 걸쳐 벤치마킹의 대상이 되는 성공 사례로 꼽힌다.

③ 쾰른(Köin)

    쾰른 시가지의 중심엔 '쾰른대성당'이라는 랜드마크가 있다. 중세 고딕양식의 대표인 이 성당은 자신들의 문화에 강한 자부심을 갖는 독일인의 상징이기도 하다. 이 성당은 역사적 조형건축물의 하나로 지역의 표식이나 심볼이 되는 랜드마크로 작용하며 쾰른시는 이 성당을 모티브로 하여 자신의 시각 아이덴티티를 확립하였다. 이러한 아이덴티티가 쾰른 시를 역사가 살아 숨쉬는 도시로 이미지를 확립하는 데 기여하고 있음은 주지의 사실이다.

## ④ 도쿄(TOKYO)

YES는 단순히 긍정의 의미만을 담고 있지 않다. 'Your Exciting Stage'라는 도쿄의 자신감을 담고 있다. '지불한 만큼 돌려 받으며 즐길 수 있는 흥미진진한 도시'라는 강한 표현이기도 하다. 즉 도쿄의 아이덴티티는 자신감이다. YES라는 간략한 단어는 세계 공용의 가장 적극적이고 긍정적인 언어로 쾌활하고 매력적인 도쿄의 모습을 널리 알리는 모티브가 되었으며, 도쿄를 역동적이고, 흥미롭고 친절한 도시로 포지셔닝시키는 계기가 되었다.

**표 3-3**  지식재산권의 분류

| 대분류 | 소분류 | 주요 내용 |
|---|---|---|
| 산업재산권 | 특허 | 기술적 사상의 창작원천, 핵심기술(대발명) |
| | 실용신안 | 라이프사이클이 짧고 실용적인 주변, 개량기술(소발명) |
| | 의장 | 심미감있는 물품의 형상, 모양, 색채 |
| | 상표 | 타상품과 식별 가능한 기호, 문자, 도형, 형상, 색채 |
| 저작권 | 협의저작권 | 문학, 예술분야 창작물 |
| | 저작인접권 | 실연가, 음반제작가, 방송사업자권리 |
| 신지식재산권 | 첨단산업저작권 | 컴퓨터프로그램, 인공지능, 데이터 베이스 |
| | 산업저작권 | 영업비밀, 멀티미디어, 뉴미디어 |
| | 정보저작권 | 반도체 집적회로 배치설계, 생명공학, 식품신품종 |

# 제 4 장

# 상품기획

7거리 개발 (탈거리, 잠잘거리, 먹거리, 볼거리, 놀거리, 살거리, 느낄거리)이 지역경제활성화의 초석이다. 현대사회의 대중은 외롭고 허영심이 풍부하다. 그러한 대중의 욕구를 건드리고 공략하라.

## 1. 상품기획의 필요성

상품기획은 SP 이벤트 연출의 제2단계로, 제1단계인 기획(Planning)에서의 4D, 즉 꿈(Dream), 드라마(Drama), 디자인(Design), 행동(Do)의 작업이 바로 연결되는 단계이다. 기획단계에서의 행동(Do)의 의미는 본 행사를 실행한다는 의미가 아니라 디자인의 결과물을 이용하

표 4-1 우리나라 7거리 유형별 지역축제 분류

| 유형 | | 축제명 | 비고 |
|---|---|---|---|
| 잠잘거리 | | 충주수안보온천제, 온양온천제, 해운대온천축제 등 | |
| 먹거리 | | 광주김치대축제, 서울세계관광음식박람회, 경주한국의술과떡잔치, 광안리어방축제, 동백꽃주꾸미축제, 장호원복사꽃음식축제, 보성다향제차음식축제, 담양대나무음식축제, 논산딸기축제 등 | |
| 볼거리 | 음악행사 | 제주국제관악제, 영동난계국악축제, 부산국제락페스티벌 등 | |
| | 고적(古蹟) | 고성공룡나라축제, 강화고인돌축제 등 | |
| | 지역전통공연 | 안동국제탈춤페스티벌, 청도소싸움축제 등 | |
| | 영화제 | 부산국제 영화제, 부천판타스틱영화제 등 | |
| | 예술축제 | 제주가면축제, 충주세계무술축제, 광주비엔날레, 경주세계문화엑스포 등 | |
| 놀거리 | | 서귀포바다축제, 평창강변축제, 보령머드축제, 부산북극곰수영대회 등 | |
| 살거리 | | 서천모시문화제, 강진청자문화제, 통영나전칠기축제, 여주·이천도자기축제, 익산보석축제, 제주감귤축제, 평창감자큰잔치, 양양송이축제, 금산인삼축제, 하동야생차축제, 충주사과축제, 부산자갈치축제 등 | |
| 느낄거리 | 일출 | 성산일출제, 부산해맞이축제 등 | |
| | 눈 | 한라산눈꽃축제, 대관령눈꽃축제 등 | |
| | 꽃 | 제주왕벚꽃잔치, 부산벚꽃축제, 진해군항제, 제주유채꽃잔치, 부산무궁화전시회, 제주철쭉제, 제주억새꽃축제 등 | |
| | 바다 | 진도영등제 등 | |
| | 동물 | 무주반딧불축제, 남대천연어축제 등 | |
| | 인물 | 영암왕인축제, 충주우륵문화제 등 | |
| | 소설 | 평창효석문화제, 남원춘향제 등 | |

여 다양한 관광상품을 개발하고, SP 포인트(Point)를 개발하는 행동이 시작된다는 의미이다.

지역주민들만의 잔치인 지역축제에서 벗어나 문화관광 이벤트로 발전하기 위해서는 외부관광객의 유치에 중점을 두어야 한다고 설명한 바 있다. 따라서 지역문화축제를 기획함에 있어 축제 프로그램 자체의 기획에만 치우쳐서는 안 된다. 그렇다고 축제 프로그램이 중요하지 않다는 것은 아니다. 축제의 본행사 프로그램이 그 지역의 고유함과 상품으로서의 참신함·화려함과 내용의 충실함을 지니도록 기획하는 것도 지역문화축제의 구성요소로서 빼놓을 수 없는 부분이다. 그런데 축제의 본행사 프로그램에 있어 공연부분에만 치우치다 보면 지역의 고유함과 상품으로서의 참신함·화려함 및 내용의 충실함이 제대로 반영된 행사기획이 될 수 없으니 주의해야 한다는 의미이다.

따라서 좀더 참신하고, 지역의 특성을 잘 반영할 수 있는 축제 전반적인 프로그램 개발이 시급하다 하겠다. 이를 위해서는 7거리부분의 개발이 중요한데, 실제 2006년 문화관광부 지정 27개 축제를 대상으로 하나의 문화관광축제 자체가 7거리 중 한 거리를 특화시켜 만들어진 경우가 많음을 알 수 있을 것이다.

〈표 4-1〉은 2006년 문화관광부 지정 27개 축제를 중심으로 7거리에 따라 분류를 시도해 본 것이다

그런데 7거리의 상품화를 지역축제 자체의 성격 전체로 특징지을 수 있지만, 우리가 설명하려는 7거리 개발은 하나의 지역축제 내에서 어떻게 7거리를 개발하여, 그것을 통해 관광객의 참여율을 높이고, 지역의 경제발전을 도모하며, 나아가 지역문화축제로 자리 잡을 수 있을 것인지에 대한 내용이다. 따라서 단순히 7거리의 개발이 아닌 이에 대한 활용방안과 주변관광시설과의 연계를 어떻게 이끌어낼 수 있는가를 사전에 기획하는 것이 중요하다 하겠다. 왜냐하면 지역문화축제의 성공에 있어 공연 프로그램에 못지 않게 주변의 관광자원 또는 식당가·상점가·숙박업체 등과의 효율적인 연계도 중요하기 때문이다.

외국의 성공적인 축제들은 관광상품의 효율을 높이기 위해서 주변의 관광시설·식당·숙박·오락시설과 긴밀한 연계관계를 구축하는 데 역점을 두고 있다. 하나의 지역문화축제는 주변의 여러 관광관련업체들에게 큰 영향을 끼치게 된다. 이런 영향을 가장 많이 받게 될 시설들은 자신들의 경제적 혜택측면에서의 잠재성을 고려하여 좀더 많은 매출을 위해 자체적으로 축제 분위기에 편승하여 화려하고 다채로운 분위기 연출에 신경을 쓰게 된다.

이러한 주변관광시설의 자체적인 축제분위기 연출은 전체적인 축제분위기를 고조시키는 역할을 하게 되며, 관광객들에게 더 많은 만족을 제공하게 된다. 또한 축제와 인근 관광시설 및 문화유적지를 연계시킴으로써 높은 관광지출을 유발할 수 있어 경제효과를 높일 수 있다.

그러나 현재 우리나라의 지역축제들의 경우를 보면, 이러한 노력들이 각 관광관련업체들 개별적으로 이루어지고 있음을 알 수 있다. 축제기간동안의 호황을 노린 업체들의 실내 장식은 각양각색이며, 그 수준에 있어서는 축제의 전반적인 성격을 고려한 통일성과 세련미·개성은 전혀 고려되고 있지 않는 것이 현실이다. 아마도 자체적인 광고·홍보물을 제작하는 데 따르는 경제적인 비용부담도 이런 현상의 하나의 원인이 될 것이다. 그러나 좀더 근원적인 원인으로는 현재의 지역축제기획에서 철저한 상품기획이 이루어지지 않았기 때문에 비롯된 현상이라 할 수 있다.

어쨌거나 이러한 현실로는 외부관광객들에게 어필(Appeal)할 수 없는 것은 당연한 결과이다. 그렇기 때문에 FI 개발이 절실히 필요하다는 것이다. 기획단계에서 FI가 개발되고, 상품기획단계에서 FI권을 지역주민에게 배부하고, 상권을 분배함으로써 공동 마케팅이 가능해질 수 있다. 이러한 공동 마케팅은 참가업체와 운영위원회 양측 모두에게 이익을 제공할 수 있는 마케팅전략인데도 현재까지는 기획단계에서 이러한 부분이 고려되지 않았기 때문에 활성화되지 못하고 있는 것이다.

결국 이 단계에서 가장 중요한 핵심은 지역경제의 활성화 측면에서 시민참여 유도를 위한 FI권을 어떻게 분류하고, 지역주민에게 휘장권 및 축제상권을 어떻게 분배할 것인가이다. 다시 말하면, FI권을 7거리, 즉 탈거리·잠잘거리·먹거리·볼거리·살거리·놀거리·느낄거리에 어떻게 실제로 적용시키는가 하는 것이 상품기획단계에서 고려되어야 할 부분이다.

우리의 현실을 살펴 볼 때, 수많은 매력요소들을 간직하고 있는 강원랜드, 각 지역의 드라마 세트장, 금강산유람선, 남북교류로 비롯될 테마 파크(Theme Park)들을 어떻게 관광상품화시킬 수 있는지에 대한 방안을 모색해야 할 과제도 안고 있다.

앞에서 누누히 설명되었지만, 지역주민을 위한 기획의 발상에서 시작하여 FI 개발의 필요성, 주도면밀한 상품기획, 광고·홍보전략 등 이 모든 것이 순서에 입각하여 치밀하게 이루어졌을 때만이 하나의 문화관광상품으로서 성공을 거둘 수 있는 것이다.

# 2. 7거리

지역문화 축제기획에서는 7거리의 개발이 상품기획의 필수적인 사항이다. 관광상품
은 단순한 제품화를 통한 판매수익사업뿐만 아니라 보이지 않는 무형의 관광문화상품의

**표 4-2**  제주 뷰티 엑스포 개최를 위한 제주의 7거리 개발 예시

### BEAUTY EXPO를 통한 제주 문화 비전

제주 BEAUTY EXPO 구성 – (7거리 분석)

| 7거리 | 탈 거리 | 잠잘 거리 | 놀 거리 | 먹 거리 |
|---|---|---|---|---|
| 개념 | 제주의 "뷰티"에 맞는 상품개발 및 뷰티를 이미지화, 제주에서만 체험할 수 있는 7거리 개발 | | | |
| 적용 | 항공기, 승용차, 선박, 세상에서 가장 아름다운 차량 전시 | 호텔, 민박, 모텔,야영 세상에서 제일 아름다운 잠잘 곳 | 모래, 테마파크 | 수산물, 시각적 아름다운 먹거리 개발 |
| 예 | 대한항공과 아시아나 항공사 중 한 개 항공사와 전략적 제휴를 통하여 비행기에서 부터 제주의 뷰티를 느낄 수 있게 영상과 인테리어로 홍보의 장으로 활용하여 제주의 뷰티를 운송수단에서 느낄 수 있는 탈거리 특화전략 필요 | 제주소재의 호텔도 나름 대로의 테마를 부여하여 영업을 하고 있듯이, 제주도의 정책적 지원으로 제주도의 뷰티를 느낄 수 있는 잠잘 거리 개발. 대표할 수 있는 호텔개발 및 민박, 야영장 개발 필요. 뷰티를 콘텐츠화 하여 적극유치 및 개발 | 연구조사를 통해 피부미용과 관련된 체험형 상품보다는 놀거리로써 부담없이 즐기면서 효능을 얻을 수 있는 놀 거리 개발. | WELL-BEING의 포커스를 맞추어 뷰티의 이미지를 내세운 먹거리 상품 개발 |

| 7거리 | 팔 거리 | 볼거리 | 느낄 거리 |
|---|---|---|---|
| 개념 | 제주의 "뷰티"에 맞는 상품개발 및 뷰티를 이미지화, 제주에서만 체험할 수 있는 7거리 개발 | | |
| 적용 | 생수, 감귤, 화산암 관련 뷰티 상품개발 | 뷰티 국제 엑스포, 아름다운 카 레이싱 걸 | 여행상품개발 (온천수 특화전략) |
| 예 | 제주도 감귤이라는 상품으로 육지에 음료상품이 아무런 이미지 없이 팔리고 있다. 화산암반수라는 생수는 더더욱 제주 삼다수를 마셔야 한다는 당위성을 피력하지 못하고 있다. 하지만 뷰티라는 콘텐츠를 이미지화하여 제품에 적용 발전시켜 나간다면 아름다워지기 위하여 새로운 팔 거리가 Positioning되어 긍정적 이미지를 주어 매출에 영향을 줄 것이다. | 장기적 전략을 바탕으로 한 세계적인 뷰티산업의 메카이미지와 산업형이미지를 주도하여 뷰티라는 콘텐츠는 제주라는 이미지를 갖게 발전시켜야 겠다. 미담, 미관, 미품, 미모의 모든 상품과 관광적요소를 발전시켜야 할 것이다. | 1. WELL-BEING열풍으로 제주의 이미지인 뷰티를 테마로 한 뷰티 건강테마 여행상품개발. 2. 제주만의 자연경관을 활용한 방송유치 |

그림 4-1 탈거리

개발과 함께 이루어질 수 있도록 기획해야 한다. 그래야만 더 많은 수익 모델을 창출할 수 있게 되며, 지역의 관광산업 전반의 활성화를 도모할 수 있고, 장기적인 축제의 발전, 지역의 발전을 꾀할 수 있기 때문이다. 그러면 7거리의 요소 하나하나에 대해 살펴 보면서 각 거리를 어떻게 상품화시킬 수 있는지, 상품화된 7거리를 어떻게 최대한의 경제효과를 창출할 수 있도록 활용할 수 있는지 그 방안을 검토해 보도록 하자.

### 1) 탈거리(운송교통수단)

,

탈거리는 관광객의 운송교통수단을 상품화하는 것을 가리킨다. 그런데 앞에서 우리나라 몇몇 지역축제를 7거리 기준으로 유형별 분류작업을 해 보았는데, 이를 통해서 현재까지는 탈거리를 특화시킨 관광상품의 개발이 미비함을 알 수 있었다. 그러나 실제 관광객이 한 지역을 방문하게 될 경우 가장 먼저 고려하는 부분은 바로 탈거리이다. 장소의 멀고 가까움을 떠나 누구나 여행을 다녀 본 경험이 있을 것이다. 그 때 일단 여행일정이 수립되면 가장 먼저 어떻게 갈까? 즉 무엇을 타고 갈까를 생각하게 된다.

탈거리는 지역문화축제의 인프라(Infra-Structure)부분에 있어서도 가장 먼저 고려되는 요소이다. 축제장소가 지리적으로 고립된 곳이거나 교통접근이 불편한 곳이라면 관광객의 입장에서는 장애요인을 느끼게 되고, 결국에는 방문을 기피하게 되는 상황을 초래한다. 그렇기 때문에 상품기획의 7거리 중에서 탈거리가 제일 먼저 고려되어야 한다.

탈거리의 수단으로는 항공·열차·버스·승용차·도보·자전거·렌터카·관광버스 등 다양한 종류가 있다. 물론 그 외에도 수많은 탈거리 종류가 있을 것이다. 예를 들면, 최근 어린이들 사이에서 유행하는 롤러 브레이드·킥 보드 등도 상품화될 수 있으며, 전통운송수단인 경운기·우마차·가마 등도 탈거리로서 상품가치가 크다고 하겠다.

2006년 전라북도 임실군 오수군에서 열린 오수의견문화제에서는 축제관람객들을 애견전용 열차로 이동하게한 후, 역에서는 지역민들의 환대에 연이은 경운기를 타고 축제장소까지 이동은 관광객들에게 독특한 추억과 경험을 줄 수 있었으며 탈거리를 통한 축제의 독특함을 알리는 한 가지의 콘텐츠로서 높이 평가할 수 있을 것이다. 지역민들의 환대 또한 관광객들에게 축제를 뇌리 속에 각인 시킬 수 있는 축제의 성공요인의 한 가지라고 평가할 수 있었다.

탈거리를 어떻게 관광상품으로 개발하는지, 또 지역문화축제에서 탈거리부분을 어떻게 기획할 수 있는지 사례를 통해 살펴 보기로 하자.


(1) 지역문화축제에서의 탈거리


지역문화축제, 즉 문화관광 이벤트에서의 탈거리부분은 관광객이 축제장소에 최대한 편리하게 도달할 수 있는 인프라로서의 개발이 문제된다. 앞에서도 언급했듯이 탈거리부분에서 장애요소가 발생하면, 방문 자체가 기피되기 때문에 그 어느 요소보다도 신중한 배려가 필요하다.

98 대관령문화축제 HAPPY 700의 경우는 전담여행사를 선정하여 대관령 일대의 안내 및 문의를 담당케 하고, 98 대관령문화축제 HAPPY 700 중에 진행될 모든 프로그램에 대해 롯데·한진·오진·한주 관광여행사가 관광객의 운송을 담당하게 하였다. 또한 철도청과 연계하여 1박 3일의 투어 코스(Tour Course)를 개발하였으며, 아시아나항공사와 700 관광편 증편에 대해 협의가 이루어졌다.

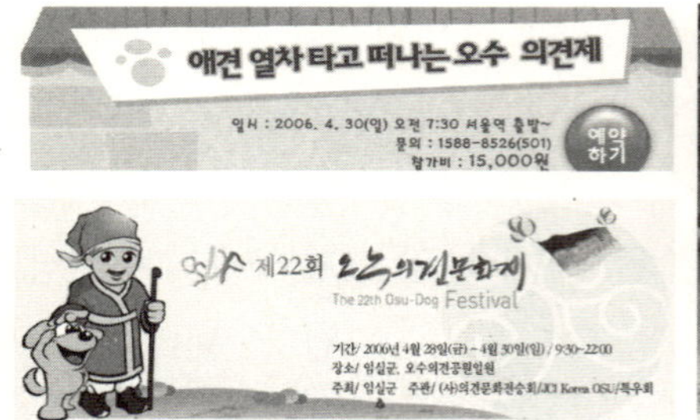

_ 오수의견캐릭터 **'워리'**

이 름 : 워리 (영문 : WORY)
혈 통 : 한국토종
고 향 : 전라북도 임실군 지사면 영천리
키 : 1M
몸무게 : 36kg
특 기 : 화재진압, 인명구조, 달리기
취 미 : 아이들과 놀기
성 격 : 상냥, 용감, 쾌활함 캐릭터 컨셉
신라때 지금의 임실군 오수면 오수리에 있었던 실화
주인 김개인을 죽음으로부터 구해낸 의견(義犬)을 의인화 했다.


_ 디자인의 특징

 - 내면적 특성인 친근함, 용감함, 상냥함을 표현
 - 외형적으로는 코믹적 요소를 가미한 만화적 스타일로 형상화
 - 실제의 오수의 개에서 특징(색상,털,꼬리)을 간결한 선으로 함축적 표현
 - 다양한 연령에게 호감
 - 상품응용과 다양한 응용동작 적용에 용이

_ 워리 -네이밍개요

 보편적으로 개를 부를 때 주로 쓰는 호칭
 쉽게 기억되는 이름
 인간 친화적인 호칭

**그림 4-2**  지역축제의 탈거리와 캐릭터 사례(오수의견문화제)

이러한 여행·운송업체와의 연계에서 바로 FI권 부여가 큰 몫을 차지하게 된다. 관광객들에게는 편리한 교통편을 제공하고, 참여여행·운송업체에게는 FI권 부여를 통한 명분과 실리를 동시에 제공하는 긍정적 기능을 원활히 수행할 수 있는 탈거리상품화가 가능한 매개체가 바로 FI인 것이다.

탈거리부분에서는 대중교통편과의 연계활동, 즉 각 교통수단별로 FI권을 부여해 주

고, 행사에 참여시키는 방안 외에도 자가용을 이용하는 관광객에 대한 배려도 빼놓을 수 없다. 따라서 세밀한 관광안내지도 제작도 고려해야 하며, 전담여행사와 인터넷 홈페이지 등을 통해 관광객이 손쉽게 참고할 수 있도록 주의를 기울여야 할 것이다.

### (2) 관광상품으로서의 탈거리

지역문화축제에서 관광객에게 교통편의를 제공하는 차원에서의 탈거리기획 외에도 탈거리와 다른 요소, 예를 들어 느낄거리와의 결합을 통해 하나의 관광상품개발도 가능하다. 그 대표적인 예로 철도청에서 시행 중인 '정동진 해돋이 열차'를 들 수 있고, 그 외에도 '신혼열차' '애견열차'를 들 수 있다.

'정동진 해돋이 열차'의 경우는 한 때 전국적으로 인기를 끌었던 드라마 '모래시계'의 배경으로 정동진역이 주목받으면서 기획된 관광상품이다. 정동진역에서 바라보는 해돋이의 장관과 드라마 '모래시계'의 감동을 밤기차라는 탈거리와 연계시킴으로써 최고의 관광상품으로 인기를 끌 수 있었던 것이다. '해돋이', '인기드라마', '밤기차'라는 세 가지 요소는 모두 대중의 심리에 크게 어필(Appeal)할 수 있는 요소로 구성되어 있기 때문에 단기관광상품으로서는 훌륭한 상품가치를 지니고 있다고 할 수 있겠다. **그림 4-2** 의 오수의견문화제 애견열차 운행은 애견인들에게 아주 매력적인 상품으로 어필하게 되었다. 애완견과 함께 열차를 이용할 때는 격리하여 여행을 해야 하는데 이번 애견열차는 애견과 같은 자리에 앉아 여행을 할 수 있어 더욱 매력적인 탈거리가 된 사례이며, 이러한 독특한 탈거리는 관광객들의 욕구를 적극적으로 반영하여 장거리의 축제에 기꺼이 참여하게 만든 하나의 축제 성공 포인트가 될 수 있는 것이다.

### (3) 축제 프로그램으로서의 탈거리

탈거리와 놀거리를 결합하여 지역문화축제의 참여 이벤트로도 개발할 수 있다. 예를 들어 축제행사장이 넓을 경우 관광객들에게 자전거와 킥 보드 및 롤러 브레이드 등을 대여해 주는 방법을 생각할 수 있다. 이 경우 관광객들에게는 편의를 제공하는 동시에, 탈거리를 통한 즐거움도 제공할 수 있으며, 대여업체들에게는 경제적인 이익을 제공하게 되고, 주최측에서는 FI권 부여를 통한 수익 모델을 찾을 수 있는 일석삼조의 효과를 거둘 수 있다.

또는 사라져 가는 전통 우마차나 가마 등을 타 볼 수 있는 기회를 마련하는 것도 관광객들에게는 색다른 경험으로 기억에 남게 될 것이다.


## 2) 잠잘거리

여행에서 첫 번째 고려요소는 교통편이라고 했다. 그러면 두 번째 고려요소는 무엇일까? 일반적으로 '무엇을 타고 갈까?'가 결정되면, 1박 이상의 여행에서는 어디서 잘까? 라는 잠잘거리에 대한 문제를 해결해야 한다. 잠잘거리 또한 지역문화축제의 인프라로서 가장 큰 부분을 차지한다고 할 수 있는데, 외부관광객이 단일방문을 했을 경우와 비교하여 볼 때 1박을 하게 되면 무려 4배의 지출을 한다는 통계자료가 이를 뒷받침하는 근거가 된다. 따라서 관광객의 소비수준을 고려한 다양한 가격대의 이용편리한 잠잘거리가 마련되었을 때 지역경제측면에서는 4배의 효과를 올릴 수 있다는 사실을 명심해야 할 것이다.

그러나 잠잘거리 개발측면에서의 우리의 현실은 참으로 부끄럽기 그지없다. 2002 월드컵을 대비해 정부는 관광숙박업소에 대한 지원을 대폭 증가하였다. 그러나 그 많은 지원금이 제대로 쓰이지 못하고, 이른바 러브호텔의 시설보수비로 쓰이고 있다는 뉴스가 부끄러운 우리의 현실을 그대로 대변하고 있다. 여관은 많으나 잠잘 곳은 없는 우리의 현실을 외국인의 입장에서 과연 어떻게 받아들이게 될지 진지하게 자성의 기회를 가질 필요가 있을 것이다. 호텔을 비롯한 숙박업의 재정비와 환경점검에 대한 사회적인 고찰이 필요한 시기이다.


### (1) 지역문화축제에서의 잠잘거리

잠잘거리의 수단으로는 호텔 · 여관 · 연수원 · 콘도미니엄 · 유스 호스텔 · 야영 텐트 · 민박 등을 들 수 있다. 외국의 경우 관광객의 소비 수준에 맞는 다양한 숙박시설이 개발되어 있으며, 체인 운영이 잘 이루어져 숙박시설의 예약과 이용에 불편함이 없도록 하고 있다. 그러나 우리나라의 경우는 숙박시설의 절대적인 부족도 문제지만, 예약과 숙박비의 카드 결재 등에 있어 많은 불편함이 지적되고 있다. 그리고 천차만별인 바가지요금은 숙박업소의 고질적인 병폐로 나타나고 있다. 이러한 현상이 관행으로 이뤄지는 한 잠

'스파(SPA)'는 '온천' 이라는 뜻이며,
'비스(VIS)'는 '활력' 이라는 뜻으로...
**온천휴양을 통해 온 가족의 건강증진을 도모하고자 건립된 종합 온천시설입니다.**

수도권에서 1시간대에 접근 가능한 아산 스파비스는 국내 최초로 온천수를 이용한
수치료 입욕 프로그램, 건강체크, 건강식단 등을 통하여 건강을 증진시키는
신개념의 테마온천으로 수중운동 및 수치료를 할 수 있는 600여평 규모의
대형 실내 바데풀(Bade Pool)시설을 자랑하며, 그 외에 건강나눔한의원/증진센터,
건강전문식당, 실외온천풀, 남.녀대욕장, 23개의 이벤트탕과 노천탕 등
건물내 26개의부대시설과 눈썰매장, 야외공연장, 피크닉장, 배드민턴장, 미니축구장 등의
옥외 부대시설 등이 있습니다.
또한, 150실 내외의 가족형 Family Hotel을 개발하여 가족중심의 체재형 사계절
복합리조트화를 추진하고 있습니다.

| 구분 | 세부사항 |
| --- | --- |
| 업종 | 전문휴양업(온천장업)/온천관광특구 |
| 개관일 | 2001년 4월 14일 |
| 위치 | 충청남도 아산시 읍봉면 신수리 288-6(아산온천 관광지 내) |
| 건축규모 | 지상 1층 지하 1층 |
| 건축연면적 | 17,000㎡(약 5,000평) |
| 동시수용인원 | 3,500명 |
| 세미나 및 연회시설 | 300명을 동시수용, 세미나 장비 및 노래방기기 완비 |
| 주차공간 | 700대 |
| 종합시설 | 바데풀 : 온천수를 이용한 국내 최초의 수(水) 치료풀<br>실외온천풀 : 사계절, 365일 즐길 수 있는 온천풀<br>가족탕 : 수압과 아로마마사지를 받을 수 있는 가족탕<br>여자대욕탕 : 다양한 이벤트탕, 사우나 도크, 노천탕, 온돌품, 맥반석 찜질<br>남자대욕탕 : 다양한 이벤트탕, 사우나 도크, 노천탕<br>한의원/증진센터 : 한의학 처방에 의한 사상체질검사 입욕프로그램, 맞춤 온천 |
| 부대시설 | 편의점, 푸드코너 건강전문식당, 판매시설, 오락시설 |
| 주변관광지 | 온양민속박물관, 현충사, 외암리민속마을, 삽교호관광지(함상공원) |

**그림 4-3** 잠잘거리의 대표적 사례인 온천 테마파크(아산시에 위치한 스파비스)

잘거리에 있어 우리가 갈 길은 요원하다 하겠다. 따라서 앞으로의 문화기획자에게는 행사의 기획단계에서 이러한 요소에 이르기까지 세심한 주의력이 요구되며, 정부차원에서의 개선책과 지원책이 마련되어야 할 것이다.

숙박시설에 있어서의 이러한 문제점에 대한 개선 시도로서 98 대관령문화축제 HAPPY 700에서는 용평·보광·킴스 등 대관령 일대의 대표적 숙박업체의 객실요금을 일원화하고, 각 리조트별로 여름 텐트촌 운영안을 확보하여 보다 저렴한 가격으로 고급숙박시설의 다양한 시설을 이용할 수 있도록 했다.

### (2) 관광상품으로서의 잠잘거리

잠잘거리를 특화시켜 관광상품으로 만든 대표적인 예는 아마도 온천제일 것이다. 온천으로 유명한 수안보와 온양지역은 지역 내에 산재한 온천장들을 연계하여 온천제를 실시함으로써 단일 코스로 가능한 지역방문을 체류형으로 변화시킬 수 있게 되었다. 또한 주변관광지와의 연계 프로그램을 개발하기도 하고, 온천수를 테마 파크로 개발하여 수영장 놀이시설을 갖추어 어린이들을 유인하는 관광상품을 개발하는 지역도 있다.

## 3) 먹거리

여행에서 빼놓을 수 없는 재미 중 하나는 먹는 재미일 것이다. 따라서 특산물 위주의 지역특화 먹거리 개발은 관광객을 유치할 수 있는 또 하나의 방법이 될 수 있다. 그리고 외부관광객에게 그 지역의 독특한 맛과 향을 가장 잘 전달할 수 있는 것이 바로 먹거리일 것이다. 먹거리는 전통음식물 및 전통차 등 1차 가공요리를 상품화하는 것을 가리킨다. 지역특산물을 2차 가공하여 판매할 수 있도록 만든 것은 7거리 중 살거리에 속한다.

### (1) 지역문화축제에서의 먹거리

지역문화축제의 기간동안 가장 큰 수익을 올릴 수 있는 곳이 바로 지역의 음식업체일 것이다. 이태리 베니스의 경우는 가면축제기간동안 주변식당들의 매출액이 40% 가량 증가한다고 한다. 그러므로 지역식당들은 더 많은 매출을 올리기 위해 각별히 신경을 쓰게 된다.

　따라서 조직위원회에서는 통일성 있는 홍보활동이 이루어질 수 있도록 각 음식업체들에게 휘장권을 배분하는 작업에 좀 더 신경을 써야 할 것이다. 이는 과중한 자체 경비부담으로 홍보활동이 어려운 업체들에게 적은 비용의 홍보를 통해 매출을 신장시킬 수 있는 기회를 제공하는 동시에, 축제의 일원이라는 자긍심도 부여함으로써 관광객들에 대한 서비스 개선효과도 얻을 수 있는 방법이다.

　또한 지역특산물을 이용한 먹거리를 개발함으로써 특산물을 2차 가공한 살거리의 판매촉진효과도 유발할 수 있다. 금산인삼축제의 경우 축제 프로그램 중에 인삼요리를 전시, 홍보하고 있는데 이는 인삼을 재료로 한 다양한 음식의 소개를 통해 궁극적으로 인삼의 판매증가효과를 노린 것이었다.

　이외에도 지역별로 광주김치대축제, 남도음식문화큰잔치, 강경젓갈축제, 경주한국의 술과떡잔치 등에서 각종 요리를 개발하여 선보임으로써 지역특산물의 판매로 연계시키려는 노력을 기울이고 있다.

**그림 4-4** 지역축제의 먹거리 사례

## (2) 관광상품으로서의 먹거리

　의외로 우리는 한 지역 내지는 한 국가를 대표음식물로 기억하는 경우가 많다. 일본의 스시(すし), 이태리의 스파게티, 인도의 커리, 벨기에의 물(moule: 불어로 홍합을 뜻함)요리 등이 그 예가 될 수 있을 것이다.

　우리나라의 경우도 김치는 그 맛과 영양면에서 외국에서도 인정을 받고 있다. 이런 김치를 특화시킨 관광상품이 광주김치대축제이다. 광주김치대축제에서는 각종 김치 및 김치응용요리를 선보이고, 김치담그기 이벤트를 통해 관광객의 참여를 도모하고 있다. 뿐만 아니라 김치의 우수성을 홍보하기 위한 학술토론회도 개최되고 있다. 이러한 국제적인 문화관광축제를 통해 일본과 경쟁하여 김치산업을 육성하는 계기를 마련하게 되었다.

한편 경주에서는 우리나라의 전통 떡과 술을 주제로 경주한국의술과떡잔치라는 문화관광축제를 개발하였다. 이는 점차 사라져 가는 전통주와 떡의 제조법을 보존하고 유지하려는 전통기술 보존차원에서도 큰 의의가 있다.

## 4) 볼거리

지역문화축제에서의 볼거리 제공은 관광객에게 보여지는 가시적인 효과측면에서 가장 중요한 부분이다. 또한 가장 예산이 많이 소모되는 부분이기도 하다. 따라서 예산절감이라는 측면에서도 완벽한 상품기획이 요구된다. 어쨌거나 지역문화축제에서 볼거리가 빠진 축제는 상상할 수 없기 때문이다.

### (1) 지역문화축제에서의 볼거리

#### ① 전통공연

지역문화축제에서 볼거리는 고적지(古蹟地)·유적지(遺蹟地)와 각종 공연물, 영화제, 체육대회, 선발대회 등을 들 수 있다. 볼거리 개발에 있어서는 지역의 특색을 반영하는 것이 가장 중요한 요소이다. 이런 측면에서 그 지역의 민속공연 및 민속놀이를 발굴하여 시각화시켜 지역축제에서 소개하는 것이 중요하다.

금산인삼축제의 경우 지역의 전설로 남아 있던 강처사 설화를 마당극으로 공연함으로써 관광객들에게 높은 반응을 보이고 있으며, 금산지역의 전통 기우제인 '농바우 끄시기' 재연이나 각 마을별 농악대경연대회도 관광객들에게 볼거리를 제공하는 행사로 진행되고 있다.

우리나라의 지역축제에서 지적되고 있는 문제점 중 하나는 축제장소인데, 넓은 공간을 확보하기 위해 대부분의 축제가 운동장이나 공터 등지에 야외무대를 설치하여 진행

**그림 4-5** 지역축제의 볼거리 사례(좌: 함평나비대축제 우: 영국 에딘버러군악대축제)

되고 있다. 이렇게 되면, 지역의 상가와도 멀리 떨어져 경제적인 면에서도 비효율적이지만, 볼거리의 측면에서도 마이너스 요소로 작용한다.

영국 에딘버러의 군악대축제가 세계적인 성공을 거둔 것은 에딘버러성이라는 역사적 관광자원을 배경으로 사용함으로써 관광객들에게 그 옛날의 생기 넘치던 에딘버러성에 온 것 같은 느낌을 주었기 때문이었다. 이런 모습은 우리나라와 대조를 이루는데, 원주에서 진행되는 세계 군악대축제의 경우 그 규모와 행사연출의 면에서는 훌륭한 행사임에도 불구하고 치악체육관이라는 장소의 한계를 극복하지 못한 점이 아쉬움으로 남는다.

유명관광지를 충분히 활용한 축제장소를 선정함으로써 멋진 연출효과와 예산절감효과를 동시에 얻을 수 있다. 아산의 Amazing Hero 온양문화제에서도 현충사를 무대로 하는 연출을 기획하게 되면, 현충사를 외국관광객들에게 알리는 계기도 되고, Amazing Hero의 이미지를 최대한 살릴 수 있는 연출효과도 얻을 수 있을 것이며, 무대설치에 따르는 제작비도 절감할 수 있을 것이다.

그런데 이를 위해서는 문화유적지를 연출무대로 활용하는데 따르는 관계당국자들의 인식변화가 필요하다. 에딘버러의 경우 연출을 위한 조명시설설치 등에 있어 관련기관의 적극적인 협조를 받고 있으나 우리나라의 경우 문화유적지를 훼손한다는 이유로 관련기관의 협조를 얻기 어려운 실정이다. 문화재를 보호하려는 입장도 타당하지만, 문화산업 시대에서는 발굴, 보존, 개발이라는 명제에 입각해서 지역의 독특한 아이덴티티로 개발하여 외지인을 끌어 들일 수 있는 콘텐츠가 되었을 때 문화재로써 가치는 더욱 빛나게 되는 것이며 문화재는 그 지역의 것만이 아니라 모든 사람의 것이라는 측면에서 관계

당국의 긍정적인 태도변화를 기다려 본다.

### ② 축하공연

지금까지는 전통공연을 위주로 살펴 보았는데, 지역문화축제 프로그램은 전통과 현대의 적절한 조화가 이루어졌을 때 참여한 관람객 모두에게 만족을 줄 수 있다. 왜냐하면 축제에는 다양한 연령층의 사람들이 참가하기 때문이다.

10대 청소년들을 위한 볼거리 프로그램으로는 라디오나 TV 공개방송을 축제의 한 프로그램으로 편성하는 방안도 고려해 볼 만하다. 이런 프로그램은 축제의 분위기를 한층 고조시키는 축하공연으로서도 손색이 없으며, 전파매체를 통한 홍보효과도 극대화시키는 장점을 지닌다.

그러나 지방에서 열리는 축제의 경우 축제의 분위기를 고조시키는 축하공연의 개념에서 벗어나 관광객들의 집객만을 위한 유명연예인의 초청행사는 바람직하지 않으며 지역축제의 콘셉(Concept)과 틀린 행사는 경제적인 손해로 인하여 장기적인 축제로서 자리잡기가 힘들다는 것을 명심하여야 한다.

그 외에도 음악 캠프 등 참가자들 대상의 컨테스트를 실시하면, 볼거리를 제공하는 동시에, 참여 프로그램으로서도 손색이 없으며, 출연자 섭외로 인한 지출을 줄일 수 있는 효과도 있다. 98 대관령문화축제 HAPPY 700에서처럼 축제의 성격상 리조트별로 자체 행사가 동시다발적으로 실시될 경우는 시·군의 협조를 받아 합동공연단을 구성하여 축제 진행경비의 외부 유출을 최대한 줄이고 지역 내에서 먼저 콘텐츠를 찾는 것이 무엇보다 중요하다. 축제 시기만이 아닌 지역 내의 연주단을 정기적으로 지원하여 축제때 새로운 콘텐츠를 선보일 수 있도록 하는 것도 진정한 지역축제 만들기인 동시에 좋은 예산 절약방법이라 하겠다.

### (2) 관광상품으로서의 볼거리

관광상품 중 볼거리를 테마로 하나의 문화관광상품을 개발한 사례는 우리나라에서도 많이 찾아 볼 수 있다. 이들 축제를 유형별로 나누어 보면, 음악행사를 특화시킨 제주국제관악제, 영동난계국악축제, 부산국제락페스티벌 등과 고적(古蹟)을 관광상품으로 개

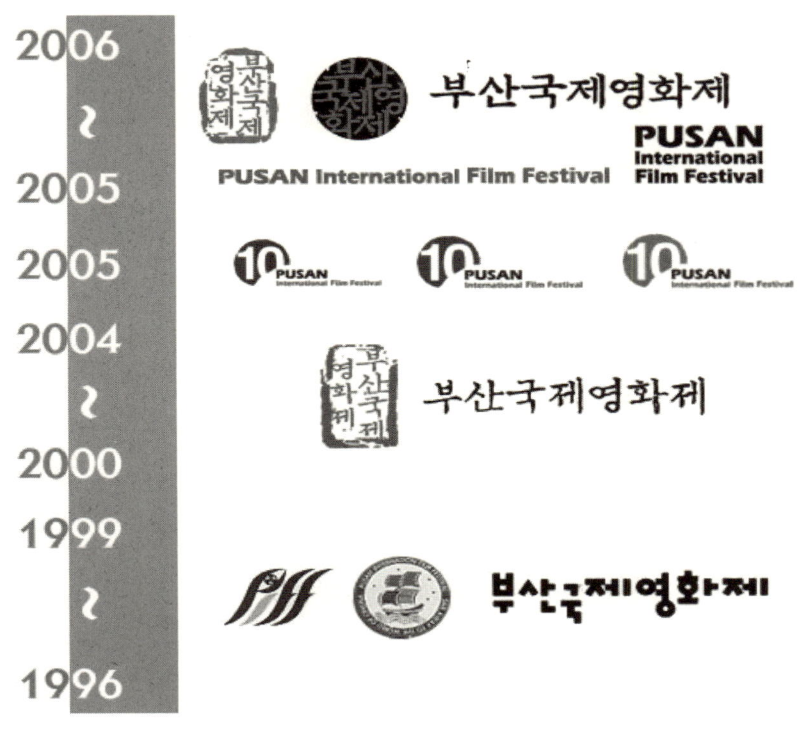

**그림 4-6** 부산국제영화제 FI(Festival Identity)

발한 고성공룡나라축제, 지역전통공연을 상품화한 문화관광 최우수축제인 안동국제탈춤
페스티벌, 청도소싸움축제 등과 영화제를 기획하여 성공을 거두고 있는 부산 국제영화
제, 부천판타스틱영화제 등을 들 수 있고, 예술축제 성격의 제주가면축제, 충주세계무술
축제, 광주비엔날레, 경주세계문화엑스포, 부산국제아트페스티벌 등으로 크게 나눠 볼
수 있다.

음악행사인 영동난계국악축제는 우리나라 3대 악성(樂聖) 중 한 사람인 난계 박연 선
생을 기리는 행사를 축제로 발전시킨 것이다. 영동군은 난계국악축제를 개최하여 우리
국악의 우수성을 널리 알리는 동시에, 영동지역의 문화유적과 관광자원을 연계하여 보
고 즐기는 축제로 발전시켰다.

또한 강화의 고인돌축제도 고적(古蹟)을 지역문화축제로 개발한 좋은 예가 될 수 있다.

하회탈로 유명한 안동에서 개최되는 안동국제탈춤페스티벌은 중요무형문화재로 지
정된 국내의 탈춤과 세계 각국의 탈춤을 한 자리에서 볼 수 있는 지역문화축제이다. 세

계 탈전시회, 탈춤그림 전시회 등 다양한 볼거리와 탈춤 따라 배우기 등의 참여 프로그램으로 관광객을 유혹하고 있다.

청도소싸움축제는 주로 추석놀이로서 전해져 오던 소싸움이 1970년대 고유의 민속놀이로 정착된 후 1990년부터 3·1절 행사로 자리잡게 되었는데, 이것이 발전되어 우리나라 최대규모의 소싸움으로 탈바꿈하게 되었다. 1999년에는 문화관광부에서 지정한 한국의 10대 지역문화 관광축제로 선정되었으며, 일본 투우와 주한미군 로데오 경기 유치 등 프로그램의 다변화를 꾀하여 국제적인 행사로 주목받기 시작하였다.

**그림 4-7** 지역축제의 놀거리 사례(보령머드축제, 남대천연어축제)

부산국제영화제는 5회의 행사를 통해 아시아 제1의 영화제로 발돋움하였다. 아시아권 영화제로 출발하였으나, 단 5회만에 세계영화계의 주목을 받는 행사로 발전하여 명실상부한 세계영화시장의 한 자리를 차지한 행사로 평가받고 있다. 또한 부산국제영화제를 통해 아시아와 한국영화의 투자자를 대거 유인하는 성과를 기록하여 문화·경제적 이익을 창출하는 효과를 보여 주고 있다. 부산 국제영화제 추진위원회의 지속적인 활동으로 세계영화제로 성장할 수 있기를 바라며, 우리나라 영화산업의 발전에 주춧돌이 되기를 기대해 보며 2006년, 11회 대회에서도 성공적인 개최를 기대해 본다.

2006년도 문화관광 우수 축제로 선정된 충주세계무술축제는 충주체육관 일원에서 개최되는 행사로 세계 각국의 고유한 무술을 한 곳에서 만나 볼 수 있는 축제이다. 각국의 무술시범행사를 비롯하여 겨루기 등의 프로그램이 진행된다.

## 5) 놀거리

### (1) 지역문화축제에서의 놀거리

지역문화축제에서의 놀거리는 축제기간동안 즐비하게 늘어서는 유흥분위기의 오락물들을 말하는 것이 아니라 축제 내에서의 참여 이벤트를 지칭한다. 최근의 관광추세변화에서 살펴 보았듯이, 현대인들은 보고 즐기는 이벤트보다는 직접 참여하는 이벤트를 선호한다. 따라서 건전한 놀거리를 제공하여 관광객에게 잊지 못할 추억으로 간직될 수 있는 참여 이벤트를 개발하는 것이 중요하다.

여주·이천 도자기축제에서는 '내가 만든 토야 코너'를 비롯하여 다양한 도자기 제작 프로그램을 만들어 참가자들의 호응을 얻고 있으며, 금산인삼축제의 경우 최고의 인기 프로그램으로 자리잡은 '인삼캐기와 인삼병 만들기'는 직접 행사에 참여하는 즐거움과 동시에, 자신이 캔 인삼과 자신이 만든 인삼병을 저렴한 가격에 구입할 수 있게 하여 판매수익도 올리고 있다.

98 대관령문화축제 HAPPY 700에서 실시된 계류낚시는 낚시애호가뿐만 아니라 일반인들에게도 큰 인기를 끌었다. 축제장소에 포함되었던 미탄강은 물의 흐름이 좋아 평소에도 낚시를 즐기는 사람들이 많이 찾는 곳이다. 특히 얕은 강에서만 가능한 계류낚시의 장소로는 최적으로 평가받는 곳이다. 이 곳에서 계류낚시 프로그램을 실시함으로써 관광객을 마치 영화 '흐르는 강물처럼'의 주인공으로 만들어 주어 색다른 경험을 할 수 있게 하였다

지역문화축제는 주변관광시설과 연계하여 관광객의 지출을 유발할 수도 있다. 축제에 참여한 관광객들은 주변의 관광시설이나 문화유적지도 방문하고 싶어 하기 때문이다. 국내에서도 일부 축제에서 이러한 시도를 하고 있는데, 남원 춘향제에서는 관광객들에게 놀이공원 무료입장권을 나누어 주었고, 여주도자기축제에서는 방문객들을 주변의 불교 목아박물관으로 일부 연계시키기도 하였다.

### (2) 관광상품으로서의 놀거리

놀거리를 관광상품으로 개발한 사례는 보령머드축제, 남대천연어축제 등을 들 수

있고, 한 겨울의 부산 앞바다에서 펼쳐지는 북극곰 수영대회 역시 회를 거듭할수록 많은 사람들이 참여하고, 외국인들도 다수 참가하는 대규모 행사로 자리잡아 가고 있다.

보령지역의 경우 서해안의 해수욕장이라는 놀이시설과 풍족한 머드를 결합시켜 머드축제를 개발함으로써 더 많은 관광객을 유치하게 되었고, 관광객의 입장에서는 해수욕장의 놀이시설과 머드를 이용한 놀거리 프로그램으로 즐거운 시간을 보낼 수 있는 동시에, 피부미용에도 효과를 볼 수 있고, 일반 해수욕장에서와는 다른 체험을 하게 됨으로써 더 많은 만족을 얻게 되었다.

남대천연어축제는 놀거리와 느낄거리가 잘 조화를 이룬 축제로 평가받고 있다. 강물에 뛰어 들어 맨손으로 역류하는 연어를 잡는 관광객들은 동심(童心)의 세계로 돌아가 즐거운 시간을 보내기도 하지만, 연어의 일생을 통해 가슴깊이 감동을 느끼는 계기도 된다.

## 6) 살거리

### (1) 지역문화축제에서의 살거리

앞장에서 캐릭터 상품개발에 대해 설명하면서 축제기념품의 매너리즘에 대해 지적한 바 있다. 이를 개선하기 위해서는 발상의 전환이 필요하다. 고정관념을 벗어 버린 아이디어가 축제에서의 살거리로 제작되어야 할 것이다. 이 때 관광객의 심리를 잘 파악하는 것이 중요한 관건이 된다.

사람들은 일상생활에서와 관광객이 되었을 때 그 마음가짐이 달라지게 되고, 그에 따라 소비 정도도 당연히 달라진다. 이 점을 잘 파악하여 관광객의 소비심리를 자극하는 것이 중요하다.

일례를 들어 보자. 일반적으로 모피제품은 추운 지방에서 필요한 물건이기 때문에 당연히 추운 지방에서 잘 팔릴 것이라고 생각한다. 그러나 국내 한 모피판매회사의 해외 지사매출액은 의외로 열대지방의 관광지에서 더 높게 나타났다고 한다. 이것은 관광지에서는 대부분의 사람들의 주머니 끈이 느슨해진다는 것을 의미한다. 이렇게 관광객은 돈을 쓰고 싶어 하는데도 불구하고 살거리가 없다면 결과는 어떻게 될 것인지 불을 보듯 뻔하다. 베니스 가면축제의 경우는 이러한 관광객의 심리를 최대한 이용하기 위해 지역 내의 가면산업을 활성화시키고 있다. 축제기간동안 관광객들은 가면을 쓰고 화려한 전

통의상을 입음으로써 축제의 주인공이 되고 싶어 한다. 따라서 누구나 가면을 사고 싶어
하게 되고, 이것이 구매행동으로 이어지는 것이다.

지역문화축제에서의 살거리 아이템(Item) 개발과 더불어 축제와 관련한 휘장권 분배
도 중요하다는 것은 앞에서 지적한 바 있다.


### (2) 관광상품으로서의 살거리

우리나라에서 진행 중인 대부분의 지역축제는 지역특산물, 즉 살거리를 특화시킨 경
우가 가장 많다. 이는 지역특산물 판매촉진을 통한 경제적 이익을 창출하려는 의도에서
기획된 축제가 많기 때문일 것이다. 서천모시문화제, 강진청자문화제, 통영나전칠기축제,
여주·이천도자기축제, 익산보석축제, 제주감귤축제, 평창감자큰잔치, 양양송이축제, 금
산인삼축제, 하동야생차축제, 충주사과축제, 부산자갈치축제 등은 전형적인 살거리 특화
축제로 분류될 수 있다.

실제 여주·이천도자기축제나 금산인삼축제의 경우는 외국인 관광객 유치에도 큰
성과를 올리면서 지역경제에 크게 이바지하고 있다. 이 축제들이 경제적으로 큰 성공을
거두게 된 것은 관광객들을 소비로 연결시킬 수 있는 다양한 참여 프로그램을 개발하였
기 때문이다. 금산인삼축제의 경우는 무료 한방진맥을 실시하고, 다양한 약초차(茶)의 시
음 등을 통해 인삼 및 약초 구입과 연결시키는 효과를 보았다.

이들 지역문화축제와는 성격을 달리하는 관광상품으로 살거리를 아이템으로 기획되
었던 행사가 있는데, 코리아 그랜드 세일이 그것이다. 코리아 그랜드 세일은 일본인관광
객을 대상으로 우리나라에서의 쇼핑을 유도하기 위해 한국관광공사가 주최하고 비자
(VISA) 카드가 협찬한 행사였다. 한국을 통째로 판매한다는 코리아 그랜드 세일의 주요행
사내용은 백화점·면세점·테마파크·한증막·발마사지·전통공연장·호텔 등의 업체
를 연계시켜 일본관광객에게 할인 혜택을 제공함으로써 쇼핑 관광을 유도하는 것이었다.
일본에 비해 우리나라에서의 쇼핑 비용이 저렴하다는 점을 강조하고, 비자(VISA) 카드 사
용자에게는 특별 할인 혜택을 추가함으로써 일본관광객을 다수 유입하는 성공적인 효과
를 거두었다.

## 7) 느낄거리

### (1) 지역문화축제에서의 느낄거리

'까만 밤하늘에 총총한 별들, 그리고 거리에는 손에 손에 촛불을 든 사람들의 행렬.'
사람의 마음을 숙연하게 만드는 분위기가 아닐 수 없다. 아마도 그렇기 때문에 많은
축제에서 촛불의식을 계획하게 되는 것이라고 생각된다.

자연의 경이로움을 축제로 승화시킨 경우는 축제의 전체적인 프로그램이나 성격에
서 느껴지는 감동의 요소가 많지만, 살거리를 특화시킨 지역문화축제의 경우는 자칫 이
런 감동이나 인간적인 느낌을 전달하지 못하는 삭막한 행사로 치부될 수도 있다. 그런
한계를 극복하기에 적합한 프로그램이 촛불의식이 아닐까 한다. 금산인삼축제의 경우도
거리촛불행진을 통해 사람들의 마음을 촉촉히 적시는 감동을 창출하는 동시에, 관광객
을 유숙시키는 효과도 얻고 있다. 촛불의식 프로그램을 통해 축제의 이미지도 제고하고,
경제적 이익도 발생시키는 일석이조의 효과를 올리고 있는 것이다.

지역문화축제뿐만 아니라 모든 이벤트 기획에 있어서 최종의 목표는 누구를 감동시
킬 것인가, 그러한 감동을 어떻게 소비로 연결시킬 것인가 하는 사항이다. 우리는 여기
서 다시 한 번 클럽 메드의 G.O시스템에 대해 언급해야 할 것이다.

느낄거리부분에 있어서도 G.O요원들은 훌륭한 역할을 수행해낸다. 그들은 G.M들이
작별의 순간에 눈물을 흘릴 정도로 완벽한 만족을 제공해 주었던 것이다. 휴가기간동안
의 기억이 아쉬워 눈물을 흘리도록 만드는 G.O들의 완벽한 고객만족 서비스는 적지 않
은 경비를 지불했음에도 불구하고 그것이 아깝지 않게 만드는 것이다. 이러한 최종의 목
표를 만족시키기 위해서는 지역문화축제의 기획이 전문적인 문화기획자들의 손에 의해
처음부터 다시 기획되어야 한다.

, 그렇다면 과연 누가 지역의 G.O로서 활약할 것인가? 바로 그 지역주민이 되어야만
하는 것이다. 그들을 중심으로 교육시켜 G.O로 활약하도록 만들어야 하는 것이다. 그들
의 마음에서 우러 나오는 서비스가 관광객을 감동시키게 될 것이다. 느낄거리부분이 중
요한 이유는 이러한 감동이 있어야만 재방문이 발생할 수 있기 때문이다. 축제의 지속적
인 성장과 지역의 지속적인 발전을 생각한다면, 한 번 찾아 온 관광객이 또 다시 찾아 오
게끔 만드는 것이 중요하다.

<겨울연가>를 제작한 윤석호 감독
윤석호 감독은 유난히 남이섬을 사랑하고 있었다.
그는 남이섬 남단에 빠알간 우체통을 세워주면서
"누군가 언젠가 생각나는 이에게
언제 배달될지도 모르는 사랑의 편지들을
보낼 수 있게 되길 바랍니다"
그는 동화의 세계에 스스로 몰입하며
늘 꿈꾸는 천진한 모습의 아이였다.

<겨울연가> 촬영에 앞서
주인공들은 이 허름한 집에서 인터뷰했다.
이 집은 드라마카페로서 <겨울연가>의
발자취를 찾는 이들의 쉼터가 되고 있다

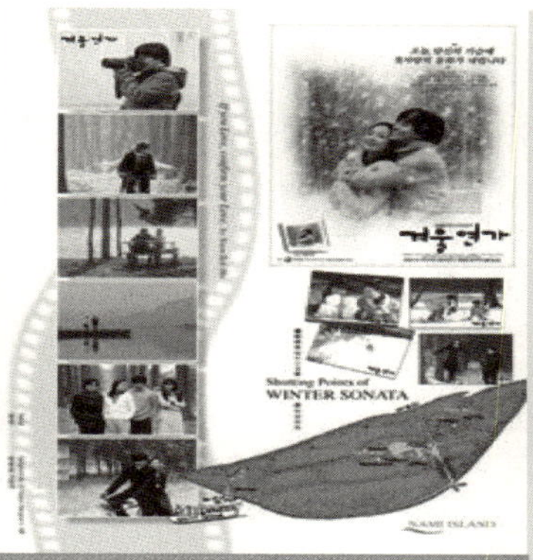


KBS 인기 드라마 <겨울연가> 촬영 이후
남이섬은 문화적 적응과 변화의 가속도가
붙게 되었다. 2003년만 해도 11만명의
외국인 팬들이 다녀갔다.
표지판과 서비스등 모든 면에서 외국인들을
의식하게 되고 그것은 한 편으로 내국인들에게도
또다른 신비감과 이국적 정취를 느끼게 해
주었다고 한다.

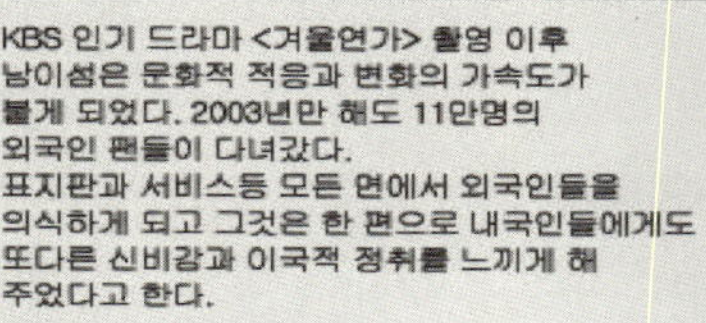

<겨울연가> 주인공들의 배너 앞에서 사진찍는 관광객들

그림 4-8    느낄거리 사례(겨울연가의 촬영지인 "남이섬")

## (2) 관광상품으로서의 느낄거리

지역의 자연자원을 관광상품으로 개발한 경우는 볼거리와 느낄거리를 결합한 것이 많다. 자연의 웅장하고 신비한 모습 앞에서 인간은 경외감과 숙연함을 느끼게 되는데, 바로 이런 심리를 관광상품화시킨 것이다. 일출을 상품화시킨 것으로는 성산일출제, 해맞이부산축제 등이 있으며, 눈(雪)을 관광상품으로 개발한 경우는 한라산눈꽃축제, 대관령눈꽃축제가 대표적이다.

그리고 철마다 피어나는 꽃도 관광객을 유인하기에 충분한 매력을 지니고 있다. 제주왕벚꽃잔치, 부산벚꽃축제, 진해군항제, 제주유채꽃잔치, 제주철쭉제, 제주억새꽃축제

등이 여기에 속한다. 바다의 신비한 장관을 관광축제로 개발한 것으로는 진도영등제가 대표적이고, 동물들의 삶을 통해 감동을 전달하는 축제로는 무주반딧불축제, 남대천연어 축제 등이 있다.

무주반딧불축제는 환경·문화축제라는 새로운 면모를 강조하는 축제로 그 중요성을 인정받고 있다. 전국에서 유일하게 천연기념물 제322호로 지정된 반딧불이의 서식지를 배경으로 형설지공(螢雪之功)의 이야기에 바탕을 둔 축제로서 환경축제·역사축제의 이미지로 관광객들에게 어필(Appeal)하고 있다. 도시화·산업화로 인해 파괴되어 가는 지구환경을 지키자는 사회적 이슈와 밤하늘을 반짝이며 날아다니는 반딧불이의 외소한 몸짓이 사람들로 하여금 환경의 소중함을 다시 한 번 깨닫게 해 주는 계기가 되어 준다.

천연자원 외에도 그 지역의 역사적 인물이나 감동적인 소설작품도 문화관광상품의 소재로서 손색이 없다. 영암왕인축제, 충주우륵문화제 등은 인물을 관광상품으로 개발한 경우이고, 평창효석문화제, 남원춘향제 등은 소설작품을 지역의 관광상품으로 개발한 경우이다.

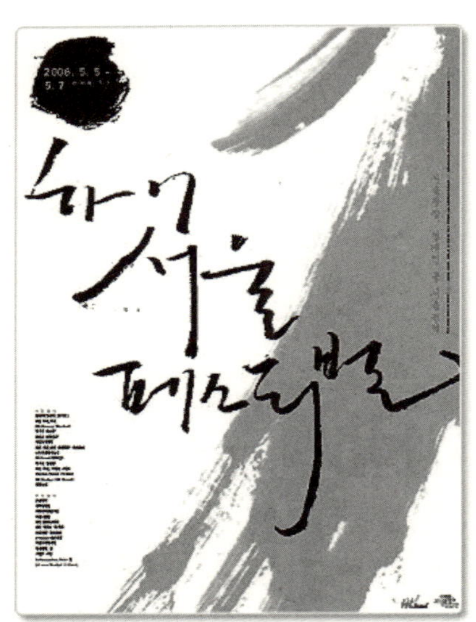

**그림 4-9**  2006 하이서울페스티벌 포스터

외국의 경우도 영화나 소설·예술작품의 배경으로 유명해진 지역을 관광명소로 개발하여 작품의 감동과 관광을 연계시키려는 노력을 기울이고 있다. 대중적인 영화 한 편에 불과한 <로마의 휴일>을 통해 로마 곳곳의 관광명소가 세계에 알려지게 되고, 역으로 영화에서 배경으로 등장한 곳을 방문하기 위해 관광객이 몰려드는 현상은 현대관광의 추세를 잘 반영한다 하겠다. 우리나라의 경우도 드라마 <겨울연가>가 큰 인기를 끌자 <남이섬>에서 <겨울연가>를 상품화하여 관광객들을 끌어 들이려는 시도를 하고 있으며 큰 성과를 거두었으나 더욱더 체계적인 방안으로 발전시켜야 할 것이다.


## 3. 외국관광객 유치 Attack Point

지역축제가 문화관광 이벤트로 평가받기 위한 기준에는 외국인 유치실적이 포함된다. 다른 산업에서도 마찬가지겠지만, 글로벌(Global) 시대인 현대에 외국인을 제외한 관광산업은 아무런 의미가 없다 하겠다. 관광산업이 국가경제의 견인차 역할을 하게 될 것으로 각광받는 이유는, 앞에서도 설명했지만, 한 명의 외국인 관광객을 유치하는 것이 TV를 16대 수출하는 것과 동일한 효과를 갖기 때문이다. 이제 지역문화축제를 개발하는데 있어서도 가능한 많은 외국인을 유치할 수 있는 참여 프로그램 개발과 정부의 협조를 얻은 적극적인 홍보활동과 지역교류활동을 전개해야만 한다.

다음은 외국관광객의 유치를 늘리기 위해 필요한 사항들을 정리해 본 것이다.

① 상대교역국 성향 파악
② 한국관광공사, 문화관광부 Drive
③ 인바운드(Inbound) 여행 국내업체 대상 팸 투어
④ 외국관광여행사 Direct Marketing
⑤ 상대국 예술인 초청 혹은 민속사절단 교류
⑥ 자매결연 시·군 추진
⑦ 친선 스포츠 교류
⑧ 적절한 체험관광상품 개발

⑨ 토속기념품 및 증정품

⑩ 외국어 가능 G.O요원 정예화

⑪ 살거리, 느낄거리 특화작업

⑫ 인쇄물·환경장식물의 세심한 배려

⑬ 국내 Agency 여행사에 대한 특별성과금 보장 등

# 마케팅

마케팅의 개념이 배재된 이벤트 기획은 생명력이 없는 기획이다.
제작비용이 충분한 이벤트는 누구나 잘 할 수 있다.


## 1. 지역문화축제와 마케팅

지역문화축제에서 마케팅이란 관광객 유치를 위한 적극적이고 효율적인 광고·홍보
활동과 상품화권 기획을 의미하며, 이를 통한 경제적 이익창출이 지역문화축제 마케팅
의 목표가 된다.

축제를 통해 발생하는 이익의 수혜자는 말할 것도 없이 지역주민이 되어야 하고, 축

제를 통해 즐거움과 재충전의 기회를 제공받게 되는 수혜자는 당연히 방문자 혹은 관광객이다. 이처럼 지역주민은 축제라는 상품을 개발하여 참여의 즐거움과 재충전이라는 편의를 방문자에게 제공하고, 축제를 판매함으로써 경제적 이익·사회적 이익을 얻게 되는 것이다.

그런데 지금까지의 지역축제라는 것은 지자체의 예산을 소비하는 행사에 불과했다. 이러한 지역축제에서는 지출만이 있을 뿐 수입은 없었으며, 따라서 마케팅의 개념 자체가 적용될 수 없었던 것이다. 그러나 다행스럽게도 지역축제에 마케팅 개념이 도입되어야 한다는 인식이 확산되고 있으며, 지역경제 활성화의 측면에서 지역축제가 문화관광 이벤트로 발전해야 한다는 필요성도 느끼고 있다. 지역문화축제에 대해서도 하나의 관광상품으로서, 문화산업의 한 장르로서 개념이 변화되고 있는 것이다. 그러면 경제적인 이익을 창출하는 지역문화축제가 되기 위해서는 어떤 마케팅전략이 필요한지 마케팅의 5단계에 따라 살펴 보도록 하자.

## 2. 시장조사

### 1) 고객만족 맞춤 서비스

현대의 관광추세를 살펴 보면 크게 네 가지로 요약할 수 있다.

첫째, 단체관광에서 개별관광으로 변화하고 있다.
둘째, 일반적인 관광보다는 특수목적의 관광이 늘어나고 있다.
셋째, 인터넷을 활용한 관광 정보의 검색이 용이해져 개별 이동이 가능해지고 있다.
넷째, 과거에 비해 여행사의 역할이 축소되는 반면, 현장에서의 고도의 서비스, 지역민들의 환대(Hospitality)가 중요해지고 있는 실정이다.

위의 네 가지 요소를 종합해 보면, 현대인은 참여관광, 개별관광을 선호하는 경향을 뚜렷하게 나타내고 있음을 알 수 있다. 좀 더 엄밀히 말하면, 관광객 스스로가 자신의 여

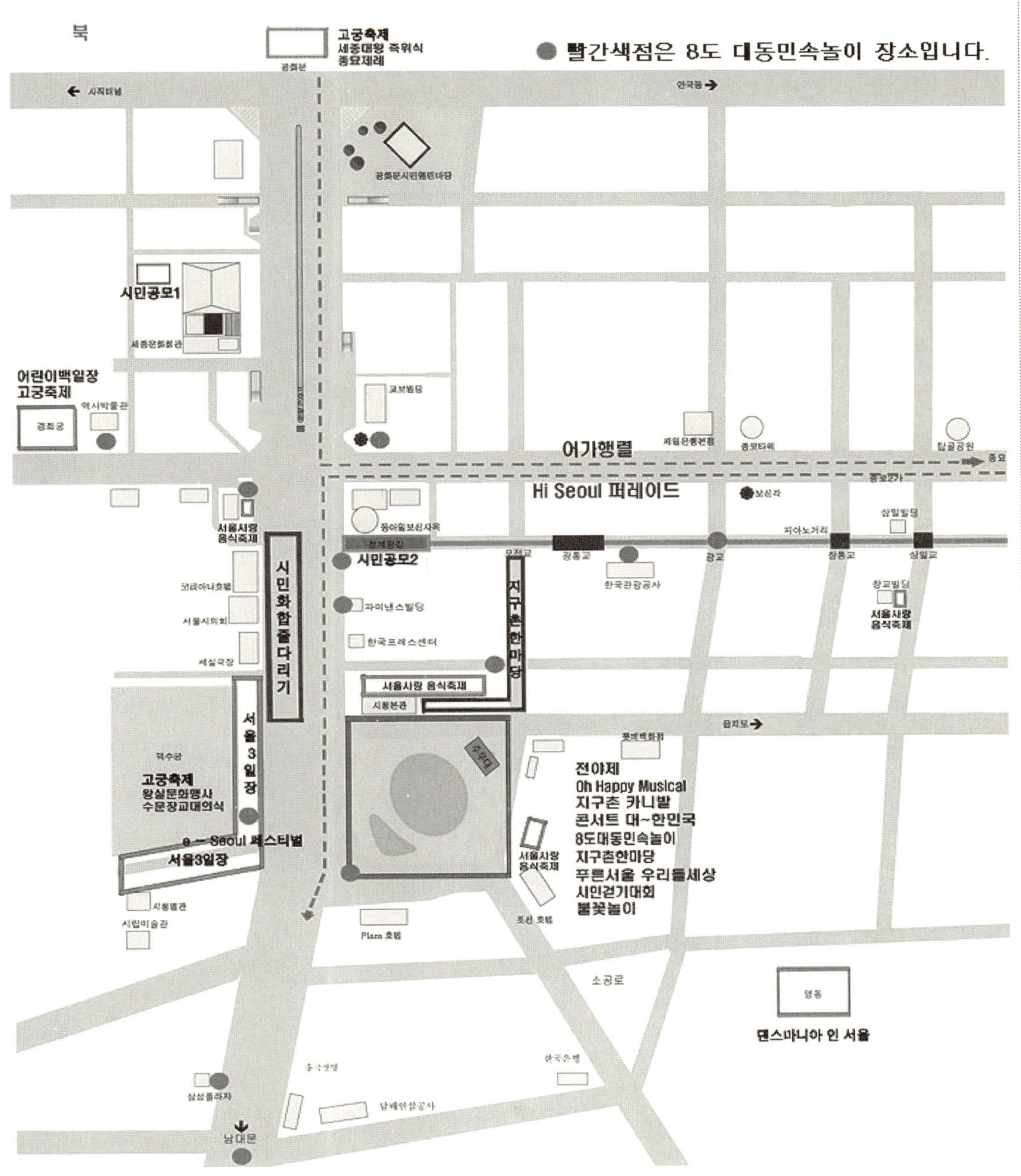


그림 5-1   2006 하이서울페스티벌 행사장소(www.hiseoulfest.org 자료)

행과 휴가를 직접 만들어 나가고, 거기서 만족을 얻는 형태로 변화하고 있다는 것이다. 이러한 관광객, 즉 고객의 욕구를 가장 잘 표현하고 있는 문장이 클럽 메드의 슬로건인 "모든 것을 할 수 있는 자유와 모든 것을 하지 않아도 되는 자유"라고 생각된다. 이것은 클럽 메드의 슬로건(Slogan)으로 고객의 욕구(Needs)를 파악하여 그것을 만족시켜 주겠다는 것이 이 슬로건의 핵심개념이다. 이런 서비스 마인드는 현대의 관광추세에 비추어 볼 때 필수불가결한 요소이다. 또한 우리가 지향해야 할 관광 서비스 마인드이기도 하다.

현대의 관광객들의 심리변화를 감안해 볼 때, 일방적인 기획과 연출로 보여 주는 행사로 일관되어 온 지역축제는 더 이상 흥미를 유발하지 못한다. 따라서 일방적 이벤트가 아닌 쌍방향 이벤트가 요구되는 것이다. 즉, 문화관광 이벤트 기획에서 고객에 대해 맞춤복 시스템을 실행해야 하는지 기성복 시스템을 실행해야·하는지를 고려해야 할 필요가 대두된 것이다.

지금까지의 우리의 현실은 문화관광 이벤트 기획에서 기성복 시스템이 전적으로 적용되어 왔다. 일괄적으로 기획된 문화관광 이벤트에 고객이 참가할지 여부를 두고 일종의 확률 게임을 벌이고 있는 것이라고 할 수 있다. 이런 현상은 대부분 기성복 시스템에 의해 운영되고 있는 현대의 생활 패턴에서 연유된 것이다. 대부분의 상품과 서비스가 획일적으로 제공되고 있는 것이다.

패션분야를 일례로 들어 비교해 보자. 현재는 백화점 등을 통한 기성복의 대량유통이 일반화되어 있는 것이 사실이다. 그러나 대량생산이 불가능했던 과거에는 맞춤복 전문매장에서 고객 한 사람 한 사람에 대해 어울리는 스타일에 맞추어 재단을 해 주었다. 이렇게 해서 그 고객에게 가장 이상적인 옷을 만들어 내는 것이다.

인스턴트 시대·기성복 시대로 들어서면서 우리는 어쩌면 모든 이벤트 기획과 고객의 욕구(Needs)에 대한 판단에서 아집적(我執的)인, 다시 말해 기획자의 아집이 섞여 있는 기획을 고객에게 강요하고 있는 것인지도 모른다.

기성복과 맞춤복이라는 개념에서 G.O시스템을 바라보았을 때, 철저한 맞춤 서비스가 제공되고 있음을 간과해서는 안 된다. 시설 내지는 하드웨어의 부분에서는 세계의 유수한 리조트뿐만 아니라 우리나라의 리조트들도 클럽 메드에 뒤지지 않는다. 단지 그들이 세계적으로 인정받고 성공할 수 있었던 것은 바로 G.O시스템의 체계적인 운영이었다. G.O들이 제공해 주는 대고객 맞춤 서비스가 성공의 열쇠이었던 것이다.

앞으로 서비스산업의 추세는 비록 그 형태는 어설프더라도 진정한 정성과 노력이 들어 간 형태로 변화할 것이다. 즉 정성을 다한 일 대 일 서비스가 아니고서는 감동을 줄 수 없는 시대가 된 것이다. 획일적으로 많은 예산을 들여 겉만 화려한 행사는 더 이상 보는 이로 하여금 감동을 느끼게 할 수 없을 것임을 알아야만 한다. G.O시스템을 통한 서비스 정신이 바로 첨단 서비스전략이 될 것이다. 기업 SP도 마찬가지일 것이며, 테마 파크(Theme Park)에서도 G.O시스템 자체가 끼칠 파장과 효과에 대해서 직시를 해야만 할 것이다. 앞으로 벌어질 수많은 대형 이벤트들에서도 G.O시스템을 어떻게 활용하여 기획되어야 하는지에 대한 중요성은 새삼 언급할 필요도 없을 것이다.

## 2) 시장조사의 필요성

마케팅의 목표는 결국 이미지 메이킹(Image Making)과 이를 통한 이윤창출이다. 시장조사가 필요하고, 또, 중요한 이유는 최고의 고객만족 맞춤 마케팅전략의 수립에 있어 근거가 되는 작업이기 때문이다. 또한 철저한 시장조사가 바탕이 되어야만 다른 축제와의 경쟁에서 차별화가 가능하며, 이를 통해 차별화되고 강력한 포지셔닝(Positioning)이 가능할 수 있기 때문이다.

시장조사는 축제에 대한 다양한 자료를 수집하여 정리·분석하는 일련의 과정을 포함한다. 해당축제에 대한 자료분석은 물론, 다른 축제에 대한 분석과 장·단점의 파악이 이루어져야 그에 맞는 마케팅전략을 수립할 수 있으며, 해당 축제의 장점을 최대한 강조하여 홍보하여야 고객에게 어필(Appeal)할 수 있다.

## 3) 차별화전략

고객의 성격에 맞는 철저한 분석과 그에 맞는 서비스를 제공하는 것이 더 많은 경제적 효과를 창출할 수 있는 근거이다. 현대인들은 특별한 대우를 받기를 원한다. 앞에서 말한 맞춤 서비스 개념을 기본으로 하여 특별한 고객에 대한 특별한 서비스라는 느낌을 받도록 해 주는 것이 필요하게 되었다.

이렇게 볼 때, 클럽 메드가 취하는 고가(高價)정책도 그들의 이미지를 고취시킬 수 있는 하나의 전략으로 해석할 수 있다. 아무나 올 수 없는 특별한 곳, 고품격의 대우를 받을 수 있는 자격을 지닌 사람, 당신만을 위한 장소라는 생각은 고객들에게 자신이 특별한 존재라는 인식을 심어줌으로써 더욱 큰 만족감을 줄 수 있는 것이다.

패션에서도 마찬가지 현상을 찾아 볼 수 있다. 우리가 흔히 접하는 외국의 유명 브랜드들이 취하고 있는 고가(高價)정책과 투철한 서비스 마인드라는 마케팅전략과 클럽 메드의 마케팅전략은 결국 본질에 있어 같다는 것을 알 수 있을 것이다. 특정한 사람을 위한, 특정한 제품 및 서비스의 제공은 고정고객(Loyalty Customer)의 확보에 있어 가장 확실한 전략이라고 할 수 있다.

지역문화축제에서 지역주민의 자긍심 부여가 중요하다고 한 것은 이러한 마케팅전략과도 맥이 닿아 있다. 축제를 통해 지역을 방문한 관광객에게 최상의 서비스를 제공하는 것은 바로 지역주민의 몫이다. 그리고 이런 특별한 서비스는 지역문화축제에서의 차별화전략 중 가장 효과적인 전략이다. 그런데 이 때 지역주민이 축제의 주인이라는 자긍심이 있는 경우와 없는 경우의 차이는 결국 가식적인 서비스 제공과 진정한 서비스 제공이라는 결과로 나타나게 된다. 우리는 그 결과를 이미 클럽 메드의 G.O시스템 운영을 통해 확인한 바 있다. 이 중 어느 쪽을 지향해야 하는지는 굳이 지적할 필요가 없을 것이다.


## 3. 광고


광고(Advertising)는 주로 신문·잡지·TV 등 대중매체를 통해 이루어지고, 불특정다수에게 일방적인 전달의 기능을 담당한다. 단시간에 넓은 지역의 전달은 가능하지만, 지역문화축제에서의 광고는 많은 제작비가 투자되는 반면, 그다지 큰 효과를 지니지 못하는 것으로 나타나고 있다. 따라서 지역문화축제에서 일방적인 광고는 지양되어야 하며, 적은 예산으로 최대의 효과를 높이기 위해서는 광고보다는 홍보전략의 수립에 중점을 두어야 하며 주최측이 돈을 들여 광고하는 건 더 이상 대중들이 주의를 기울여 주지 않으며 객관적인 시야를 가진 단체나 조직원들의 자발적인 홍보성 기사에 더욱 관심을 가질 것이다. 이에 서두에서도 말했듯이 많은 예산으로 성공적인 이벤트를 치루는 건 누구나 할 수 있는 일이기에 진정한 이벤트 기획자는 최소한의 비용으로 최대의 효과를 누릴 수 있는 광고보다 홍보자료로 대중들에게 알려야 할 것이다.

# 4. 홍보

일반적으로 마케팅에서의 홍보는 비용을 들이지 않고 이슈 포인트(Issue Point), 즉, 기사 거리를 언론매체에 제공하는 행위, 다시 말해서 보도자료를 작성하여 각 매체에 언론 플레이(Play)를 하는 것을 말한다. 홍보의 목표는 결국 광고비를 들이지 않고도 최대한 언론에 많이 노출되게 함으로써 판매를 신장시키는 것이다.

지역홍보 및 지역문화축제의 홍보도 마찬가지이다. 어떻게 하면 지역과 축제의 긍정적 이미지를 최대한 언론에 노출시켜 관광객을 많이 유인하느냐 하는 것이 문제인 것이다. 이를 위해 홍보의 기본방침을 수립하고, 홍보효과를 극대화시킬 수 있는 수단을 개발하는 것이 홍보의 관건이다.

최근에는 직접적인 의미의 홍보 외에도 다양한 지역홍보방법이 모색되고 있는데, 다큐멘터리·드라마·영화·음악·비디오 등의 배경지로 지역을 삽입시킴으로써 간접적인 방법이긴 하나 상영물의 인기도에 편승한 홍보효과를 얻을 수 있다. 홍보전략으로서 지역브랜드 개발 및 축제 FI 개발은 장기적인 안목에서 가장 바람직하며, 효과적인 지역 홍보수단임은 이미 BI와 FI 개발의 중요성에 대해 설명하면서 지적한 바 있다.

여기서는 기본적으로 홍보활동이 진행되는 순서와 새로운 홍보매체개발에 대한 내용들을 다루게 될 것이다.

## 1) 홍보의 기본방침 설정

홍보활동을 시작하기에 앞서 우선 홍보에 관련된 기본방침을 설정해야 한다. 홍보의 기본방침은 홍보대상의 성격에 따라 유동적이지만, 여기서는 지역문화축제에서의 기본적인 홍보방침을 몇 가지 항목으로 나누어 보았다.

첫째, 지역문화축제에서 홍보의 궁극적인 목표는 관광객 유치이기 때문에 여기에 기본목적을 둔 사전 홍보기간을 충분히 확보한 후 단계별 홍보전략을 실시해야 한다.

둘째, 국내 관광객 수요증가를 위한 홍보와 함께 국제 자매결연도시 구축 등을 통한 월드 와이드(World Wide) 홍보를 진행한다.

셋째, 여행사·운송사 등과의 패키지 개발로 홍보사업을 다각화한다.

넷째, 행사기간 중 프레스 센터(Press Center)를 운영하여 완벽한 프레스 대응에 만전을
기한다.

### 2) 단계별 홍보전략 수립

홍보에 대한 기본방침이 수립되고 나면 단계별로 어떠한 홍보전략을 전개할 것인지
에 대해 결정해야 한다. 일반적으로 홍보는 3단계로 나누어 단계별 목적에 따라 적절한
전략을 수립한다.

#### (1) 1단계

홍보의 1단계는 사전 홍보전개기이다. 이 시기에는 지역 및 축제의 이미지를 형성하
게 되며, 일반인들의 주목을 끌어 인식을 시키는 것이 목적이다. 매체에 대한 홍보로는
기획기사와 특집기사를 유도하는 데 역점을 두고, 인쇄물을 통해서는 축제참가방법을
알리고, 포스터를 부착하여 축제에 대한 인지도를 높이는 데 주력해야 한다.

#### (2) 2단계

2단계는 축제개최 시기의 홍보단계이다. 이 때는 지역 및 축제의 이미지 정착기로 일
반인에게 축제에 대한 확실한 인식을 시키고, 이해를 도모하여 태도변화, 즉 방문으로
이끌도록 하는 것이 목적이다. 홍보단계 중 가장 집중을 요(要)하는 단계이다. 이 시기에
는 각종 매체를 통하여 최대한의 행사정보제공이 이루어지도록 해야 하며, 팜플렛 등 인
쇄물을 배포하여 축제에 대한 메리트(Merit)를 가능한 많이 인식시키도록 해야 한다.

#### (3) 3단계

3단계는 최종 홍보기로 축제가 진행되는 동안에 이뤄지는 축제 이미지 전달기로 볼
수 있다. 이 단계에서는 축제현장의 프레스 센터 운영을 체계적으로 실시하고, 각 매체

를 통해 축제의 화제거리를 제공함으로써 일반인의 행동을 유발하도록 하는 것이 핵심이다. 홍보 전기간을 통해 팜플렛 등 인쇄물 배포는 지속적으로 이루어져야 한다.

## 3) 새로운 홍보전략의 개발

관광객을 축제장소로 오도록 만드는 것은 결국 다양한 채널(Channel)을 통해 축제의 장점과 차별성을 홍보하는 결과이기 때문에 기존에 사용되는 홍보전략보다 더 효과적인 홍보전략을 개발하는 것이 홍보의 성공 여부를 결정짓는 열쇠가 된다. 또한 기존의 홍보전략들을 좀 더 효율적으로 활용하는 방안의 강구도 필요하며, 다양한 홍보전략을 어떤 순서로 전개하는지도 결과에 영향을 미칠 수 있다.

다음은 저자가 개발한 홍보전략 및 전개순서로 체계적인 홍보전략을 세우는데 도움이 되리라 사료되며 더불어 "2005 대구 E-Sports Festival" 홍보·계획도 참고하길 바란다.

① Zine : 자체 홍보 잡지 발행
② Web : 홈페이지 개설
③ 문화·예술 미인(G.O)선발대회
④ 시민발기대회 겸 발전 세미나(Seminar)
⑤ 프레스 릴리스(Press Release) : 기자, PD, 여행사대표 팸 투어(Pam Tour)
⑥ Pre−PR : 한국관광공사 홍보전시관 내 전시행사
⑦ 플랜카드 설치
⑧ 포스터 부착 및 리플릿 배포
⑨ 보도자료 : TV·신문·잡지 등 보도화
⑩ 자원봉사자 다짐대회

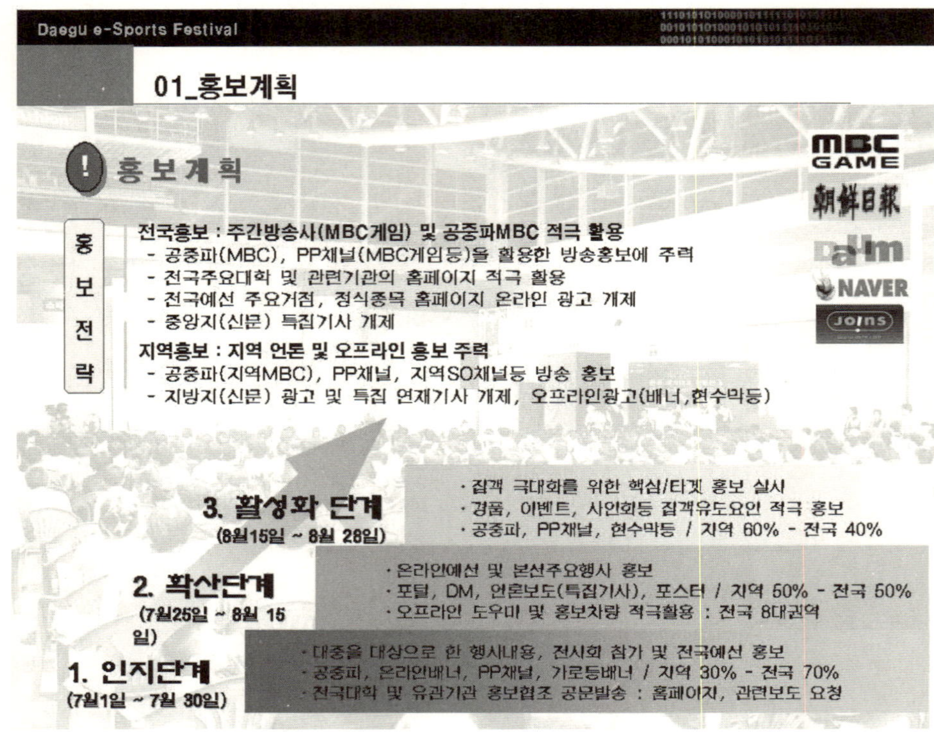


　여기서 저자가 총감독 및 감리를 맡은 행사인 "2005 대구 E-Sports Festival"의 기획서 내용 중심으로 사례를 들어 보고자 한다. 참고사항으로만 활용하길 바란다.

# 1. 행사의의 목적

## 1) 세계적인 게임산업 성장추세 - 게임산업 육성에 대한 거시적 당위성 제시

(1) 2005년까지 세계 디지털 콘텐츠 시장은 연평균 약 28%, 국내 시장은 약 40% 성장할 전망이며,
시장 규모(매출액)는 2001년에 614억불에서 2005년도에는 1,655(200조)억불로 증가할 전망임.

> ※ 세계 게임산업규모 : 약 70조원
> ※ 국내 게임산업규모 : 약 4조원(2004년말 기준, 제작/서비스 포함)
> ※ 게임산업 평균 부가가치율은 60.3%로 산업계 최고 수준
> - Ex : 온라인게임 '카트라이더' : 제작비 10억원/연매출 600억원
> - Ex : 온라인게임 '리니지' : 제작비 78억원/연매출 1천 4백억원

## 2) 단순 게임대회를 벗어난 글로벌 e-Sports 축제모델 확보 필요

(1) 전시와 결합된 게임대회의 경우, 수원, 전주, 용인등 전국 각지에서 개최되고 있으나 사업의 목
적과 추진방향이 다소 불분명.
(2) 또한 수도권을 제외한 지역에서 개최되는 행사는 참가기업 유치가 매년 힘든 상황이며, 지역내
시민들의 참여도 부족한 상황.
⇒ 전시회는 Business를 목적으로 개최되나 기업과 참관 인력동원에 급급하며, 게임대회 또한 스타
크래프트 일색으로 국내 게임산업 발전에는 크게 영향을 주기 힘든 구조.
⇒ 단, 부산의 경우 2005년부터 "부산디지털문화축제"로 게임을 비롯한 콘텐츠산업 전반을 테마로
축제화를 지향하나 특화, 포커싱되지 못한 산만한 사업구조로 판단.
(3) 따라서 Business와 Public에서 혼동되는 사업추진 목적을 지역의 실정과 추진방향에 부합될 수
있는 방향으로 정의.
(4) 또한 단순 게임대회를 지양, 지역민의 참여와 세계적인 트렌드를 흡수할 수 있는 독창적인 게임
및 e-Sports 사업 발굴 필요.

## 3) 사업추진의 효율성 및 시너지 극대화를 위한 모델 발굴 필요

(1) 게임대회, 전시회, 컨퍼런스등 개별적으로 개최되고 있는 각종 게임산업 프로모션사업을 통합

및 결집하여 상호 연계 및 시너지 극대화 유도 필요.

⇒ 기존 대구게임페스티벌, 디지털엔터테인먼트산업전, 해외전문가초청세미나를 통합할 수 있는 연
  계구도 확보.

(2) 또한 대구시 및 대구디지털산업진흥원을 중심으로 추진되고 있는 행사구도를 지역 대학, 기업과
  다양한 미디어가 참여하는 혁신구도로 변모 필요.

(3) 기존 전시성 오프라인 홍보를 축소, 방송 및 온라인 위주의 e-Sports개념에 적합한 행사홍보
  및 연계구도 확보.


## 2. 평가의의 목적

1) 2005 Daegu e-Sports Festival의 목적과 추진방향의 타당성부분을 집중으로 감리가 이루어짐.

2) 각 행사의 대행업체들을 정량적 평가를 중심으로 한 정성적 평가를 함으로 2006 Daegu e-
  Sports Festival의 발전방향을 제시.


★2005 Daegu e-Sports Festival 추진방향

(1) 새로운 Concept의 e-Sports Festival 문화 창조.
  타·지역과 차별되는 e-Sports 행사의 시·공간 개념 도입.

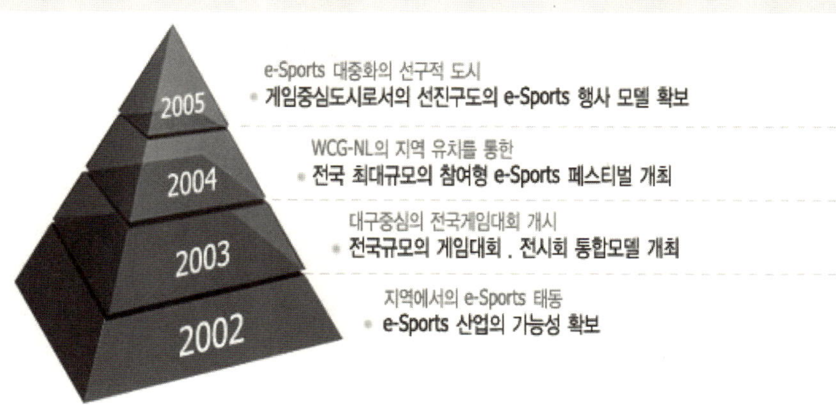


-기존의 폐쇄된 전시장을 벗어나 유동성이 많은 도심중심가 일대와 지하철역사를 주무대로 선택.

-단순한 게임대회의 차원에서 벗어나게임과 문화가 공존하는 행사로 전환.

(2) 게임중심도시로서의 선도적 이미지 확보.

새로운 컨셉과 함께 전국최초로 미디어지향적 사업구조 확립.

-기존의 오프라인 행사중심에서 더 나아가 전국적인 홍보와 마케팅으로 도시이미지 구축도 큰 역할.

-WCG-NL에 이은 중앙정보처의 정책방향을 선도할 수 있는 모델 확보.

-참여기업 홍보와 더불어 게임중심도시로서의 지역이미지 홍보 극대화.

(3) 참여기업 홍보 극대화를 위한 사업 추진.

도심속, 매머드급 관람객 속에서 펼쳐지는 시민문화축제 지향.

비즈니스보다, 기업홍보, 제품홍보를 위한 Public 홍보 Tool 제공.

오프라인 행사와 더불어 국내 전체 미디어를 활용한 전국 홍보 지원.

## 3. 행사개요

### 1) 전체개요

(1) 행사명 : 2005 Daegu e-Sports Festival

(2) 기간 : 2005년 8월 26일(금)~8월 28일(일)/3일간
 -전국예선 : 2005. 8. 16~8. 21
 -대구본선 : 2005. 8. 26~8. 28

(3) 장소 : 두류야외음악당, 반월당역사(매트로센터), 동성로일대(PC방 포함)

| | | |
|---|---|---|
| ▌식전행사 |  | VIP리셉션, 기자간담회<br>Boom-up 공연<br>전시참가기업 동영상 소개 |
| ▌선수단 입장 |  | 정식종목선수단 (또는 퍼포먼스) 입장 |
| ▌개회사 |  | 대구광역시장 |
| ▌축사 |  | 문광부장관 축사(영상메시지) |
| ▌선서 |  | 페어플레이 선서식 |
| ▌프로게이머경기 |  | 프로게이머 초청대회 진행 |
| ▌축하공연 |  | 가수공연, 불꽃놀이 |

(4) 구성 : 전국게임대회, 공식/부대행사, 게임전시회(DENPO), 전문가초청세미나

(5) 추진체계
-주최 : 대구광역시
-주관 : (재)대구디지털산업진흥원, 대구경북케이블방송협의회, EXCO(주), IPCA
-후원 : 문화관광부, 정보통신부, KT
-주간방송사 : MBC게임

| 구분 | 시간 | PC 온라인/콘솔트랙 | 모바일트랙 |
| --- | --- | --- | --- |
| | | 강의주제/진행자 | 강의주제/진행자 |
| Keynote Speech | 13:00~ 13:30 | 주제 : Strategies for Boosting Daegu's Game Industry (연사 : Walt Scacchi) | |
| Break | 13:30~ 13:35 | 트랙별 강연장 이동 및 휴식 | |
| Session1 | 13:35~ 14:25 | 마리오 골프, 마리오 테니스를 예로든 게임제작 사례 | BREW Platform for Gaming/Hot and Current Trends in USA |
| | | 타카하시 슈고 | Claire Kim |
| Session2 | 14:25~ 15:15 | Scalar and Vector Calculus in Game Programming | The Future(3G) Mobile Games and Mobile Entertainment |
| | | 크리스 해커 | Eberhard Schoeneburg |
| Break | 15:15~ 15:20 | 휴식 | |
| Session3 | 15:20~ 16:10 | 온라인 철권이 WoW를 이길 수 있을까? | Successful Business Model & Strategies |
| | | 이종원 | 송병준 |
| Break | 16:10~ 16:20 | 패널토론장(3층 그랜드 볼룸)으로 이동 및 행사장 좌석 재배치 | |
| Penal Discussion | 16:20~ 16:50 | 주제 : 한국 및 지역게임산업의 발전방향 (좌장 : Walt Scacchi) | |
| Reception | 16:50~ 17:40 | 강연자 및 참석자 간 비즈니스 리셉션(장소 : 에메랄드 홀/3층) | |

### 2) 세부 행사 개요

**(1) 개막식**

**(2) 컨퍼런스**
  ① 개최기간 : 2005년 8월 26일/13:00~18:30
  ② 개회장소 : 제이스 호텔
      −PC 온라인/콘솔 트랙 : 그랜드 볼룸(3층)
      −모바일 트랙 : 다이아몬드 홀(2층)

  ③ 주제 : 게임산업의 미래를 말한다.(International Game Conference in Daegu)
  ④ 추진방향
      −국내/외 게임산업 전문가를 초청, 세계 게임시장 트랜드 분석
      −지역 게임산업에 대한 다양한 시각적 분석을 통한 체계화+된 미래상 제시
  ⑤ 추진체계
      −주최 : 한국소프트웨어진흥원, 대구광역시
      −주관 : (재)대구디지털산업진흥원

**(3) 게임대회**
  ① 개최기간
      −전국예선사전접수기간 : 2005년 8월 1일~8월 12일

　　　－전국예선 : 2005년 8월 13일~8월 19일

　　　－대구본선 : 2005년 8월 26일~8월 28일

② 개최장소

　　　－예선 : 전국8개권역 PC방과 온라인/중국예선

　　　－본선 및 결승 : 반월당 매트로센터, 동성로내 5개 PC방 및 특설무대

③ 전시종목

　　　－대중종목 : 스타크래프트, 스페셜포스, 그랜드체이스, 프리스타일

　　　－지역종목 : 그랜드체이스((주) KOG 개발)

④ 참가인원

　　　－총 13만명(선수단 : 5만명/관람객 : 8만명) 예상

　　　－본선선수단 : 512명

⑤ 주요세부대회

　　　－전국아마추어 게임대회

　　　－제2회 가족게임대회(문화관광부)

　　　－대구/경북 대학 대항전

　　　－이벤트 대회 : 프로리그 초청전(동성로)

⑥ 전체일정

| 구분 | 예선 | 본선 |
|---|---|---|
| 그랜드체이스 | • 접수기간 : 8월 1일~8월 16일<br>• 모집인원 : 제한없음<br>• 예선기간 : 8월 17일~8월 21일<br>• 예선장소 : 온라인(넷마블) | • 본선기간 : 8월 26일~8월 28일<br>• 본선장소 –동성로내 지정 경기장(PC방)<br>　　　　　　–동성로내 특별무대(일부경기)<br>• 참가비 : 지역별로 1~2만원 지급<br>• 숙박지원 –1일차 : 1차 본선 통과자(32명)<br>　　　　　　–2일자 : 2차 본선 통과자(4명) |
| 스타크래프트 | • 접수기간 : 8월 1일~8월 18일<br>• 모집인원 : 제한없음<br>• 예선기간 : 8월 20일~8월 21일<br>• 예선장소 : 전국 8대 구역내<br>• 지정 PC방(추후공지) | • 본선기간 : 8월 26일~8월 28일<br>• 본선장소 –동성로내 지정 경기장(PC방)<br>　　　　　　–동성로내 특별무대(일부경기)<br>• 참가비 : 지역별로 1~2만원 지급<br>• 숙박지원 –1일차 : 1차 본선 통과자(32명)<br>　　　　　　–2일자 : 2차 본선 통과자(4명) |
| 스페셜포스 | • 접수기간 : 8월 1일~8월 13일<br>• 모집인원 : 제한없음<br>• 예선기간 : 8월 16일~8월 21일<br>• 예선장소 : 온라인(PMANG.COM) | • 본선기간 : 8월 26일~8월 28일<br>• 본선장소 –동성로내 지정 경기장(PC방)<br>　　　　　　–동성로내 특별무대(일부경기)<br>• 참가비 : 지역별로 1~2만원 지급<br>• 숙박지원 –1일차 : 1차 본선 통과자(16팀)<br>　　　　　　–2일자 : 2차 본선 통과자(4팀 명) |
| 오투잼 | • 접수기간 : 7월 31일<br>• 모집인원 : 제한없음<br>• 예선기간 : 8월 1일~8월 21일<br>• 예선장소 : 엠게임(오투잼) | • 본선기간 : 8월 26일~8월 28일<br>• 본선장소 –동성로내 지정 경기장(PC방)<br>　　　　　　–동성로내 특별무대(일부경기)<br>• 참가비 : 지역별로 1~2만원 지급<br>• 숙박지원 –3일간 60명 |
| 프리스타일 | • 접수기간 : 8월 1일~8월 22일<br>• 모집인원 : 제한없음<br>• 예선기간 : 8월 26일<br>• 예선장소 : 대구 동성로내 PC방<br>(차재욱 PC방) | • 본선기간 : 8월 26일~8월 28일<br>• 본선장소 –동성로내 지정 경기장(PC방)<br>　　　　　　–동성로내 특별무대(일부경기)<br>• 참가비 : 지역별로 1~2만원 지급<br>• 숙박지원 –1일차 : 1차 본선 통과자(32팀)<br>　　　　　　–2일자 : 2차 본선 통과자(4팀) |

| 구분 | 세부내용 | 진행 |
|---|---|---|
| 전국<br>아마추어리그 | 개요 – 전국아마추어게이머를 위한 최대 규모 대회<br>기간 – 8. 13~8. 19(예선)/8. 26~8. 28(본선)<br>장소 – 예선 : 전국 8개도시 PC방 및 온라인 예선<br>　　　　본선 : 동성로 일대 경기장 및 메트로센터<br>종목 – 스타크래프트, 스페셜포스, 그랜드체이스<br>참가인원 – 예선 (2.5만명), 본선 (320명)<br>훈격 및 상금총 – 2,720만원 (3종목)<br>1위 – 문광부장관상/350만원(250만원)<br>2위 – 대구광역시장상/200만원(200만원)<br>3위 – 한국게임산업개발원장상/150만원(100만원)<br>4위 – 대구디지털산업진흥원장상/100만원(50만원)<br>5위~8위 – 상금 각 50만원(30만원) | |
| 제2회<br>가족 게임 대회 | 개요 – 국내 유일의 관주도 Family형 게임대회<br>기간 – 전국 아마추어 게임대회와 동일<br>장소 – 예선 : 전국 17개도시 PC방 및 온라인 예선<br>　　　　본선 : 동성로 일대 경기장 및 메트로센터<br>종목 – 오투잼(온라인 음악게임)<br>참가인원 – 예선(2만명), 본선(128명)<br>훈격 및 상금 – 총 720만원<br>1위 – 문광부장관상/250만원<br>2위 – 대구광역시장상/200만원<br>3위 – 한국게임산업개발원장상/100만원<br>4위 – 대구디지털산업진흥원장상/50만원<br>5위~8위 – 상금 각 30만원 | |
| 대학 대항전 | 개요 – e-Sports의 최대수요처인 대학 중심 리그<br>기간 – 전국 아마추어 게임대회와 동일<br>장소 – 동성로 일대 경기장 및 메트로센터<br>종목 – 프리스타일<br>향후추진계획 – 전국규모 리그전으로 Upgrade<br>참가인원 – 예선(1,000명 이상), 본선(64명)<br>훈격 및 상금 – 총 720만원<br>1위 – 문광부장관상/250만원<br>2위 – 대구광역시장상/200만원<br>3위 – 한국게임산업개발원장상/100만원<br>4위 – 대구디지털산업진흥원장상/50만원<br>5위~8위 – 상금 각 30만원 | |

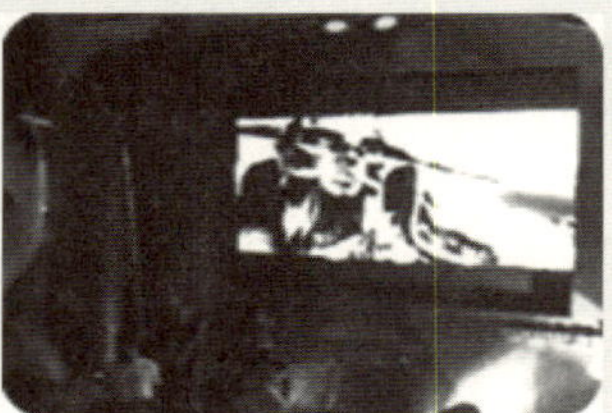

(4) 게임전시회

① 개최기간 : 2005년 8월 26일~28일/3일간

② 개최장소 : 대구 반월당 지하철역사 전시장

③ 전시참여 : 게임 개발 및 유통사(모바일, 온라인, 콘솔, 아케이드 등)

④ 전시품목 : 온라인게임, 모바일게임, PC게임, 콘솔게임 등 개발·유통·제작기업 및 유관기관

⑤ 전시컨셉 : New Entertainment

  - 게임대회, 이벤트, 전시회 등 게임관련 다양한 볼거리와 체험공간을 찾아가지 않고 즐길 수
있는 Public Festival!

  - 하루유동인구 50만명의 대구 동성로일대와 지하철역사에서 매머드급 관람객과 함께하는 초
대형 게임축제

New Business

  - 기존의 폐쇄적인 전시장을 벗어나 도심에서 펼쳐지는 Real Business!

  - 전국최대의 e-Sports Festival(게임대회, 게임컨퍼런스, 다양한 이벤트 등)과 함께 어우러진 멀티
체험형 전시회 지향

(5) 부대행사

① 행사기간 : 2005년 8월 26일~8월 28일

② 행사장소 : 동성로일대/두류야외음악당(일부)

| 구 분 | | | 내 용 | |
|---|---|---|---|---|
| **Zone별 구성** | 무대 | | 동성로 대백 앞 무대 | |
| | 거리 | | 한일극장~중앙파출소 | |
| | Game Zone | | 한일극장~중앙파출소에 위치하는 특정 포인트 | |
| | 상설 | | 한일극장~중앙파출소에 위치하는 특정 포인트 | |
| **내용별 구성** | 시민참여형 | MC 대열전 | 전문 MC가 펼치는 스탠딩 개그,<br>시민참여 게임 등 관객과 함께하는 프로그램 | |
| | | Game Zone 시민대회 | 즉석에서 신청자를 받아서 게임대회 진행.<br>선물증정, 빔 프로젝트로 게임실황 중계 | |
| | 관람형 | 콘서트 | 전문공연자들의 게임음악 연주 및 자신들의 레퍼토리 연주<br>락, 일렉바이올린, 재활용품을 활용한 연주,<br>안데스 전통음악<br>아카펠라, 재즈 퍼커션 등 다양한 장르의 연주인 섭외 | |
| | | 댄스 | 브레이킨, 소울, 펑키, 재즈 등<br>다양한 스트리트 댄스를 펼쳐 보임 | |
| | Mobile형 | 코스튬플레이 | 퍼레이드 | 악단을 선두로 코스튬 플레이어들의<br>시가지 퍼레이드 |
| | | | Mobile | 조별 자유 퍼레이드 |
| | | 석고마임 장대인간 | 특이한 형상을 한 사람들이 자유롭게 돌아다니며 시민들에게<br>즐거움을 선사하고,<br>게임대회의 홍보물을 나눠줌. | |
| | | Mobile Performance | 마임, 댄스 등 거리에서 펼칠 수 있는<br>다양한 볼거리들 연출 | |

③ 주요행사

- 게임캐릭터 도심퍼레이드 & 패션쇼, 스트리트 이벤트, 게임음악회, 애니메이션 영화제
- 게임포토월드, PC방 게릴라 이벤트, 락페스티벌

④ 추진체계

- e-Sports를 체험하고 인지할 수 있는 시·공간 제공
- e-Sports행사 참여기업을 위한 집객 Tool로 활용
- e-Sports를 남녀노소 모두가 즐길 수 있다는 인식고취

## ⑤ 전체일정

| 시간 \ 날짜 | 26일 (금) 무대 | 26일 (금) 거리 | 27일 (토) 무대 | 27일 (토) 거리 | 28일 (일) 무대 | 28일 (일) 거리 | 26일~28일 Game Zone | 26일~28일 상설 |
|---|---|---|---|---|---|---|---|---|
| 3시 15:00~15:30 | 락 콘서트1 | 코스튬 퍼레이드 | 락 콘서트2 | 코스튬 퍼레이드 | 게임 결승전 | 코스튬 퍼레이드 | 3곳<br>스타크래프트 그랜드 체이스<br>시민참여 대회 | 타투 헤나 페이스 페인팅 (3곳) |
| 15:30~16:00 | | | | | | | | |
| 4시 16:00~16:30 | 코스튬 무대행사 | 석고마임 장대인간 | 코스튬 무대행사 | 석고마임 장대인간 | 코스튬 무대행사 | Mobile Performance 3 | | |
| 16:30~17:00 | | | | | | | | |
| 5시 17:00~17:30 | | 코스튬 Mobile | | 코스튬 Mobile | | 코스튬 Mobile | | |
| 17:30~18:00 | MC 대열전 1 | | MC 대열전 3 | | | | | |
| 6시 18:00~18:30 | 상상 놀이단 | | 안데스 민속음악 | | | | | |
| 18:30~19:00 | MC 대열전 2 | Mobile Performance 1 | MC 대열전 4 | | | | | |
| 7시 19:00~19:30 | 게임음악 콘서트 1 (일렉 바이올린 팀) | | Street Boogie | Mobile Performance 2 | 게임 결승전 | Mobile Performance 4 | | |
| 19:30~20:00 | | | | | | | | |
| 8시 20:00~20:30 | e-sports 영상제 | | MC 대열전 5 | | | | | |
| 20:30~21:00 | | | 게임음악 콘서트 2 (아카펠라/재즈) | | | | | |
| 9시 21:00~21:30 | | | | | 폐막식 | | | |
| 21:30~22:00 | | | | | | | | |

(6) 폐막식

| 식전행사 | | 한-중 게임전<br>전시참가기업 동영상 방영 |
| --- | --- | --- |
| 행사리뷰 | | 전시 행사 스케치/영상물, 인터뷰 |
| 시상식 | | 게임대회 입상자/주요 VIP |
| 폐회사 | | 대구광역시 정무부시장 |
| 축하공연 | | 가수공연, 불꽃놀이 |

| 항목 | 내용 |
| --- | --- |
| MBC | Spot 2005년 8월 16일(화)~8월 27일(토)<br>일일 각 1-2회/총 17회 |
| | 흘림자막 2005년 8월 16일(화)~8월 25일(목)<br>일일 각 1-2회/총 20회 |
| | MBC스페셜 1월 초 신년 특집 예정 |
| 대구 MBC | Spot 2005년 8월 13일(토)~8월 28일(일)<br>일일 각 3-4회/총 57회 |
| | 흘림자막 2005년 8월 13일(토)~8월 28일(일)<br>일일 각 수시 노출 |
| | 대구 MBC 뉴스데스크 2005. 8. 26,<br>대구 E-Sports Festival, 전시행사 보도 |
| ESPN<br>Dramanet<br>MOVIES | Spot 2005년 8월 16일(화)~8월 27일(토)<br>일일 각 4회/총 48회 |
| | 흘림자막 2005년 8월 15일(월)~8월 27일(토)<br>일일 각 4회/총 48회 |

| | |
|---|---|
| | • Spot : 2005년 8월 10일 (수)~2005년 8월 28일 (일)<br>• 일일 각 6-7회/총 110회 |
| | • 흘림자막 : 2005년 8월 10일 (수)~2005년 8월 25일 (목)<br>• 일일 각 6-7회/총 110회 |
| MBC 게임 | **데일리 게임통신**<br><br>• 2005. 08. 29 : 대구 E-Sports Festival 성황리 폐막<br>• 2005. 08. 29 : 대구 E-Sports Festival , 아마추어 게임대회 결과<br>• 2005. 08. 27 : 대구 국제 게임 컨퍼런스, 대구 E-Sports Festival ,<br>• 2005. 08. 26 : 대구 E-Sports Festival , 두류공원 특집 방송<br>• 2005. 08. 24 : 대구 E-Sports Festival , 게임 전시회 · 컨퍼런스<br>• 2005. 08. 23 : 대구 E-Sports Festival , 4개 종목 예선전 마쳐<br>• 2005. 08. 22 : 대구 E-Sports Festival , 스타 종목 지역별 예선<br>• 2005. 08. 17 : 대구 E-Sports Festival , 26일 개막<br><br>**대구 E-Sports Festival 특집**<br><br>• 2005. 08. 26. 20시~22시 : 대구 E-Sports Festival  개막식, 생방송, 120분물 1편<br>• 2005. 09. 08. 21시~22시 : 스페셜 포스, 60분물 1편<br>• 2005. 09. 08. 22시~22시30분 : 그랜드체이스, 30분물 1편<br>• 2005. 09. 08. 22시30분~23시 : 오투젬, 30분물 1편<br>• 2005. 09. 09. 21시~22시 : 프리스타일, 60분물 1편<br>• 2005. 09. 09. 22시~23시 : 스타크래프트, 60분물 1편<br>• 2005. 09. 10, 21시30분~22시 : 다큐, 30분물 1편 |

신문매체 홍보물 디자인

온라인 배너 디자인

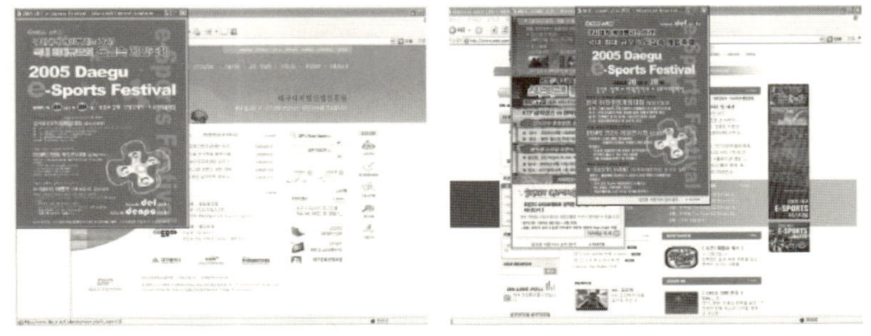

팝업 활용안

동성로 일대 현수막 설치 사례

현수막 설치 사례

가로등 배너

전단지 배포

스카이 뷰

대구백화점 외벽 와이드 배너

영상홍보 차량

무대

대회기 로고시안

포스터 시안

광고 사례

배너

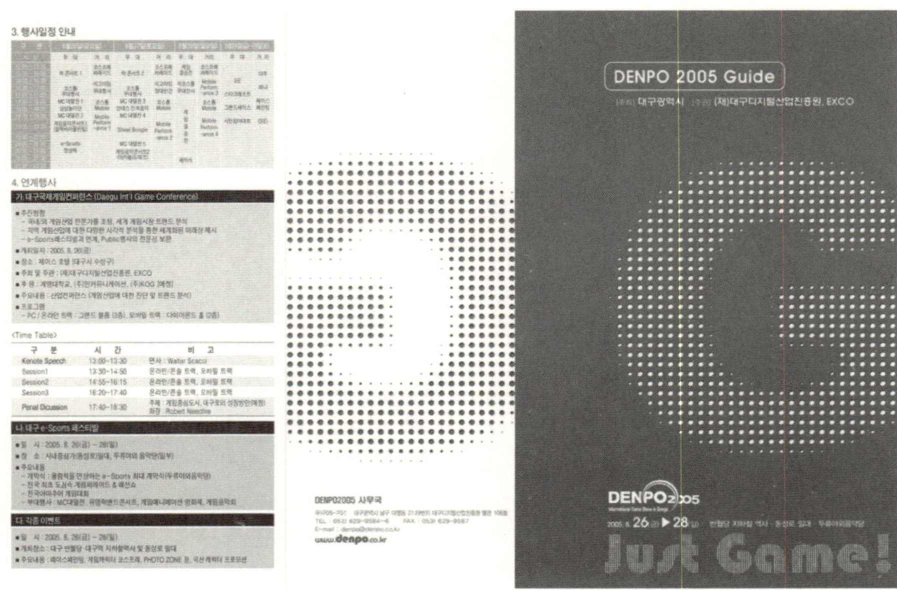
DENPO 2005 Guide
대구광역시 (재)대구디지털산업진흥원, EXCO
3. 행사일정 안내
4. 연계행사
가. 대구국제게임컨퍼런스 (Daegu Int'l Game Conference)
나. 대구 e-Sports 페스티벌
다. 각종 이벤트
DENPO2005 사무국
TEL : 053) 629-9584~6    FAX : 053) 629-9587
www.denpo.co.kr
DENPO2005
2005. 8. 26 (금) ▶ 28 (일)
Just Game!

DENPO 2005 Guide
DENPO 2005 행사개요 [DENPO 2004 General Infrmation]
행사장 부스 도면 [Booth Layout]
참가업체 리스트 [Exhibitors' List]
1. 전시회 개요
West Hall
East Hall
2005 DAEGU
e Sports Festival
2. ZONE별 행사안내
DENPO 2005
International Game Show in Daegu
국내최초, 지하철 역사에서 펼쳐지는
게임 전문 전시회
게임대회   2005.6 ▶8

| No | 업체명 | Company Name |
| --- | --- | --- |
| 1 | (사)한국인터넷PC문화협회 | |
| 2 | (주)SNH | SNH..Ltd |
| 3 | (주)게이트아이디 | GATE-ID..Ltd |
| 4 | (주)게임네오 | GAME-NEO..Ltd |
| 5 | (주)게임뮤직 | GAMEMUSIC..Ltd |
| 6 | (주)고페츠 | GOPETS..Ltd |
| 7 | (주)나온소프트 | NAON SOFTWARE..Ltd |
| 8 | (주)레몬 | LEMON..Ltd |
| 9 | (주)마상소프트 | MASANG SOFT..Ltd |
| 10 | (주)메타미디어 | MEAMEDIA Co..Ltd |
| 11 | (주)모비온 | MOBION..Ltd |
| 12 | (주)모아이테크놀러지 | MOAITECH..Ltd |
| 13 | (주)생떽쥐베리 | SAINTG..Ltd |
| 14 | (주)씨쓰리웍스 | C3WORKS..Ltd |
| 15 | (주)엑스씨이 | XCE..Ltd |
| 16 | (주)엔터올 | ENTERALL..Ltd |
| 17 | (주)엔포미 | EN4ME..Ltd |
| 18 | (주)엠버튼 | MBUTTON..Ltd |
| 19 | (주)케이오지 | KOGSTUDIOS..Ltd |
| 20 | (주)케이티 대구본부 | KT..Ltd |
| 21 | (주)테크론시스템 | TECHRONSYSTEM..Ltd |
| 22 | (주)곱스네트워크 | GOPS..Ltd |
| 23 | (주)헤드락 | HEADROC..Ltd |
| 24 | HGE | HGE..Ltd |
| 25 | KT대구본부 | KT..Ltd |
| 26 | OISCO | OISCO..Ltd |
| 27 | 게임 하이(주) | GAMEHI..Ltd |
| 28 | 래이썬(주) | MYLASSEN..Ltd |
| 29 | 백재성 Studios | PAEKJAESUG..Ltd |
| 30 | 씨엘 게임즈 | CLGAMES..Ltd |
| 31 | 엔게임 | MGAME..Ltd |
| 32 | 엠드림(주) | M-DREAM..Ltd |
| 33 | 쿨넷 | COOLNET..Ltd |
| 34 | | |
| 35 | | |
| 36 | | |

DENPO2005

일정 가이드 사례

E-Sports Festival 현수막 디자인

업체용 현수막 디자인

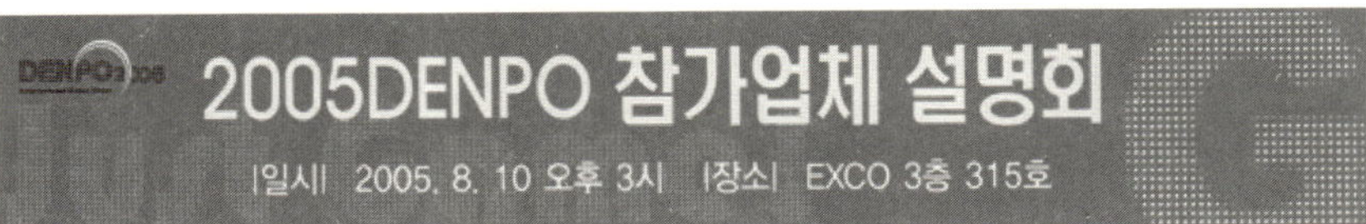

참가업체 설명회용 현수막 디자인

초청장 속지디자인

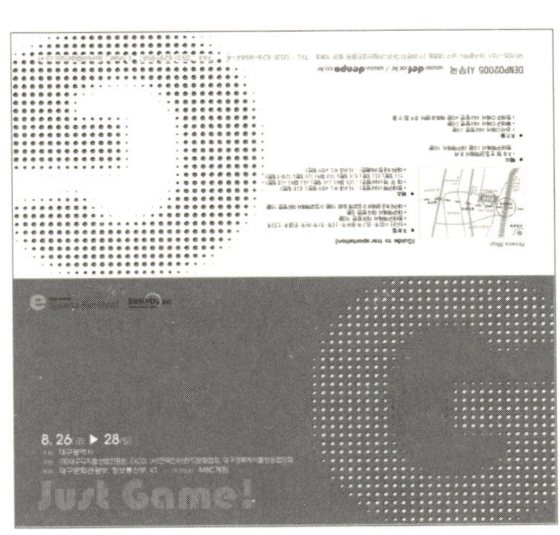

초청장 겉표지디자인

봉투 이미지

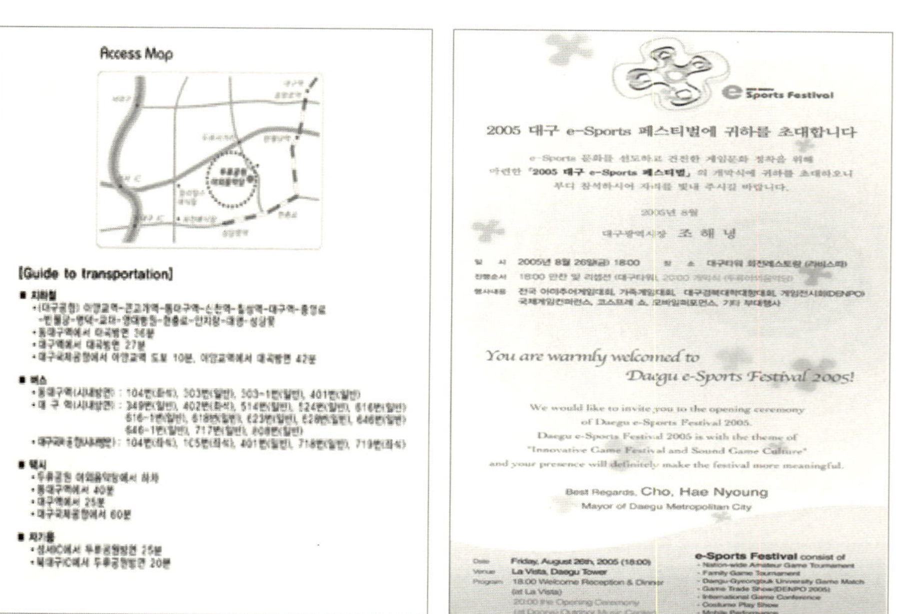

초청장 디자인

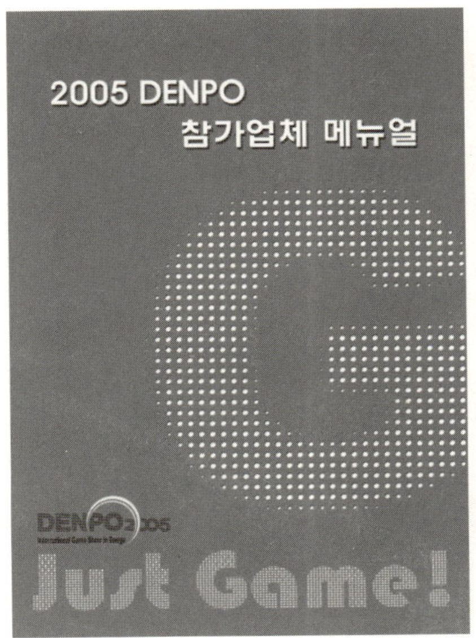 

매뉴얼 사례

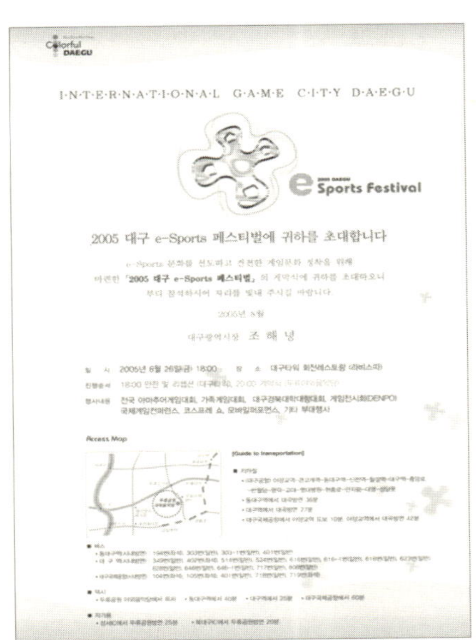



일반용 메일링

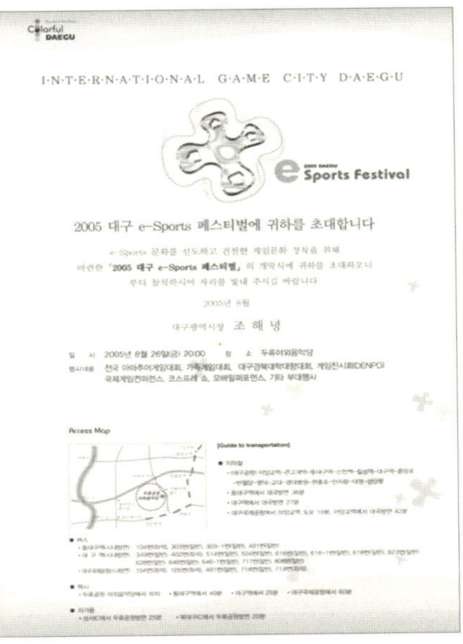



VIP용 메일링

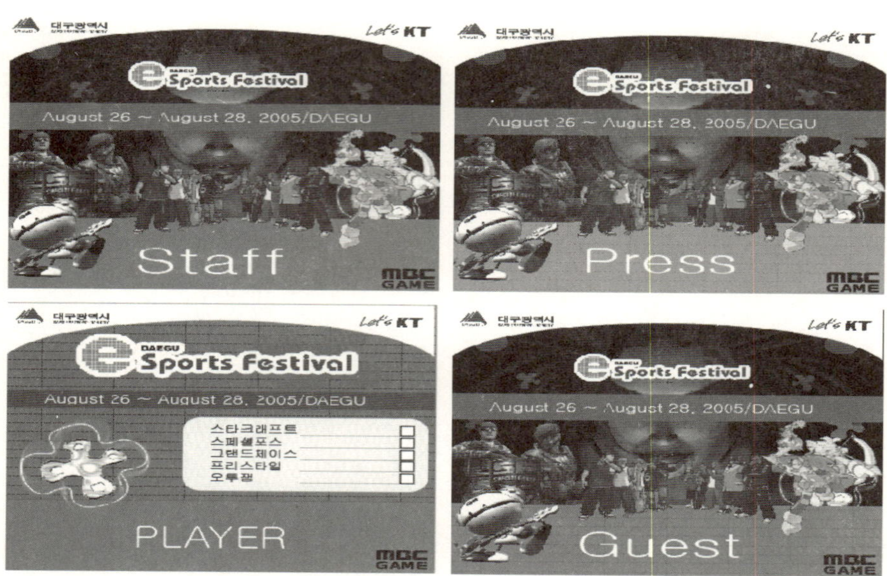

패찰 사례

공식 홈페이지

선수용 티셔츠

스탭용 티셔츠

## 5. 판촉

마케팅에서의 판촉(Promotion)은 고객의 행동이 직접 소비와 연결되도록 하는 일련의 행위를 말한다. 즉, 판촉은 홍보전략의 실행을 가리킨다. 홍보단계에서 기본방침, 단계별 홍보전략, 새로운 홍보전략개발 등을 통해 홍보계획이 수립되면, 이를 실행으로 옮기는 것이 판촉이다. 판촉에서는 앞에서도 언급했지만, 홍보전략을 차례대로 전개하는 것이 가장 중요하다. 순서가 뒤섞이면 효과가 줄어들게 된다는 사실을 명심하기 바란다.

### 1) 익스트림 메이커 "OGIO" 한국 런칭쇼

익스트림(Extreme) 용품 악세사리 메이커(Accessary Maker)인 "OGIO"가 한국에 런칭(Launching)하며 일반인을 위한 행사가 아니라 바이어(Buyer) 40%와 프레스(Press) 60%, 총 250명의 특정인을 초청하여 "한국 OGIO" 한국 상륙을 알렸다. 이와 같은 행사는 바이어와 기자단들에게 홍보성 행사지만 실제 바이어들을 초청함으로써 판매촉진이라는 의미가 더욱 강하게 전달되었다. 저자가 이 행사를 연출하며 기존 런칭쇼와는 차별되게 익스트림 스포츠 용품회사의 이미지를 강력하게 표출하기 위하여 무대를 익스트림에서 사용되는 하프 파이프(Half Pipe) 형태로 제작하여 무대에서 실제로 익스트림을 하며 연출하여 차별화와 오신 사람들에게 "오지오" 만의 강렬한 이미지를 심어 주도록 했으며, 기존 런칭쇼에서는 제품을 무상으로 증정하는 형태였으나 오지오 런칭쇼에서는 판매를 겸하여 진정한 판촉효과를 누렸으며 이러한 판매활동으로 오지오 코리아에서는 일방적인 소모성행사를 지양하여 판매수익금으로 행사의 투자비용을 어느 정도 보충할 수 있도록 하였다. 이처럼 이벤트 기획은 처음부터 철저한 기획 하에 이루어져야 효율적인 성과를 낼 수 있는 것이다. 실제 오지오 런칭쇼의 기획안을 여러분들에게 도움이 되리라 생각되어 가감없이 책에 실도록 하겠다.

Event-Promotion Solution >><< Klub Eight Brand Service
Promotion proposal
LANDING OPERATION AT
K    O    R    E    A
OGIO
MUST HAVE
Though Enough!
2 0 0 4 0 5 2 7
Copyright ⓒ 2004 Klub Eight Co., Ltd All Rights Reserved
klub8.com

OGIO
MUST HAVE
Magic    Ultimate    Stylish    Technique
Copyright ⓒ 2004 Klub Eight Co., Ltd All Rights Reserved    klub EIGHT

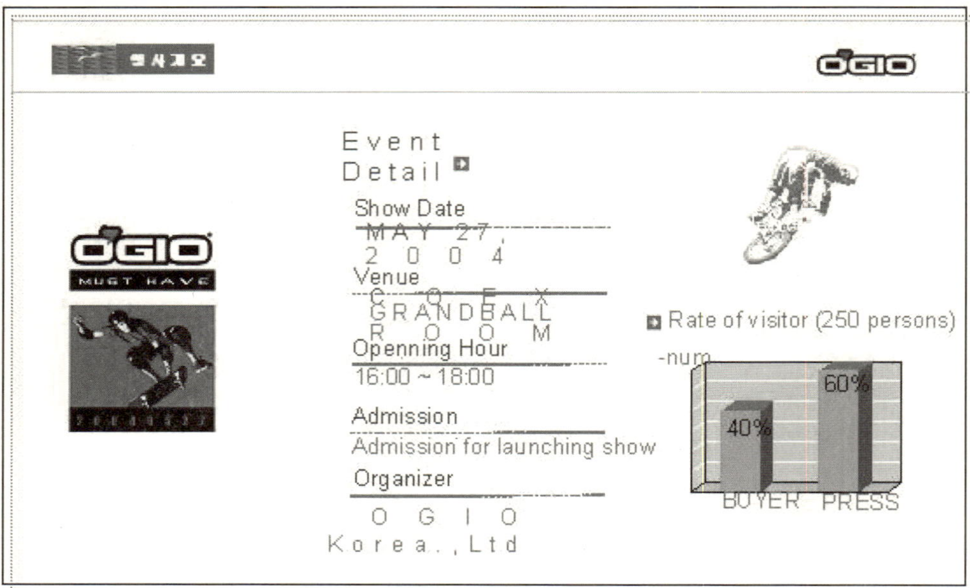
행사개요
OGIO
OGIO
MUST HAVE
Event
Detail
Show Date
MAY 27,
2 0 0 4
Venue
COEX
GRANDBALL
ROOM
Openning Hour
16:00 ~ 18:00
Admission
Admission for launching show
Organizer
O G I O
Korea.,Ltd
Rate of visitor (250 persons)
-num
40%
60%
BUYER   PRESS
Copyright ⓒ 2004 Klub eight Co., Ltd All Rights Reserved klubEIGHT

컨셉개요
OGIO
MUST HAVE
OGIO
CONCEPT ing
가져야만 돼!
MUST HAVE OGIO
드라이틱!
즐거움
OGIO만의
독특함
Copyright ⓒ 2004 Klub eight Co., Ltd All Rights Reserved klubEIGHT

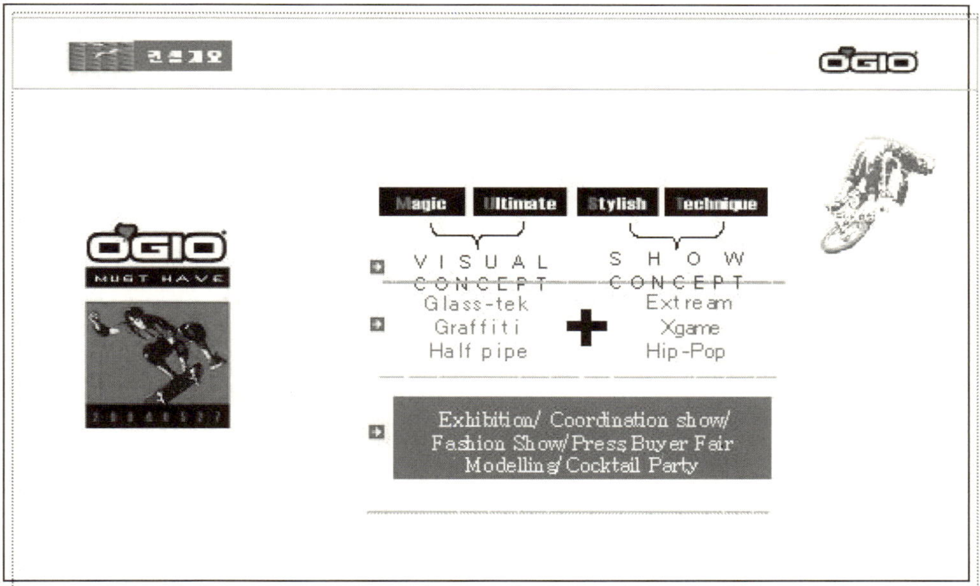
견믐갸오
OGIO
OGIO
MUST HAVE
Magic | Ultimate | Stylish | Technique
VISUAL CONCEPT
Glass-tek
Graffiti
Half pipe
SHOW CONCEPT
Extream
Xgame
Hip-Pop
Exhibition/ Coordination show/
Fashion Show/ Press Buyer Fair
Modelling/ Cocktail Party
Copyright ⓒ 2004 Klub eight Co., Ltd All Rights Reserved klub EIGHT

근사진금
OGIO
MUST HAVE
ogio
Launching Show
Visitor Invitation
mannequin Performance
DEMO SHOW
Fair
launching
Modeling
PRESS INTERVIEW
Customers (Customer)
Objective (organizer)
Product Realease
Visitor operation
Copyright ⓒ 2004 Klub eight Co., Ltd All Rights Reserved klub EIGHT

OGIO

SHOW_UP
Z O N E
OGIO
MUST HAVE

ENTRANCE
RACING
FORMULAR CAR
DISPLAY

DOOR
RECEPTION SET

GRAFFITI WALL
HIP_POP STYLE
DISPLAY

IN DOOR
SPEICAL SET
Magic glass- tec display

Copyright ⓒ 2004 Klub eight Co., Ltd All Rights Reserved klub EIGHT

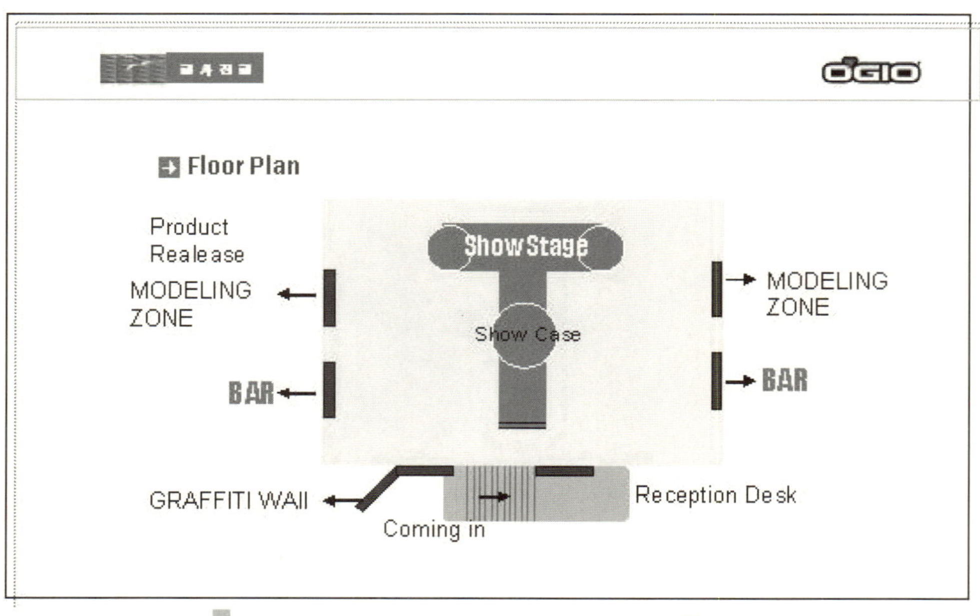
OGIO

Floor Plan

Product
Realease
MODELING
ZONE

Show Stage

Show Case

MODELING
ZONE

BAR

BAR

GRAFFITI Wall

Coming in

Reception Desk

Copyright ⓒ 2004 Klub eight Co., Ltd All Rights Reserved klub EIGHT

## → Stage Plan

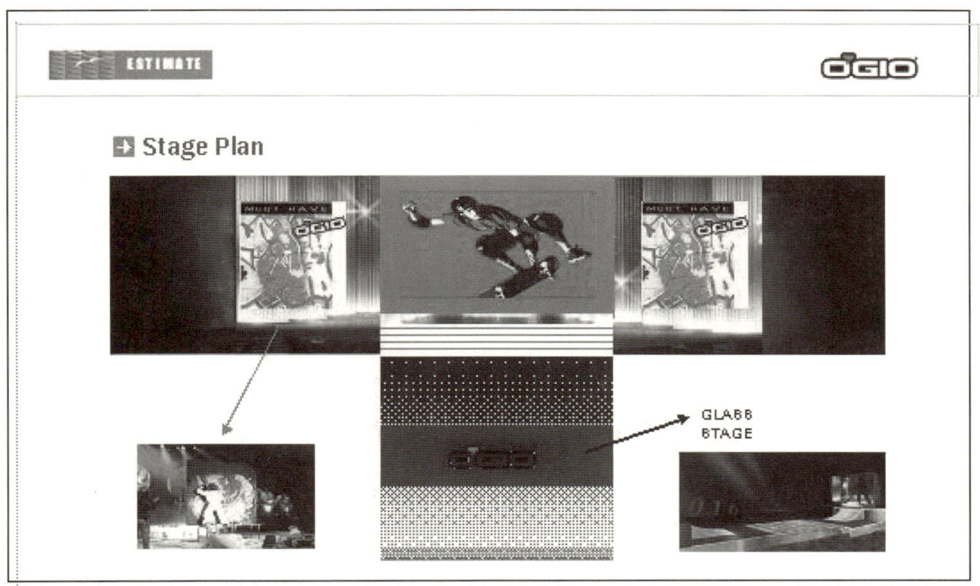






## → Stage Plan

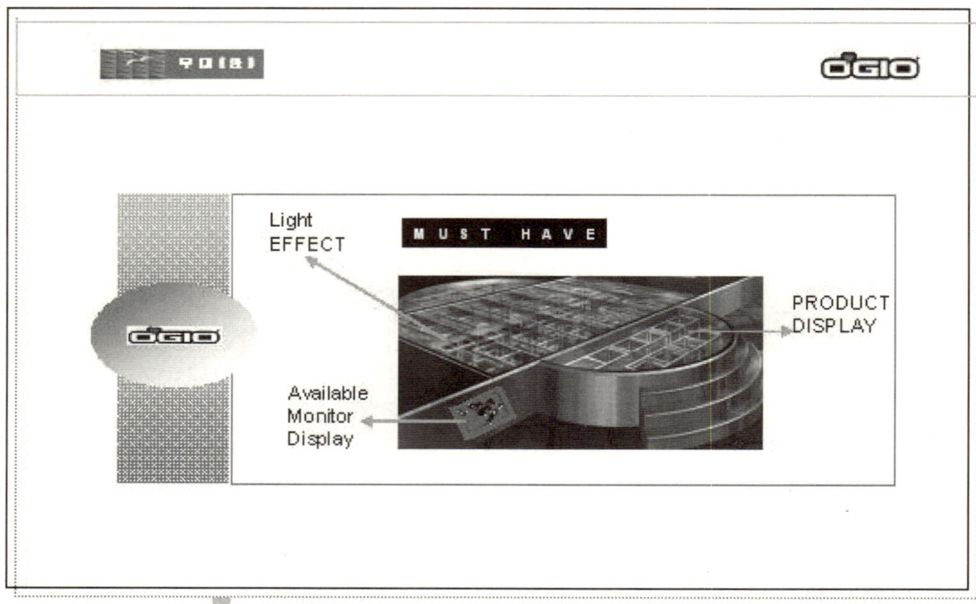




---

ShowPlan — ÓGIO

**Reception>>>**

VIP Meeting
**Meeting Room**➜tea and cake Service

Visitor Reception
**Bar Service** ( Beverage & Cocktail)

Receptionist
**4 Persons** Companion Girls / Invitors

Arrange Factors

Reception Desk / ID Card / Name Tag / Visitor's Book
VIP Meeting Room / Beverage service Bar

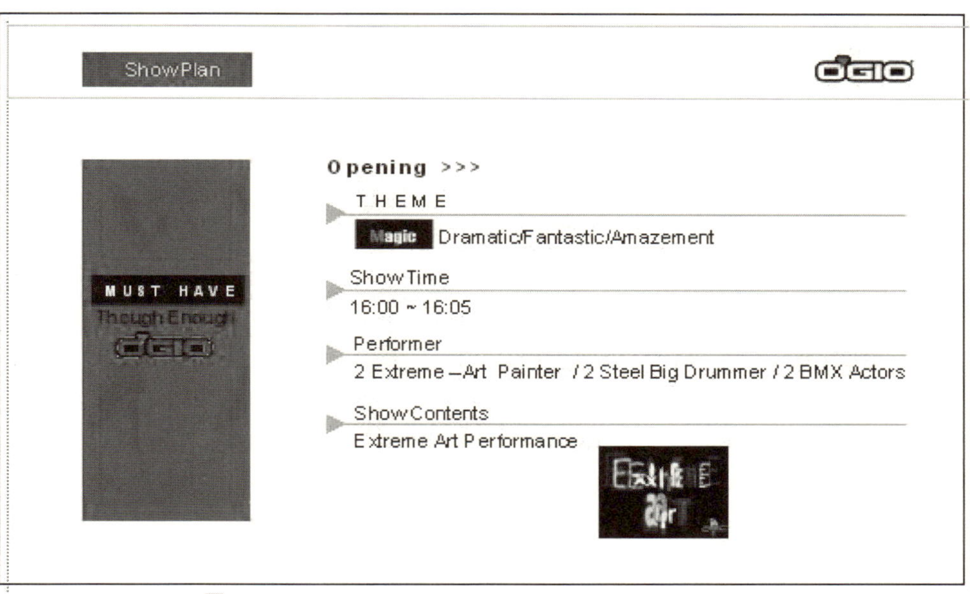

ShowPlan
OGIO
MUST HAVE
Though Enough
ogio
Opening >>>
THEME
Magic  Dramatic/Fantastic/Amazement
Show Time
16:00 ~ 16:05
Performer
2 Extreme —Art  Painter  / 2 Steel Big Drummer / 2 BMX Actors
Show Contents
Extreme Art Performance



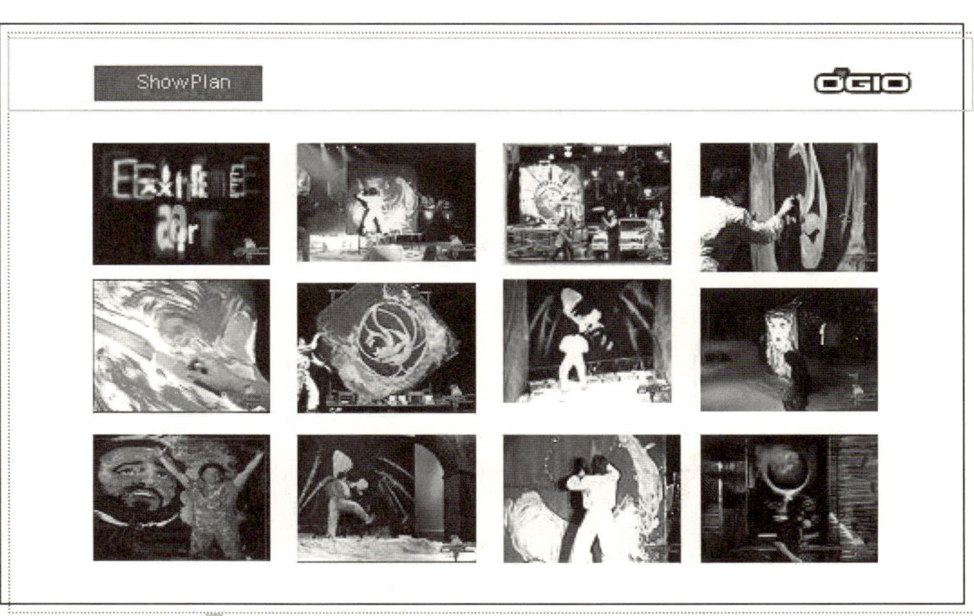

ShowPlan
OGIO

ShowPlan
OGIO
MUST HAVE
Though Enough
OGIO
Landing Show >>>
THEME
Ultimate   Ultimate Product In Korea
ShowTime
16:05 ~ 16:10
ShowContents
1. Announcement " Landing at Korea"
2. OGIO Extreme Team Performance
Extreme Art Painting
Laser Show
OGIO Logo Show
Turn Round
Copyright ⓒ 2004 Klub eight Co., Ltd All Rights Reserved  klub EIGHT

ShowPlan
OGIO
MUST HAVE
Though Enough
OGIO
Fashion Show >>>
THEME
Stylish
ShowTime
16:10 ~ 16:20
Performer
10 Models(M5:F5),5Inline Skate,2BMX,3Skate Boarder
ShowContents
OGIO Products /Fashion Show, X-game ,Extreme Sports
Copyright ⓒ 2004 Klub eight Co., Ltd All Rights Reserved  klub EIGHT

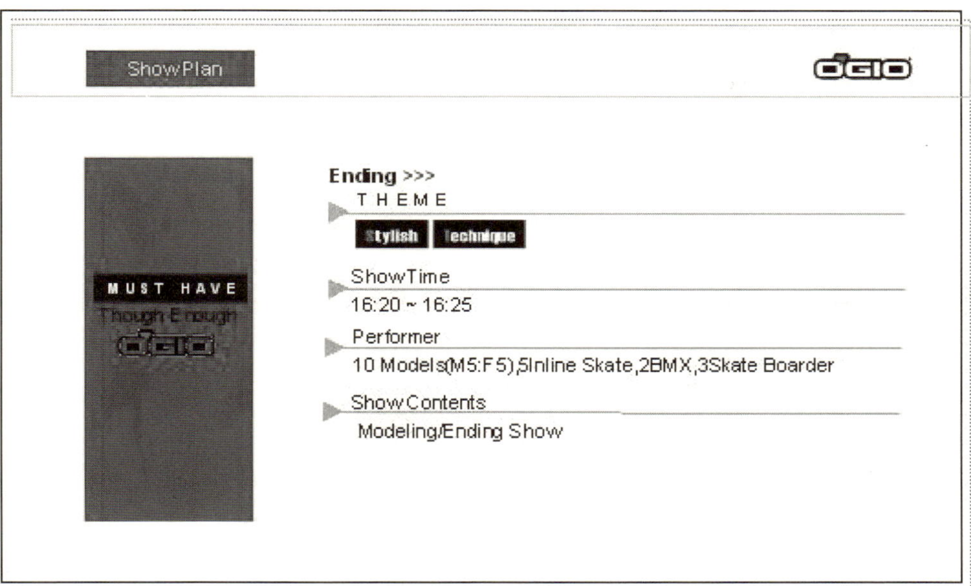

Show Plan
OGIO
MUST HAVE
Though Enough
OGIO
Ending >>>
T H E M E
Stylish   Technique
Show Time
16:20 ~ 16:25
Performer
10 Models(M5:F5),5Inline Skate,2BMX,3Skate Boarder
Show Contents
Modeling/Ending Show



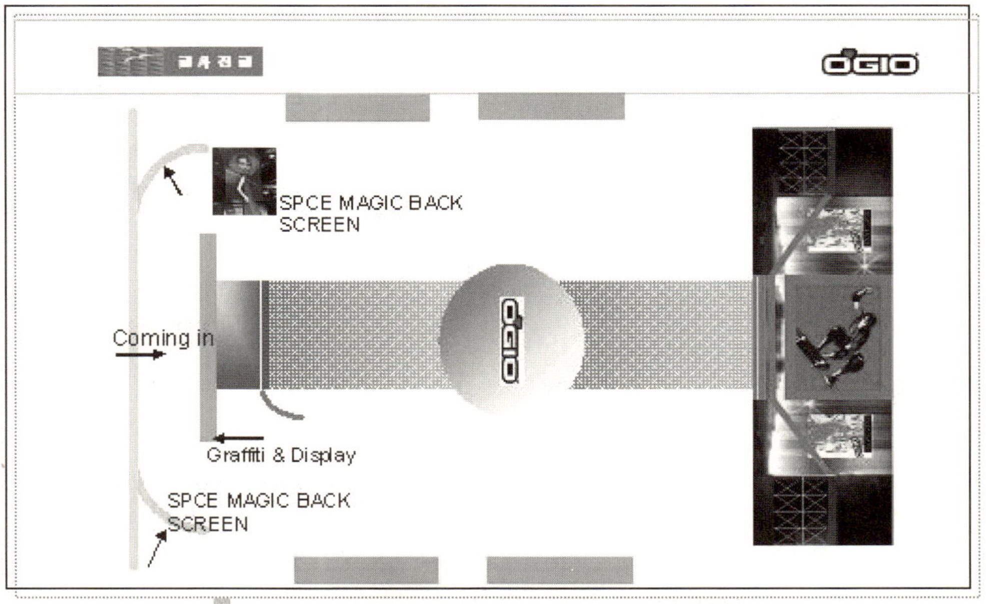

OGIO
SPCE MAGIC BACK SCREEN
Coming in
Graffiti & Display
SPCE MAGIC BACK SCREEN

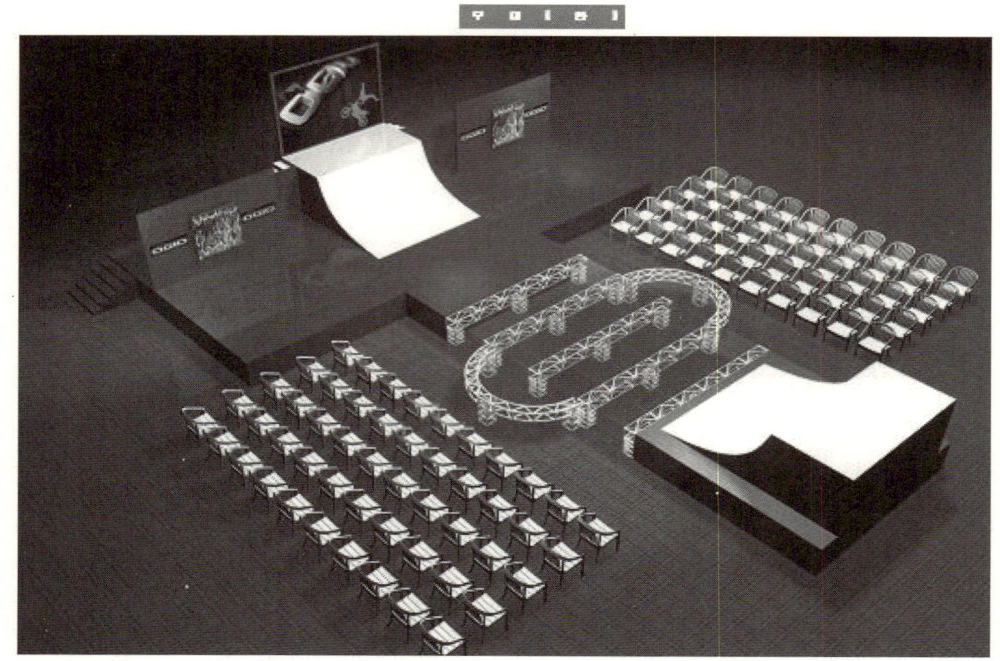
무 대 회 1

## 2) 지역 홍보와 지역 문화상품개발을 위한 공연단 개발
### ─제주 "무타대" 요원 선발대회

국내 제1의 관광지역인 제주도는 지역의 핵심 콘텐츠를 "뷰티(Beauty)"에 초점을 두어 지역의 관광산업 발전을 도모하고 있다. 제주의 아름다움을 표출 할 수 있는 대표적인 콘텐츠로서 아주 적절한 선택이라고 할 수 있을 것이다. 하지만 제주가 표방하고 있는 "뷰티"라는 것을 타인에게 알리려면 적지 않은 노력이 요구될 것이다. 이러한 상황에서 호서대학교와 제주지식산업진흥원은 "퓨전공연창작을 통한 관련 문화콘텐츠 수익모델 창출 전략에 관한 연구"를 수행하게 되었으며 이 연구의 핵심은 독특한 지역의 테마를 넌버벌 퍼포먼스(Non-verbal Performance)로 표현하는 공연단과 지역 핵심 테마를 연구하는 것이다. 지역의 독특한 콘텐츠를 개발하여 전국적인 공연을 하며 지역을 알릴 수 있는 독특한 공연단을 발굴하는데, 공연단은 제주도를 잘 알릴 수 있으며 공연에 재능을 가지고 있는 요원을 선발하여 전문적인 교육을 통하여 지역을 대표할 수 있는 대표공연단으로 만드는 것이며, 이 공연단이 자연스럽게 수익을 올리며 지역을 홍보할 수 있는 홍보단의 역할을 수행하도록 하는 것이다. 2004년도부터 이 연구가 수행되어 현재 구체적인 연구까지 진행되었으며 제주의 아름다움을 알리기 위해 연구 수행중이며 곧 지역을 홍보할 수 있는 전문공연단이 국내 최초로 선보이게 될 것이다.

이러한 지역을 대표하는 전문공연단은 자연스러운 홍보 수단이 되며 공연단 자체만으로도 지역주민뿐만 아니라 타 지역의 거주자인 관광객들에게도 제주의 독특한 인식을 심어 주고, 관심을 유발하게 될 것이다.

# 연구개발 계획서

## 1. 제주 무타대의 개요

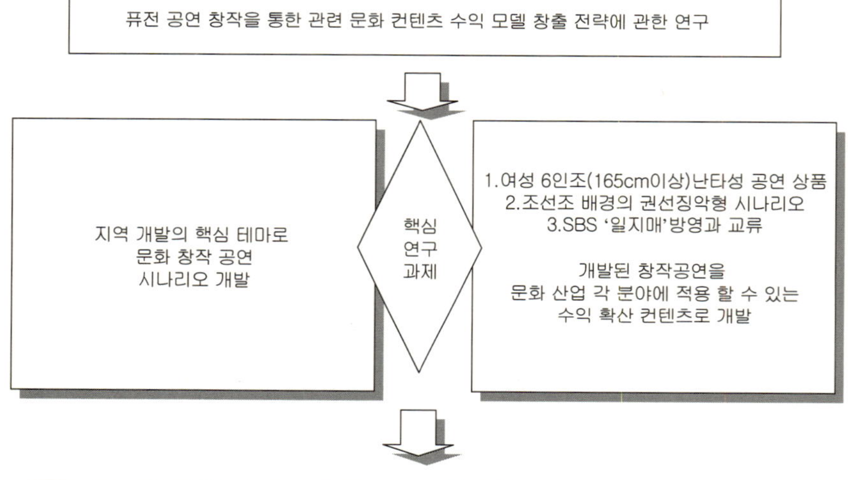


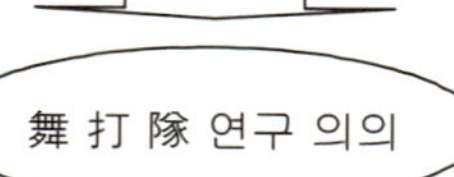


- 지역자치 단체와의 협약을 통해 부족한 지역 관광에 새로운 문화 컨텐츠 제공
- 세계인들 모두에게 적용 될 수 있는 관광 공연 컨텐츠를
기반으로 다양한 문화 쟝르에 확산을 목적으로 개발 되는 컨텐츠 Source
(One source Multi Use Project)
-최근 활발이 이루어 지고 있는 문화 펀드에 초점을 맞춰 문화 산업화의
새로운 쟝르 개척

## 2. 연구개발체제 및 사업화전략

### 1) 연구개발 내용

#### (1) 연구개발 목표

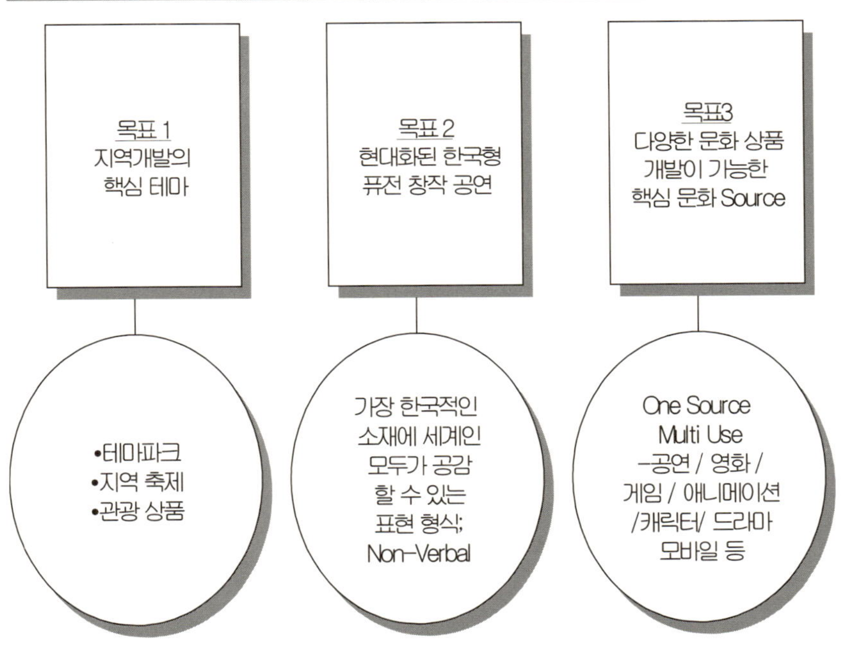


- 최종 목표

무타대 연구의 목적

국내 관광 제1의 지역 제주에 새로운 관광 컨텐츠 제공
-공연 / 테마파크 / 축제 등

다양한 문화 산업의 적용이 가능한 핵심 Source
영화 /방송/게임/애니메이션/모바일 등

- 세부 목표별 활용 방안

| 목표 | 개발 형태 | 활용 방안 |
|---|---|---|
| 지역개발의 핵심 테마 | 컨셉 및 메뉴얼 | 테마파크<br>지역축제<br>관광 상품 |
| 현대화된 한국형 퓨전 창작 공연 | 시나리오 및 공연 메뉴얼 | 가장 한국적인 소재에 세계인 모두가 공감할 수 있는 표현 형식 Non-Verbal |
| 다양한 문화 상품 개발이 가능한 핵심 문화 Source | Application | One Source Multi Use<br>-공연/영화/게임/애니메이션/캐릭터/드라마<br>모바일 등 |

- 핵심 Theme 및 전개 방식

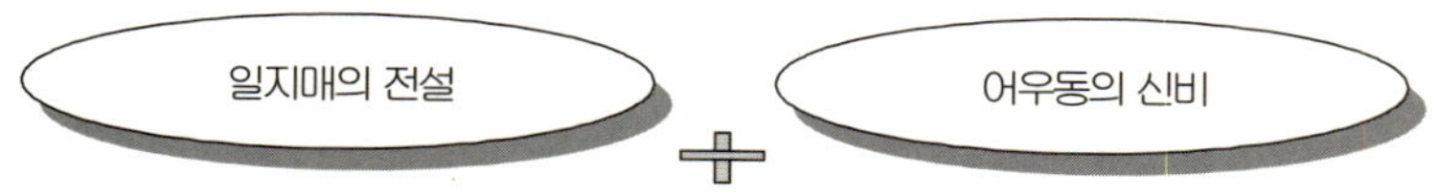


Main Theme
정사와 야사에 기록된 일지매와 어우동의 전설과 신비를 하나의 장으로 묶어 새로운
내용의 창작 공연을 만든다

Issue
이상향을 추구하는 개혁 정신과 시대의 부조리에 항거하는 민중 의식의 표출

장르
Powerful Sexy Commedy

공연 형식
Non-Verbal Performance

Acting Material
한국 무용, 한국 무술, 타악기(전통,생활)

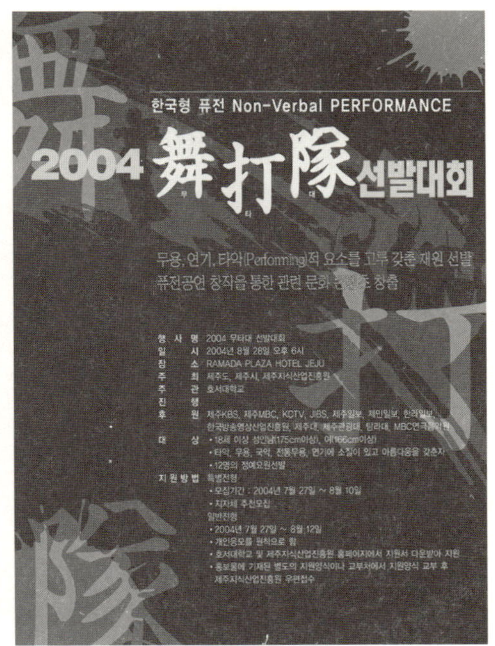


그림 5-2  2004 무타대 선발대회 포스터

### 3) 천안국제게임엑스포(Exposition) 육성 연구 포럼 실시

각 지자체는 산업형 축제 개발에 온 힘을 쏟고 있다. 이는 곧 지방자치제 실시 이후 타 지역과의 차별화를 통한 지역경제 활성화를 위한 것이다. 충청남도 천안시는 '디지털 영상산업'을 지역경제 활성화 및 지역 혁신체계 구축을 위한 핵심 전략산업 중 하나로 정하고, 이러한 사업의 일환으로 2001년부터 "전국사이버게임체전"을 매년 개최 해 오고 있으며 "전국사이버게임체전"을 산업형 축제로 발전시키기 위하여 "천안국제게임엑스포 육성 연구 포럼"을 열어 각계 전문가들과 지역민들의 참여로 차근차근 산업형 엑스포 개최를 위해 노력하고 있다. 이번 "천안국제게임엑스포 육성 연구 포럼"은 "2004년도 지역혁신특성화(Regional Innovation System) 포럼 활동지원 사업"의 일환으로 진행된 것이며 국가균형 발전을 위한 지역 혁신 지원 사업으로 실행한 것이다. 지역의 대표적인 산업을 국가적인 차원에서 지원하므로 써 지역 간의 차별화와 균형 발전에 큰 도움이 되며 또한 지역의 축제를 알리고 전국에 퍼져 있는 전문가의 도움을 받을 수 있으며, 타지인들에게는 판촉, 홍보의 기회도 된다고 볼 수 있을 것이다. "천안국제게임엑스포 육성 연구 포럼" 개최를 위해 작성 된 기획안을 통해 천안시가 "천안국제게임엑스포"를 개최하게 되면 어떠한 효과가 예상되며 어떻게 개최해야 하는지를 실제 작성된 기획안을 통해 알아보도록 하자.

호서대학교
천안국제게임엑스포 육성
Cheonan International Game Expo
연구포럼 계획서
충청남도 천안시

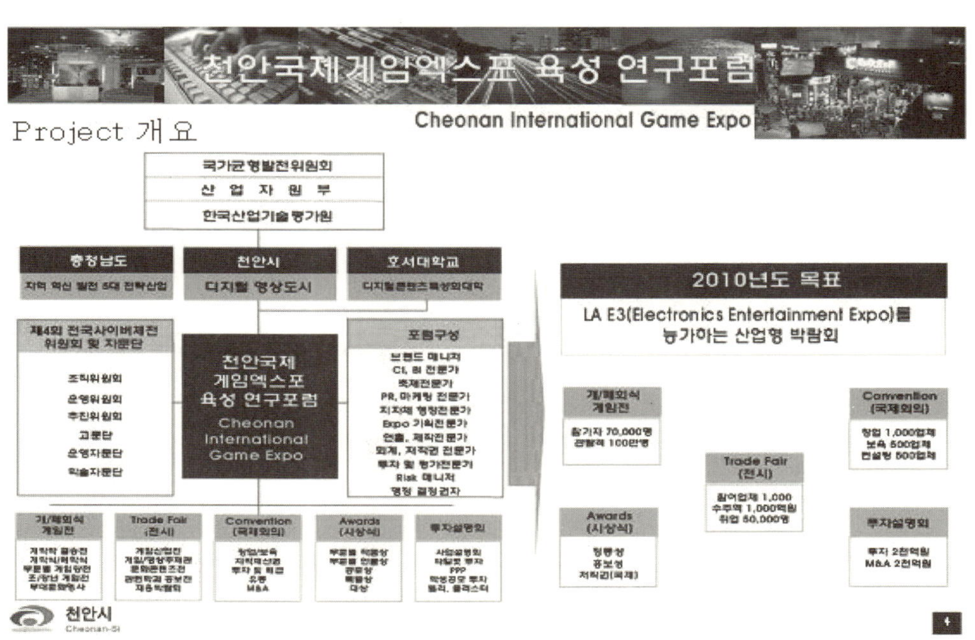
천안국제게임엑스포 육성 연구포럼
Cheonan International Game Expo
Project 개요
국가균형발전위원회
산업자원부
한국산업기술평가원
충청남도
지역 혁신 발전 5대 전략산업
천안시
디지털 영상도시
호서대학교
디지털콘텐츠특성화대학
제4회 전국사이버제전 위원회 및 자문단
조직위원회
운영위원회
추진위원회
고문단
운영자문단
학술자문단
천안국제 게임엑스포 육성 연구포럼
Cheonan International Game Expo
포럼구성
브랜드 매니저
CI, 허 전문가
홍제전문가
PR, 마케팅 전문가
지자체 행정전문가
Expo 기획전문가
선출, 제작권전문가
회계, 저작권 전문가
투자 및 평가전문가
Risk 매니저
행정 결정 권자
2010년도 목표
LA E3(Electronics Entertainment Expo)를 능가하는 산업형 박람회
개/폐회식 게임전
참가자 70,000명
관람객 100만명
Convention (국제회의)
창업 1,000업체
보육 500업체
면설형 500업체
Trade Fair (전시)
참여업체 1,000
수주액 1,000억원
위업 50,000명
Awards (시상식)
정량성
공보성
저작권(국제)
투자설명회
투자 2천억원
M&A 2천억원
기/폐회식 게임전
Trade Fair (전시)
Convention (국제회의)
Awards (시상식)
투자설명회
천안시
Cheonan-Si

## 천안국제게임엑스포
### Cheonan International Game Expo

| 단 계 | 년 도 | 주 기 | 참가자<br>(명) | 일반 관람객<br>(명) | 참여기업<br>(업체수) | 창업<br>(업체수) | 보육지원<br>(업체수) | 수주액<br>(억원) |
|---|---|---|---|---|---|---|---|---|
| 준 비 | 2004 | 포럼년도 | 8,000 | 10,000 | 30 | 5 | 5 | 1 |
| 도 입 | 2005 | 1차년도 | 15,000 | 30,000 | 100 | 20 | 20 | 10 |
| 진 입 | 2006 | 2차년도 | 50,000 | 100,000 | 500 | 100 | 60 | 100 |
| 국제전 | 2007 | 3차년도 | 60,000 | 200,000 | 700 | 200 | 100 | 200 |
| 도 약 | 2008 | 4차년도 | 70,000 | 400,000 | 1,000 | 300 | 200 | 400 |
| 확 대 | 2009 | 5차년도 | 70,000 | 800,000 | 1,000 | 500 | 300 | 800 |
| 안 정 | 2010 | 6차년도 | 70,000 | 1,000,000 | 1,000 | 1,000 | 500 | 1,000 |

천안시 Cheonan-Si

5

## I. 사업개요
### 1. 사업 추진배경

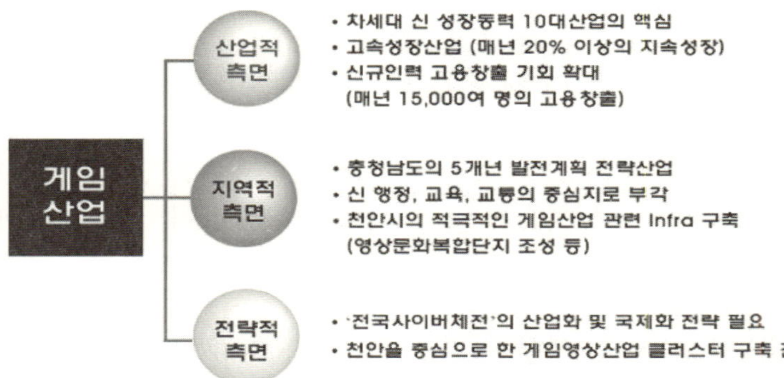

천안시 Cheonan-Si

6

244

## Ⅰ. 사업개요

충청남도 지역혁신발전 5개년 계획에 따른 문화산업관련 투자계획

(단위 : 억원)

| 구 분 | 총 계 (국비+지방비+기타) | 2003 이전 | 2004 | 2005 | 2006 | 2007 | 2008 |
|---|---|---|---|---|---|---|---|
| 영상미디어사업화 지원센터 건립 | 349 | 99 | 62 | 94 | 94 | | |
| 국립 애니메이션 제작소 유치 | 130 | | | 25 | 35 | 35 | 35 |
| 디지털콘텐츠진흥원 설립 | 194 | | | 50 | 50 | 60 | 34 |
| 게임 영상산업 협력단 운영 | 100 | | 20 | 20 | 20 | 20 | 20 |
| 충남 게임 애니메이션 아카데미 | 30 | | | 12 | 12 | 8 | 8 |
| 영상문화산업 교육센터 설립 운영 | 120 | | 20 | 20 | 30 | 30 | 20 |
| 게임 영상산업 네트워크 구축 | 150 | | 30 | 30 | 30 | 30 | 30 |
| 국제게임 트레이드쇼 개최 | 76 | | 10 | 14 | 14 | 19 | 19 |
| 게임영상산업 국제협력 포럼 운영 | 200 | | 40 | 40 | 40 | 40 | 40 |
| 영상애니메이션 테마파크 조성 | 258 | 108 | 50 | 50 | 50 | | |
| 천안밸리 배후단지 조성 | 1,200 | | | | 100 | 300 | 800 |
| 문화산업단지 조성 | 500 | | | | 100 | 100 | 300 |

천안시
Cheonan-Si

7

---

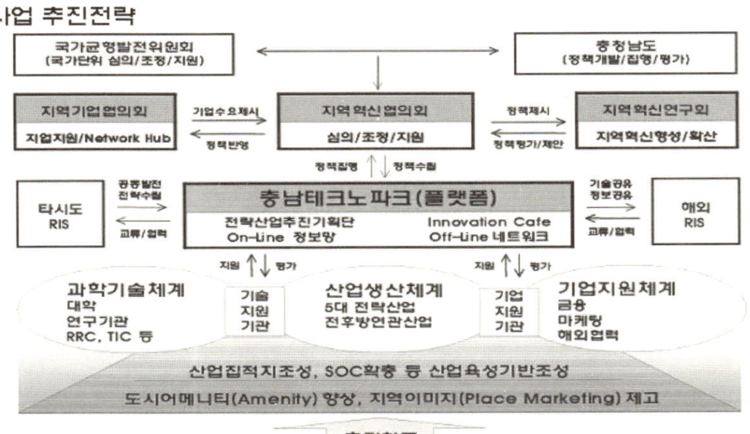


## Ⅰ. 사업개요

사업 추진전략



천안시
Cheonan

8

## I. 사업개요
### 사업추진의 당위성

- ‘영상문화복합단지’ 조성 등 게임 및 영상산업 인프라 구축 중

- 충남테크노파크와의 연계를 통한 게임산업의 중점 육성전략 마련

- 산학 협력을 통한 우수한 인재 양성 및 확보 용이 (12개 대학 6만여 학생)

- 관련업체 유치 등 천안시의 적극적인 정책지원

천안국제게임엑스포 육성 연구포럼을 통한
### 성공적인 국가균형발전 모델창출

9

## I. 사업개요
### 기대효과

- 지역경제 활성화 및 신규 고용창출 증가

- 머천다이징 기획(7거리 – 탈거리, 잠잘거리, 먹거리, 볼거리, 놀거리, 팔거리, 느낄거리)을 통한 다양한 수익모델 창출

- 게임산업의 세계화, 명품화 전략수립을 통한 세계경쟁력 우의 선점

산업형 축제개발에 따른
### 지역경제 활성화 및 국가경쟁력 확보

10

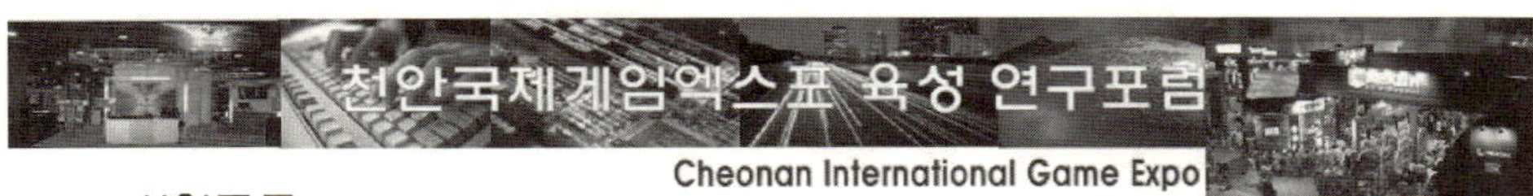


## II. 사업목표
### 1. 최종목표

11



## II. 사업목표
### 2. 세부목표

12

## III. 추진계획
### 1. 추진전략

• Section별, 단계별 전략수립을 통한 체계적인 추진

• 산, 학, 연, 관의 협력 시스템 구축
• 전국사이버체전의 조직위원회와의 연합토론
• 천안게임 및 영상산업 포럼기구 설립

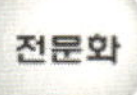


• 분야별 전문가 초청을 통한 합리적인 결과 도출

• 미국 LA의 E3(Electronic Entertainment Expo),
  프랑스 칸느영화제, 부산국제영화제, 부천영화제 등
  사례분석을 통한 산업형 모뮬 도출

13



## III. 추진계획
### 2. 단계별 추진전략

|  |  |
|---|---|
| 1단계 (조사/분석) | 문헌조사 및 국내외 사례분석 단계 |
| 2단계 (소결론 도출) | 포럼활동 및 섹션별 소결론 도출 단계 |
| 3단계 (대결론 도출) | 색션별 결론을 토대로 한 대결론 도출 단계 |
| 4단계 (차기과제 도출) | 세부 산업화방안 및 차기과제 도출 단계 |



14

## Ⅳ. 운영계획
### 세부 운영계획

| 구 분 | 세부 내용 | 포럼 구성원 | 주요 운영방안 |
|---|---|---|---|
| Section 1<br>Planning &<br>Merchandising | • 행사의 의의, 목적, 개요, 전개 방향,<br>  장기적인 발전계획에 대한 연구<br>• Naming, CI, EI, 캐릭터, 슬로건,<br>  마스코트 등의 방향성 기획<br>• 행사의 주요 상품, 프로그램<br>  Guide-Line 기획 | • Brand<br>  Manager<br>• 축제전문가<br>• CI, EI전문가 | • 대표연구가 및<br>  핵심 토론주제를<br>  통한 전담 연구<br>• 유관전문단체와의<br>  적극적인 협력 |
| Section 2<br>Organizing &<br>Marketing | • 조직구성 및 국내외 협력, 공조단체<br>  섭외<br>• 홍보계획 및 협력 체결<br>• 합리적, 효율적 조직 네트워크 구축 | • PR 전문가<br>• 지자체<br>• 기획 전문가 | • 사례연구<br>• 전문단체와의 협력<br>  및 적극적인<br>  네크워크 연결 |

---

## Ⅳ. 운영계획
### 세부 운영계획

| 구 분 | 세부 내용 | 포럼 구성원 | 주요 운영방안 |
|---|---|---|---|
| Section 3<br>Producing &<br>Estimating | • 세부행사 프로그램 기획<br>• 행사제작을 위한 조직 구성<br>• 합리적인 예산계획 수립<br>• 다양한 수익원 창출에 대한 연구<br>• 예산 점검방안 및 포괄적 안전대책<br>  마련 | • 연출전문가<br>• 저작권<br>• 외계전문가<br>• 문화산업 투자<br>  및 평가전문가 | • 아웃소싱 프로그램<br>• 사례분석<br>• 지역 및 산업<br>  특성화 방안 마련 |
| Section 4<br>Management &<br>Risk<br>Management | • 산업화와의 연관성 집중 연구<br>• 총괄적 기획 연구<br>• 세계화를 위한 합리적 지출비용 검토<br>• 세계화에 따른 추가 수입방안 연구 | • 경영학 전문가<br>• 지자체 담당관<br>• 행정 전문가 | • 행사의 산업적<br>  확대방안<br>• 산업유치 및 고용<br>  창출 방안<br>• 사례분석을 통한<br>  Risk 요소파악 및<br>  대비 |

. 성과 활용방안
　1. 정책반영 연계방안

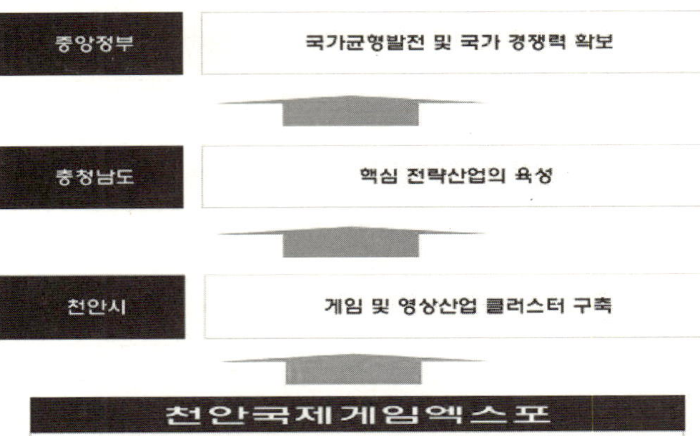


천안시
Cheonan-Si

24

천안국제게임엑스포 육성 연구포럼
Cheonan International Game Expo

성과 활용방안
　2. 재원확보 방안

**수익모델 개발을 위한 E.I(Event Identity) 상품화권 추진**

- E.I(Event Identity)를 통한 7거리(탈거리, 잠잘거리, 먹거리, 볼거리, 놀거리,
  팔거리, 느낄거리) 개발 및 상품화권 판매, 공식지정업체 선정

**산업적 투자유인 확대를 위한 행사의 멀티(Multi)화로 방송사 판권판매**

- 시상식, 주행사, 전시, 컨벤션, 부대이벤트가 종합적으로 어우러지는
  복합 멀티형 산업축제(Expo) 형태로 구성 후 경쟁공모, 단위행사별 판권판매 수익

**전략적 제휴 및 스폰서십을 통한 안정적 예산운용**

- 방송사, 포털사이트, 게임개발회사 등과의 다양한 Sponsorship을 통한 예산절감

**홍보 및 마케팅 강화를 통한 관광상품화로 입장권 수입모델 창출**

- 홍보 및 마케팅 강화를 통한 적극적인 국내외 참가업체 유치 전개 후 입장권 판매

천안시
Cheonan-Si

25

## 성과 활용방안

### 3. 자체 성과지표

| 성과지표 | 중점 평가항목 | |
| --- | --- | --- |
| | 정량적 평가항목 | 정성적 평가항목 |
| 산업 기여도 | 관련업체 관내 유치 (업체수) | 신기술 개발현황 |
| | 관련업체 신규인력 채용(인원수) | 외자유치 및 판매실적 |
| 지역 기여도 | 행사참여업체 수 (국내/국외) | 방문객 지출증감 여부 |
| | 행사장 방문객 수 (인원수) | 천안에 대한 인지도 및 인식코드 |
| | 행사를 통한 수지결산 (수익금) | 지역주민의 자긍심 |





## Ⅷ. 향후계획

- 행사명칭 : 2005 천안국제게임엑스포(가칭)
  2005 Cheonan International Game Expo

- 행사기간
  - 예  선 : 2005년 5월 25일 – 7월 24일, 60일간
  - 본 행사 : 2005년 8월 1일 – 7일, 7일간

- 행사장소 : 천안종합운동장 및 태조산 특설 행사장 외

- 행사주제 : 게임으로 하나되는 세상

- 행사규모 : 참가자  15,000명
  일반 관람객  30,000명
  참가업체  100개 기업

- 행사주관 : 2005 천안국제게임엑스포 조직위원회

- 행사예산 : 약 25억 원 (예상)

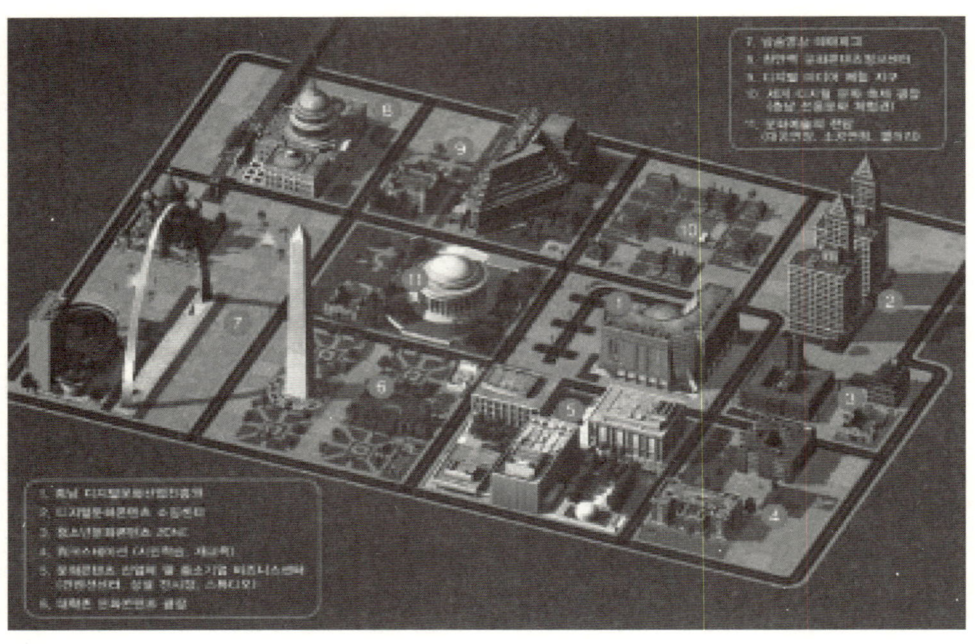

그림 5-3 천안시 문화콘텐츠 클러스터 조감도(계획안)

## 4) 팸 투어

지역의 행사를 알리고 홍보하기 위한 전략으로 사용되는 팸 투어(Pam Tour)도 새로운 홍보매체의 훌륭한 예가 될 수 있을 것이다. 팸 투어 전략은 기획에서 활용가치가 매우 높은 홍보전략이다. 팸 투어는 행사홍보를 위해 신문기자, 방송국 PD 및 여행사 사장단 내지는 홍보매체의 관련자를 모아 관광을 제공해 주는 것이다. 해당지역의 관광상품을 개발하여 서울·경기지역을 중심으로 한 여행사 사장단을 대상으로 팸 투어를 실시하면 지역홍보를 관광사업과 연계할 수 있다. 팸 투어를 통해 수요대상자인 여행사대표들을 지역문화상품에 대한 설명회 겸 세미나에 참가시킴으로써 직접적인 커뮤니케이션 기회를 가질 수 있다.

팸 투어에 참가한 PD·기자와 여행사 대표 및 각계각층의 자문단·고문단 등을 추진위원회에 영입시키게 되면, 홍보효과를 극대화할 수 있을 뿐만 아니라 공동조직의 구성으로 협찬의 가능성을 높일 수도 있다.

## 5) 전시

지역홍보 전시회를 개최함으로써 직접적인 정보제공의 기회를 가질 수 있다. 이 때 한국관광공사 홍보관을 활용한 전시를 추천하고 싶은데, 다른 장소보다 월등한 홍보력을 발휘할 수 있기 때문이다.

지역홍보 전시회는 1, 2차에 걸쳐 실시하는 것이 더욱 효과적이다. 1차 전시회에서는 한국관광공사 홍보관을 활용하여 서울지역을 중심으로 홍보활동을 펼치며, 2차 전시회는 해당 지역에서 세미나와 팸 투어를 병행하여 실시하는 것이 바람직하다.

### (1) 1차 전시

한국관광공사는 명실 공히 우리나라 관광의 메카(Mecca)로서 모든 관광관련 업무가 이곳을 중심으로 이루어진다고 해도 과언이 아니다. 우리나라 관광산업 육성에 일익을 담당하고 있는 한국관광공사에서는 국제행사 유치지원을 비롯하여 각종 국내 관광 행사도 적극적으로 지원하여 외국인 관광객 방문을 촉진시키는 데 최선을 다하고 있다. 한국

관광공사에는 국내외 관광자료가 구비되어 있음은 물론, 관광안내전시관(TIC, Tourist Information Center)을 무료로 대여하여 관광관련 전시회를 실시할 수 있도록 하고 있다.

한국관광공사의 홍보관을 이용하여 지역 및 지역문화축제 홍보전시를 실시하게 되면, 관광공사가 지니는 이미지가 더해져 다른 전시관을 이용하는 것보다 공신력을 지닐수 있으며, 각 매체의 기자와 PD 등의 내왕도 빈번하여 언론홍보효과를 최대화할 수 있는 장점을 지닌다.

### (2) 2차 전시

2차 전시는 지역현장에서 세미나와 팸 투어 기간동안 연장 실시한다. 2차 전시는 지역주민에게 축제의 필요성과 자긍심을 인식시키는 계기가 되는 동시에, 세미나 참가자들에게 확실한 지역관광 메리트(Merit)를 알릴 수 있는 계기가 되기도 한다.

**그림 5-4**  한국관광공사 내 관광안내전시관(TIC)

# 6. 사이버 마케팅

## 1) 사이버 마케팅의 활용

사이버 마케팅은 인터넷을 중심으로 방대한 양의 정보를 신속·정확하게 전달할 수 있어 그 가치를 인정받고 있다. 지역문화축제 조직위원회에서는 사전 분위기 조성을 목표로 인터넷 홍보를 통한 행사 알리기를 비롯하여, 사이버 공간 내의 각종 동호회 회원들과의 긍정적인 커뮤니케이션(Communication)을 통해 홍보활동을 전개하여 축제로 유인하도록 해야 한다.

또한 사이버 마케팅의 장점인 쌍방향 커뮤니케이션 특성을 이용하여, 관광객들이 축제에 바라는 점이 무엇인지, 개선해야 할 점은 무엇인지 등을 행사 전·후 중에 수시로 체크하여 이를 축제에 곧바로 반영시킴으로써 고객이 원하는 축제가 될 수 있도록 해야 할 것이다. 한국관광공사는 문화관광축제의 마케팅을 홈페이지(http://www.visitkorea.or.kr)를 통해 실시하고 있다

# 7. 상품화권

## 1) 공동 마케팅

### (1) 코리아 그랜드 세일

한국관광공사가 일본인 관광객을 대상으로 쇼핑관광을 유도하기 위해 기획했던 "코리아 그랜드 세일"(Korea Grand Sale) 행사는 당시의 행사비 부족을 비자카드와 연계하여 공동 마케팅(Co-Marketing)을 펼침으로써 무난히 해결할 수 있었다.

이러한 공동 마케팅을 통해 "코리아 그랜드 세일"은 충분한 행사준비와 홍보활동이 가능했으며, 비자카드는 수입을 높이는 효과를 거두어 Win-Win할 수 있었다. "코리아 그랜드 세일"은 비자카드를 사용할 경우 큰 폭의 할인율을 적용해 주는 행사를 실시하여

카드 소지자의 소비를 늘리게 했던 것이다. 이러한 공동 마케팅은 일본인 대부분이 비자 카드를 소지하고 있다는 조사결과를 토대로 가능했다.

"코리아 그랜드 세일"은 관광공사의 마스코트인 '초롱이와 색동이'에 "코리아 그랜드 세일" 휘장을 합성하여 새로운 BI를 개발하였는데, 이를 소형 배너, 외부 가로등 배너, 고깔 배너, 볼 배너, 현수막, 외부 현판 및 간판류, 선전탑, 행사용 전단, 환영현수막, 고객홍보물 비치용 Rack, 기념품 및 포장류에 적용하여 행사참가업체 곳곳에 설치함으로써 관광객의 눈길을 끌었다.

"코리아 그랜드 세일"은 이들 장치물에 사용된 휘장권을 공동 사용하는 조건으로 비자카드의 협찬을 이끌 수 있었던 것이다. 따라서 비자카드도 공동 마케팅 파트너로서 각종 장치물에 BI를 제시함으로써 홍보에 큰 효과를 보았다.

### 2) 비주얼의 상품화

앞의 "코리아 그랜드 세일" 행사의 예에서 살펴 보았듯이 공동 마케팅전략이 큰 홍보효과를 지님을 알 수 있다. 지역문화축제에서도 이러한 휘장권이 중요한데, 휘장권을 통한 수익 포인트가 매우 다양하기 때문이다. 또한 홍보의 효과를 극대화시키기 위해서는 포스터·리플릿 등 모든 홍보전략에서 통일성있는 휘장권을 사용하는 것이 중요하다. 관광객의 인식 속에 축제의 FI를 상기시키게 함으로써 지역상가 입장에서는 더 많은 수입을 올릴 수 있게 된다.

이런 디자인 작업의 효과를 활용하여 조직위원회에서는 환경장식물기금을 확보할 수도 있는데, 평창군의 "HAPPY 700" 가로등 배너와 700Rack 설치 사례가 그것이다. 평창군에서는 지역상점들을 대상으로 가로등 배너와 홍보물 비치용 Rack을 공동으로 제작하는 사업을 추진하였는데, 지역브랜드인 "HAPPY 700" 로고와 참가업체의 업체명을 공동 삽입한 장치물을 제작·설치하는 것을 골자로 한다. 이 사업에 참가한 상점들은 지역 이미지와 통일된 자체 홍보효과를 얻게 되고, 평창군의 경우는 장치물 판매를 통한 수익금을 빌보드 설치 등 지역홍보물 제작에 활용할 수 있어 양측 모두에게 이익이 될 수 있다.

FI는 홍보장치물 외에도 음식물·기념품·특산물 판매 부스를 통해 상품화가 가능하다. 조직위원회에서는 동일한 판매 부스를 제작하여 임대함으로써 축제의 재정 수입을 향상시킬 수 있으며, 이 때 FI를 활용하게 되면, 축제장소의 비주얼 통일화에도 도움이 되어 관광객으로 하여금 정돈된 느낌을 줄 수 있다.

## 3) 입장료 수익사업

　최근 지역문화축제에서 입장료를 징수하는 경우를 볼 수 있다. 이는 축제개발로 인한 예산운영상의 문제점에서 비롯된 결과인데, 지역주민이 축제참가의 절대 다수를 차지하는 현실을 고려해 볼 때는 부정적인 측면이 강하다. 왜냐하면 지역문화축제의 소요경비는 우리나라의 현실에서는 상당부분 지자체의 예산이 할당되는데, 이 지자체의 예산이라는 것이 결국은 지역주민의 세금으로 이루어지는 것이기 때문이다. 이렇게 되면 지역주민은 자신의 세금으로 축제를 개발하면서도 축제에 참가하기 위한 입장료까지 지불하게 되어 이중의 부담으로 작용하는 결과인 셈이다. 따라서 입장료 부과에 따른 문제점을 최소화하기 위한 다양한 방법이 연구되어야 할 것이다.

# 제6장

# 오거나이징

조직위원회 구성 5단계는 반드시 순서를 지켜서 진행되어야 한다.

관공서 ⇨ 관련단체 ⇨ 방송·언론 ⇨ 동호회·교육기관 ⇨ 후원·협찬사


## 1. Culture Naming Committee


**표 6-1** 은 지역문화축제의 조직위원회 및 추진위원회를 구성하는 단체들을 정리해 놓은 것이다. 경우에 따라 변화가 가능하지만, 이 부문들이 기본적인 골격을 이루는 것들이므로 꼼꼼히 살펴보아야 할 것이다.

우선 총괄책임을 지는 Culture Naming Committee는 조직위원회와 추진위원회로 나뉘는데, 조직위원회는 행사 전체를 주최하며, 특히 지적재산권을 포함한 예산을 책임지는

실체이다. 조직위원회는 지역주민을 대변하는 곳으로 행사의 모든 권한을 보유한 곳이다. 조직위원장은 일반적으로 그 지자체의 장이 역임한다. 반면 추진위원회는 행사의 제작 및 진행·연출을 책임지는 곳으로 실질적인 행동의 주체이다.

자문단·고문단·공식후원단 등은 방송언론사대표 내지는 관련전문가, 각종 협찬사의 대표, 관련행정단체 등으로 구성된다. 이들은 행사의 공신력을 뒷받침하면서 행사를 위한 자문과 후원을 담당하게 된다.

일반적으로 이상적인 조직위원회 구성비율은 관련행정기관 20%, 전문가 20%, 방송언론기관 20%, 각종 관련단체 20%, 후원·협찬기관 20%로 5개 부분이 고르게 분포하도록 구성하는 것이 바람직하다.

표 6-1 에서 나열한 조직위원회 구성 5단계는 반드시 순서를 지켜서 진행되어야 한다. 일반적으로 SP 이벤트를 기획할 때 홍보를 위해 방송·언론사를 먼저 공략하거나 재정적인 문제의 해결을 위해 후원·협찬사를 먼저 공략하려 하는데, 구성단계를 차례대로 거치지 않은 상태에서는 이들을 조직위원회에 포함시키는 데 무리가 따를 것이다. 그러면 이제 한 단계씩 조직위원회를 구성하는 순서를 살펴보자.

## 1) 관공서

관공서로부터 받을 지원은 금전적인 지원이 아닌 행사의 전반적인 행정지원을 받는 것이 중요하다. 이러한 측면을 고려하여 조직위원회를 구성하기 위해서는 적당한 명분과 실리를 제시하여 상대를 유인하게 되는데, 그 순서의 첫 번째는 당연히 관련관공서가 되어야 한다. 관공서의 협조를 받아야만 원활한 행사진행이 가능하기 때문이다. 관련관공서는 행사장소 및 시설의 승인, 행사관련 제반 협조사항, 행정적 편의사항 등을 협조할 수 있고, 경찰서는 행사관련 안전유지와 교통·병력동원 및 기타 민원지원사항 등을, 인근병원은 관련업무지원 및 응급사고 대비와 예비인원파견을 지원할 수 있다. 소방서는 화재진압과 행사장 식수를 비롯한 행사 관련 비식수를 동원하는 협조가 가능하다. 지역전화국에서는 행사장내 임시전화를 가설해 주고, 일반인들을 배려한 임시전화를 설치하여 이용에 불편이 없도록 배려해 줄 수 있다.

이러한 협조가 없이는 행사진행상에 필요한 모든 승인절차에 어려움을 겪게 되어

표 6-1. 조직위원회 구성 원칙

Culture Naming Committee

1. 행사주체
2. 예산주체
3. 감사 · 집행주체

1. 제작주체
2. 운영주체
3. 연출주체

자문단
저명인사퍼블리시티

후원단
지역자발적기금 · 후원금

Ⅰ 관공서
1. 문화관광부
2. 외무부, 내무부, 교육부
3. 한국관광공사
4. 도청 및 관련공사
5. 면(동)사무소
6. 한국도로공사, 철도청
7. 경찰서, 파출소
8. 도의회, 시의회
9. 국회의원(관할)
10. 재외공간, 대사관, 영사관

Ⅱ 관련단체
1. 각종 지역 조직위원회
2. 문화예술원
3. 상가번영회
4. 각종 신흥원, 보존회
5. JC, 라이온스 등
6. 향우회
7. 노인회, 부인회 녹색어머니회,
8. 그 외 지역협력 계승단체
9. 각종 모임센터
10. 농협, 축협, 임협
11. 외국관광청

Ⅲ 방송 · 언론
1. TV방송사(전국)
2. 지역방송사(전국)
3. 일간지, 월간지, 주간지
4. 무가지, 지역정보지
5. PC통신, 인터넷 방송국
6. 라디오, 위성방송
7. 케이블TV
8. 텔레마케팅사
9. 영화사, Agency
10. 외국자매지
11. 행사관련취미지

Ⅳ 동호회 · 교육기관
1. 유치원, 초 · 중 · 고등학교
2. 대학 및 각종 서클 연합회, 동호회
3. 동창회
4. 각종 시설회원
5. 취미서클 동호회
6. 전통예술단체, 무용단
7. 지역출신연예인
8. PC통신 동호회
9. 재외향우회
10. 인간문화재 외 보유자

Ⅴ 후원 · 협찬사
1. 대형 광고주
2. 지역연고 광고주
3. 행사연계 광고 대행사
4. 여행사(국내외)
5. PC통신 공연장
6. 특정상가 백화점 외 유통
7. 대형숙박업, 음식업, 향토물산 기업, 관리공단
8. 철도청, 항공사
9. 주유소, 휴게소
10. 군부대, 동지회

원하는 행사를 제대로 개최할 수 없게 된다. 또한 관공서가 조직위원회에 합류하여야만 행사의 공신력을 확보할 수 있게 되어 다른 후원과 협찬을 이끌어내는 데 많은 도움을 얻을 수 있다. 이런 의미에서 문화관광부 축제심의위원을 조직위원으로 영입하는 것은 의의가 크다 하겠다. 장기적으로 문화관광부의 축제지원의 혜택가능성을 높일 수 있기 때문이다.

### 2) 관련단체

행사 조직에 지역 관련단체 대표를 조직위원으로 영입한다는 것은 지역의 실질적인 세력들을 영입한다는 차원에서 중요하다. 결국 지역주민의 대표자격으로 지역 내에서 활동하는 사람들이므로 지역주민들에게 미치는 영향력은 그 어느 단체보다 클 것이다. 예를 들어 지역원로를 포함하여 지역 내에서 활발하게 활동하는 LIONS회원, JC회원들과 상가번영회, 각종 진흥원·부녀회 등의 대표들을 조직위원으로 영입하게 되면, 자발적인 지역주민의 참여를 이끌어내는 데 가장 효과적일 것이다.

또한 그 지역의 다른 행사 조직위원회와의 연계도 중요하다. 결국 이들은 모두 지역의 이미지 홍보와 지역발전이라는 동일한 목적을 위해 활동하기 때문에 서로 협조할 수 있는 부분이 많을 것이며, 다른 행사의 조직위원회와의 연계, 협조 시 문화기획자로서 조직 간의 균형과 조화로움 형성에 유의하여 최대의 효과가 날 수 있도록 해야 한다.

### 3) 방송·언론

파트너십(Partnership)개념에서 방송과 언론사를 조직위원회에 포함시켜야 전국적인 홍보력을 확보할 수 있으며 성공적인 축제의 초석의 역할을 할 수 있다. 방송과 언론사 관계자가 조직위원으로 영입되면, 각종 매체를 통한 언론 플레이에서 많은 도움을 받을 수 있을 것이다. 지역문화축제는 결국 더 많은 관광객의 확보와 그로 인한 경제적 수입으로 성공 여부를 판가름하게 된다고 할 때, 매체를 통한 홍보는 가장 중요한 부분이 아닐 수 없다.

 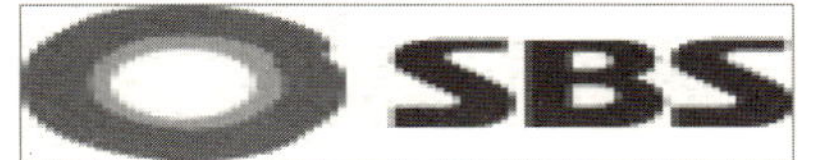

**그림 6-1** 언론매체

## 4) 동호회 · 교육기관

관련단체의 경우와 마찬가지로 지역주민의 적극적이고 자발적인 참여를 유도하기 위해서는 각종 동호회 · 교육기관의 장들을 조직위원으로 영입하는 것이 중요하다. 여기서는 재외향우회와 동창회 및 지역출신 연예인 등 다른 지역에서 활동하고 있는 지역출신자들을 통한 홍보효과도 기대할 수 있다. 지역축제의 홍보 채널 중 인적 홍보는 매우 효과적인 방법이라고 한다. 그러므로 지역출신들의 홍보활동을 진작시키기 위한 방법으로서도 지역주민들로 이뤄진 각종 동호회에 축제참여 명분을 제시하는 것이 중요하다. 또한 전통예술단체와 무용단 및 지역출신 연예인을 조직위원으로 영입하는 것은 이들을 본 행사의 공연에 출연 · 섭외하는 확실한 방법이 될 수 있을 것이다.

### 5) 후원·협찬사

마지막으로 후원·협찬사를 업무조직구성에 섭외하는 것을 빼놓을 수 없을 것이다. 협찬명분을 확실히 하는 방법이기 때문이다. 축제를 통한 실리를 가장 확실하게 확보한 이들에게 조직위원으로서의 명분을 추가로 부여함으로써 각종 후원·협찬사들이 축제의 성공을 위해 더욱 적극적인 자세를 취하게 만들 수 있을 것이다. 부록에 협찬제안서의 사례를 첨부하였으니 참고하길 바란다.

**표 6-2** 행사 참여 단체의 역할 (대구 E-Sports Festival) 사례

|  | 의미 | 사례 | 비고 |
|---|---|---|---|
| 주최 | 주최권, 저작권을 가진 단체 | 대구광역시 | |
| 주관 | 행사실행 책임기관 | (재)대구디지털산업진흥원, EXCO(주), IPCA, 대구경북케이블방송협의회 | |
| 후원 | Partnership<br>(신문, 방송 : Publicity)<br>(정부기관 : 행정적 지원) | 문화관광부, 정보통신부, KT | |
| 협찬 | Sponsorship<br>(현금·물품 협찬) | - | |
| 주관방송사 | 주최측이 인정한 독점방송사 | MBC게임 | |

## 2. 조직위원회 구성안 예시

**표 6-3** 는 앞의 조직위원회 구성 원칙을 최대한 반영한 조직구성안이다. 이를 구성 5단계에 따라 검토해 보자.

전체조직위원회에는 명예위원장으로 강원도지사를, 부명예위원장으로는 대관령문화축제를 공동으로 주관하는 강릉시장과 평창군수를 임명하고, 도의원협의회와 군의원협의회를 설치하여 대외적인 역할을 담당하게 하였다.

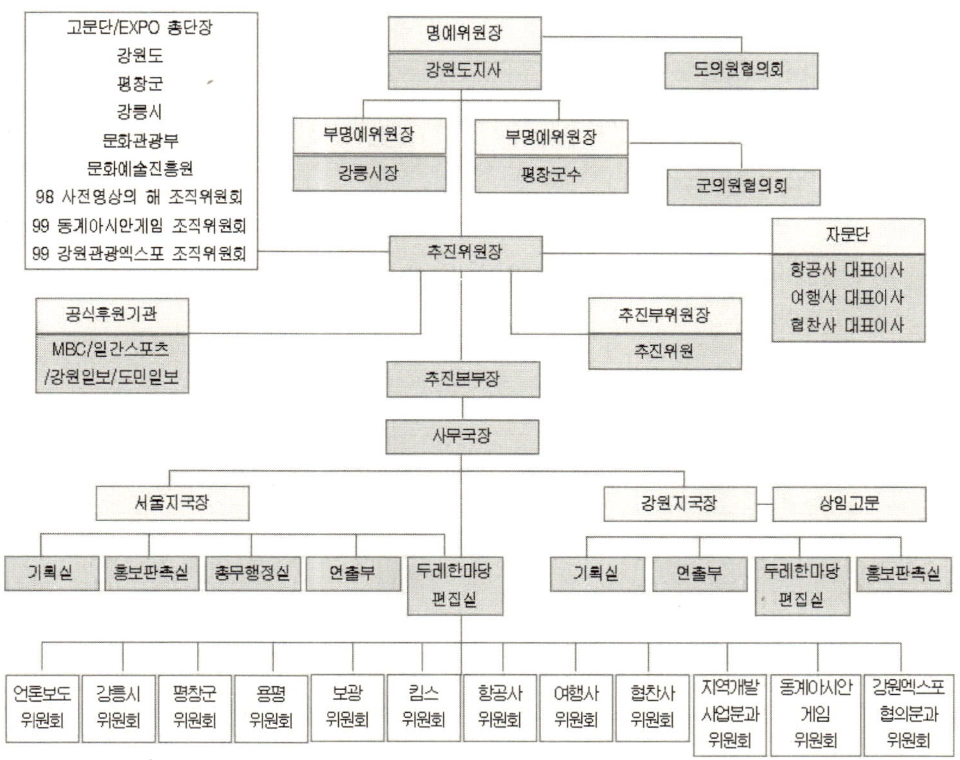

**표 6-3** 98 대관령문화축제 세계화 추진위원회 조직(안)



　다음은 추진위원회를 구성하여 각종 자문단·고문단·후원기관을 나란히 배치함으로써 자문단·고문단·후원단에게 확실한 명분을 제공하고 있다. 이 때 관련관공서로 강원도·평창군·강릉시·문화관광부를 영입하고, 방송·언론사로 MBC·일간스포츠·강원일보·도민일보를, 관련단체로는 문화예술진흥원, 98 사진영상의 해 조직위원회, 99 동계아시안게임 조직위원회, 99 강원 관광 엑스포 조직위원회를 포함시켰으며, 항공사·여행사·협찬사의 대표도 구성하였다. 추진위원회의 효율적 운영을 위해 서울과 강원지국을 분리·운영하면서 서로 협조가 이루어지도록 하였다. 서울지국과 강원지국 내에는 동일한 부서를 설치하여 서울과 지방에서 동시에 업무가 진행되도록 조정하였다. 여기서 조직구성 4단계인 동호회·교육기관 관련자를 강원지국 상임고문으로 편성함으로써 조직위원회에 포함시키게 되었다.

　　마지막으로 강릉시위원회·평창군위원회는 관공서부분으로, 언론보도위원회는 방송·언론부분으로, 용평위원회·보광위원회·킴스위원회·항공사위원회·여행사위원회·협찬사위원회는 후원·협찬사부분으로, 지역개발사업 분과위원회와 동계아시안게임 문화행사분과 및 강원 엑스포 협의분과는 관련단체부분으로 영입되었음을 볼 수 있다.

이 조직(안)에서는 표 6-1 에서 언급한 모든 단체가 가능한 누락됨 없이 조직위원회에 편성되도록 노력한 흔적을 찾아 볼 수 있다. 이러한 조직구성을 기본으로 모든 업무별 집행부의 상호 공조체제가 구축되도록 해야만 한다. 조직위원회를 세분화하는 것도 한 단체들의 행사참여율을 높이는 하나의 전략으로 활용가능하다.

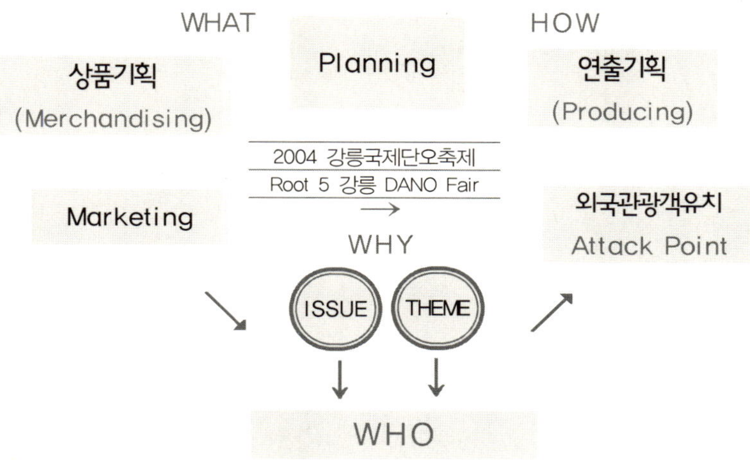


### Organizing

| 조직위원회 | 추진위원회 |
|---|---|
| 1. 행사주체 | 1. 제작 운영 주체 |
| 2. 예산주체 | 2. 소위원회 구성 |
| 3. 감사, 감리 | 3. 사무국 운영 |
| WHEN | WHERE |

| Ⅰ. 관공서 | Ⅱ. 관련단체 | Ⅲ. 방송·언론 | Ⅳ. 동호회·교육기관 | Ⅴ. 협력·협찬사 |
|---|---|---|---|---|
| 1. 문화관광부, 국정홍보처 | 1. 관광협회 | 1. TV방송 – 국제, 국내 | 1. 강원도, 강릉시 자매 도/시 | 1. 외국투자법인 |
| 2. 외교통상부, 산업자원부 | 2. 관련조합, 협회중앙회 | 2. 지역방송 – 공중파, 위성 | 2. 유치원, 초·중·고교 | 2. 월드컵 조직위 관련사 |
| 3. 교육자원부, 정보통신부 | 3. 문화원, 예술원협회중앙회 | 3. 일간, 월간, 주간지 | 3. 대학 및 각종 서클 연합회 | 3. 국내 대형광고주 |
| 4. 한국관광공사, 문화재청 | 4. 진흥원, 보존원협회중앙회 | 4. 무가지, 지역정보지 | 4. 동창회, 동호회 | 4. 국외 대형광고주 |
| 5. 한국무역진흥공사 | 5. 상가번영회, 시도각종 직능별 협회 및 번영회 | 5. 인터넷, PC통신 외 | 5. 도, 시내 각종 학원 | 5. 지역연고 광고주 |
| 6. 경찰청, 한국도로공사 | 6. JC, 라이온스 외 | 6. 라디오, 위성방송 | 6. 지역출신 연예인, 방송 언론인 | 6. 여행, 항공, 철도 관련 |
| 7. 강원도, 강원도의회 | 7. 향우회, 노인회, 부인회, 녹색 어머니회, 체육회 | 7. 케이블 TV | 7. PC통신 관련 동호회 | 7. 7거리 해당사 |
| 8. 관련국회의원 | 8. 지역계승, 협력단체 | 8. 텔레마케팅사 | 8. 인간문화재 외 보유자 | 8. 입장권 판매 대행사 |
| 9. 재외공관, 대사관 | 9. 시민단체 | 9. 영화사, 에이전시 | 9. 재외교포, 거류민단 교육기관 | 9. 복권 판매 대행사 |
| 10. 영사관, 재외동포재단 | 10. 각종문화센터 | 10. 외국자매지 | 10. 군부대(육 / 해 / 공) | 10. 특정 백화점, 상가 |
| 11. 철도청, 해운항만청 | 11. 농협, 수협, 임협, 축협 | 11. 행사관련 취미지 외 | | 11. 주유소, 휴게소 |
| 12. 건설교통부, 외국관광청 | | | | 12. 레저 – 마사회, 경륜 관광 – 관련업체 |
| | | | | 13. 외국지자체 협력청 |

표 6-5　"무타대" 프로젝트 총괄 기획(안)

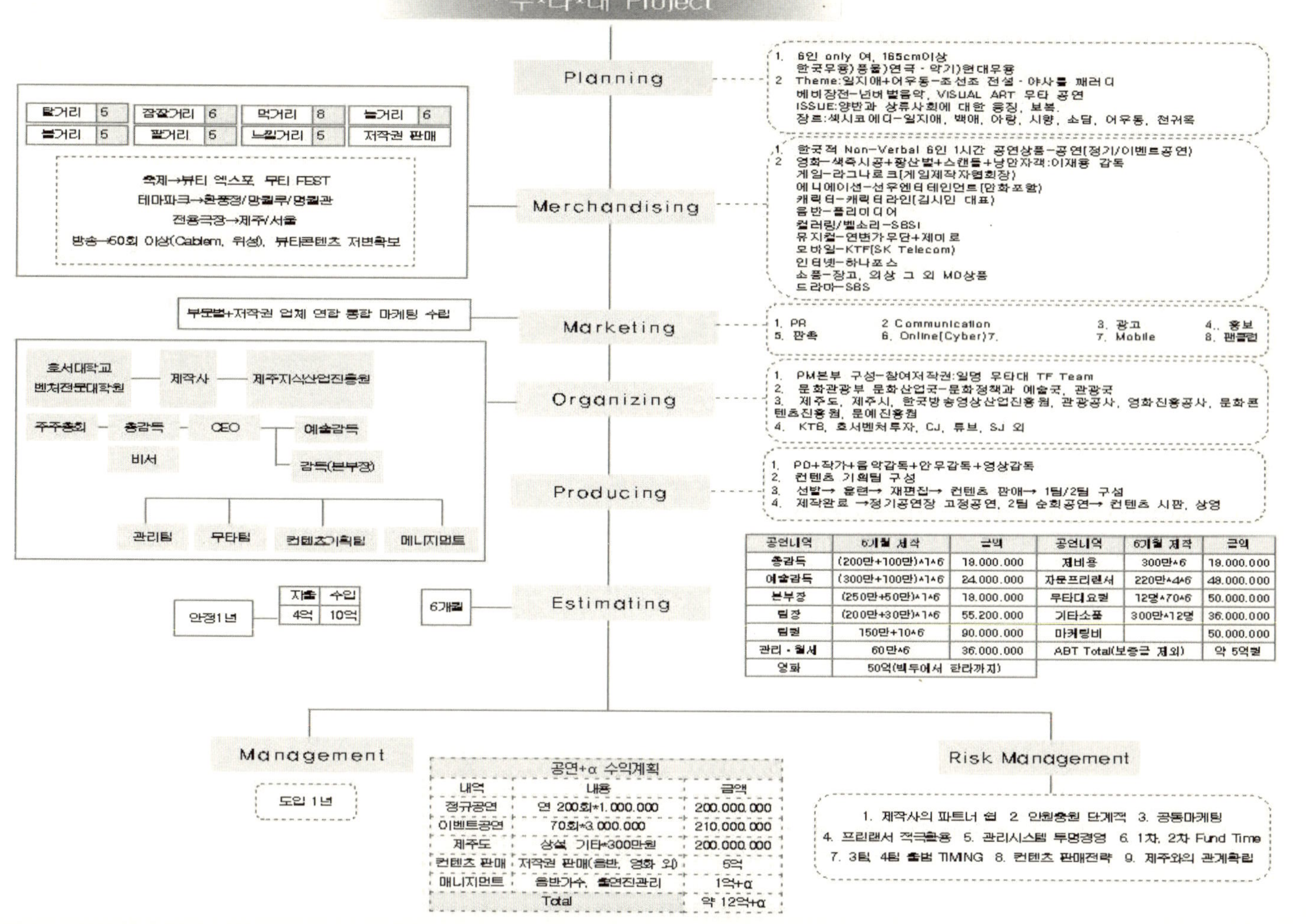


| 공연내역 | 6개월 제작 | 금액 | 공연내역 | 6개월 제작 | 금액 |
| --- | --- | --- | --- | --- | --- |
| 총감독 | (200만+100만)×1×6 | 18.000.000 | 제비용 | 300만×6 | 18.000.000 |
| 예술감독 | (300만+100만)×1×6 | 24.000.000 | 자문프리랜서 | 220만×4×6 | 48.000.000 |
| 본부장 | (250만+50만)×1×6 | 18.000.000 | 무타대요원 | 12명×70×6 | 50.000.000 |
| 팀장 | (200만+30만)×1×6 | 55.200.000 | 기타소품 | 300만×12명 | 36.000.000 |
| 팀원 | 150만+10×6 | 90.000.000 | 마케팅비 |  | 50.000.000 |
| 관리·월세 | 60만×6 | 36.000.000 | ABT Total(보증금 제외) |  | 약 5억월 |
| 영화 | 50억(백두에서 한라까지) |  |  |  |  |

| 내역 | 내용 | 금액 |
| --- | --- | --- |
| 정규공연 | 연 200회*1.000.000 | 200.000.000 |
| 이벤트공연 | 70회*3.000.000 | 210.000.000 |
| 제주도 | 상섭 기타*300만원 | 200.000.000 |
| 컨텐츠 판매 | 저작권 판매(음반, 영화 외) | 6억 |
| 매니지먼트 | 음반가수, 출연진관리 | 1억+α |
| Total |  | 약 12억+α |

# 제7장

# 연출

연출은 축제의 전체 컨셉(Concept)과 조화를 이룰 수 있는 기본적인 틀을 잡는 작업이다. 무대연출보다는 필드(Field)연출을 주목하라.

## 1. 조직구성

어느 행사든지 조직구성(Organizing)은 행사의 성공을 위한 중요한 요소이다. 연출에서 조직구성은 메인(Main) 행사를 위해 조직을 구성하고, 업무분장을 실시하는 것을 의미한다. 다시 말해 행사의 실행을 위한 업무의 분장이라는 측면에서 중요하고 어떻게 효율적으로 업무를 나누고 빠짐없이 업무를 부여해 성공적인 수행이 되도록 하는 경영자의

**표 7-1** 제82회 전국체육대회 조직도 (전야제 본행사 조직도 예)

| 사전행사 | 운영총괄 | | | | |
|---|---|---|---|---|---|
| 조직위: 천안삼거리 문화제 | 조직위: 충남도청/천안시청<br>대행사: ○○○ | | | | |

| 교통통제 | 동선 | 의전 | 홍보 | 지원 | 본행사 연출 |
|---|---|---|---|---|---|
| 조직위: 천안시청<br>대행사: ○○○ | 조직위: 천안시청/JC<br>대행사: ○○○ | 조직위: 충청남도 | 조직위: 충남도청/천안시청<br>대행사: ○○○ | 조직위: 천안시청 | 대행사: ○○○ |

| 교통통제 | | 동선 | | 의전 | 홍보 | 지원 | 본행사 연출 |
|---|---|---|---|---|---|---|---|
| 경비<br>15명<br>천안<br>경찰서 | 운영요원<br>10~15명<br>삼거리<br>문화제 | 경비<br>20명<br>해병<br>전우회 | 운영요원<br>10~20명<br>JC | 운영요원<br>5명<br>도우미 | 운영요원<br>10명<br>삼거리<br>문화제 | 운영요원<br>10명<br>천안시청 | 연출부<br>43명<br>대행사 |
| • 주도로 입구통제<br>• 주차장 관리<br>• VIP 및 기자단<br>• 주차공간 확보 | | • 출연자 대기실<br>• 상하·수쪽 정리<br>• 객석 후미 정리<br>• 무대주변 동선 유도<br>• 안전 관리<br>• 객석 관리<br>• 후미부분에 퍼레이드 운영요원 배치<br>• 청년회의소(JC) 배치<br>• 해병전우회 배치 | | • VIP 의전 담당<br>• 의전 대상<br>– 사전 List up<br>• 도지사·시장님 의전 시 도우미 동선유도<br>• 행사 중 의전 | • 기자단<br>• 홍보물 전단<br>• 관람객 대상 홍보<br>• 홍보 전단 배포<br>• 기자단 주차 통제<br>• 대상차량 List-Up<br>• 출입관리 | • 행사지원<br>• 구급차, 소방차 지원 협조 | • 별첨 |

역할이라고 할 수 있으며 축제의 경영자이자 기획자, 연출자의 역할이다. 전체축제의 조직위원회 구성과는 별도로 실제 행사장에서의 업무를 담당할 조직을 구성하고 업무분장을 실시해야 한다.

본 행사의 운영을 총괄하는 운영총괄 조직위원회를 위시하여 현장에서의 교통통제·동선·의전·홍보·행사지원·연출대행사에 해당하는 각 조직을 선정한다. 축제현장에서의 신속한 대응은 행사의 원활한 운영에 필수적인 요소이므로 완벽을 기해야 한다.

교통통제는 행사의 참여자의 편의를 위해서도 중요하며 원활한 진행을 위해서도 주도로 및 주변도로의 차량운행을 통제하고, 원활한 소통유도를 담당하는 부분과 행사장 내 주차공간 확보 및 주차장 관리, VIP와 기자들 전용 차량의 출입을 도와주는 임무이며,

지역의 경찰서에서 협조를 받아 진행하여야 한다. 경찰서의 협조가 부족하다면 지역의 자원봉사단체나 해병대 전우회 여러분들의 도움을 받는 것도 좋은 업무분장의 방법이라고 할 수 있다.

동선관리는 관람객의 안전과 직결되는 부분인 만큼 체계적인 진행이 이루어져야 한다. 무대에서는 출연자관리를 담당하는 인원이 배치되어야 하며, 객석과 무대 주변의 관리요원은 행사장 내의 혼란을 막기 위한 관객동선 유도에 최선을 다해야 한다. 그리고 이러한 역할의 책임소재를 정확히 해두어 철저한 관리가 이루어지도록 하며 사고발생 시 책임에 대한 문제를 확실히 할 수 있도록 하여야 한다. 행사장에서의 의전은 사전에 의전대상자의 리스트를 작성하고, 대상자의 일정을 체크하여 담당 도우미를 통해 실수 없이 진행될 수 있도록 하는 것이 중요하다. 또한 본 행사를 위한 별도 홍보담당조직을 운영하여 많은 인원을 동원할 수 있도록 하며, 그 지역의 전문적인 홍보조직을 선정하여 활용하는 것이 더욱 효율적이며 여러 가지 행정적 문제 발생 시 지역의 홍보조직을 통해 해결할 수 있는 장점도 있으며 또한 지역의 홍보조직의 문제해결능력이 더욱 탁월하다는 것을 명심해야 할 것이다.

그리고 인근병원과 소방서의 협조를 요청하여 행사에 필요한 지원을 받도록 한다. 마지막으로는 메인 무대행사를 연출할 대행사와의 원활한 의사소통 채널을 확보하는 것도 중요하며, 행사를 전체적으로 코디네이터 할 수 있도록 업무 분장을 하여 근시안적인 행사 진행이 되지 않도록 해야 할 것이다.

다음의 표들을 참고하여 조직도와 업무분장 시 철저한 기획을 하기 바란다.

본 행사장 운영 전반에 걸친 조직구성과 업무분장이 이루어지고 나면, 무대연출에 관련된 조직과 업무분장이 필요하다. 조직위원회 산하의 연출대행사는 본 행사를 위한 스탭(Staff)진 구성안을 작성해야 한다. 총연출(PD)을 비롯하여 조연출(AD)·무대연출(FD)·기술연출(TD)의 기본구성과 무대공연을 위한 무대장치·음향·조명·영상·특수효과·특수음향·중계·출연진관리와 대기실 운영·기록 및 사진 등 담당자를 배정하여 운영에 차질이 없도록 해야 한다.

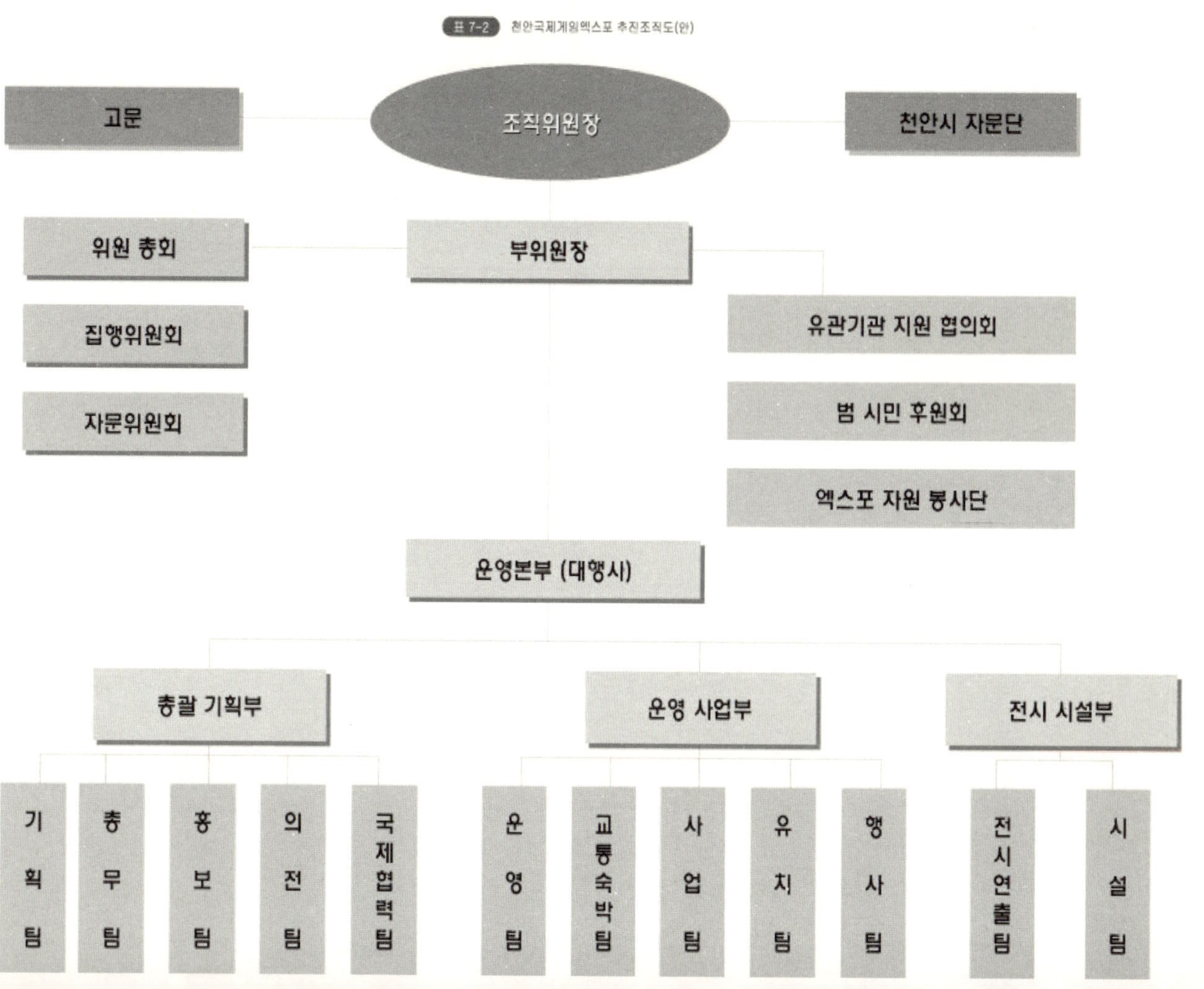


표 7-2 천안국제게임엑스포 추진조직도(안)

표 7-3 　문화산업 행정(조직)도

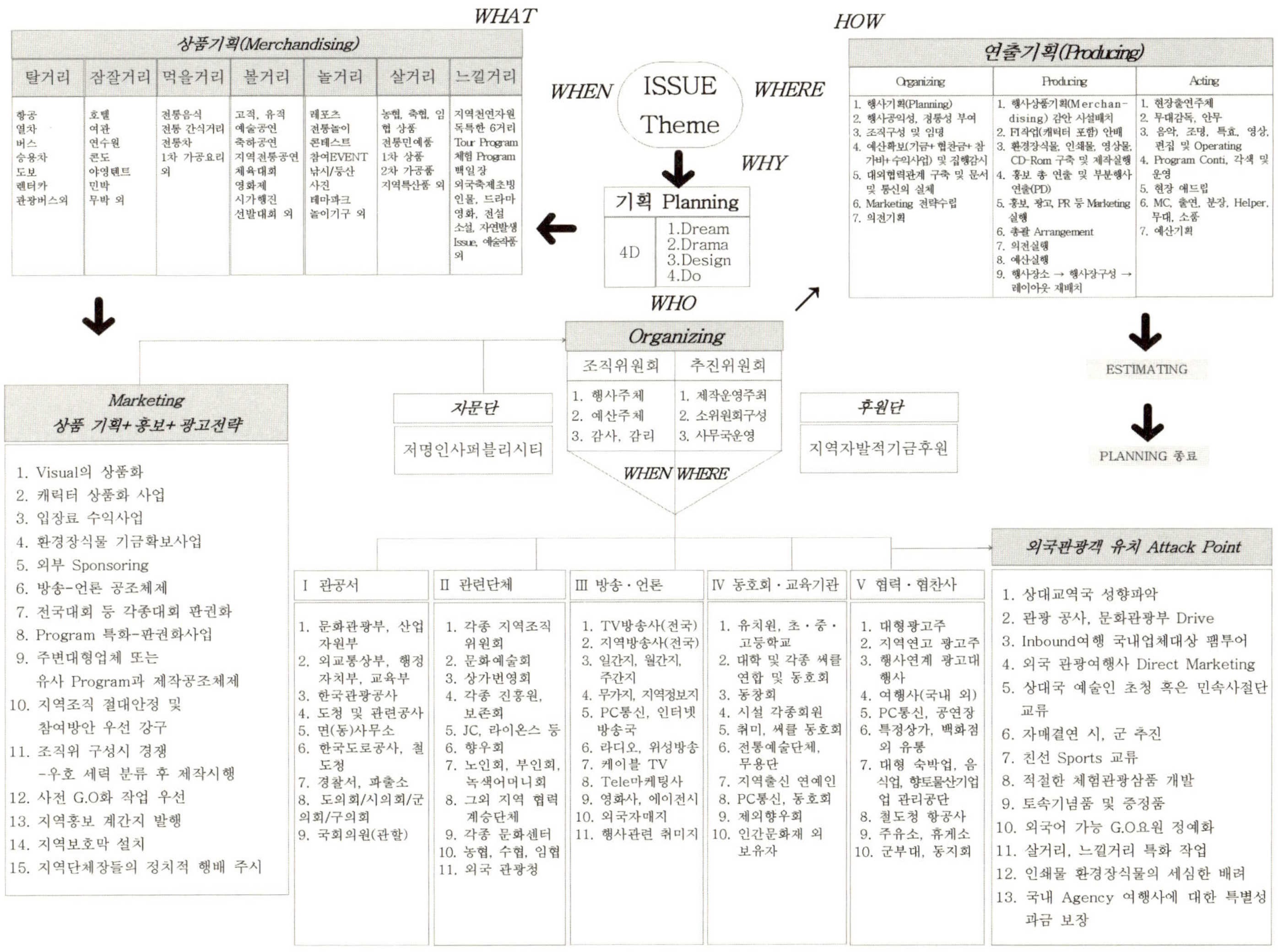

**WHAT**

### 상품기획(Merchandising)

| 탈거리 | 잠잘거리 | 먹을거리 | 볼거리 | 놀거리 | 살거리 | 느낄거리 |
|---|---|---|---|---|---|---|
| 항공<br>열차<br>버스<br>승용차<br>도보<br>렌터카<br>관광버스외 | 호텔<br>여관<br>연수원<br>콘도<br>야영텐트<br>민박<br>무박 외 | 전통음식<br>전통 간식거리<br>전통차<br>1차 가공요리<br>외 | 고적, 유적<br>예술공연<br>축하공연<br>지역전통공연<br>체육대회<br>영화제<br>시가행진<br>선발대회 외 | 레포츠<br>전통놀이<br>콘테스트<br>참여EVENT<br>낚시/등산<br>사진<br>테마파크<br>놀이기구 외 | 농협, 축협, 임<br>협 상품<br>전통민예품<br>1차 상품<br>2차 가공품<br>지역특산품 외 | 지역천연자원<br>독특한 6거리<br>Tour Program<br>체험 Program<br>백일장<br>외국축제초빙<br>인물, 드라마<br>영화, 전설<br>소설, 자연발생<br>Issue, 예술작품<br>외 |

**WHEN**　ISSUE Theme　**WHERE**

**WHY**

기획 Planning

| 4D | 1.Dream<br>2.Drama<br>3.Design<br>4.Do |
|---|---|

**HOW**

### 연출기획(Producing)

| Organizing | Producing | Acting |
|---|---|---|
| 1. 행사기획(Planning)<br>2. 행사공익성, 정통성 부여<br>3. 조직구성 및 임명<br>4. 예산확보(기금＋협찬금＋참가비＋수익사업) 및 집행감시<br>5. 대외협력관계 구축 및 문서 및 통신의 실체<br>6. Marketing 전략수립<br>7. 의전기획 | 1. 행사상품기획(Merchandising) 감안 사설배치<br>2. FI작업(캐릭터 포함) 안배<br>3. 환경장식물, 인쇄물, 영상물, CD-Rom 구축 및 제작실행<br>4. 홍보 총 연출 및 부분행사 연출(PD)<br>5. 홍보, 광고, PR 등 Marketing 실행<br>6. 총괄 Arrangement<br>7. 의전실행<br>8. 예산실행<br>9. 행사장소 → 행사장구성 → 레이아웃 재배치 | 1. 현장출연주체<br>2. 무대감독, 안무<br>3. 음악, 조명, 특효, 영상, 편집 및 Operating<br>4. Program Conti, 각색 및 운영<br>5. 현장 애드립<br>6. MC, 출연, 분장, Helper, 무대, 소품<br>7. 예산기획 |

**WHO**

### Organizing

| 조직위원회 | 추진위원회 |
|---|---|
| 1. 행사주체<br>2. 예산주체<br>3. 감사, 감리 | 1. 제작운영주최<br>2. 소위원회구성<br>3. 사무국운영 |

**WHEN WHERE**

**자문단**

저명인사퍼블리시티

**후원단**

지역자발적기금후원

ESTIMATING

PLANNING 종료

### Marketing — 상품 기획＋홍보＋광고전략

1. Visual의 상품화
2. 캐릭터 상품화 사업
3. 입장료 수익사업
4. 환경장식물 기금확보사업
5. 외부 Sponsoring
6. 방송-언론 공조체제
7. 전국대회 등 각종대회 판권화
8. Program 특화-판권화사업
9. 주변대형업체 또는 유사 Program과 제작공조체제
10. 지역조직 절대안정 및 참여방안 우선 강구
11. 조직위 구성시 경쟁 ─우호 세력 분류 후 제작시행
12. 사전 G.O화 작업 우선
13. 지역홍보 계간지 발행
14. 지역보호막 설치
15. 지역단체장들의 정치적 행배 주시

| Ⅰ 관공서 | Ⅱ 관련단체 | Ⅲ 방송·언론 | Ⅳ 동호회·교육기관 | Ⅴ 협력·협찬사 |
|---|---|---|---|---|
| 1. 문화관광부, 산업자원부<br>2. 외교통상부, 행정자치부, 교육부<br>3. 한국관광공사<br>4. 도청 및 관련공사<br>5. 면(동)사무소<br>6. 한국도로공사, 철도청<br>7. 경찰서, 파출소<br>8. 도의회/시의회/군의회/구의회<br>9. 국회의원(관할) | 1. 각종 지역조직위원회<br>2. 문화예술회<br>3. 상가번영회<br>4. 각종 진흥원, 보존회<br>5. JC, 라이온스 등<br>6. 향우회<br>7. 노인회, 부인회, 녹색어머니회<br>8. 그외 지역 협력 계승단체<br>9. 각종 문화센터<br>10. 농협, 수협, 임협<br>11. 외국 관광청 | 1. TV방송사(전국)<br>2. 지역방송사(전국)<br>3. 일간지, 월간지, 주간지<br>4. 무가지, 지역정보지<br>5. PC통신, 인터넷 방송국<br>6. 라디오, 위성방송<br>7. 케이블 TV<br>8. Tele마케팅사<br>9. 영화사, 에이전시<br>10. 외국자매지<br>11. 행사관련 취미지 | 1. 유치원, 초·중·고등학교<br>2. 대학 및 각종 써클 연합 및 동호회<br>3. 동창회<br>4. 시설 각종회원<br>5. 취미, 써클 동호회<br>6. 전통예술단체, 무용단<br>7. 지역출신 연예인<br>8. PC통신, 동호회<br>9. 제외향우회<br>10. 인간문화재 외 보유자 | 1. 대형광고주<br>2. 지역연고 광고주<br>3. 행사연계 광고대행사<br>4. 여행사(국내 외)<br>5. PC통신, 공연장<br>6. 특정상가, 백화점 외 유통<br>7. 대형 숙박업, 음식업, 향토물산기업 업 관리공단<br>8. 철도청 항공사<br>9. 주유소, 휴게소<br>10. 군부대, 동지회 |

### 외국관광객 유치 Attack Point

1. 상대교역국 성향파악
2. 관광 공사, 문화관광부 Drive
3. Inbound여행 국내업체대상 팸투어
4. 외국 관광여행사 Direct Marketing
5. 상대국 예술인 초청 혹은 민속사절단 교류
6. 자매결연 시, 군 추진
7. 친선 Sports 교류
8. 적절한 체험관광삼품 개발
9. 토속기념품 및 증정품
10. 외국어 가능 G.O.요원 정예화
11. 살거리, 느낄거리 특화 작업
12. 인쇄물 환경장식물의 세심한 배려
13. 국내 Agency 여행사에 대한 특별성 과금 보장

**표 7-4** 2007년 춘천국제레저올림픽(가칭) 조직도

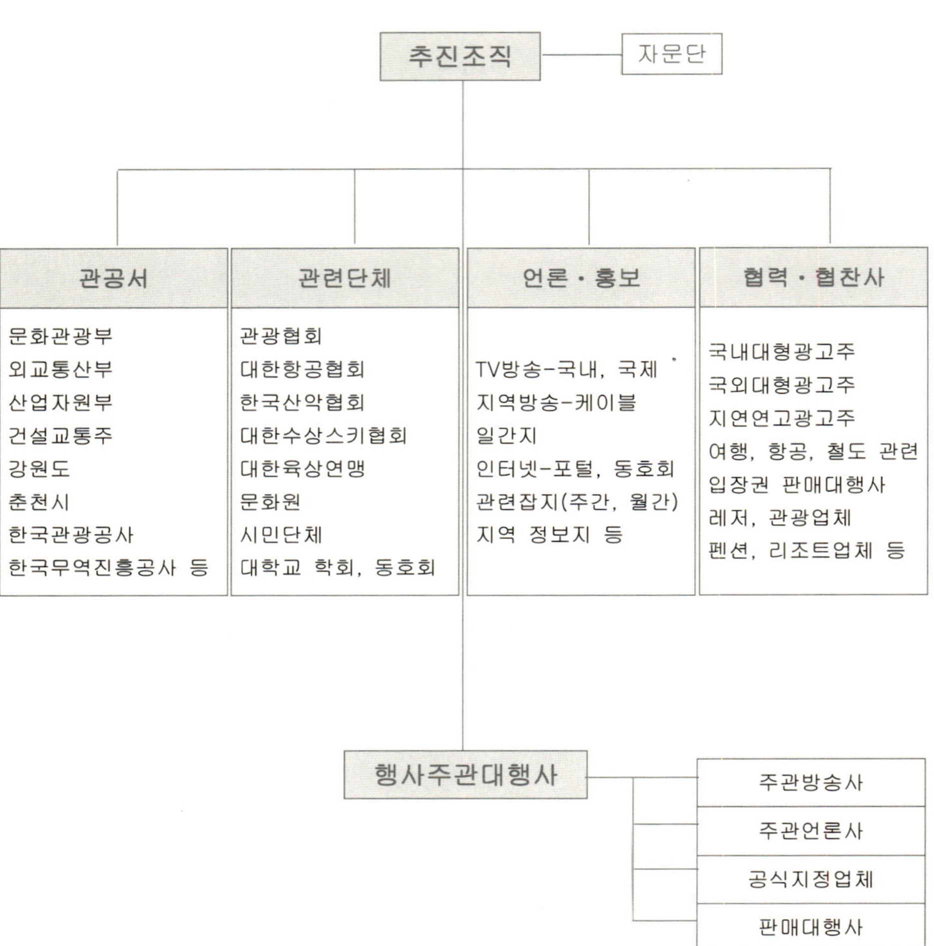

표 7-5 제23회 충남장애인체육대회 전야제, 개·폐회식 연출 라인도

## 1. 개회식(Direction Line)

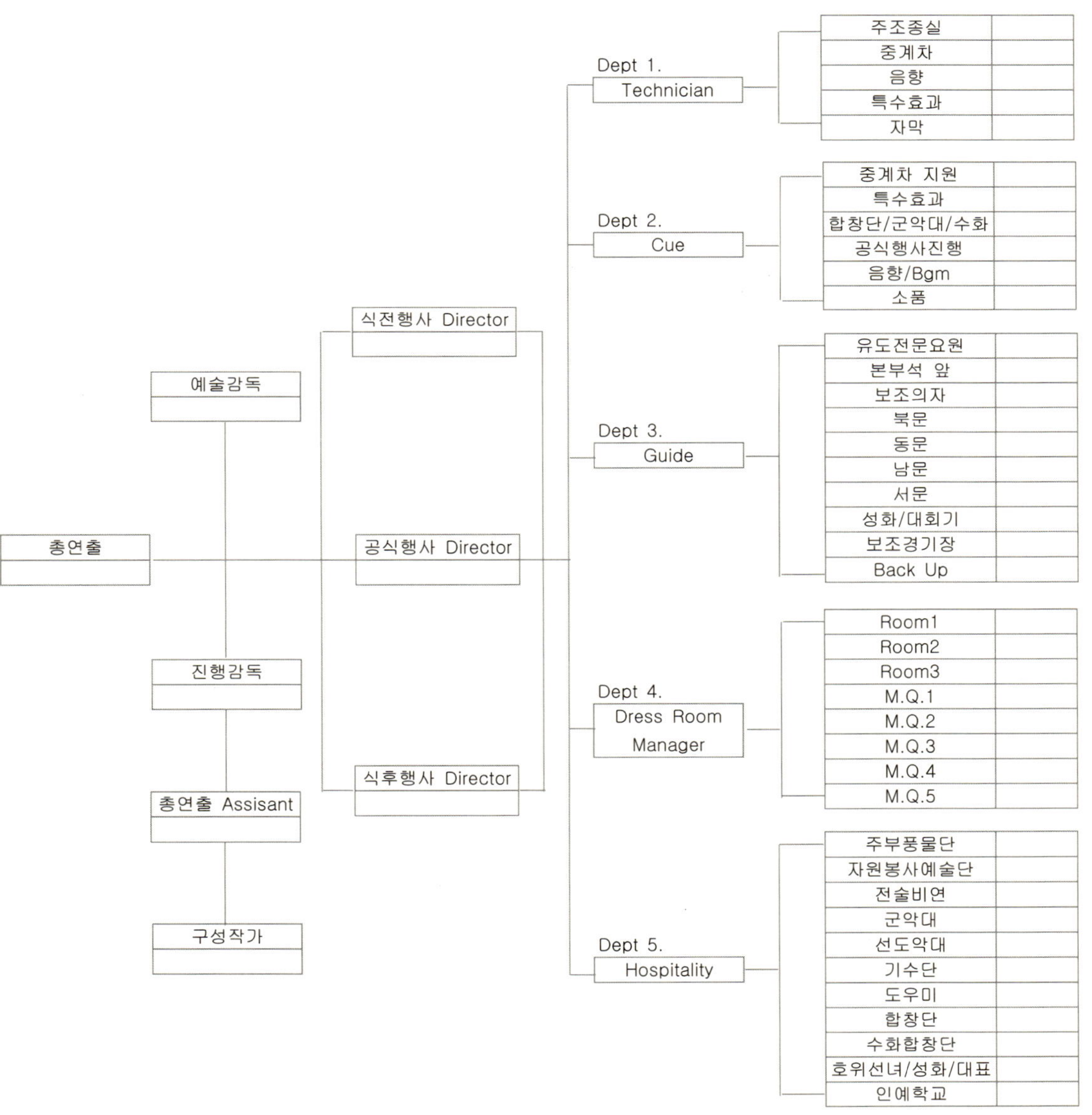

## 2. 전야제/폐회식 Direction line

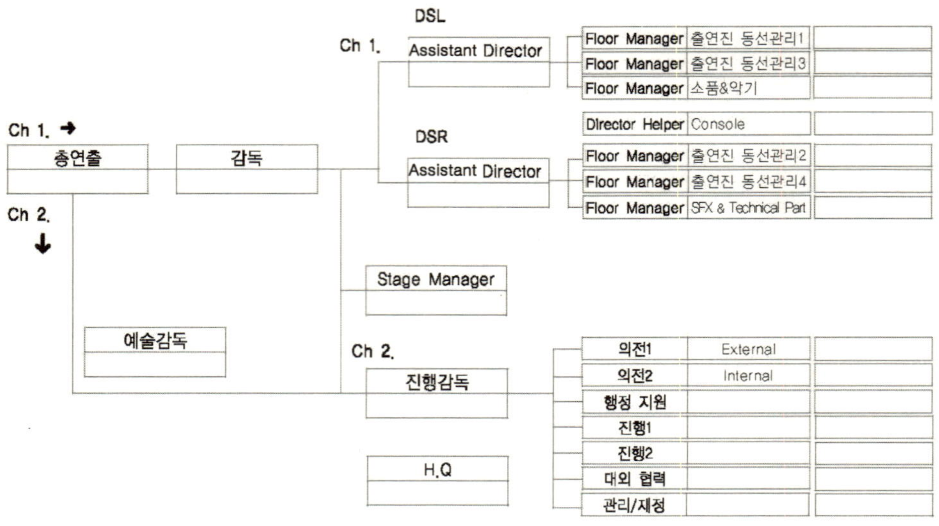


## 3. 전야제/폐회식 Technician line

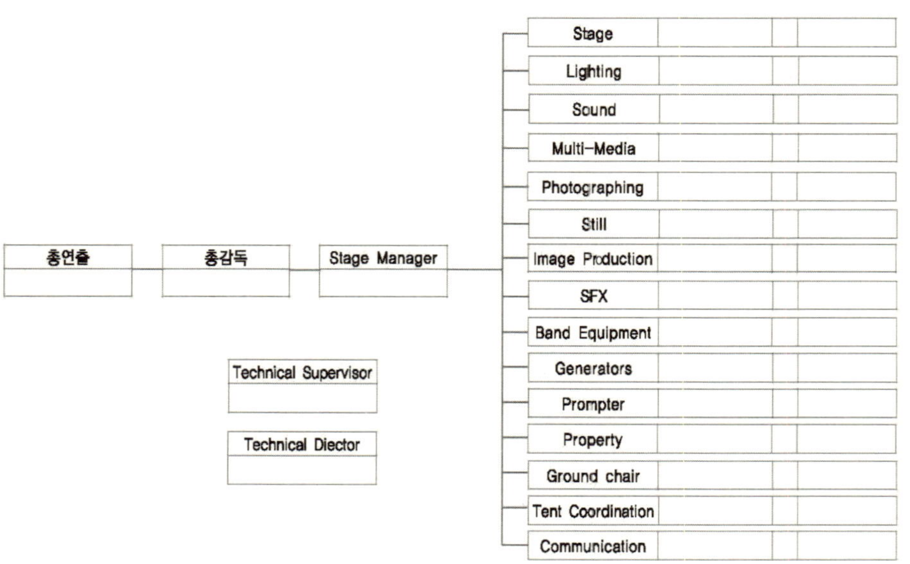

**표 7-6** 제23회 전국장애인체육대회 연출 조직도

# 2. 연출

연출(Producing)은 본 행사의 기획에 해당하는 부분이다. 실제 Acting에 들어가기 이전에 축제 전체의 컨셉과 조화를 이룰 수 있는 기본적인 틀을 잡는 작업과 사례분석, 행사장 레이 아웃(Lay-Out)을 설정하는 작업, 타임 스케줄(Time Schedule) 작성 등이 이 단계에서 이뤄진다. 연출의 핵심사항 역시 다른 기획부분에서와 마찬가지로 축제 전체의 기본 테마와 목적을 충실히 반영하는 것이다.

## 1) 연출 기획 사례

### (1) 제23회 충남전국장애인체육대회

전국장애인체육대회는 매년 지역을 순회하며 전국체육대회가 개최된 지역에서 개최되고 있으며 비장애인들에게는 그다지 알려지지 않은 행사지만 지역 축제로서의 역할이 크다 하겠다. 2003년에 제23회 전국 장애인체육대회가 충청남도 천안시에서 개최되었으며 저자가 총연출을 맡은 행사였다. 제23회 전국체육대회는 "마음을 열어 하나로 꿈을 안고 미래로"라는 슬로건(Slogan)하에 연출되었으며 "5월의 전설"이라는 BI(Brand Identity)로 충남의 전설의 역사와 감동의 분위기를 연출하고자 했다.

연출의 Theme는 네 가지로 정하여

"THEME1 전설의 태동"은 2003 전국장애인체전의 서문으로 본편의 예고와 같은 역할을 맡아내며 2003 전국장애인제전은 새로운 기틀을 마련한 전설이 될 것이며 그 신화의 주인공이 속속 모여 들고 있음을 의미하고

"THEME2 5월의 전설"은 장대한 시작을 의미하며 동시에 한 단계의 성장을 말한다. 2003 전국장애인체전이 보여줄 새로운 화합과 도전의 이야기는 5월의 전설로 영구히 남아 전설을 기억하는 모든 이에게 희망의 약속이 될 것이며

"THEME3 하나의 기쁨"은 하나가 주는 기쁨, 한민족의 열정의 근원, 온 세계에 입증

한 월드컵의 신화, 이 모든 것은 하나의 힘이 보여준 감동의 드라마이다. 2003 전국장애인체전은 체육대회의 의미를 넘어, 새로운 문화코드로 제시되는 하나의 힘, 흥겨움을 눈앞에 보여 줄 것을 의미하고

"THEME4 영웅의 전설"은 우리를 하나되게 하고, 서로 껴안게 하고, 흥분과 감동의 순간으로 이끌어준 영웅들, 그들의 이야기는 이제 신화가 되고 전설이 되어서 또 다른 영웅의 이야기로 그 힘을 계승할 것임을 의미했다. 이와 같은 연출의 테마로 연출에 임했으며 아래 행사의 기획서를 참고하길 바란다.

## || 조직위원회 구성 계획 ||

제23회
전국장애인체육대회
The 23rd National Sports Games for the Disabled
조직위원회

총괄 기획단

총괄 프로듀서(000)
시나리오 작가(000)

운영단

제작단

시스템운영

관리

연출 디렉터(000)

시스템 디렉터

•시스템 기획
•기술장비 및
 요원관리
•지역 유관단체
 와의 유대관계
 통한 업무지원
•특수효과 기획

•출연진 관리
•요원관리
•제작물 디자인
 및 발주
•연습 및 스케줄
 관리
•행사 진행 업무

•발주 및 계약관리
•회계 및 자료관리

무대감독
(000)

음악감독 (000)

무용감독 (000)

미술감독 (000)

의상 및 소품 (000)

조명(000)

•무대 조명 감독
•특수 조명 감독
•설비 운영

음향(000)

•음향 감독
•무대 음향
•LIVE MIX

영상감독(000)

환경영상감독(000)

특수효과(000)

•SFX
•LASER
•FIRE WORKS
•SPECIAL EFFECT

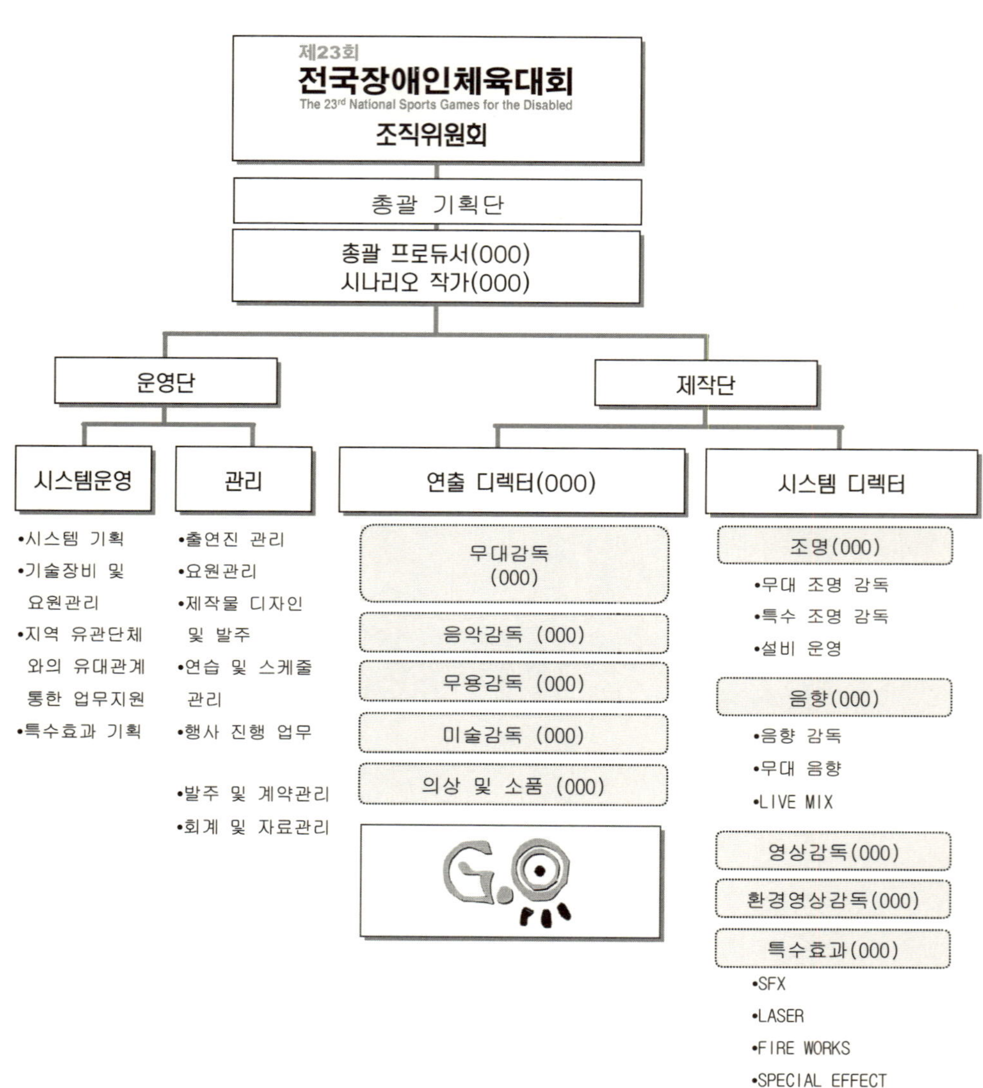

# 310. 연출구성 전략 Map

| 구분 ＼ 행사 | 전야제 | 개막식 | 문화행사 | 폐막식 |
|---|---|---|---|---|
| | 기 | 승 | 전 | 결 |
| Story Line | 2003장애인체전의 서문, 본 편의 예고 | 장대한 시작, 또 한 장의 진보 | 모두가 함께 만드는 축제, 새로운 제시 | 또한 걸음의 성숙, 또 하나의 시작 |
| | 재회/설레임 | 부활/전설 | 풍요/나눔 | 추억/약속 |
| Key Word | 다시 만나는 얼굴들 다시 시작되는 도전 | 부활하는 투사의 열정과 환희의 신화 | 하나됨의 풍요 나눔의 흥겨움 | 추억의 각인 전설의 약속 |
| Theme | 전설의 태동 | 5월의 전설 | 하나의 기쁨 | 영웅의 전설 |
| Format | Show-Format | 공식행사 | 축제 | 공식행사 |
| Venue | 천안종합운동장 만남의 광장 무대 | 천안종합운동장 | 천안종합운동장 만남의 광장 | 천안종합운동장 |
| Target | 2003 장애인체전의 시작을 알리고 새로운 기대의 공감 | 2003장애인체전의 개막의 천명과 기획의지의 선포 | 모두가 함께하는 체전으로서 뉴-패러다임 제시 | 함께 풀어갈 과제의 제시와 방법 제언 |
| Program | 창작무용 가수공연 (Guest Show) 충남 지오 발대식 뒷풀이(불꽃놀이) | 전설의 부활 5월의 기쁨 사람의 풍년, -평화의 풍년 충남의 향기 5월의 전설 에필로그(멀티미디어) | 먹거리, 살거리 -전시부스 상설공연 어린이 사생대회 댄스 등 각종 경연대회 장애인 체험행사 페이스 페인팅 | 레이져 영상쇼 장애인 무용단 충남의 향기(영상쇼) 희망의 불꽃 (촛불 퍼레이드) 미래로 세계로 우리는 하나 불꽃축제 |
| Issue | 새로워진 장애인 체전 | | | |

## 320. 전야제 연출계획

### 321. 기획배경

#### 1. 연출의도

321. 기획배경

2. 행사 연출 전략

## 대중성과 전문성의 조화

- 참여자 모두가 만족할 수 있는 퍼포먼스 연출
- 새롭고 효과적인 감동 연출을 위한 다양한 효과 활용

## 관람자와 함께하는 버라이어티 쇼 형식

- 다양한 공연 프로그램으로 스토리 있는 뮤지컬식 연출
- 관객들의 볼거리, 흥미성 유도를 위한 커뮤니케이션 강화
- 매스미디어의 행사 연계로 범 시민적인 축제 프로그램 연출

# 모든 장소에서 모든 관람객들이 어우러져 벌이는 축제의 마당연출

## 320. 전야제 연출계획

### 321. 기획배경

#### 3. 컨셉(Concept)과 테마(Theme)

경기대회 참가자들과 일반 대중들간의

## 상호 공감적(Interactive)이고
## 상호 매력적인(Attractive) 프로그램 구성

### 우리, 그 아름다운 만남 표현

충남의 향기 안에서의 만남을 통하여 평등,화합의 새로운 세상 도전의 시작

Concept 전개

### 23회전국장애인체육대회를 통하여

### 새로운 세상으로의 도전,시작

*Theme :* 마음 열어 하나로 꿈을 안고 미래로

# 320. 전야제 연출계획

## 321. 기획배경

### 4. 연출방향

- 장애인들과 비장애인들과의 교감을 형성할 수 있는
  공연 프로그램 구성/게임, 놀이, 단체게임 등 진행/
- 전 참가자의 공감을 이끌어 낼 수 있는 이미지
  중심의 연결고리 구성-함께하는 기쁨의 연출

**상호 공감적인 (INTERACTIVE)**

- G.O. 멤버들의 갈고 닦인 기량으로 진행되는 오픈 뮤지컬
  형식으로, 관객과 장애인, 비장애인이 함께 만들어 가는
  축제의 장, 버라이어티 쇼.

**상호 매력적인 (ATTRACTIVE)**

**멀티미디어 쇼 (Multi-media show)**

대규모 관객동원과 첨단 공연 시스템의 활용을
통한 대회의 이념과 메시지 효과적 전달
&
시각장애인에게는 생생한 돌비사운드로
청각장애인에게는 소리에 따라 변화하는 색깔로
멀티미디어를 이용, 장애를 뛰어넘는
소통과 연대의 장을 구현

- 몇 개월간 준비된 G.O. 멤버들과 같은
  운용시스템의 조직적인 서포트 없이는
  실현 불가능.

## 320. 전야제 연출계획

### 321. 기획배경

#### 5. 전야제 개요

| 행 사 명 | ■ 제23회전국장애인체육대회개막전야제 |
| --- | --- |
| 행사장소 | ■ 천안 종합운동장 만남의 광장 특설 무대 |
| 행사일정 | ■ 2003년 5월 13일 (화) 19:00 ~ 20:30 |
| 행사대상 | ■ 23회전국장애인체전 참가선수 및 관계자<br>일반시민 등 5,000명(예상) |
| 주　　최 | ■ 공중파 방송국, 조직위원회 공동 주최 |
| 행사내용 | ■ 범 시민적인 행사 전개를 위하여 다양한 공연을<br>구성하고 장애인과 비장애인, G.O. 시스템을 활용,<br>새로운 패러다임의 개막전야 축제를 구성. |

# 320. 전야제 연출계획

## 322. 프로그램 진행순서(19:00~20:30)

| 순서 | 시간 | 순서 | 내용 | 유관장면 |
|---|---|---|---|---|
| 1 | 19:00 ~ 19:10 | 천지의 소리 | 무대 암전 후 '시작'의 의미를 담고 있는 북소리를 울리며 23회전국장애인체육대회의 서막을 알린다. 천지의 소리라는 주제로 지전과 여섯 가지 각종 북으로 구성, 웅장함을 연출, 내일 개막될 체전에 대한 설레임을 갖게 한다.<br><br>-천지의 소리 북팀 감독: 김삼용<br>-총 출연자 수 : 30명 |  |
| 2 | 19:10 ~ 19:25 | 5월 향기 | 5월의 향기와 충남의 향기를 싣을 여자 무용수단의 등장으로 부드러운 분위기 연출. 천안종합운동장의 야외경관과 더불어 성공리에 치뤄질 장애인 체전에 대한 기원을 나타내는 안무.<br><br>-5월의 향기 무용단 안무: 박선미<br>-총 출연자 수 : 고방무 (8명), 부채춤(8명) |  |
| 3 | 19:30 ~ 20:00 | 충남G.O. 발단식 및 축하공연 | 제23회 전국장애인체육대회의 꽃인 충남 G.O.의 발단식을 갖고 4계월동안의 체전준비 과정과 충남의 지,예,미를 갖춘 G.O.로서의 활동모습을 담은 G.O. 공연을 선보인다.<br><br>-시상: 충청남도 도지사<br>-사회: G.O.대표 남,여 요원 |  |
| 4 | 20:00 ~ 20:10 | 합창단 공연 | 충남 도립 국악단, 천안 시립 합창단, 장애인 부모 합창단의 축하 무대. 특히 장애인 부모 합창단의 무대는 수화를 곁들여 합창을 할 뿐 아니라 화려한 조명이 음악의 선물를 전달해 모든 장애인들을 위한 위안 공연이 될 것이다.<br><br>-출연자 수 : 총 30명 |  |
| 5 | 20:10 ~ 20:20 | 초청가수공연 | 초청가수 축하공연 초청가수와 장애인들이 함께 무대에 나와 흥겨운 시간을 갖는다.<br><br>-A급 가수 2~3팀<br>-B급 가수 3~4팀<br>-신인 가수 3~4팀<br>-기타 방송국 프로그램 도입 가능(추후협의) | |
| 6 | 20:20 ~ 20:30 | 화합의 한 마당 | 제23회 전국 장애인 체육대회의 성공을 기원하며 전 출연진 들이 무대위로 올라와 관중들과 하나가 되어 화합의 한 마당을 펼친다. 장애인/비장애인의 벽을 허무는 화합의 장 연출, 화합의 분위기가 조성되어갈 즈음 대형 폭죽이 발사되며 축제의 분위기를 고조시킴.<br><br>충남 G.O.들이 여러 곳으로 흩어져 모두가 하나될 수 있도록 리드한다. |  |

# 320. 전야제 연출계획

## 323. 행사장 구성계획

■ **대규모 국제행사 가능장소**

- 천안의 미래지향적 스포츠 테마파크로 자리매김 하게 될 종합운동장 광장.

■ **편의시설 구축장소**

- 장애인을 고려하여 대규모 인원의 입,퇴장 등 동선 이동 편리 장소

■ **접근 용이 장소**

- 관람객의 행사장 접근 방식으로 대중교통, 주차장 이용이 원활한 장소

■ **행사 연출이 용이 장소**

- 조명,영상,음향 등의 효과적인 연출로 예산 대비 행사의 퀄러티 및 효과를 극대화 할 수 있는 장소

■ **안전시설 구축 장소**

- 최대 20,000명 이상의 관람객들의 통제가 용이토록 공간이 확보된 장소 및 안전 시설물이 설치된 장소

# 320. 전야제 연출계획



## 324. 행사장 무대시안

전야제 무대 특징

약 150평 규모의 무대로 자연경관 그대로가 일품인 주위의 배경을 살리고,
또한 천안 종합경기장의 야간 실루엣을 살려 무대의 백드롭으로 사용하게 된다.
(야간 운동장의 실루엣은 네온 불빛으로 시안보다 좀 더 밝고 화려함)
뒷면, 주위 사방이 오픈되어 있어 주변과의 어울림을 강조하고, 이는 장애인과
비장애인의 어우러짐을 표상화 하기 위함.

전야제 무대 시안

## 330. 개막식 연출계획

### 331. 연출의도 및 전략

**제23회**
# 전국장애인체육대회개막식
**The 23rd National Sports Games for the Disabled**

개최지 전역과 경기 참가자 및 보도 접촉자들의 기대감, 열기 고조

↓

장대한 시작, 또 한 장의 진보를 이루어낼, 부활의 전설
투사의 열정과 환희의 신화–2003장애인체전의 개막을
천명하고 기획의지의 선포

**개회식 테마**

**5월의 전설**
**' LEGEND OF MAY 2003 '**

↓

본 대회의 개막식 행사의 메인 컨셉은
의무적으로 행사를 치르는 학생 및 군인들의 동원
형식을 벗어나, 장애인과의 화합을 연출하고자 하는
자원봉사 마인드를 갖춘 전문예술단(자봉예술단)을
동원하여 새로운 장애인 체전의 역사를 만드는 데 있다.

# 330. 개막식 연출계획

## 331. 연출구성계획

| 순서 | 타이틀 | 시간 | 내 용 | 출연진 |
|---|---|---|---|---|
| 식전행사 | 환영,<br>전설의 땅 | 6분 | 미래의 수도 천안에서 개최되는 장애인체전을 축하하는 농악놀이로 오신 손님들을 반기는 환영 길놀이로 마당놀이 능소전과 함께 천안의 흥타령 농악팀의 축제한마당 | -마당놀이 능소전<br>-흥타령 농악<br>Combined Preshow |
| | 감사,<br>역사의 중심 | 7분 | 3.1운동의 주역인 유관순 누나와 조국의 영웅 이순신등 민족의 영웅들을 도립무용단들의 화려한 의상과 함께 천·지·인에게 알리기 위해 오찬란한 수많은 연들을 들고 나와 충남의 구국의 중심지를 표현하며 선열의 얼을 기리는 공연으로 연출 | -도립무용단/합창단<br>(객석+하늘+땅Mix 연출) |
| | 영웅,<br>전설의 시작 | 7분 | 오색 찬란한 연들이 천안종합운동장을 수놓았을 때 민족의 악기 대고가 등장하며 장애인중 대표가 상징연을 날리며 등장하여 대고의 소리와 함께 영웅.전설의 시작을 알린다. | -성웅 이순신 전술비<br>연 날리기 |
| 공식행사 | 개회식 | 60분 | ※세부내역<br>P. 54 참조 | ※세부내역<br>P. 54 참조 |

# 330. 개막식 연출계획

## 331. 연출구성계획

| 순서 | 타이틀 | 시간 | 내 용 | 출연진 |
|---|---|---|---|---|
| 식후행사 | 프롤로그 | 30초 | 영상, 음향, 특효<br>영상 멀티미디어 쇼 | |
| | 서 막 | 5분 | 2001전국체전 금동향르,, 대형퍼레이드 **ABR**을 장애인 대표 2명 등장 후, 점봉-점화-만개.<br>**ABR** – 금동향로, 월드컵 피버 노버 | 2명 |
| | 전설의 부활 | 6분 | 선녀의 장엄한 워킹과 백제 의상 속에서 펼쳐지는 주제, 희망, 의지표출되는 카리스마 연출<br>전문 패션모델로 구성 된 모델팀이 장애인 체육대회 심벌마크를 새긴 의상팀, 충남을 상징하는 백제 금동대향로 및 충남의 귀도리와 장애인체전의 곰두리가 어우러진 본 대회의 마스코트를 의상에 녹여 등장하면서 펼치는 형식으로 메시지를 전달,장엄하고 웅장함을 표현한 후, 250명의 현대판 선녀들을 등장시켜 환호성을 자아내게 하여 역사속에 잠들어 있던 백제의 왕과 왕비, 그리고 휠체어를 탄 왕자가 선녀들의 호위를 받으며 시간을 거슬러 현대로 등장한다.<br>뜨겁게 타올랐던 월드컵의 전설의 태양이 이 곳 전국 장애인 체육대회가 열리고 있는 천안종합운동장에서 다시 타오르기를 기원한다 | 패션모델 250명~300명 장애인 20~50명<br><br>*패션의상<br>-장애인체육대회 로고<br>-흰색,파랑 한복(북문) 노랑,초록 한복(동문)<br>-하늘색 선녀의상(북문) 분홍색 선녀의상(동문)<br>-왕, 왕비, 왕자옷(장애인)<br>-금동대향로 의상<br>-충남 상징 꽃 국화, 새 원앙 마크 의상 or 연포 해돋이 의상 or 안면도 보령간 연육교 의상<br>-충남의 귀도리,장애인 곰두리 의상 |

# 330. 개막식 연출계획

## 331. 연출구성계획

| 순서 | 타이틀 | 시간 | 내 용 | 출연진 |
|---|---|---|---|---|
| 식<br>후<br>행<br>사 | 5월의 기쁨 | 6분 | 전통 화관무와 부채춤 – 전통의 아름다움 표현<br>▪300여명의 한국 전통 여성 무용수들과 30여명의 장애인 무용수들도 휠체어를 타고 들어와  한복으로 된 여신 의상을 입고 화관무와 부채춤으로 5월의 여신들과 갖가지 꽃과 나비를 표현한다.<br>▪ 하늘을 향한 염원의 간절함을 타고 전설의 계절이자, 계절의 여왕인 5월의 여신들이 하늘에서 내려와 땅 위에 화려한 꽃과 나비를 수놓으며 기쁨으로 새로운 전설에 참여한다. | 화관무<br>부채춤-약250~300명<br>장애인-약20-30명<br><br>*궁중의상<br>*한산모시 |
| | 사랑의 풍년,<br>평화의 풍년 | 7분 | ▪땅에 사는 사람들이 들어와 5월의 여신에게 감사를 표하고, 사랑과 평화의 풍년이 이 땅에서 영원히 계속 되기를 바라는 축제의 한마당을 연다.<br><br>▪째즈/힙합 연합 무용수들과 평화의 노래에 맞춰 하늘을 향해 감사하는 춤을 추고,<br>▪연합 풍물패가 그 주위를 돌며 사랑과 평화의 풍년이 이 땅에서 계속되기를 바라는 축제를 벌인다.<br>장애인 사물놀이 4명은 트랙에 있는 무대 위에서 연합 풍물패의 리듬을 리드한다.<br><br>•소고무, 상모 돌리기, 째즈 및 힙합 공연 | 무용수 600~800명<br>장애인 무용수 30~50명<br><br>사물놀이 의상<br>째즈팀 위,아래 흰색 복장<br>- 양팔 아래에 큰 폭의 깃을 두른 의상 |

# 330. 개막식 연출계획

## 331. 연출구성계획

| 순서 | 타이틀 | 시간 | 내 용 | 출연진 |
|---|---|---|---|---|
| 식후행사 | 전설의 에너지 | 5분 | 백제의 향기를 겸한 역동적인 충남의 향기를 전달<br>인간의 한계를 극복<br>조형물로 표현되는 웅장함보다 인간의 힘으로 표현되는 웅장함의 감동이 더 크다<br>새로운 전설의 태동을 알리는 기운이 사방을 진동 시키기 시작하고, 뜨거운 그 에너지가 온누리에 소용돌이 치기 시작한다.<br>그 전설의 에너지가 장애인 체육대회가 열리는 이 곳, 천안종합운동장을 휘감고, 점점 그 에너지는 새로운 불씨가 된다.<br>•태권도단과 무술단이 전설의 에너지를 웅장하고 강인한 태권무와 격파시범으로 표현한다. | 태권무350~500명<br>장애인태권무30~50명<br><br>*태권의상, 격파용 송판 |
| | Again,<br>5월의 전설 | 7분 | 연합 치어공연<br>전 출연진의 '두레한마당'<br>▪다시 새로운 5월의 전설이 천안 종합운동장에서 시작.이 곳에 참여한 장애인들과 충남도민들이 그 전설의 영웅이 된다.그 영웅들을 위한 두레한마당이 펼쳐진다.<br>• 새로운 전설의 시작을 알리는 장애인 치어팀 100명, 남녀 연합 치어팀 1,000명의 웅장한 대규모 치어 공연이 운동장을 뜨겁게 달군다.그 에너지를 휘몰아 전설의 영웅인 장애인 선수들과 관객들을 하나되게 만들어 새로운 역사의 두레 한 마당 펼친다. | 치어팀 1,000~1,200명<br>장애인 치어팀 30~50명<br><br>치어 의상(금색 링)<br>전통 무예복(장애인 체전 곰두리 픽토그램을 세긴 깃발)<br>여자치어 반짝이는 응원복(빨간색 수술)<br>은하수 치어 금색 응원복(금색 수술) |

### 333. 개막식 식전행사(10:00~10:20)

## 330. 개막식 연출계획

### 334. 개막식 공식행사(10:20~11:20)

| 식 순 | 시 간 | | 출 연 진 | 내 용 |
|---|---|---|---|---|
| 귀 빈 입 장 | 10:15~10:20 | 5′ | 영부인, 대회대표단 등 귀빈 | 귀빈 입장 – 공식행사 식전배치 |
| 개 식 통 고 | 10:20~10:21 | 1′ | 사회자(손범규 아나운서) | 군악대 팡파르 |
| 선수단입장 | 10:21~10:46 | 25′ | 선도악대, 기수단, 선수단, 국군취타대 | 각 시·도 선수단 입장<br>선도악대: 국군취타대<br>(입장대열: 선도악대-체전표시판- 태극기- 진흥회기- 총지휘자- 대회기- 기수단- 시·도 표시판- 시도기- 시·도 지휘자- 시·도 선수단) |
| 국 민 의 례 | 10:46~10:51 | 5′ | 합창단 | 국기에 대한 경례<br>애국가 제창(※Vocal Orchestra)<br>순국선열 및 호국영령에 대한 묵념 |
| 개 회 선 언 | 10:51~10:53 | 2′ | 보건복지부장관 | 3초코메트 SFX 외 |
| 환 영 사 | 10:53~10:56 | 3′ | 충남도지사 | 환영사 낭독 |
| 대 회 기 게 양 | 10:56~10:58 | 2′ | 선 수 | 대회가(합창단) |
| 성 화 점 화 | 10:58~11:03 | 5′ | 성화점화자 | BGM사용, 최종주자(장애인1, 비장애인1)들이 라인로켓에 점화한다 |
| 개 회 사 | 11:03~11:05 | 2′ | 대회장 | 개회사 낭독 |
| 축 하 메 시 지 | 11:05~11:07 | 2′ | 보건복지부장관 | 명예대회장 축하메시지 낭독 |
| 치 사 | 11:07~11:10 | 3′ | 영부인 또는 국무총리 | 참석 VIP의 치사 |
| 선수·심판 대 표 선 서 | 11:10~11:13 | 3′ | 선수대표, 심판대표 | 수화통역사1명 포함 |
| 선 수 단 퇴 장 | 11:13~11:20 | 7′ | 각 시·도 선수단 | 군악대 |

**※ VOCAL ORCHESTRA(구음 오케스트라)란?**

아카펠라와 유사한 형태를 지닌 것으로, 입을 통하여 여러 가지 악기 소리를 내어 오케스트라를 하는 것이다. 구음 오케스트라는 사람이 많을수록 여러 가지 음악의 형태를 표현 할 수 있다는 장점을 가진다. 이 공연에서 여러 사람들의 소리가 어우러져 훌륭한 음악을 만드는 것처럼 모두가 하나되어 본 대회를 성공리에 치루고자 하는 염원을 표현한다.

## 335. 개막식 식후 공개행사(11:20~12:00)

서 막

- 영상, 음향, 특수효과
- 영상멀티미디어쇼

# 330. 개막식 연출계획

## 335. 개막식 식후 공개행사(11:20~12:00)

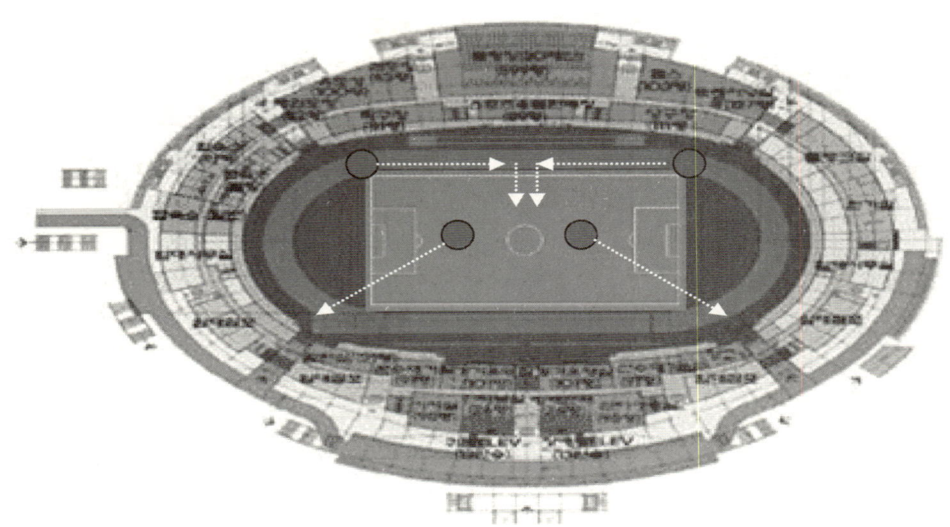

●문화코드의 보고 충남에서, 계절의 여왕 5월에, '마음열어 하나로, 꿈을안고 미래로'라는 슬로건 아래 제 23회 장애인 체육대회가 열림을 나타내는 ABR쇼
 (ABR이 충남을 상징하고, 장애인이 점봉을 하는것은 전설의 땅에 그들이 먼저라는 의미를 잘 나타내 준다)

## 335. 개막식 식후 공개행사(11:20~12:00)

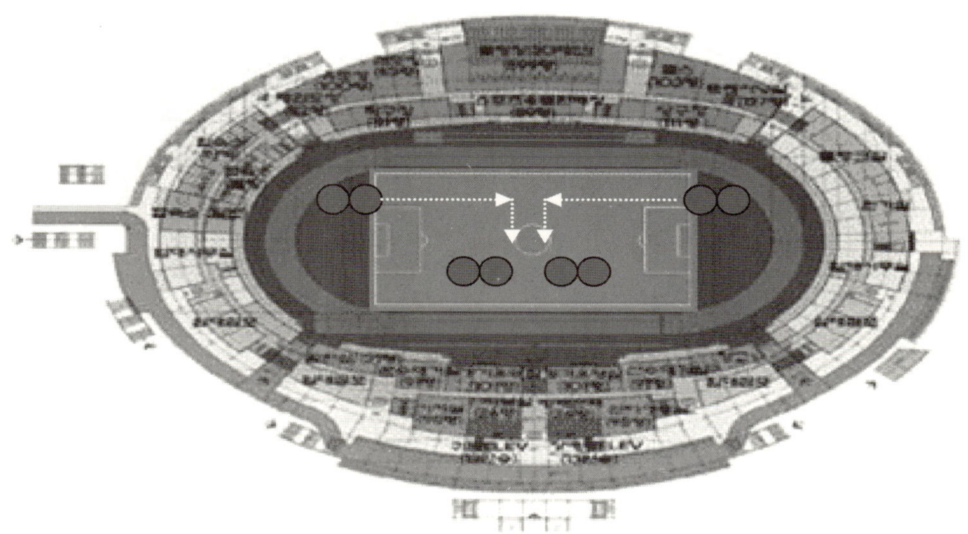

- 한복을 입으며 패션모델들이 등장한 후 중앙에서 23회 장애인 체육 대회 로고를 새긴 한복을 펼치면서 입장한다.

# 330. 개막식 연출계획

## 335. 개막식 식후 공개행사(11:20~12:00)

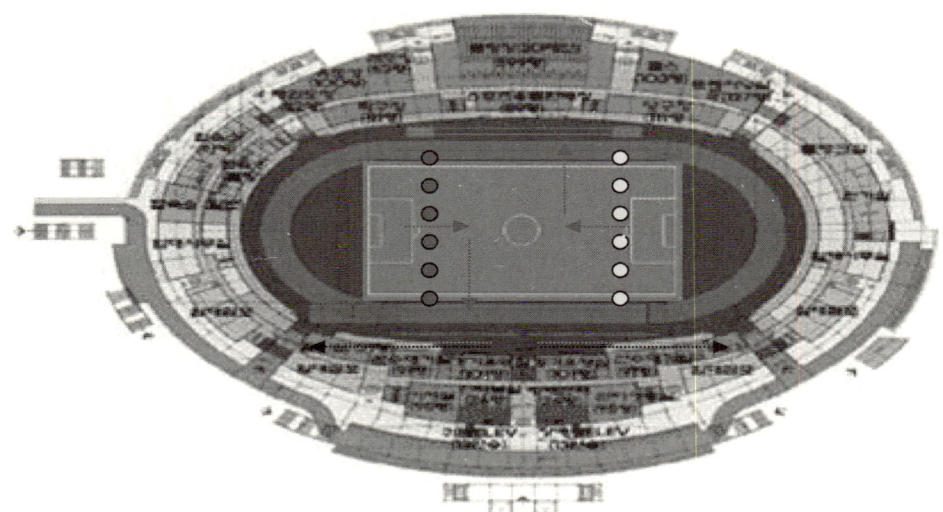

- 일렬로 선 상태에서 붉은 기수들은 아래로, 노란색 기수들은 위로 향해서 뛰면서 원을 그리기 시작한다.
- 깃발에는 전국의 로고가 새겨져 있어 전국민이 모여 화합을 시도하고 있음을 상징하기 시작.

# 340. 문화행사 연출계획

## 341. 연출의도 및 전략

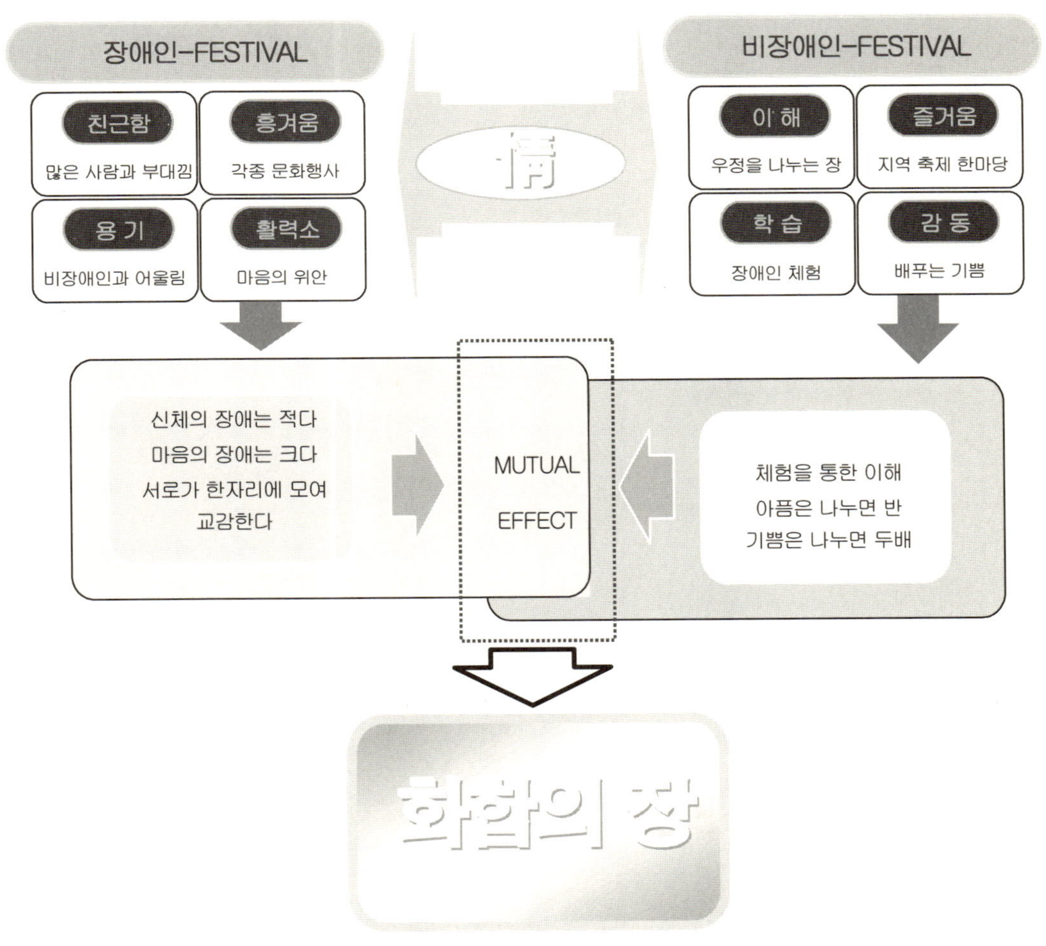

# 340. 문화행사 연출계획

## 342. 연출구성계획

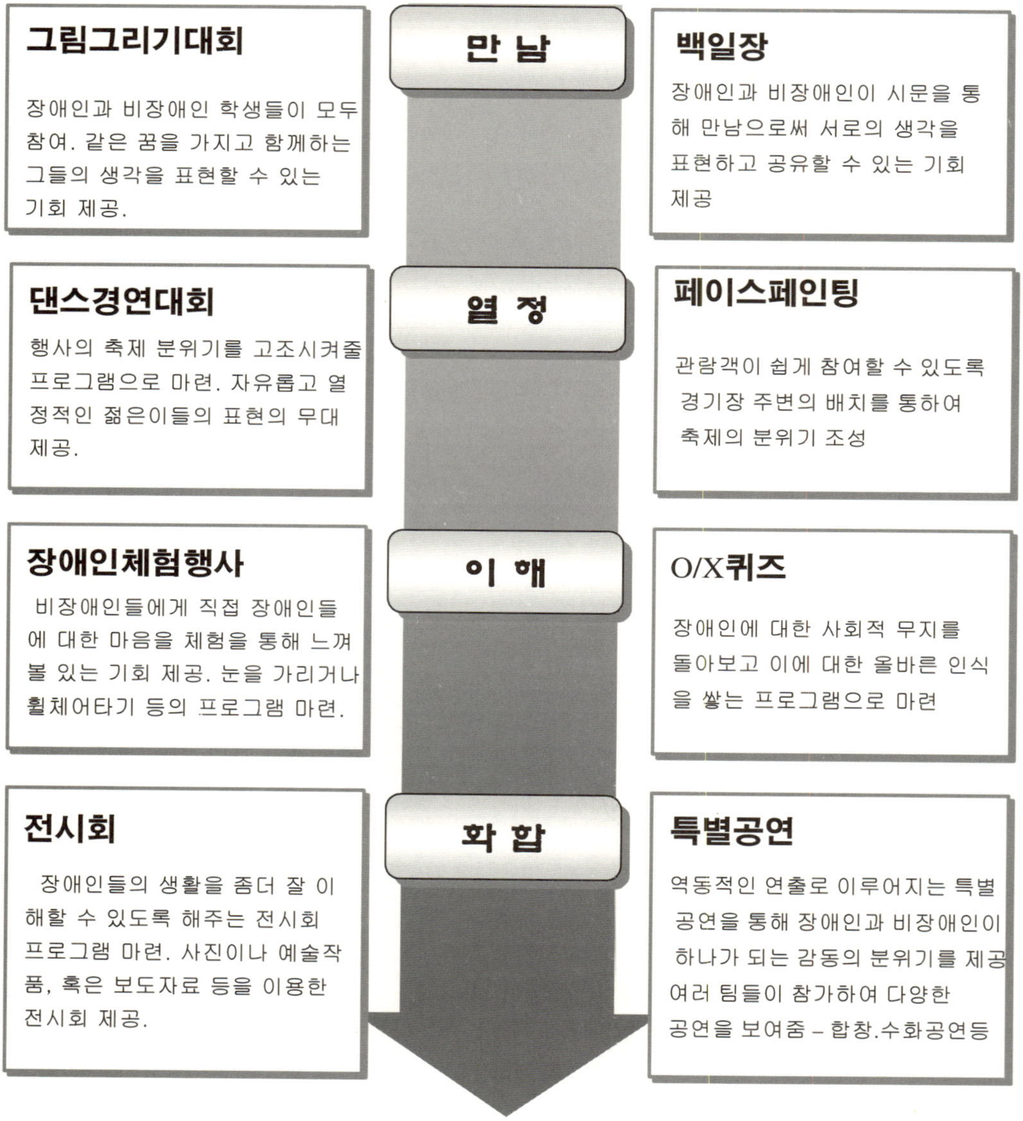

**운동장 밖에서는 문화코드로 장애인과 시민들이 화합**

# 340. 문화행사 연출계획

## 행사구성개요

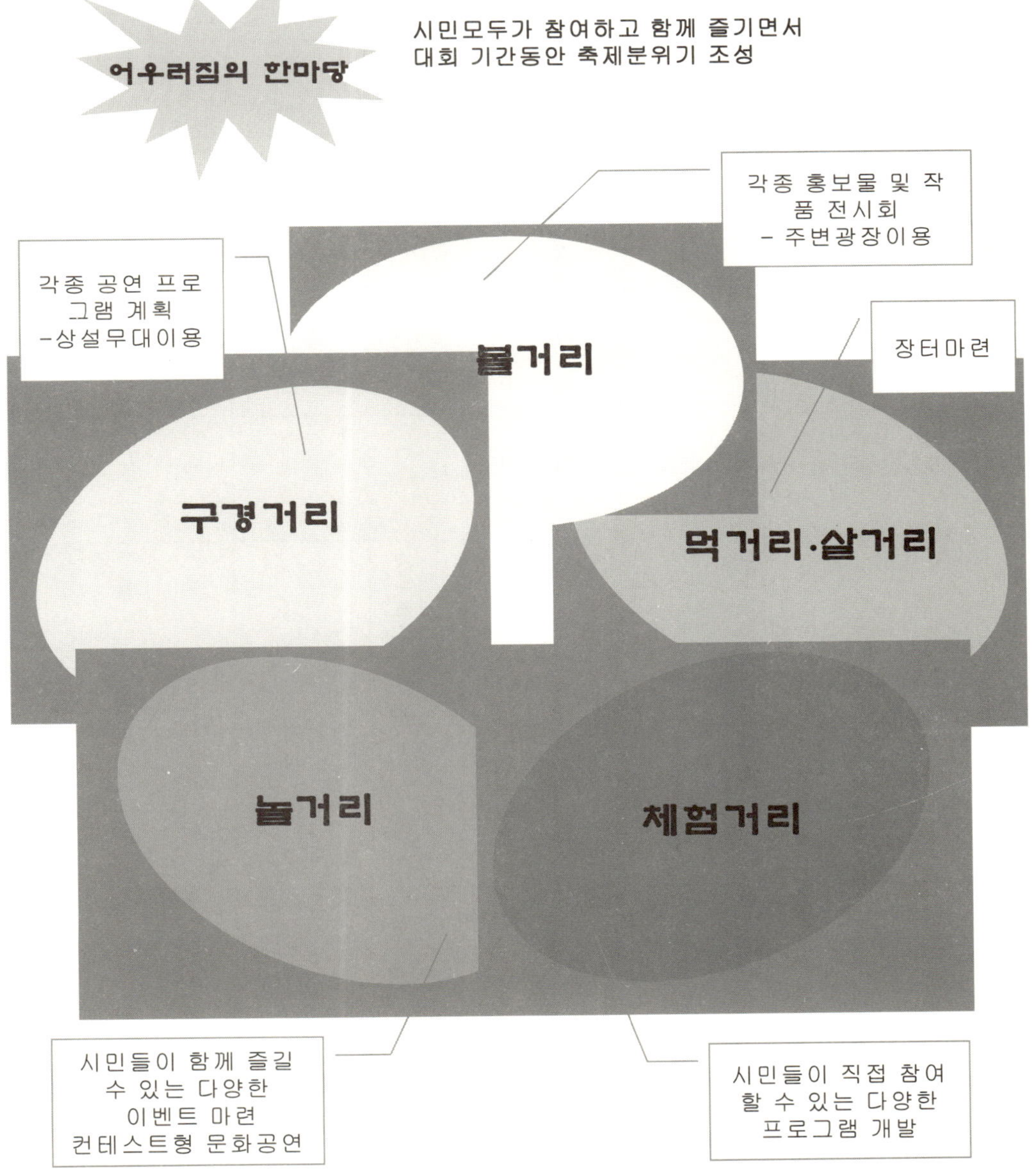

# 340. 문화행사 연출계획

## 세부프로그램(프로그램별 vs 일별일정)

| 항목 | 프로그램 | 구성내용 | 진행일정 | 비고 |
|---|---|---|---|---|
| 볼거리 | 충남홍보전시관 | 충남의 역사, 특산물에 관한 홍보 공간 마련<br>장애인 관련 정보, 사진, 작품 등 전시<br>장애인 체육대회 관련 사진전 | •주변광장<br>•상시전시 | |
| | 작품전시관 | 체전 기간 중에 열리는 각종 대회-사생대회, 백일장 등에 대한 결과물 전시 | •주변광장 | |
| 놀거리 | 사생대회 | 유치부/초등부/중고등부 사생대회 진헝<br>장애인과 더불어 사는 사회에 관한 주제 하에 대회 개최, 시상 및 전시 | •주변광장 | 대회후 전시 운영 |
| | 청소년백일장 | 초등부/중고등부 사생대회 진행<br>장애인과 더불어 사는 사회에 관한 주제 하에 대회 개최, 시상 및 전시 | •주변광장 | 대회후 전시 운영 |
| | Mask, Face Painting | 대회 기간동안 GO 및 자원봉사 진행요원들의 리드로 참여자들에게 마스크를 제공하거나 페이스 페인팅을 해줌으로써 축제분위기를 고조시키기 위한 프로그램 마련 | •주변광장<br>•상시진행 | |
| | Road Canvas | 대회 기간동안 일반인들의 행사 참여 유도를 위한 프로그램<br>벽,바닥, 깡통 등 다양한 공간과 소재에 페이팅 유도, 대회의 축제 분위기 고조 | •주변광장 | |
| | 그래피티(Graffiti art) | 벽이나 그 밖의 화면에 낙서처럼 긁거나 스프레이 페인트를 이용해 그림을 그리는 작업. | •주변광장 | |
| | 수화공연 | 대회마스코트로 분장한 GO나 자원봉사 요원들의 진행으로 수화 공연 및 일반인들에게 참여를 유도하여 함께 배워보는 시간 마련 | •상설무대 | |

# 340. 문화행사 연출계획

| 항목 | 프로그램 | 구성내용 | 진행일정 | 비고 |
|---|---|---|---|---|
| 체험거리 | 기념촬영 | 대회마스코트와의 기념촬영<br>각종 경연대회 행사 후 기념촬영 | •주변광장 | 폴라로이드사진 촬영 |
| | 장애인체험놀이 | 일일체험코스로 일반인들이 일정시간 동안 장애인들의 생활을 체험하는 프로그램 진행 | •주변광장 | |
| | 장애인알기OX퀴즈 | 장애인에 대한 올바른 이해와 상식을 전달하기 위한 퀴즈 프로그램 마련<br>참여하는 사람들에게 소정의 기념품 제공 | •상설무대 | |
| | 코스프레 | 관심있는 만화나 애니메이션 및 게임의 캐릭터나 가수, 배우, 역사적 인물 혹은 가상의 존재를 의상 및 소품, 동작 및 상황묘사를 통하여 재현하며 즐기고 공연하는 프로그램<br>시민들의 참여 유도, 축제분위기 조성 | •주변광장 | |
| | 힙합페스티발 | 젊은층의 행사 참여 유도를 위한 프로그램으로 마련 | •상설무대 | |
| 구경거리 | 두드락공연 | 두드락 초청공연 2회 | •상설무대 | |
| | 거리의악사 | 즉흥 연주 퍼포먼스 공연 | •상설무대 | |
| | 인형극 | 장애인을 위한 주제 선정 인형극 공연 | •상설무대 | |
| | 롤러브레이드쇼 | 일반인들의 자유참여로 롤러브레이드쇼 | •주변광장 | |
| | 야외영화제 | 장애인을 소재로 한 영화 상영<br>-<오아시스>/<나의왼발> 등 선정 | •상설무대 | |
| | 특별공연1 | 노래패 축하공연 | •상설무대 | |
| | 특별공연2 | GO축하공연 | •상설무대 | |
| 먹거리 | 충남음식대축제 | 충남/천안의 다양한 먹거리 소개 및 장터 | •천막부스 | |
| | 바자회 | 여러 단체들의 참여<br>충남도청/천안시에서 유치 섭외 | •천막부스 | |
| 살거리 | 체전공식기념품판매관 | 체전공식기념품 판매 | •상설운영 | |
| | 충남특산물판매관 | 충남/천안 특산물 판매코너<br>: 호두. 배. 거봉포도 등 | | |
| | 장애인작품특별판매관 | 장애인들의 각종 예술작품 및 기념품 판매 코너 마련 | | |

## 340. 문화행사 연출계획

| 5.14.수 | 상설무대 | 주변광장 | 부스 | 비고 |
|---|---|---|---|---|
| 10:00 | | | 홍보전시관 | 개막식진행 |
| 10:30 | | | | |
| 11:00 | | | | |
| 11:30 | | | | |
| 12:00 | | | 장터/부스판매대 | |
| 12:30 | | | | |
| 13:00 | | 사생대회 | | |
| 13:30 | OX 퀴즈 | | | |
| 14:00 | | | 페이스페인팅 | |
| 14:30 | | | 기념촬영 | |
| 15:00 | | | | |
| 15:30 | 수화공연 | | | |
| 16:00 | | | | |
| 16:30 | | 시상식 | | |
| 17:00 | | | | |
| 17:30 | | 그래피티 | | |
| 18:00 | 두드락공연 | | | |
| 18:30 | | | | |
| 19:00 | | | | |
| 19:30 | 힙합페스티발 | | | |
| 20:00 | | | | |
| 20:30 | | | | |
| 21:00 | 야외영화제 | | | |
| 21:30 | | | | |
| 22:00 | | | | |
| 22:30 | | | | |
| 23:00 | | | | |

## 340. 문화행사 연출계획

| 5.15.목 | 상설무대 | 주변광장 | 부스 | 비고 |
|---|---|---|---|---|
| 10:00 | | 백일장 | 홍보전시관 | |
| 10:30 | | | | |
| 11:00 | | | | |
| 11:30 | | | | |
| 12:00 | | | 장터/부스판매대 | |
| 12:30 | | | | |
| 13:00 | OX 퀴즈 | | 페이스페인팅 | |
| 13:30 | | | | |
| 14:00 | | 시상식 | 기념촬영 | |
| 14:30 | | Road Canvas | | |
| 15:00 | 수화공연 | | | |
| 15:30 | | | | |
| 16:00 | | | | |
| 16:30 | | | | |
| 17:00 | | 코스프레 | | |
| 17:30 | | | | |
| 18:00 | 두드락공연 | | | |
| 18:30 | | 롤러브레이드쇼 | | |
| 19:00 | | | | |
| 19:30 | 축하공연:노래패 | | | |
| 20:00 | | | | |
| 20:30 | | | | |
| 21:00 | 야외영화제 | | | |
| 21:30 | | | | |
| 22:00 | | | | |
| 22:30 | | | | |
| 23:00 | | | | |

## 340. 문화행사 연출계획

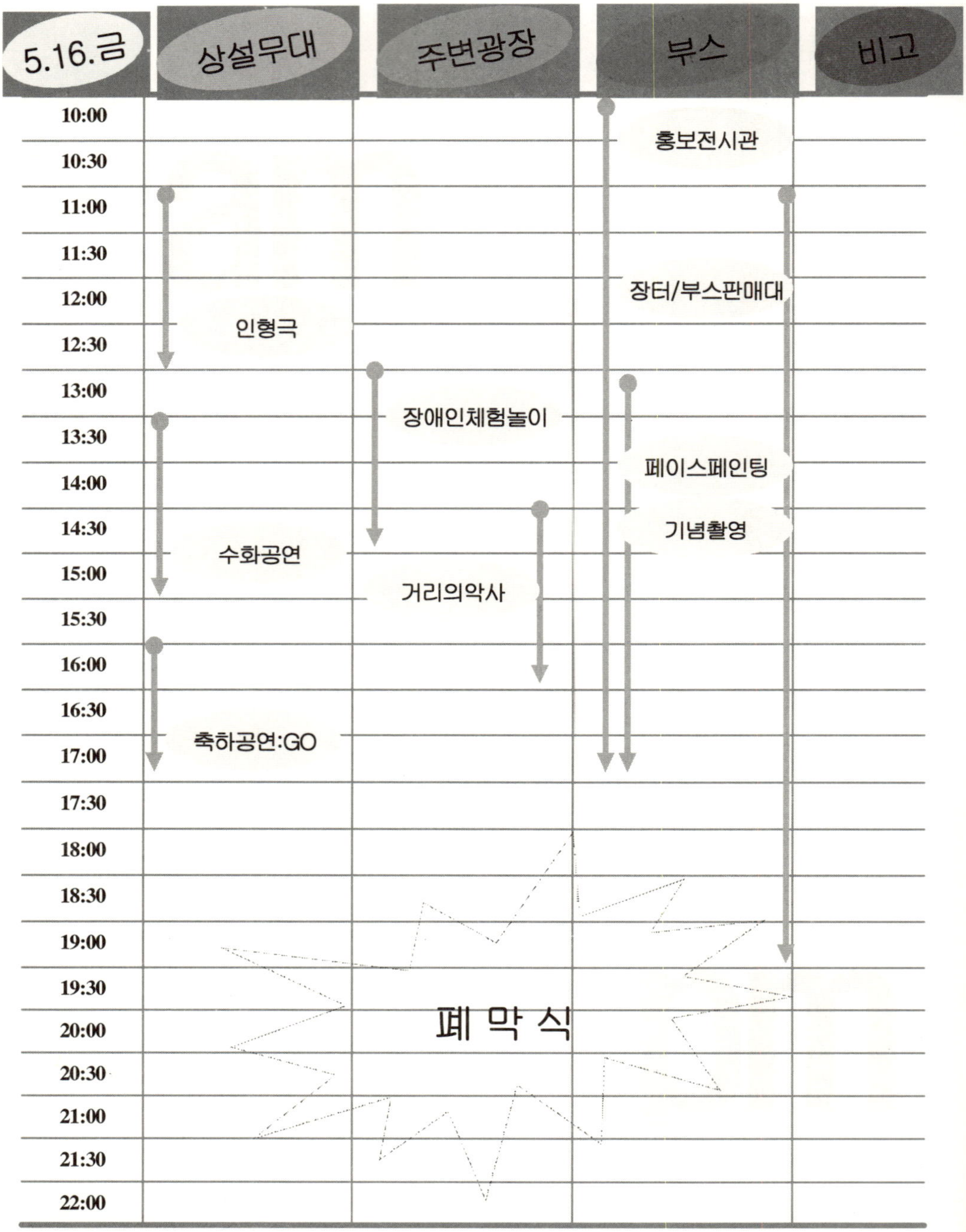

| 5.16.금 | 상설무대 | 주변광장 | 부스 | 비고 |
|---|---|---|---|---|
| 10:00 | | | | 홍보전시관 |
| 10:30 | | | | |
| 11:00 | | | | |
| 11:30 | | | | |
| 12:00 | 인형극 | | | 장터/부스판매대 |
| 12:30 | | | | |
| 13:00 | | 장애인체험놀이 | | |
| 13:30 | | | | 페이스페인팅 |
| 14:00 | | | | |
| 14:30 | 수화공연 | | | 기념촬영 |
| 15:00 | | 거리의악사 | | |
| 15:30 | | | | |
| 16:00 | | | | |
| 16:30 | 축하공연:GO | | | |
| 17:00 | | | | |
| 17:30 | | | | |
| 18:00 | | | | |
| 18:30 | | | | |
| 19:00 | | | | |
| 19:30 | | 폐 막 식 | | |
| 20:00 | | | | |
| 20:30 | | | | |
| 21:00 | | | | |
| 21:30 | | | | |
| 22:00 | | | | |

또한 걸음의 성숙, 또 하나의 시작
추억의 각인, 전설의 약속, 영웅의 전설.
이제 함께 풀어갈 과제의 제시와 방법이 제시된다

**폐회식 테마**

**"전설의 영웅"**

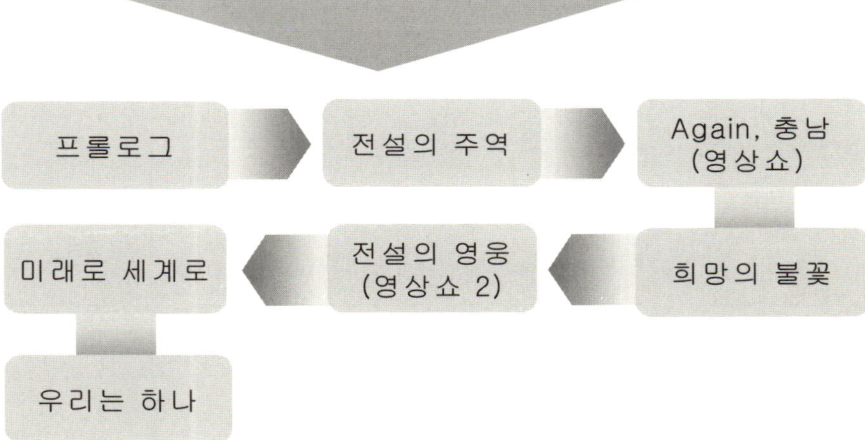

# 350. 폐막식 연출계획

## 352. 연출구성계획(17:30~19:00)

| 순서 | 타이틀 | 시간 | 내 용 | 출연진 |
|---|---|---|---|---|
| 식전행사 | 프롤로그 | 1분 | 레이져, 영상, 조명, 특효 –<br>Technology show | |
| | 전설의 주역 | 7분 | 충남대표 솔리스트 무용가와 장애인 1인 무용수가 선보이는 Spotlight Show 시립무용단이 합류하여 장애인과 비장애인 솔리스트 무용수를 애워 싼다 | 102명<br>*강진희 장애인 발레리나 섭외중 |
| | Again, 충남<br>(영상쇼) | 2분 | 3일간의 체전의 하이라이트 편집영상을 보며 출연진, 관중 모두가 마음속 희망을 다시금 다지는 시간 | 영상쇼 |
| 공식행사 | 폐 회 식 | 50분 | ※세부내역 참조 | VIP 참석 |
| 식후행사 | 희망의 불꽃 | 8분 | Candle 퍼레이드<br>-장애인이 비장애인에게, 비장애인이 장애인에게 서로의 촛불을 점화해 주면서 잃어버렸던 자신의 마음속의 희망을 다시 싹 틔우며 위안을 해주는 화합의 장을 연출.<br>충남 G.O. 축하공연 20명이 2개조로 나뉘어 공연 | 충남 G.O. 20명<br>기타 1,000명<br>(관람석과 동시에) |
| | 전설의 영웅<br>(영상쇼) | 5분 | * 레나마리아의 발가락 피아노 연주와 Mixing되어 역동적으로 펼쳐지는 3일동안의 장애인들의 경기장 내·외의 감동적인 모습들을 영상쇼로 연출한다. 장애인과 비장애인이 하나가 되는 문화행사장에서의 모습들이 교차되면서, Closing 부분에서는 다음 대회를 기약하는 머시지를 담은 장애인들의 아듀메시지 영상과 충남에서의 기억을 영원히 간직하리라는 메시지를 담아 귀도리와 곰두리가 마지막 안녕을 고하고 영상이 마무리 된다. | 영상쇼 |
| | 미래로 세계로 | 7분 | 이제 미래와 세계로 뻗어가는 의지와 용기와 기개를 보여준다.참가자 전원 참석 | 연합 풍물패(100명) |
| | 우리는 하나<br>(불꽃축제) | 5분 | 모두가 하나되어 내년을 기약하며 불꽃축제 가운데 서로에게 이별을 고한다. | 충남국악관현(약50명),<br>충남교향악단(약20명),<br>충남 국악단(약70명) |

### 353. 폐막식 공식행사(17:40~18:30)

| 식순 | 시간 | | 출연진 | 내용 |
|---|---|---|---|---|
| 귀빈입장 | 17:35~17:40 | 5′ | 대회대표단 등 귀빈 | 귀빈 입장－공식행사 식전배치 |
| 개식통고 | 17:40~17:41 | 1′ | 사회자(손범규 아나운서) | 군악대 팡파르 |
| 선수단입장 | 17:41~17:58 | 17′ | 선도악대, 기수단, 선수단 | 각 시·도 선수단 입장<br>선도악대: 국군취타대 |
| 대회운영보고 | 17:58~18:00 | 2′ | 대회운영본부장 | |
| 공로패전달 | 18:00~18:02 | 2′ | 대회장 | 시·도 선수단장중 선정 |
| 곰두리모범상 및 장학금수여 | 18:02~18:08 | 6′ | 대회장 | 단체상: 개회식 우수입장 시·도<br>개인상: 모범선수 |
| 충남G.O. 장학금지급 | 18:08~18:10 | 2′ | 충남 도지사 | 장학금: 시·도 추천선수 2명 충남 G.O. 가운데 우수한 G.O.에게 장학금 수여 |
| 축가합창 | 18:10~18:12 | 2′ | 합창단 | 축가 |
| 폐회사 | 18:12~18:17 | 5′ | 대회장 | |
| 대회기강하 | 18:17~18:20 | 3′ | 합창단 | 대회가 |
| 대회기전달 | 18:20~18:21 | 1′ | 충남 도지사<br>대회장<br>차기 대회 대표자 | 충남 도지사 → 대회장 → 차기 대회 대표자 |
| 환송사 | 18:21~18:22 | 1′ | 충남 도지사 | |
| 격려사 | 18:22~18:25 | 3′ | 보건복지부장관 | |
| 폐회선언 | 18:25~18:26 | 1′ | 사회자 | 팡파르 |
| 성화소화 | 18:26~18:27 | 1′ | | 성화소화 |
| 수화합창 | 18:27~18:30 | 3′ | 관람객 및 합창단 전원 | 사랑으로 |

## 512. 전야제 조명 메인트러스 디자인

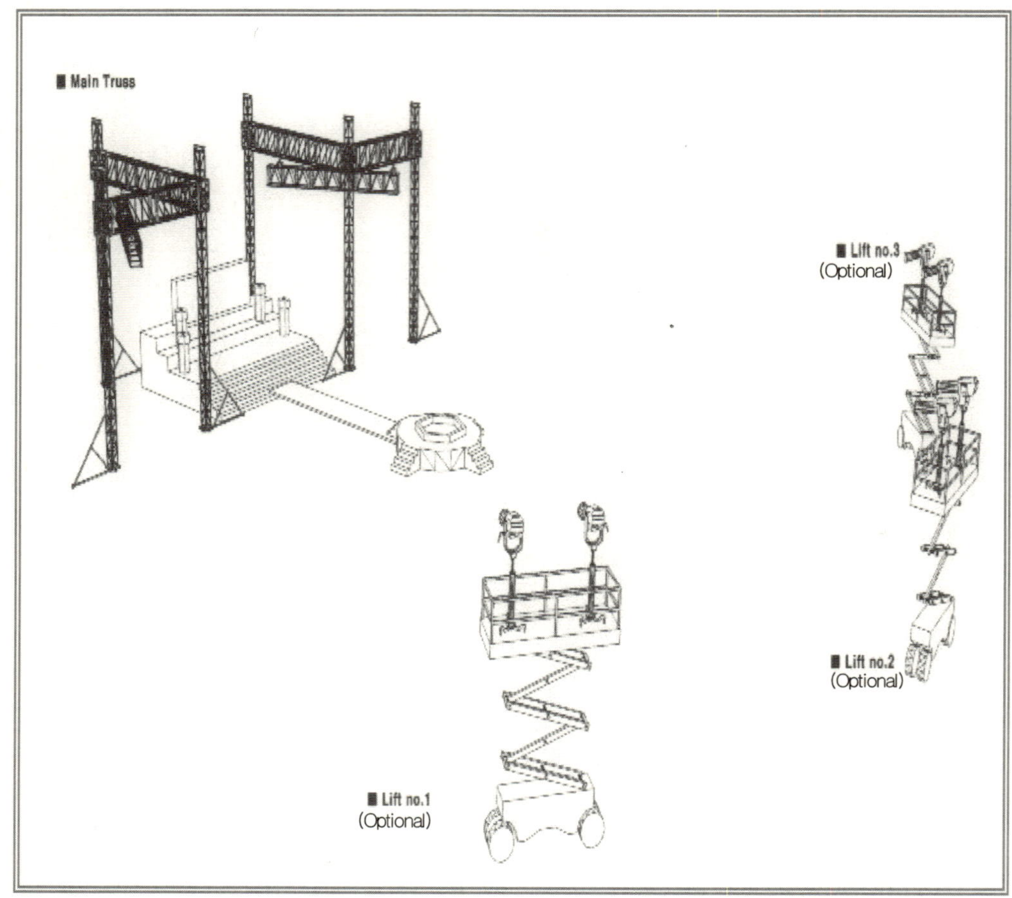


★ 현장상황과 연출의도에 따라 조정가능

❖ 전야제 무대의 배경이 되는 천안종합운동장의 아름다움과 주변환경의 수려함을
   효과적으로 드러나게 하기 위한 트러스 디자인이다.

❖ 구조물 성격인 Main Truss가 무대 전체를 가로지르는 일반적인 디자인에서
   전통적인 무대와 주변환경(공간)의 조화, 시각적인 안정감을 주기 위한 좌·우측
   중심의 트러스 디자인이다.

# 531. 전야제, 문화행사 행사장 설계도(영상/중계/특효)

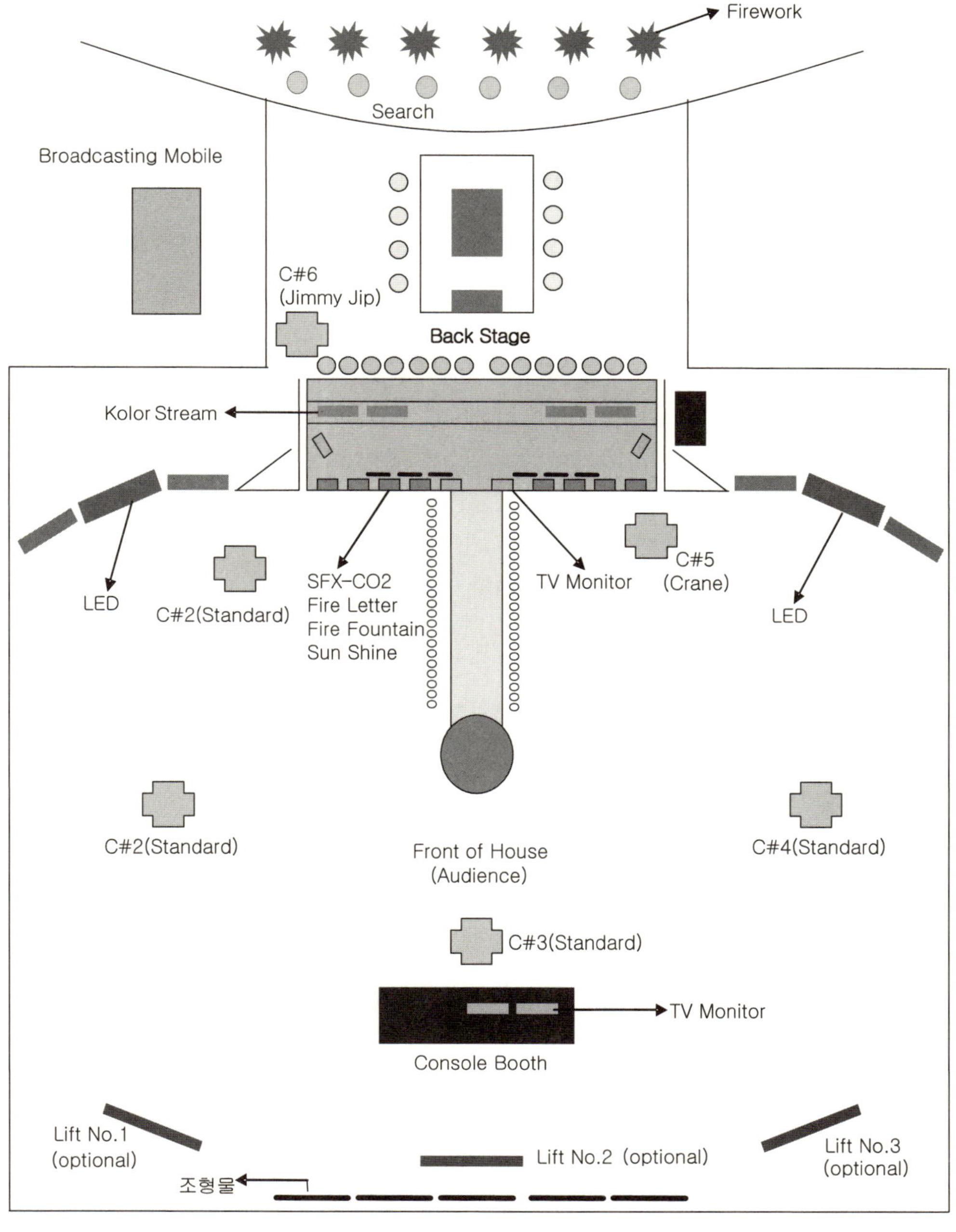

## 531. 전야제, 문화행사 행사장 설계도(무대/조명/음향)

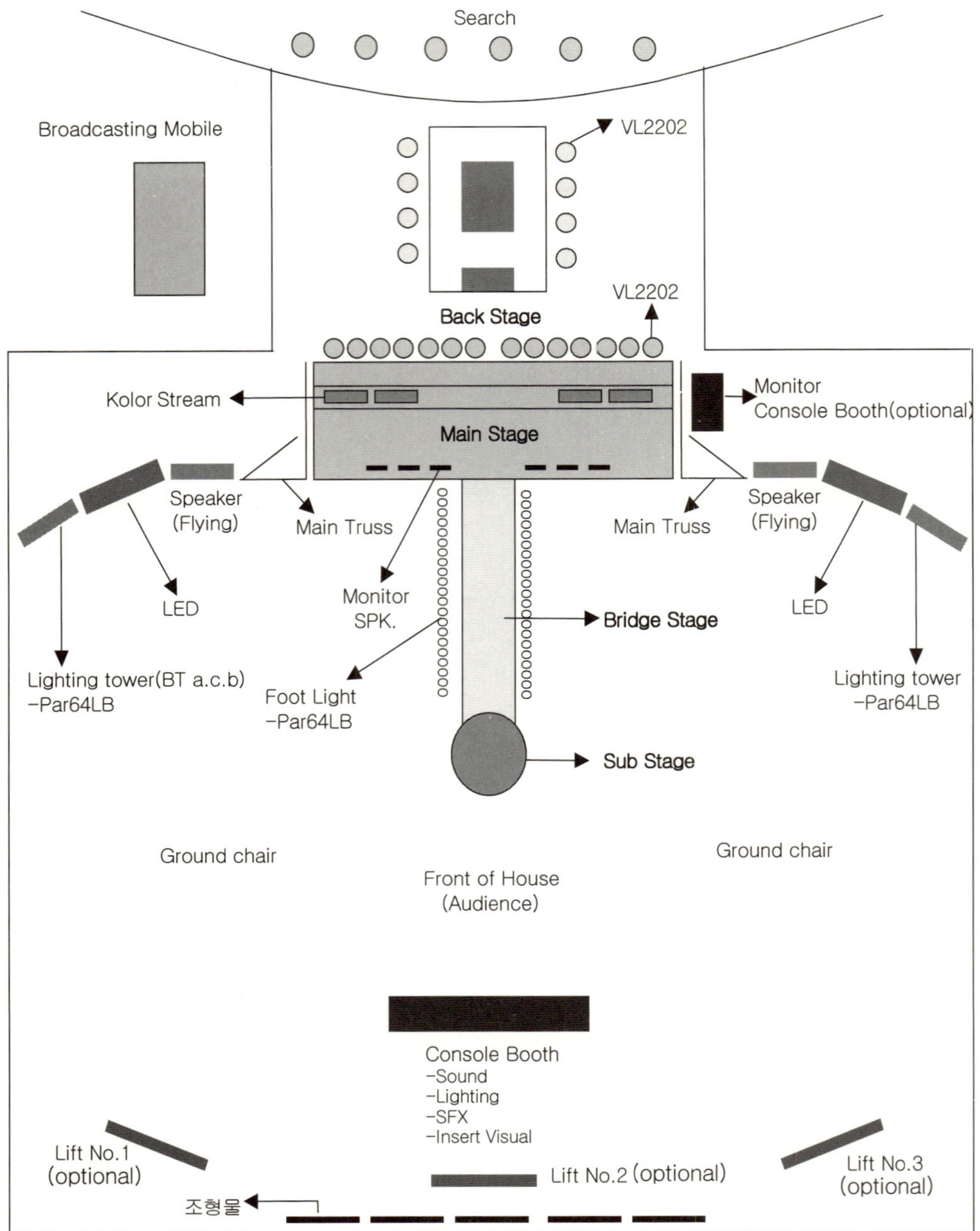

# 541. 전야제, 문화행사 무대디자인

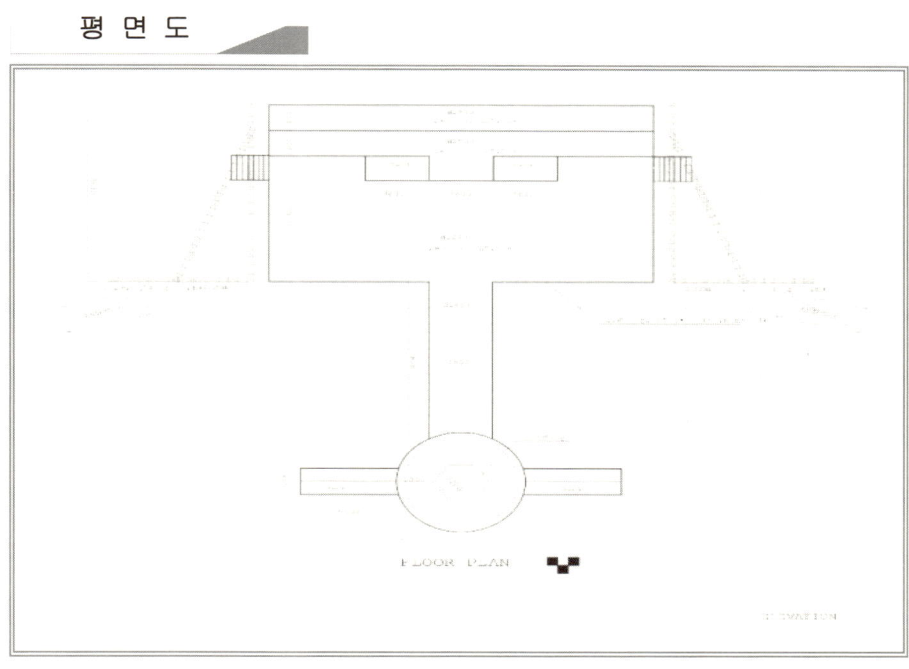

평면도

입면도

## 542. 폐막식 무대디자인(Optional)

### 평 면 도

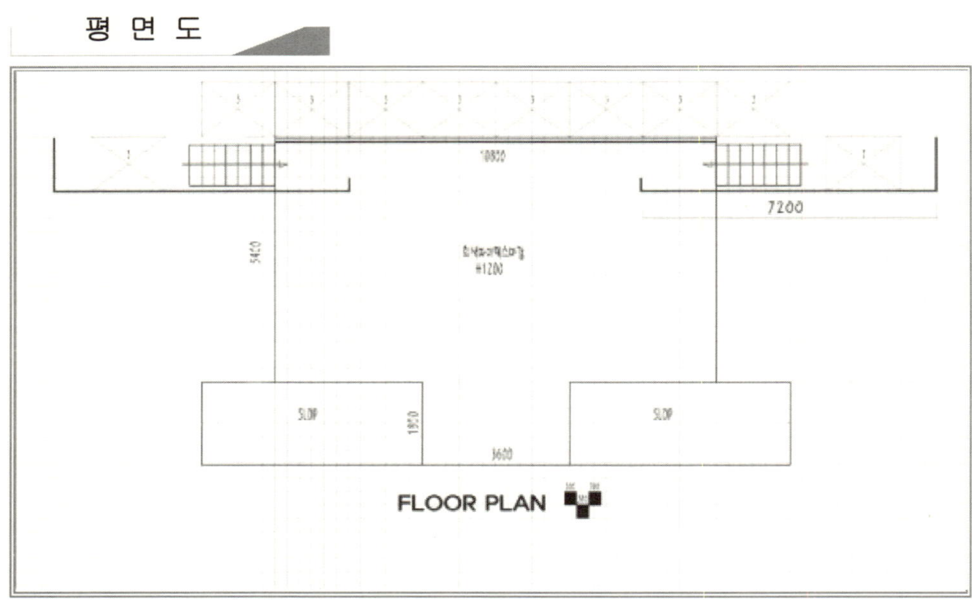


### 입 면 도

# 제23회 전국장애인체육대회 선수단 입장 형태

## A. 선수단 입장 동선

### a) 선수단 입장 형태

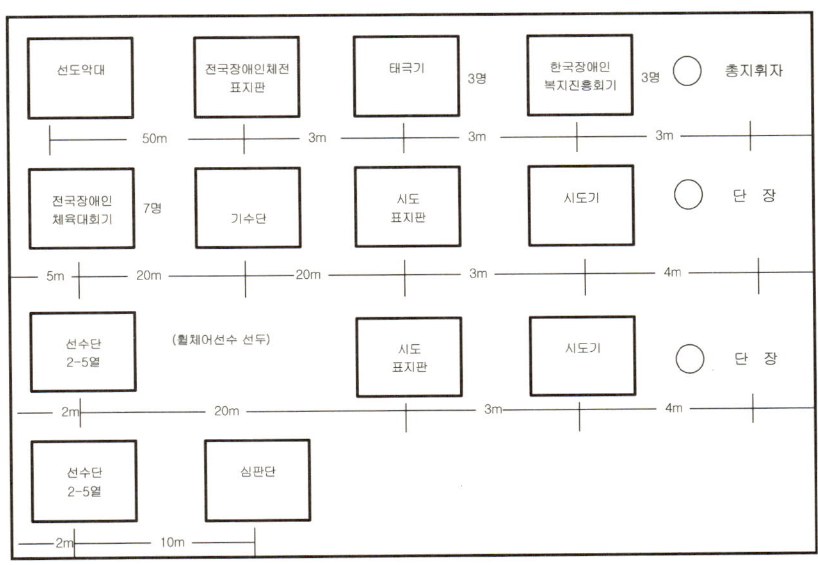



### b) 선수단 입장 순서

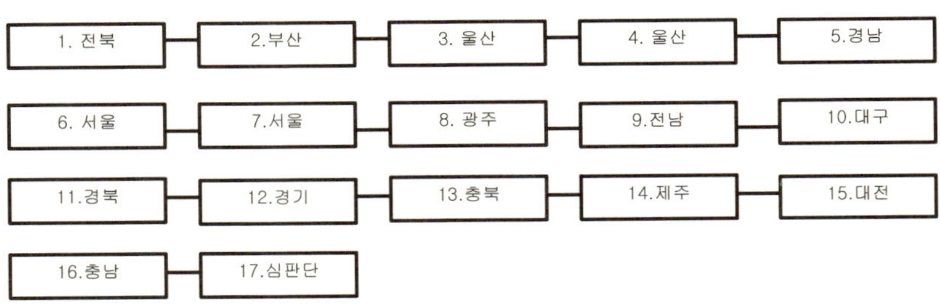

### c) 경기장내 선수단 배치도

| 기수단 | 대전광역시 | 충청북도 | 경상북도 | 전라남도 | 서울특별시 | 경상남도 | 울산광역시 | 전라북도 | 부산광역시 | 강원도 | 인천광역시 | 광주광역시 | 대구광역시 | 경기도 | 제주도 | 충청남도 | 심판단 |
|---|---|---|---|---|---|---|---|---|---|---|---|---|---|---|---|---|---|
|  | 15 | 13 | 11 | 9 | 7 | 5 | 3 | 1 | 2 | 4 | 6 | 8 | 10 | 12 | 14 | 16 | 17 |

### d) 경기장 내 선수정렬 요령

1. 정렬시 개인간의 거리는 1m를 유지하며, 옆과의 간격을 20㎝ 유지함
2. 정렬시 거리는

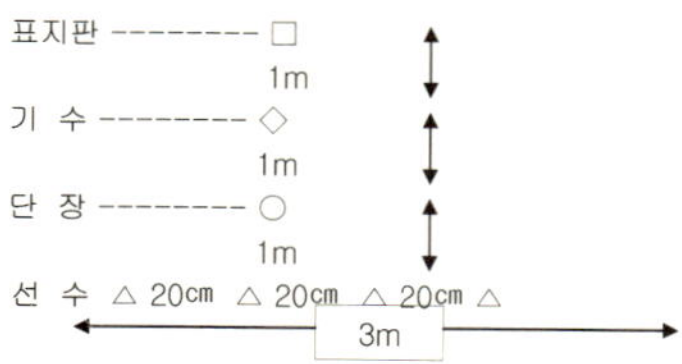


3. 시도별 선수단은 단위대별로 입장이 완료되면 지휘자가 "열중쉬어" 자세를 취하도록 한다.

4. 태극기, 체육회기 입장시 계속 행진하여 서문으로 퇴장한다.

5. 표지판수, 시도단기 기수, 경기단체 기수, 시도군 체육회기수, 단위대 기수는 깃봉의 하단을 지면에 대고 "열중쉬어"

  자세를 취한다.

6. 대회기 요원은 대회기 게양대 옆으로 기폭을 팽팽하게 잡고 부동자세를 취한다.

### e) 보조경기장 행사단 정렬

| 심판단 | 충청남도 | 대전광역시 | 제주도 | 충청북도 | 경기도 | 경상북도 | 대구광역시 | 전라남도 | 광주광역시 | 서울특별시 | 인천광역시 | 경상남도 | 강원도 | 울산광역시 | 부산광역시 | 전라북도 | 선수단 선도 | 출연진 | | |
|---|---|---|---|---|---|---|---|---|---|---|---|---|---|---|---|---|---|---|---|---|
| 단장1 표지판1 | 단장1 기수1 표지판1 | 단장1 기수1 표지판1 | 단장1 기수1 표지판1 | 단장1 기수1 표지판1 | 단장1 기수1 표지판1 | 단장1 기수1 표지판1 | 단장1 기수1 표지판1 | 단장1 기수1 표지판1 | 단장1 기수1 표지판1 | 단장1 기수1 표지판1 | 단장1 기수1 표지판1 | 단장1 기수1 표지판1 | 단장1 기수1 표지판1 | 단장1 기수1 표지판1 | 단장1 기수1 표지판1 | 단장1 기수1 표지판1 | 기수단 33 대회기 7 총지휘자 1 진흥기 3 태극기 3 선도악대 100 | 충남 주부 풍물단 100 | 날개 무용단 100 | 장애인 대표 1 자원 봉사 예술단 150 전술 비연 전문가 10 |
| 17 | 16 | 15 | 14 | 13 | 12 | 11 | 10 | 9 | 8 | 7 | 6 | 5 | 4 | 3 | 2 | 1 | 147 | 100 | 100 | 161 |

## 2) 제40회 온양문화제 Amazing Hero

제40회 온양문화제 Amazing Hero의 연출에서 컨셉(Concept)을 조명·음향·환경장식·무대부분에 어떻게 반영하여 기본 안을 기획하였는지를 살펴 보도록 하자. 이렇게 세밀한 기본안을 설정해야만 이에 근거한 Acting이 가능하기 때문에 Producing단계에서 꼼꼼히 계획을 수립해야 한다.

### (1) 조명부분 연출 사례

- 전체적으로 밝고 미래지향적 패턴과 톤(Tone)으로 연출.
- 지역적 특색을 감안한 전통적 분위기 조성.
- 이순신의 영웅적 위상을 감안한 부분적 강렬함과 진취적 느낌.
- 일체식(Truss, Dome 형식, 사각형)을 활용하여 주변을 심플하고 단아하게 연출.
- 각 스테이지별 분위기와 컨셉에 어울리는 분위기 연출.

### (2) 음향부분 연출 사례

- Flying Truss System에 의한 스피커 고공설치로 행사장내 청각의 사각지대가 없도록 디자인.
- Live 위주의 Performance에 의한 생동감있는 Sound Performance 연출.
- Effect Sound를 별도 제작, Live와 연계하여 적절히 활용하여 입체적 음향공간 시스템 구축.
- 무대출연자들과 객석이 일체감을 느낄 수 있는 Lay-Out.

## (3) 환경장식·무대부분 연출 사례

그림 7-1    제40회 온양문화제 포스터

■ Main 행사장 및 관련무대 Line은 Truss를 활용하여 Truss와 무대세트가 자연친화적인 질감이 나도록 표현.

■ 세트는 이순신의 이미지를 형상화하여 기대감 조성과 행사의 컨셉에 부합되는 비주얼로 표현.

■ Final Stage에서 이순신 이미지의 비주얼이 미래지향적 비주얼로 변환, 모두가 환호하는 축제분위기 연출.

■ 행사장 주변 및 인근 지역에 배너·아치 등을 설치하여 지역친화적 축제분위기 연출.

■ 아산시의 이미지와 Amazing Hero의 형상화된 이미지가 결합된 주변환경장식.

제40회 온양문화제 Amazing Hero의 무대장식에서는 이순신 장군의 영웅 이미지를 최대한 강조할 수 있는 색채와 디자인 장치물을 설치하고, 음향에서도 생동감과 힘이 느껴질 수 있도록 효과음향을 준비하고, 공간배치를 고려하여 스피커를 설치하도록 함으로써 Amazing Hero의 컨셉에 부합되는 무대로 연출하였다. 이처럼 각 행사의 컨셉에 맞는 프로그램과 장치물 설치가 될 수 있도록 연출해야 한다는 것을 항상 잊지 말아야 할 것이다.

## 3) 공연 스케줄 및 타임 스케줄 작성·관리

연출 단계에서는 공연에 대한 전체스케줄을 작성하는 작업도 진행되어야 한다. 모든 행사는 정해진 시각과 정해진 장소에서 진행되기 때문에 시간과 장소에 대한 관리가 매우 중요하다.

무대 위에서의 진행에 관련된 큐 시트(Cue Sheet)의 작성도 치밀하게 이루어져야 할 뿐만 아니라 사전 준비기간 동안의 일정도 시간단위별로 수립하여 순서대로 진행되어야만 누락되는 부분 없이 완벽한 준비를 할 수 있게 된다. 타임 스케줄을 참조하여 진행상황을 체크할 수 있으므로 가능한 작은 시간단위로 나누어 타임 스케줄을 작성하는 것이 바람직하다.

## 4) 점검표 작성

타임 스케줄이 작성되면 공연을 위한 사전 체크 포인트가 무엇인지를 자세히 파악하여 점검표를 작성해야 한다. 출연진의 이동사항이나 무대·조명·음향·특효 등에 관련된 준비물 및 비상연락처 등을 항목별로 체크 리스트를 작성하여 그때 그때 점검할 수 있도록 해야 한다. 만약의 경우를 대비하여 각 부분의 책임자와 담당실행자의 연락처를 모두 소지하고 있는 것이 좋다.

## 5) 행사장 배치도

행사장 배치도와 무대도면은 실제의 현장을 미리 그림으로 표현한 것이기 때문에 이를 근거로 동선 계획을 수립하게 된다. 따라서 행사장 배치도는 관객과 출연자, VIP의 동선유도계획뿐만 아니라 무대설치를 위한 하드웨어 운송에 있어서도 중요하다. ( 그림 7-2  참조)

**표 7-8**  제23회 전국장애인체육대회 리허설 계획

| 구분 | 시간 | 장소 | 참여범위 | 리허설내용 | 러허설진행 | 지원사항 | 특이사항 |
|---|---|---|---|---|---|---|---|
| 공식행사 예비 리허설 | 5/12 오후 2시 | 천안종합 운동장 | 개회식 공식행사 준비팀(장애인 복지 진흥회, 대행사 스탭, 도청, 시청 스탭, 유도요원 등) | 공식행사 세부 자체 리허설 (보조경기장부터 공식행사전체 진행) | 총연출/총감독 /복지 진흥회 외 | 음향팀(사계-BGM과 마이크 사용) 공간사용(보조경기장, 주경기장) | Marking, 소품 등 필요 물품 준비 |
| 파트별 세부 리허설1 | 5/13 오후 12~2시 | 천안종합 운동장 | 한국 응원 연합 900명/ 인애학교 선생님 10명(대표) | 식후행사 5번째 프로그램 연습 | 총연출/예술감독 PD 외 | 음향팀(사계) /공간사용(주경기장) | |
| 공식행사 부분 리허설 | 5/13 오후 2~4시 | 천안종합 운동장 | 시도표지판 도우미/유도요원/선수, 심판대표/성화주자/천안시 립합창단/인애학교/선도악 대/주부풍물단 | 공식행사 파트별 세부 리허설 | 총연출/과장 /도청, 시청 관계자 외 | 음향팀(사계) /공간사용(주경기장) /전광판사용 | |
| 개회식 모의 리허설 | 5/13 오후 4~6시 | 천안종합 운동장 | 기수단/의장대/시도표지판 도우미/유도요원/선수, 심판대표/성화주자/천안시 립합창단/인애학교/선도악 대/주부풍물단/식전행사 공연팀(일부참여)/식후행사 공연팀(일부참여) | 개회식 식순(식전/공식/식후)에 따른 모의 리허설 방식으로 연속 진행 | 총연출/총감독 /과장/도청, 시청 관계자 | 음향팀(사계) /공간사용(주경기장) /전광판사용 | |
| 파트별 세부 리허설2 | 5/13 오후 9~10시 | 천안종합 운동장 | 세계 평화 태권도단 350명 | 식후행사 3번째 프로그램 연습 | 총연출, 예술감독 PD 외 | 음향팀(사계) /공간사용(주경기장) /야간 조명 지원 | |
| 파트별 세부 리허설3 | 5/13 오후 10~11시 | 천안종합 운동장 | 날개 무용단 200명 | 식후행사 2번째 프로그램 연습과 식전행사 2번째 프로그램 | 총연출, 예술감독 PD 외 | 음향팀(사계) /공간사용(주경기장) /야간 조명 지원 | |
| 파트별 세부 리허설4 | 5/13 오후 11~12시 | 천안종합 운동장 | 명 재즈단 300명/신풍예술단 250명 | 식후행사 3번째 프로그램 연습과 식전행사 3번째 프로그램 연습 | 총연출, 예술감독 PD 외 | 음향팀(사계)/공간사용(주경기장)/야간 조명 지원 | |
| 파트별 세부 리허설5 | 5/14 새벽 5~7시 | 천안종합 운동장 | Peace Model Korea 250명 | 식후행사 첫 번째 프로그램 연습 | 총연출, 예술감독 PD 외 | 음향팀(사계) /공간사용(주경기장) /야간 조명 지원 | |
| 최종 모의 리허설 | 5/14 오전 8~9시30분 | 천안종합 운동장 | 군악대/인애학교/주부풍물 단/선도악대/도우미/시립합 창단/수화합창단/기수단/성 화주자/칠선녀/전술비연 전문가/자원봉사 예술단 등 | 공식행사 및 식전행사 최종 예비 리허설 | 총연출/총감독/예 술감독/PD 등 | 음향팀(사계) /공간사용(주경기장) /성화점화 팀 등 | |
| 최종 모의 리허설 | 5/14 오전 9시30분~ 11시30분 | 천안종합 운동장 | 식전행사/공식행사/식후행 사 전체 프로그램 참여자/사회자/방송 중계팀/선수단(임의)/특수 효과팀 | 방송, 카메라 리허설을 겸한 running time대로 진행되는 최종 리허설 | 총연출/총감독 /예술감독/PD. 방송중계팀 등 | 음향팀(사계) /공간사용(주경기장)/ 성화점화 팀 등 | |

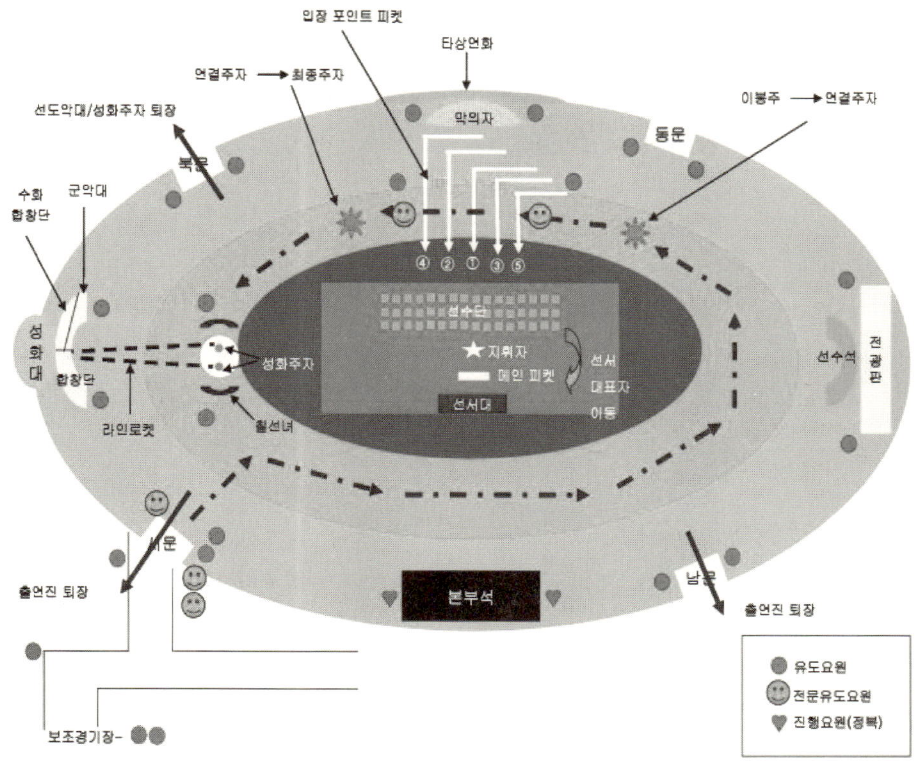


**그림 7-2** 제23회 전국장애인체육대회 행사장 배치도

## 3. 연기

연기(Acting)는 실제 무대 위에서 펼쳐지는 공연행사에 대한 모든 부분을 말한다. 이 과정에서는 출연진·공연내용을 비롯하여 무대·조명·음향·특효·영상·분장·소품 등 공연현장에 필요한 모든 부분의 운영을 장면별로 빠짐없이 체크하여 한 장의 큐 시트 (Cue Sheet)를 작성해야 한다. 정해진 시간 내에 준비된 프로그램을 가장 효과적으로 진행하기 위해서는 큐 시트의 제작이 절대적으로 필요하다.

　　다음에 제시되는 큐 시트를 보면, 각 항목별로 일목요연하게 정리되어 있으므로 실제 무대 위에서의 행사가 어떻게 진행되는지를 한 눈에 파악할 수 있을 것이다.

**표 7-9**　Cue-Sheet 사례

| 순서 | 내용 | | 시간 | 연출방향 | 구성 | 출연진 | 인원 | 음향 | 조명 | 특수효과 | 비고 (영상) |
|---|---|---|---|---|---|---|---|---|---|---|---|
| S#1 | | 식전의전 행사 | 19:30~ 19:55 (25분) | −사회자의 오프닝 멘트 −영상축하 메시지 송출 −G.O 선포식 (의전)진행 −G.O 축하공연 (making film) | 축하 메시지 | 유명인사 /소시민 | | VCR | 암전 | | VTR 송출 |
| | | | | | G.O 선포식 | 충남도지사 /부지사 | 2명 | WIRE LESS MIC | 밝게 | | 중계 |
| | | | | | G.O 축하공연 | G.O | 20명 | BGM | 공연 조명 | CO2 무연분수 | 중계 |
| S#2 | 전 야 제 | 특별주제 공연 | 19:55~ 20:25 (30분) | −전문예술단인 신풍예술단을 중심으로 '천지의 소리'라는 주제로 40분간 다양한 구성과 체전개막에 대한 설레임과 웅장함을 동시에 연출한다. | 국악 퓨전 퍼포먼스 | 신풍예술단 박유하(장애인 가수) 국악인7-수 김상용, 박선미 바라춤 상모돌ㄹ 기 여성무용단 | 50명 | LIVE | 공연 조명 | | 중계 |
| S#3 | | 축하무대 | 20:25 ~20:50 (25분) | −사회자의 중간멘트 −현철의 축하무대 2곡 −김지선의 축하무대 −해바라기의 열창무대 −영상물 상영 (장애인 감동영상) −해바라기와 휠체어 장애인이 함께 엮는 무대 −수화 합창단 조인 | 대중가수 공연 영상물 상영 | 현철 | 1명 | MR | 공연 조명 | | 중계 |
| | | | | | | 김지선 | 1명 | MR | 공연 조명 | | |
| | | | | | | 해바라기 | 2명 | MR | 공연 조명 | | 중계 |
| | | | | | | 영상물 | | VCR | 암전 | | VTR 송출 |
| | | | | | | 해바라기 & 휠체어장애인 | 3명 | MR | 공연 조명 | | 중계 |
| S#4 | | Grand finale | 20:50 ~21:00 (10분) | −해바라기의 '사랑으로' 외 2곡 −마지막 멘트로 마무리 | 마무리 공연 & 대형불꽃 | 해바라기 현철 신풍예술단 G.O 등 전체 (수화 합창단) | 170 명 | MR | 밝게 | | |

그림 7-3  연출 사례

**그림 7-3** 연출 사례

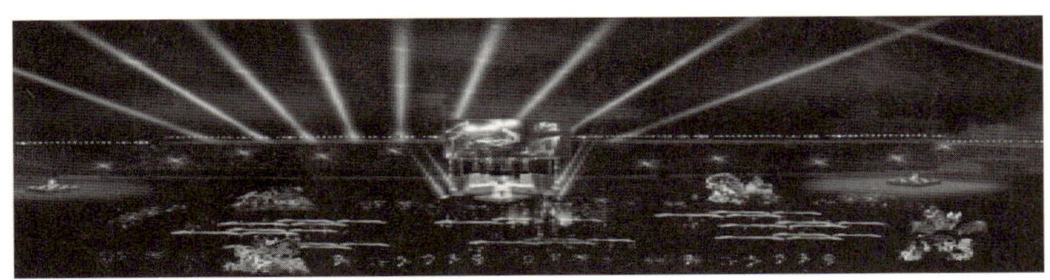

그림 7-3   연출 사례

그림 7-3 　연출 사례

그림 7-3 연출 사례

# 제 8 장

# 예산

예산이 많은 행사는 누구든지 멋지게 연출할 수 있다.

전문가는 예산을 효율적으로 집행하는 기술자가 되어야 하며 주최측에 도움이 되는 문화경영 전문가가 필요하다.

많은 예산을 들이면서도 고객만족을 창출하지 못하는 우리나라 이벤트 사업의 구조적 모순을 자각해야 할 것이다.

아직도 지역축제에 막대한 돈을 쏟아 부으면서도 자기 만족으로 끝나는 행사를 기획하고 있는 지자체는 반성해야 하며 이익을 "남겨야 한다"는 걸 명심하길 바란다.

## 1. 예산표 작성법

예산은 조직 내 재무적 자원의 사용을 통제하기 위하여 발전된 미래의 지출, 수익 및 기대이익에 대한 공식적 기술이라고 정의 할 수 있다. 즉 미래의 경영계획을 숫자로 표시한 것이다. 지역문화축제에서의 예산은 인건비·제작비·홍보비·공과잡비 외의 항목은 없다. 우리가 알고 있는 모든 지출내역을 아무리 분류하여도 이외의 항목으로 분류되는 내역은 없다는 사실이 조금은 놀라울 수도 있을 것이다. 의심스럽다면 실제로 생각나는 지출내역을 종이에 적어 위의 항목별로 정리해 보도록 권한다.

그러므로 예산을 작성할 때는 위의 네 항목으로 분류하여 한 눈에 예산을 파악할 수 있도록 해야 한다. 물론 전체의 수입과 지출의 내역을 하나의 도표로 간략하게 정리하여 비교해 놓는 작업도 잊어서는 안 될 것이다.

이렇게 예산표가 작성되면, 최대한의 SP 포인트를 찾아내어 절감할 수 있는 항목을 만들어내는 것이 행사예산의 중심내용이다.

## 1. 총괄예산표

## 600.예산 계획

### 620.지출 계획

#### 621. 총괄 예산

(단위 :원)

| 구 분 | 항 목 | 내 역 | 금 액 | 비고 |
|---|---|---|---|---|
| ① | 기획/ 연출료 | 총 연출감독 및 구성작가 등 | 30,200,000 | |
| ② | 개/폐회식 | 출연진 및 제작 | 229,100,000 | |
| ③ | 부대/특별 행사 | 제작. 운영비 등 | 76,300,000 | |
| ④ | 홍보/장치 장식 | 매체 홍보비. 인쇄물. 거리 홍보물<br>각 종 장치 장식물 | 139,700,000 | |
| ⑤ | H /W System | 무대. 음향. 조명. 영상.불꽃. 레이저<br>특수효과. 중계. 발전차 외 시스템 | 319,900,000 | |
| ⑥ | 소계 ① ⑤ | | 795,200,000 | |
| ⑦ | 일반관리비 (3%) | 소계 ⑥ 의 3%<br>-업무진행비. 행사보증보험.<br>-현장 진행성 경비 등 업무관리비용 | 23,856,000 | |
| ⑧ | 대행료 (10%) | 소계 ⑥ 의 10% | 79,520,000 | |
| ⑨ | VAT (10%) | 소계 ⑥ + ⑦ + ⑧ 의 10% | 89,857,600 | |
| 총 계 | | 소계 ⑥ + ⑦ + ⑧ + ⑨ | ₩988,433,600 | |

# 600.예산 계획

## 622. 기획 연출비

(단위 : 원)

| 구분 | 항 목 | 내 역 | 금 액 | 비 고 |
|---|---|---|---|---|
| 연출비 | 총 감독 | 1명 각 행사 총괄연출 | 12,000,000 | |
| | 조연출 | 3명 × @500,000 × 2일간 | 3,000,000 | |
| | 구성작가 | 1명 × @2,000,000 | 2,000,000 | |
| | 연출 스텝 | 8명 × @200,000 × 2일간 | 3,200,000 | |
| | 기획료 | 행사기획/진행 / 스크립트 운영메뉴얼작성 등 | 10,000,000 | |
| 소계 ① | | | 30,200,000 | |

## 623. 개/폐회식

(단위 : 원)

| 구분 | 항 목 | 내 역 | 금 액 | 비 고 |
|---|---|---|---|---|
| 인력부분 | 전문 MC | -식전/후 성우 1명 | 2,500,000 | |
| | 사회자 | -김병찬 급 아나운서 1명 | 5,000,000 | |
| | 출연진 | -개회식 식전/후 행사 정령의 춤, 대립과 화합, 순수한 생영 태동의 울림, 깨어남, 비상의 날 개짓 | 30,000,000 | |
| | | -축하공연 연예인 10팀(비, 동방신기, 쎄븐 등) | 100,000,000 | |
| | | -폐회식 사회자 식전행사, 공식행사 | 4,500,000 | |
| | | -폐회식 퍼포머 /장비/악기 포함 | 4,000,000 | |
| | 군악대 및 의장대 | -섭외시 지원협조 사례비 | 2,300,000 | |
| | 국악 관현악단 | -충남 문화예총 / 충남도청 협조 | 7,000,000 | 편곡비용포함 |
| 제작/대영비용 | 의상 및 소품 대여 제작 | -개회식 식전/후 문화행사 소품, 의상 대여 및 제작 | 15,000,000 | |
| | 특수제작물 | -'깨어남' 퍼포먼스 조형물 | 8,000,000 | |
| 운영비 | 도우미 | -개/폐회식 도우미 | 1,800,000 | 진행요원지원 |
| | 경품 | -경품행사 진행 | 20,000,000 | 협찬 협의 |
| | 리허설 및 기타 | -사전 리허설 및 현장운영비 | 29,000,000 | |
| 소계 ② | | | 229,100,000 | |

## 624. 부대/특별행사

(단위 : 원)

| 구분 | 항목 | 내역 | 금액 | 비고 |
|---|---|---|---|---|
| 인력부분 | 국악공연 | -충남 예총 국악관현악단 | 3,000,000 | 예정 |
| | 오케스트라 | -충남 교향악단 | 3,000,000 | 예정 |
| | 마당놀이 | -전통문화 단체 마당놀이 팀 | 3,000,000 | |
| | 출연진 | -이벤트 부스, 문화광장 조성<br>코스프레, 바디페인팅, 마이머 등 | 16,740,000 | |
| | | -스포츠 패션쇼<br>모델 | 3,500,000 | |
| 운영비 | 진행요원 | -먹거리 장터, 시도 홍보관, 충남 문화<br>페스타 등 운영 | 11,260,000 | |
| | 도우미 | -시도 홍보관 도우미 | 1,800,000 | |
| | 장학금 | -충남 문화 페스타 | 10,000,000 | |
| | 기념품 | -충남 사랑 가족 인라인 대회 | 5,000,000 | |
| | 차량 운영 | -거리 홍보단 - 차량 임차, 래핑 포함 | 4,000,000 | |
| | 교육 및 기타 | -사전 리허설 및 현장운영비 | 15,000,000 | |
| 소계② | | | 76,300,000 | |

## 625. 홍보, 장치/장식

(단위 : 원)

| 구분 | 항목 | 내역 | 금액 | 비고 |
|---|---|---|---|---|
| 홍보비 | 매체홍보비 | -TV, 라디오 Spot , 스크롤, 신문, 인터넷 등 | 40,000,000 | |
| | 홍보탑 | -충남 도내 주요 지점/ 3식 | 6,000,000 | |
| | 육교현판 | -충남 도내 주요 지점/ 5식 | 4,500,000 | |
| | 인쇄물 | -리플렛, 초청장, 포스터 등 | 12,000,000 | |
| 장치<br>장식 | 현수막류 | -대형 현수막 및 풍천, 가로등 배너, 현수막 등 | 15,000,000 | |
| | 행사용 | -대형풍천 (가로8m × 세로6m) / 애드벌룬 4구 | 5,000,000 | |
| | | -주경기장 디스플레이용 난간 현수막 | 4,000,000 | |
| 소품<br>장비<br>대여 | 의자 | -광장 무대용 | 7,200,000 | 관리포함 |
| | 텐트 | -시도 홍보관, 먹거리 장터, 이벤트 관 등<br>MO텐트 등 | 40,000,000 | |
| | 부스 소품 | -천막 부스 내 소품(테이블, 의자, 전력 등) | 6,000,000 | |
| 소계 ⑧ | | | 139,700,000 | |

## 600.예산 계획

### 626. H/W 시스템

(단위 : 원)

| 구 분 | 항목 | 내 역 | | 금액 | 비고 |
|---|---|---|---|---|---|
| 시스템 | 무대 | -메인무대, 상설무대, 폐회식 무대 등 4식 | | 40,000,000 | |
| | 음향 | -음향 3.식 (개.폐회식 공통/광장무대/상설무대) | | 30,000,000 | |
| | | -음향BGM 및 불꽃 쇼 음악편곡/편집 (식전행사/개회식/폐막식) | | 5,000,000 | |
| | 조명 | -조명 4식 (경기장 내 400Kw, 메인무대 250Kw, 광장무대 250Kw, 상설무대 250Kw) | | 33,000,000 | |
| | | - 특수조명 : 서치라이트 20대 | | 12,000,000 | |
| | 트러스 | -트러스 ITTC 식   3식 | | 32,000,000 | |
| | 레이저 | -메인무대 :10w ~ 20w / 4식 구성 | | 8,000,000 | |
| | | -광장무대 :10w ~ 20w / 2식 구성 | | 4,000,000 | |
| | 영상 | -메인무대 | Air Screen 1 Set | 7,000,000 | |
| | | | LED 스크린 2 Set | 15,000,000 | |
| | | -광장무대 : 리어 프로젝트 각 2조 (3일간 운영) | | 12,000,000 | |
| | 특수효과 | -메인무대 : 임펙트용, 주간타상용,코메트 및 인체 | | 4,000,000 | |
| | | -광장무대 : 기본특효 일제 @1,500,000 X 3일 | | 4,500,000 | |
| | | -부대행사장 :800,000 X 3일간 | | 2,400,000 | |
| | 바보트 | -특수 연출용 바보트 1식 | | 10,000,000 | |
| | Para Bounce | -특수 연출용 Para bounce 10조/ 대여 및 유지 | | 18,000,000 | |
| | Pani | -파니 프로젝트 4식 (디자인료 포함) | | 16,000,000 | |
| | 불꽃놀이 | -다연발500발, 2" ~  11' -타상연화200발 | | 12,000,000 | |
| | 발전차 | -전력(350Kw, 160Kw, 75Kw) / -ATS 75Kw -3일간 / 4개 장소 사용 | | 10,000,000 | |
| | 중계시스템 | -개막식 축하공연 SBS Love FM 방송중계료 | | 35,000,000 | |
| | | -개막식 방송중계료 / 장비포함 | | 5,000,000 | |
| | 영상촬영 | -행사기간 중 기록 촬영 및 편집 : 행사 후 홍보용 | | 5,000,000 | |
| 소계 ⑦ | | | | 319,900,000 | |

## 2. 예산절감방안

예산부분에서는 연출예산절감방안이 주요내용이다. 예산을 절감한다는 것은 경제적인 수익 모델을 창출하는 또 다른 표현방식이다. 따라서 각 예산항목별로 예산을 절감할 수 있는 방법을 모색해 보도록 하자.

### 1) 인건비 절감방안

#### (1) 지역문화축제에서의 G.O요원의 활용

모든 산업에서 인건비가 가장 큰 비중을 차지하고 있는 것이 현재의 추세임을 볼 때, 적은 비용으로 고객에게 최고의 만족을 제공하는 G.O시스템은 마땅히 우리의 본보기가 되어야 할 것이다. 클럽 메드 내에서 1인 2~3역을 담당하는 G.O요원들의 활동은 리조트의 운영경비를 획기적으로 절감시키는 효과를 가져 왔다. G.O시스템에서 우리가 간과해서는 안 될 요소가 바로 이러한 예산절약측면이기도 하다. 이런 사례를 통해 많은 경비를 지출하면서도 제대로 고객만족을 창출하지 못하는 우리 나라 이벤트산업의 구조적 모순을 자각해야 할 것이다. 지역문화축제의 경우에는 지역의 특색을 무시한 채 대행업체에 의해 진행되는 동일한 축제의 병폐를 이제는 벗어나 자긍심을 가진 진정한 참여자로서의 지역주민들을 활용하여 인건비를 절약할 포인트를 찾아야만 한다. 그렇다고 해서 지역주민들의 참여를 단순히 예산절감을 위한 방안으로서만 해석해서는 안 된다. 지역주민들의 자발적인 참여는 그 지역만의 독특한 문화를 보고 싶어 하는 관광객들에게 진정한 만족감을 줄 수 있는 최선의 방법이기도 하다는 사실을 잊지 말아야 할 것이다.

세미나(Seminar), 팸 투어(Pam Tour)행사에서 공연을 실시하고, 전시에서 도우미 역할을 수행하며, 축제장 요소요소에서 안내원 및 진행요원으로 활동할 뿐만 아니라. 지역의 문화를 홍보할 수 있는 G.O요원은 인건비를 절감하는 데 있어 일익을 담당할 것이다.

### (2) 컨테스트

컨테스트(Contest)라는 형태를 통해 우리는 연출예산을 절감하는 효과를 얻을 수도 있다. 연예인을 출연시키는 공연연출을 하는 것과 컨테스트를 실시하는 연출과는 엄청난 예산상의 차이가 있다. 컨테스트 형식의 대표적인 예로 슈퍼모델 선발대회를 들 수 있을 것이다. 프로모델을 출연시켜 패션쇼를 하는 것과 슈퍼모델 선발대회라는 컨테스트 형식을 통해 패션쇼를 연출하는 것은 제작비와 인건비 면에서 비교할 수 없을 만큼의 차이가 생기는 것이다.

컨테스트 형식은 지역축제에서도 적용가능한 방법이다. 지역축제에 참가한 메인 게스트(Main Guest)에 의해 축제의 등급이 구분된다고 본다면, 각계각층에서 최고의 인물을 섭외하는 것이 최선일 것이다. 그러나 실제로 그런 인물들을 축제의 게스트로 초청하기 위해서는 엄청난 섭외비가 소비될 것이다.

그러한 예산상의 문제점에 대한 해결책으로 사용될 컨테스트 형식의 사례를 아산시 Amazing Hero 축제에서 찾아 볼 수 있다. 아산시의 경우는 온양문화제 Amazing Hero 행사 내에 대한민국 4대 영웅시상식을 기획하였는데, 이것은 하나의 홍보전략인 동시에 정치·경제·문화·예술·스포츠·연예의 네 분야에서 대한민국 최고의 인물을 영웅시상식이라는 타이틀을 부여하여 축제로 유인하는 계기를 마련하려는 시도였다.

## 2) 행사제작비 절감방안

### (1) 조직위원의 행사참여 유도

인건비 다음으로 제작비항목의 예산절감방안으로는 조직위원회의 위원들을 행사에 참여시키는 것이 가장 효과적인 방법이 될 것이다.

지역의 기업체·숙박업체·음식업체·여행사·상가·운송업체 등의 관계자를 조직위원으로 편성함은 물론, 본 행사에도 가능한 참여기회를 늘려 확실한 협찬명분을 부여하게 되면 협찬가능성을 높일 수 있다.

공동 마케팅의 일환으로서 현장 배너·현수막·무대·주변장치물 등에 협찬 유도도 가능할 수 있으며, 예를 들어 리셉션이 필요한 행사의 경우 지역의 유명인사주최의 리셉션을 기획하면 리셉션 주최자에게는 대외적인 명분을 높일 수 있는 계기를 마련해 주게 되고, 행사조직위원회에서는 예산을 줄일 수 있는 방안이 되기도 하는 것이다.

축제현장에서의 배너·현수막과 도우미 의상 및 청사초롱·기념품 등은 축제 브랜드를 대외에 전달하는 공식적인 시각물로서 그 의의가 매우 크며, 시각적인 주목성 또한 높다. 특히 어깨띠·모자 등의 기념품은 각종 행사시 참여인의 단합을 도모할 수 있는 중요한 아이템 중 하나이다. 이러한 장치물 및 기념품을 제작할 때 협찬사의 협조를 받을 수 있는데, 축제 브랜드와 협찬사의 로고를 동시에 보여 줌으로써 확실한 홍보효과라는 실리를 제시하고, 조직위원으로서 행사에 참여하는 명분을 부여하게 된다.


### 3) 행사지원비 확보방안

(1) 관련행정기관의 지원기준에 대한 파악

축제재정을 확보할 수 있는 또 다른 방법으로는 관련행정기관이 정하고 있는 지역축제 지원기준을 파악하는 것과 동시에, 문화관광부의 축제심의위원을 행사조직위원으로 위촉하는 방법이 있다.

문화관광부에서는 축제별로 7개의 공통평가항목을 설정하고, 축제참가자를 대상으로 설문조사를 실시하여 이를 지역축제 평가기준으로 반영하고 있다. 공통평가항목에는 지역축제 참가자 중 지역주민을 제외한 관광객의 비율, 관광객의 지출비용, 축제 프로그램에 대한 만족도, 음식판매 부스에 대한 만족도, 안내 및 편의시설에 대한 만족도 등이 포함된다.

이러한 평가기준을 근거로 해마다 지역문화축제를 지정하여 육성·지원하고 있다.

지역문화축제는 문화관광부의 평가기준에 근거해 볼 때 국제적인 문화관광축제로 개발할 수 있는 가능성을 인정받은 행사들로 이에 대한 지원을 받고 있는 것이다.

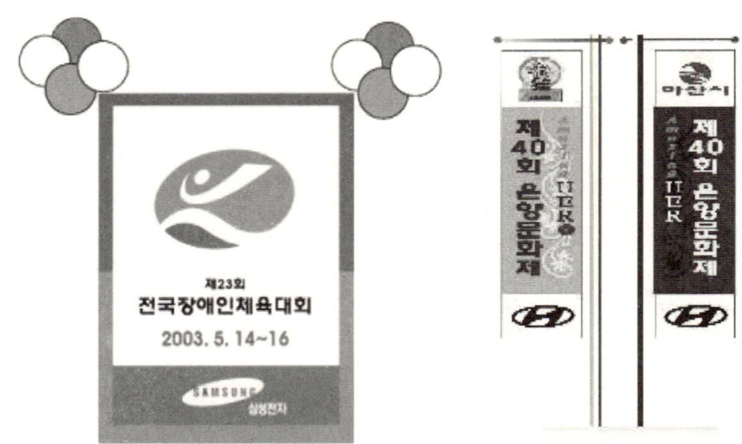

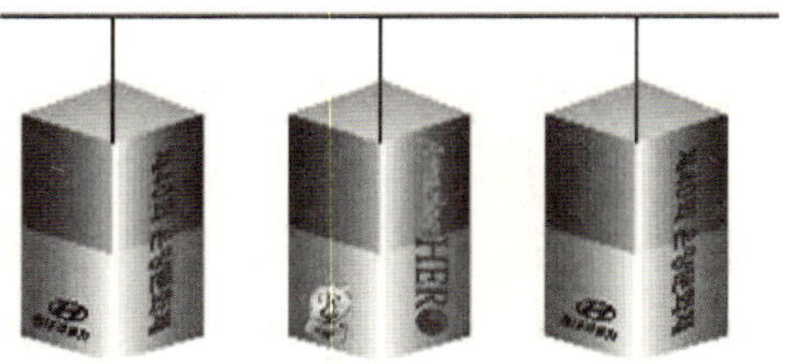

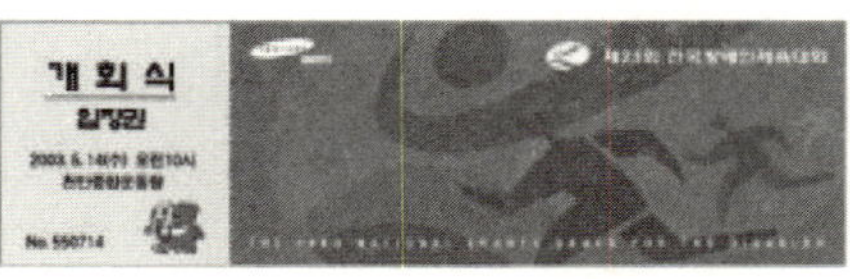

**그림 8-1** 지역축제 협찬사 노출 사례

# 3. 예산운영계획

## 1) 수입>지출일 경우

지역문화축제에서 발생하는 이익의 수혜자는 당연히 지역주민이 되어야 한다고 지적한 바 있다. 그러나 현실적으로 축제에서 발생하는 이익의 대부분이 지역에 환원되기보다는 수익업자에게 돌아가는 경우가 빈번한 것이 우리의 현실이다. 따라서 각 지자체를 중심으로 한 지역문화축제 조직위원회는 수익사업에 대한 올바른 관점을 지니고 있어야 하며, 투명한 예산운영이 되도록 노력해야 한다.

지역문화축제를 통해 발생한 이익이 지역주민에게 돌아가지 못하고, 특정개인이나 집단에게만 분배된다면, 장기적인 안목에서 지역발전에 큰 저해요인으로 작용할 것임은 자명하다. 확보된 수익금으로 환경개선·공동사업투자 등 지자체 운영경비로 사용하거나 조직위원회의 투명한 관리 하에 다음 축제의 예산으로 확보하는 등 건전한 활용 안이 마련되어야 할 것이다.

외국의 성공적인 지역문화축제의 경우는 한 번의 축제를 통해 지자체의 1년 예산을 확보하기도 한다. 이렇게 되면 지역주민에게는 세금부담이 줄어 들게 되고, 자신들에게 경제적인 이윤을 가져다 주는 축제에 대한 지역주민의 자긍심과 자발적인 참여도는 저절로 높게 나타날 수밖에 없는 것이다. 그러므로 조직위원회는 최대한의 SP포인트를 개발하여 축제를 통한 이윤발생을 극대화하여야 할 것이며, 깨끗한 예산운영에 최선을 다해야 할 것이다.

## 2) 수입<지출일 경우

앞의 경우처럼 지역문화축제를 통해 수입이 지출을 능가하게 되면, 일단 그 행사는 성공을 거둔 것이다. 그러나 SP 이벤트 기획의 5단계를 모두 거쳐 예산표를 작성하였을 때 지출이 수입을 능가하여 적자가 예상되면 문제는 심각해진다. 소모성의 행사로 전락되고 말 것이기 때문이다. 소모성 행사에 지역주민이 호응을 보여 줄리 없고, 관련행정기관에서 지원을 해 줄리 만무하다.

결국 상품기획이 잘못되었기 때문에 이런 현상이 나타나게 되는 것이므로, 이 경우에는 처음의 상품기획단계로 되돌아가 상품기획을 다시 검토하면서 혹시 놓치고 지나친 수익포인트가 없는지 찾아내고, 좀더 많은 성과를 올릴 수 있는 마케팅전략을 다시 수립하도록 해야 한다.

# 제9장

# 평가

이벤트의 사후 평가자료는 더 나은 기획을 위한 초석이 되어 줄 것이다.

## 1. 문화관광 이벤트 평가―"2005 대구 E-Sports Festival"

이벤트의 평가시스템이 적용된 지 그리 오랜시간이 흐르지 못했다. 이벤트의 사후 평가시스템이야 말로 더 나은 행사를 하기 위한 중요한 자료가 되어 줄 것이다. 행사의 시작보다도 마무리가 중요한 상황에서 마무리가 깔끔하지 못한 행사를 많이 봐 왔으며 참으로 안타까운 일이었다. 이제는 이벤트 행사의 투명성과 공정성을 위하여 마무리를 더욱 충실히 하는 이벤트가 되어야 하며 협찬사나 지원 조직에 집행 내역이나 결과에 대한 보고시스템의 정립도 중요한 시기에 와 있다.

문화관광이벤트를 평가하기 위해서는 지금까지 우리가 제시하였던 기획의 6단계, 즉, 기획·상품기획·마케팅·오거나이징·연출·예산까지의 각 단계들이 항목별로 제대로 진행되었는지를 살펴 보는 작업이 이루어져야 한다. 또한 지역축제 참가자들을 대상으로 실시한 설문조사를 바탕으로 데이터베이스(DB)를 구축하는 작업도 중요하다.

이렇게 실시된 사후 평가자료는 더 나은 기획을 위한 초석이 되어 줄 것이다. 문화관광부에서도 각 지역축제에 대한 평가를 실시하여 이를 토대로 지역축제지원안을 결정하고 있다. 문화관광부에서 설정한 일반적인 공통평가항목을 살펴 보면, 지역축제 기획시 고려할 점을 알 수 있을 것이다. (제2장의 [표 2-2] 2006년도 문화관광축제 선정기준 참조)

저자가 평가단장을 맡은 행사인 대구에서 열린 "2005 대구 E-Sports Festival"의 평가 사례를 들고자 한다. 이러한 축제의 평가시스템이 더욱 개발되고 정착되어 더 나은 축제를 하기 위한 중요한 자료가 되길 바란다.

# 평가항목

## 1. 결과개요

| 제목 | | 예산 | 주행사 | | 합계 | |
|---|---|---|---|---|---|---|
| | | | 부대행사 | | | |
| 기간 | | 주관사 | | | | |
| 장소 | | 대행사 | | | | |
| 주최 | | 협력사 | | | | |
| 주관 | | 주요외주사 | | | | |
| 후원 | | 정성적 판단 | 매우우수(A)/우수(B)/보통(C)/불량(D)/매우불량(E) | | | |
| 협찬 | | 정량적 판단 | 매우우수/우수/보통/불량/매우불량 | | | |

## 2. 내용

| 구분 | Code No | 항목 | 제안 | INSPECTION POINT | 별첨Page | 결과소견 A/B/C/D/E |
|---|---|---|---|---|---|---|
| Planning (기획, 저작권, 배경) | 1-01 | CI(제목) | | | | |
| | 1-02 | BI(브랜드) | | | | |
| | 1-03 | Slogan | | | | |
| | 1-04 | 행사의의·목적 | | | | |
| | 1-05 | 목표 | | | | |
| | 1-06 | 시장조사·분석 | | | | |
| | 1-07 | 기타 | | | | |
| | | Total | | | | |
| Merchandising (상품기획, 수익모델, 저작권 판매, 행사구성) | 2-01 | 탈거리 | | | | |
| | 2-02 | 잠잘거리 | | | | |
| | 2-03 | 먹거리 | | | | |
| | 2-04 | 볼거리 | | | | |

| | | | | | | |
|---|---|---|---|---|---|---|
| | 2-05 | 놀거리 | | | | |
| | 2-06 | 팔거리 | | | | |
| | 2-07 | 느낄거리 | | | | |
| | 2-08 | 기타 | | | | |
| | | Total | | | | |
| Marketing<br>(동원계획,<br>PR계획) | 3-01 | 광고 | | | | |
| | 3-02 | 홍보 | | | | |
| | 3-03 | 판촉 | | | | |
| | 3-04 | Cyber | | | | |
| | 3-05 | Mobile · DMB | | | | |
| | 3-06 | PR | | | | |
| | 3-07 | 기타 | | | | |
| | | Total | | | | |
| Organizing<br>(조직, 후원,<br>협찬 외) | 4-01 | 추진위구성 | | | | |
| | 4-02 | 연출단구성 | | | | |
| | 4-03 | 후원 | | | | |
| | 4-04 | 금액협찬 | | | | |
| | 4-05 | 물품협찬 | | | | |
| | 4-06 | 인원협찬 | | | | |
| | 4-07 | 대행사신뢰 | | | | |
| | 4-08 | 기타 | | | | |
| | | Total | | | | |
| Directing<br>(연출, 제작) | 5-01 | PD · AD | | | | |
| | 5-02 | TD · 행정 | | | | |
| | 5-03 | 출연진 | | | | |
| | 5-04 | 사회자 | | | | |
| | 5-05 | 도우미 | | | | |
| | 5-06 | Helper | | | | |
| | 5-07 | 아르바이트 | | | | |
| | 5-08 | 주차장 | | | | |
| | 5-09 | 환경장식물 | | | | |
| | 5-10 | 부스 | | | | |
| | 5-11 | 무대 | | | | |
| | 5-12 | 트러스 | | | | |
| | 5-13 | 안내대 | | | | |
| | 5-14 | 무대장치 | | | | |
| | 5-15 | 조명일반 | | | | |
| | 5-16 | 조명특수 | | | | |
| | 5-17 | 레이저 | | | | |
| | 5-18 | 음향 | | | | |
| | 5-19 | 음악 | | | | |

| | | | | | | |
|---|---|---|---|---|---|---|
| Directing<br>(연출, 제작) | 5-20 | 영상물 | | | | |
| | 5-21 | 영상 System | | | | |
| | 5-22 | 영상 중계 | | | | |
| | 5-23 | 지미짚외 | | | | |
| | 5-24 | 특수효과 | | | | |
| | 5-25 | 타상연화 | | | | |
| | 5-26 | 불꽃놀이 | | | | |
| | 5-27 | 특수소품 | | | | |
| | 5-28 | 소품 | | | | |
| | 5-29 | 의상 | | | | |
| | 5-30 | 교육비 | | | | |
| | 5-31 | 메뉴얼집 | | | | |
| | 5-32 | 리허설 | | | | |
| | 5-33 | 식음비 | | | | |
| | 5-34 | 숙박비 | | | | |
| | 5-35 | 교통비 | | | | |
| | 5-36 | 통신비 | | | | |
| | 5-37 | 특수초청비 | | | | |
| | 5-38 | 회식·접대비 | | | | |
| | 5-39 | 보험비 | | | | |
| | 5-40 | 특수공사비 | | | | |
| | 5-41 | 발전차 | | | | |
| | 5-42 | 중계차 | | | | |
| | 5-43 | 의자 | | | | |
| | 5-44 | 상금·상패 외 | | | | |
| | 5-45 | 기타 | | | | |
| | | Total | | | | |
| Estimating<br>(예산편성) | 6-01 | 인건비 | | | | |
| | 6-02 | 제작비 | | | | |
| | 6-03 | 마케팅비 | | | | |
| | 6-04 | 공과잡비 | | | | |
| | 6-05 | 대행비 | | | | |
| | 6-06 | 부가세 외 | | | | |
| | 6-07 | 기타 | | | | |
| | | Total | | | | |
| Management<br>(경영·관리) | 7-01 | 지원금 관리 | | | | |
| | 7-02 | 협찬·후원금<br>유치 | | | | |
| | 7-03 | 휘장권(BI)판매 | | | | |

| | | | | | | |
|---|---|---|---|---|---|---|
| | 7-04 | 지출관리능력 | | | | |
| | 7-05 | 경영관리(수익) | | | | |
| | 7-06 | 진행능력 | | | | |
| | 7-07 | System응용능력 | | | | |
| | 7-08 | 예술·연출능력 | | | | |
| | 7-09 | 기타 | | | | |
| | | Total | | | | |
| Risk Management (위기관리) | 8-01 | 우천시 대응 | | | | |
| | 8-02 | 소방·전기·기타 | | | | |
| | 8-03 | 동원·동선관리 | | | | |
| | 8-04 | 거리통제 | | | | |
| | 8-05 | 보고·정산 | | | | |
| | 8-06 | 국제·사업 | | | | |
| | 8-07 | 목표·목적관리 | | | | |
| | 8-08 | 기타 | | | | |
| | | Total | | | | |
| 종합평가 S-Total | | | | | | |

# 2. 문화관광 이벤트 평가항목

문화관광부의 축제평가 기준을 통해 핵심적인 체크 사항을 알 수 있다. 그러나 전문 문화기획자들은 공통적인 평가항목 외에도 세부사항에 대한 체크리스트를 작성하여 평가하는 작업이 필요하다.

다음에 나열되는 항목들은 우리가 문화관광 이벤트를 개발하는 데 있어 가장 중요한 단계로 지적했던 기획과 상품기획단계에서 반드시 점검해야 하는 사항들이므로 문화기획자들이 항상 염두에 두고 실제 기획에서 활용하기 바란다.

## 1) 기획 : 꿈(Dream)

① 지역주민들의 의지에서 자생된 행사인가?
② 참여자·관광객의 입장이 반영된 행사인가? 참여자·관광객에게 최고의 만족을 제공할 수 있는 행사인가?
③ 지역의 특성을 충분히 반영한 기획인가?
④ 지역주민의 자발적 참여를 유도하기 위한 사전 프로그램이 개발되었는가? 사전 G.O 교육이 효율적으로 이루어졌는가?
⑤ 지역주민에게 충분한 경제적 수익 모델이 제시되었는가?

## 2) 기획 : 구성(Drama)

꿈(Dream)단계의 기획안들을 잘 반영한 프로그램들이 구성되었는가?

## 3) 기획 : 디자인(Design)

① 개발된 축제 이미지는 축제의 근본취지를 잘 반영한 것인가?
② FI 작업은 일관성있게 이루어졌는가?
③ FI 작업을 통한 지속적인 SP 전략은 수립되었는가?

④ 인쇄물·환경장식물들은 세심히 제작되었는가?

## 4) 상품기획

① 관광객을 유인할 지역고유의 매력요소에 대한 분석은 선행되었는가? 그에 대한 활용안은 수립되었는가?
② 축제가 개최되는 지역은 지리적으로 고립된 곳이 아닌가?
③ 타지역에서의 교통접근성은 편리한가?
④ 교통상의 문제점에 대한 장기적인 해결책은 마련되어 있는가?
⑤ 지역의 숙박시설은 충분한가?
⑥ 숙박시설의 중장기계획은 세워져 있는가?
⑦ 방문자를 위한 먹거리문화는 개발되고 있는가?
⑧ 캐릭터를 활용한 살거리는 제작되었는가? 살거리에 대한 관광객들의 반응은 호의적인가?
⑨ 참여 프로그램은 개발되었는가? 놀거리에 대한 관광객들의 반응은 호의적인가?
⑩ 인근 관광유적지와의 연계 프로그램은 확립되어 있는가?
⑪ 느낄거리가 특화되었는가?

## 5) 마케팅

① 참여자·관광객들이 진정으로 원하는 요소에 대한 사전 조사작업이 진행되었는가? 이를 근거로 한 프로그램이 개발되었는가?
② 새로운 홍보매체를 개발하였는가?
③ 새로 개발된 홍보매체는 효과적이었는가?
④ 시기적으로 적당한 타이밍에 기획된 행사인가?
⑤ 유사행사와의 차별화방안은 무엇인가? 이에 대한 충분한 홍보가 이루어졌는가?
⑥ 행사 홈페이지 구축과 이에 대한 활용은 적절히 진행되었는가?
⑦ FI 개발의 판권화는 잘 진행되었는가?

⑧ 외부 스폰서링은 원활히 진행되었는가?
⑨ 방송·언론과의 공조체제가 원활히 이루어졌는가?


## 6) 오거나이징

① 조직위원회는 지역주민의 이해관계를 잘 반영할 수 있는 조직인가?
② 자원봉사 프로그램은 확립되어 있는가?
③ 조직구성의 5단계는 순서대로 진행되었는가?
④ 구성조직간의 상호 공조체제는 잘 성립되었는가?


## 7) 연출

① 축제장의 동선은 방문자에게 편리하게 구성되었는가?
② 편의시설은 충분히 설치되어 있는가?
③ 안내시설은 충분한가?
④ 공연의 테크니컬 리허설은 충분히 이루어졌는가?
⑤ 출연진 섭외는 차질 없이 진행되었는가?
⑥ 특수효과의 사용은 적절했나?
⑦ 행사장 의전은 잘 이루어졌는가?
⑧ 외국관광객 및 타지 관광객의 흥미를 유발시킬 만한 연출이 이루어졌는가?
⑨ 행사진행으로 인해 자연환경을 훼손하는 일은 없었는가?


## 8) 예산

① 예산확보는 적절히 이루어졌는가?
② 예산절감방안은 충분히 모색되었는가?
③ 새로운 예산절감방안이 개발되었는가?
④ 예산의 운영은 투명하게 이루어졌는가?

# 1
## 협찬 제안서 사례
– 제23회 전국장애인체육대회 협찬 제안서 예시

# 2
## 제안서 사례
– 2004 강릉국제관광민속제를 위한 제언

# 3
## 테마파크 개발 사례
– 영상·영화 및 문화콘텐츠를 통한 테마파크 개발 PLAN

# 4
## 문화산업관련 문화관광 50대 직업군 및 유망직종

# 제23회 전국장애인체육대회

THE 23ND NATIONAL SPORTS GAMES FOR THE DISABLED

## 공식파트너 협찬 제안서

Official Sponsorship Proposal

2003. 1

# 목　　차

# 100. 기본개요

# 120. 표현전략

> 월드컵 1주년 서막의 기운
>
> 2002년 최고의 문화상품 안면 꽃 박람회 1주년
>
> 2001년 전국체전 1위의 충남
>
> **충남 전설의 역사와 감동의 분위기**

## 전설의 땅, 이곳에 그들이 먼저 (5월의 전설)

1. 월드컵과 충남의 문화 코드를 통한 감동과 축제의 장으로 승화
2. 제 23회 충남 전국 장애인 체육대회의 성공적 개최

# 130. Slogan & BI 계획

**Slogan**

마음 열어 하나로 꿈을 안고 미래로

**BI**

5월의 전설
**' LEGEND OF MAY 2003 '** (국/영문)

**Title**

제23회
**전국장애인체육대회**(국/영문)
The 23rd National Sports Games for the Disabled

# 140. Concept 설정

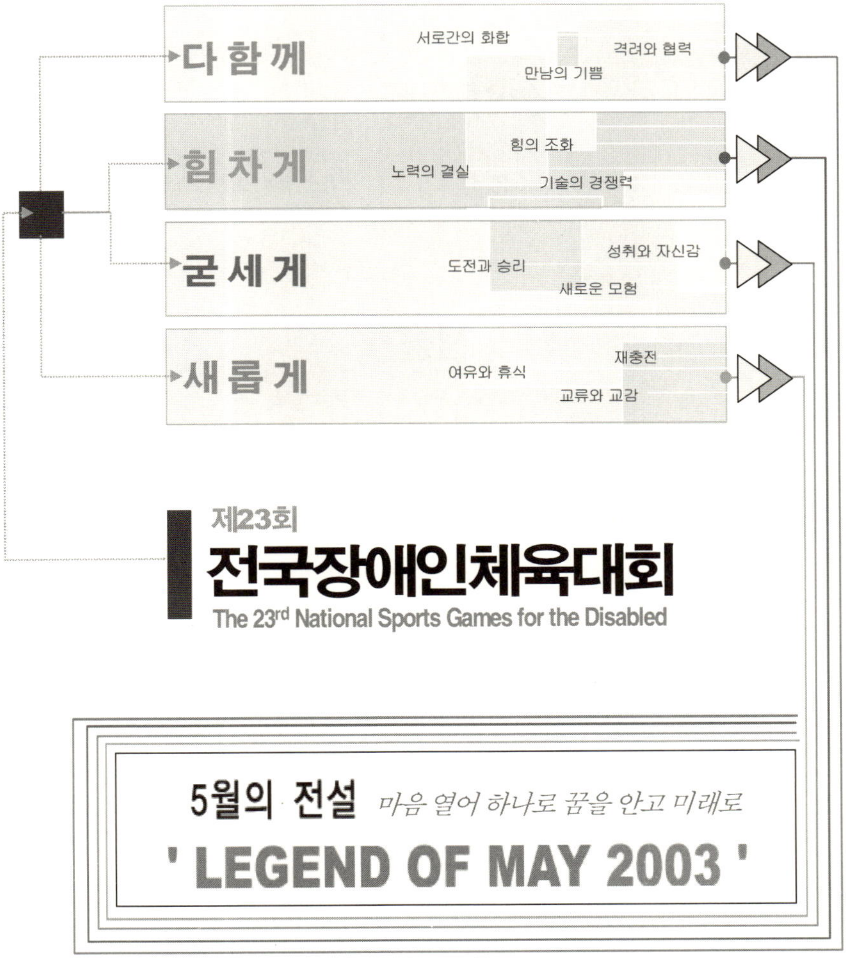

# 150. Theme 설정

## Theme 1 전설의 태동

2003장애인체전의 서문으로, 본 편의 예고와 같은 역할을 맡아낸다.
전설의 태동, [2003 전국장애인체전]은 새로운 신화의 기틀을 마련한
전설이 될 것이며, 그 신화의 주인공들이 속속 모여들기 시작한다.

## Theme 2 5월의 전설

5월의 전설, 그것은 장대한 시작의 한 장이며 동시에 한 단계의 성장을 말
한다.
[2003 전국장애인체전]이 보여줄 새로운 화합과 도전의 이야기는
5월의 전설로 영구히 남아 전설을 기억하는 모든 이에게 희망의 약속이
될 것이다.

## Theme 3 하나의 기쁨

하나가 주는 기쁨, 한민족의 열정의 근원, 온 세계에 입증한 월드컵의 신화
이 모든 것은 하나의 힘이 보여준 감동의 드라마이다.
[2003 전국장애인체전]은 체육대회의 의미를 넘어, 새로운 문화코드로
제시되는 하나의 힘, 흥겨움을 눈앞에 보여줄 것이다.

## Theme 4 영웅의 전설

우리를 하나되게 하고, 서로를 껴안게 하고, 흥분과 감동의 순간으로
이끌어준 영웅들 - 그들의 이야기는 이제 신화가 되고 전설이 되어서
또 다른 영웅들의 이야기로, 그 힘을 계승할 것이다.
끊이지않는 영웅들의 이야기. 곧 영웅의 전설이 되어 다음을 기약한다.

# 200. 홍보개요

제23회
**전국장애인체육대회**
The 23rd National Sports Games for the Disabled

## 210. Main Copy

너와 내가 바라보는 같은 세상

TWO HEARTS THAT BEAT AS ONE

5월의 전설
' LEGEND OF MAY 2003 '

# 220. Main Target



**Main Target**

- 충남거주자 중 15~64세의
  4대행사의 관람이 가능한 비장애인

- 충남장애인체전 참가자와 관련자 및
  인근(충남)지역 장애인

- 장애인체전의 4대행사의
  관람이 가능한 비장애인

- 장애인체전의 관심도가 높은
  전국 119만의 장애인

**Sub Target**

# 230. Target Audience

## 비장애인

15~64세까지의 행사참여가능 대상연령

1. 대전 (145만) 중 10~15%
   ┈┈┈┈▶ 14만5천~21만

2. 충남(160만) 중 15~20%
   ┈┈┈┈▶ 24만~32만

3. 충남, 대전을 제외한 전국(약5000만) 중 10~20%
   ┈┈┈┈▶ 500만~1000만

## 장애인

2001.3 장애인 등록현황기준

1. 충남(약6만)중 40~50%
   ┈┈┈┈▶ 2만4천 ~ 3만

2. 대전(약3만)중 30~40%
   ┈┈┈┈▶ 9천~1만2천

3. 충남, 대전을 제외한 전국(119만) 중 10~20%
   12만~24만

## 행사관련인원

- 충남 자봉 예술단
- 충남 도립, 천안 시립 예술단 ┈┈┈┈▶ 3 천~4 천
- 스텝, G.O

**최소 인지인원**

548만7천여명

**최대 인지인원**

1087만4천여명

# 240. Target Area

전국지역 대상

충남권내 16개시군

(천안시, 공주시, 보령시, 아산시, 서산시, 논산시,
계룡대, 금산군, 연기군, 부여군, 서천군, 청양군,
홍성군, 예산군, 태안군, 당진군)

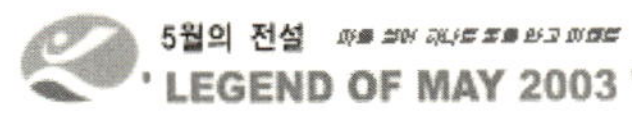

## 250. Attendee Goal

전야제
(13일, 화요일)

5,000여명

개막식
(14일, 수요일)

30,000여명

약8만명

문화행사
(14~16일)

40,000여명

폐막식
(16일, 금요일)

18,000여명

# 300. 기대효과

## 310. 기대효과



**VALUE INVESTMENT**

### 기업이미지

좀 더 이상적이고 아름다운 사회구현을 위하여 소외된 장애인들을 위해 열리는 장애인체전에 기업이 참여한다는 것은 사회복지사업의 중요한 가치를 가지고 있다. "고객은 모든 가치의 원천"을 표방하며 완벽한 통화품질을 구현하는 기업이 되기 위해 노력하는 LG텔레콤사가 비장애인과 장애인 모두에게 통신서비스와 문화서비스를 동시에 제공하는 한층 봉사적이고 실천적인 새로운 가치 투자의 기업이라는 이미지를 전달할 수 있다.

### 노출방법

기업의 로고나 마크를 담은 상품과 행사요원을 통한 직접적인 광고 및 각종매체의 홍보효과로 기업이미지 부여를 극대화한다.

기업홍보관을 비롯해 경기장내외 시설을 중심으로 기업이미지를 부각시키고 신상품 PR등, 다양한 디스플레이를 통한 구체적인 판촉활동을 계획한다.

### 경쟁력

통화품질과 저렴한 가격만을 보여주는 통신대기업의 기존이미지를 탈피하고 모바일 시대 장애인과 비장애인의 모든 고객에게 한층 가까워진 기업으로 "고객은 모든 가치의 원천" 의 공유가치파급효과와 타기업과는 다른 모든 고객을 소중히 하는 기업으로써의 가치를 부여할 수 있는 이미지 차별성을 기대한다.

# 400. 홍보/광고계획

410. Pre-Production

420. Production

430. Post-Production

440. 사례예시

# 410. Pre-Production

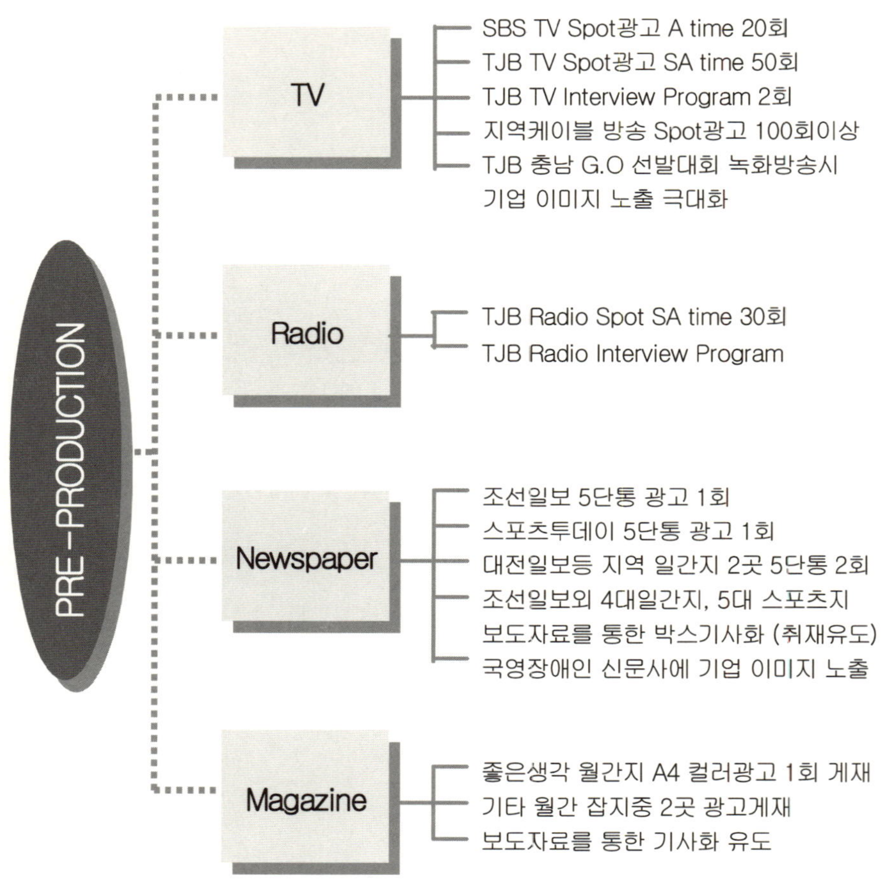


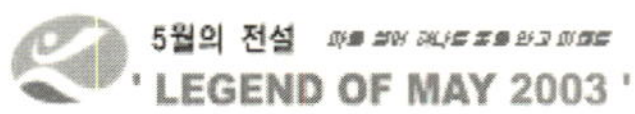

# 410. Pre-Production

PRE-PRODUCTION

**인쇄매체**
- 공식포스터 국2절 100,000장
- 공식리플렛 A3접지형 500,000장
- 입장권 100,000장
- 스티커 500,000장

**옥외**
- 육교현판 10곳 20일간
- 현수막 200장 30일간
- 전광판 2곳 1일 200회 2달간
- 전광판 1곳 1일 200회 1달간

**교통**
- 일반시내버스 100여대 1달간 측면광고
- 공식버스 10여대 2달간 측면광고
- 장애인 전용 택시(Yellow Cap)

**웹프로모션**
- Daum or Yahoo 30일간 전략적 웹프로모션
- 공식웹사이트 배너광고
- 관련 관공서 및 단체 링크 배너광고
- 장애인 관련 전문 웹사이트 배너 및 광고

# 420. Production

## PRODUCTION

### 장치장식
- 가로등 배너 4종 200개
- 유도사인 10종 300개
- 홍보아치 2개
- 애드벌룬 2종 3개
- 공식 기념품 배포<뱃지,모자, 티셔츠, 유니폼, 스탭 의상, 버튼, 전화카드, 엽서, 야광 팔찌등>
- 경기장내 Wall Space
- 선수인터뷰 슬라이드형 백드롭

### SP
- 공식홍보관 설치(각종 기념품 제공)
- LG 휴대전화 C19포토 콘테스트 유치
- 휴대전화 동영상 및 체전 사진 컨테스트 및 전시
- LG 휴대전화 장애인를 위한 이모티콘 선발대회 or 휴대폰 게임 대회
- LG 휴대전화 사랑의 문자메시지 보내기
- 청각, 언어장아인을 위한 뷰 플러스(View Plus) 가입 및 체험 홍보관 설치
- 기간 내 LG 기업이미지나 각종 설문조사기회부여
- Foot Print (로고가 들어간 야광발자국)
- 주요 공간 안내를 위한 안내판에 로고 노출
- 성화 봉송시 안내 멘트 및 영상 상영
- 장애인과 함께하는 놀아줘~'홀맨' 이벤트 Ex)'카이 홀맨' 찾기대회 등
- 019 이동전화 스마트요금설계사의 요금설계부스설치
- 충남체전 중 사랑의 019에피소드 수기 공모

### 기타
- **개막식, 폐막식 생중계시 기업이미지 노출 전체 15″이상**
- 전야제 무대 백드롭 기업이미지 노출
- 전야제or 문화행사프로그램 꼭지 활용시 기업이미지 노출
- 전야제 행사전 기업C.F 수시 상영

# 430. Post-Production

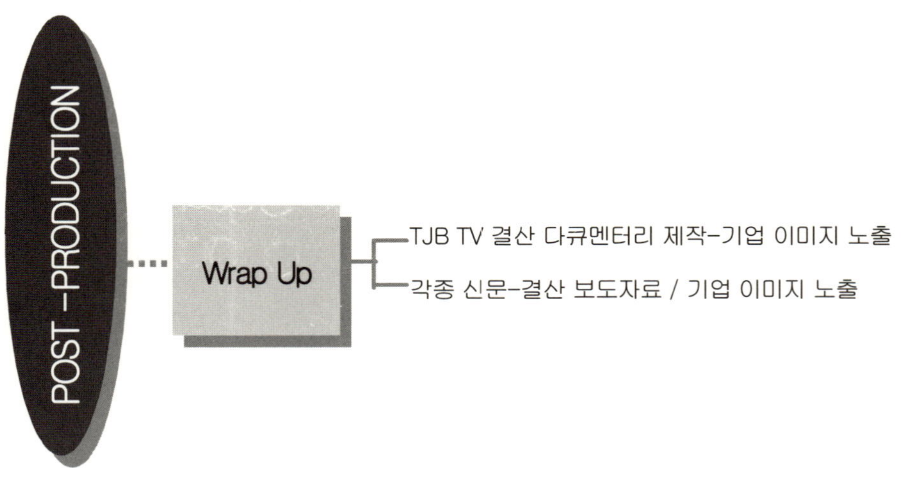

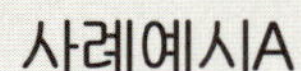

# 440. 사례예시

## 사례예시A

[공식홍보관]

## 사례예시B

[휴대전화(LG사이언) 019포토 콘테스트 유치]

## 사례예시A

[놀아줘~홀맨과 친구들 이벤트]

## 사례예시D

[019 이동전화 스마트요금설계사의 요금 설계 부스 설치]

5월의 전설
' LEGEND OF MAY 2003 '

 500. 협찬제안

510. 협찬제안형태

520. 협찬제안항목

제23회
전국장애인체육대회
The 23rd National Sports Games for the Disabled

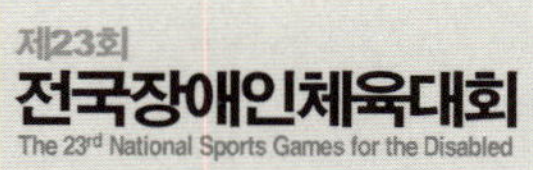

# 510. 협찬제안형태

## 협찬제안TYPE A

| | |
|---|---|
| TYPE | OFFICIAL SPONSORSHIP (CUSTOMIZED SPONSORSHIP) |
| GRADE | GOLD |
| PRICE | 200,000,000 (VAT별도) |
| BENEFIT | 별지참조 |

## 협찬제안TYPE B

| | |
|---|---|
| TYPE | OFFICIAL SPONSORSHIP |
| GRADE | SILVER |
| PRICE | 100,000,000 (VAT별도) |
| BENEFIT | 별지참조 |

## 협찬제안TYPE C

| | |
|---|---|
| TYPE | GENERAL SPONSORSHIP |
| GRADE | BRONZE |
| PRICE | 50,000,000 (VAT별도) |
| BENEFIT | 별지참조 |

5월의 전설
'LEGEND OF MAY 2003'

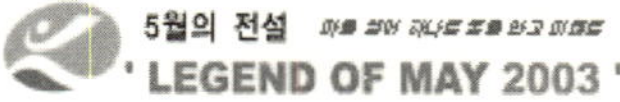

# 520. 협찬제안항목

| 구분 | | | 항목 | 내역 | 권역 | 협찬형태 및 금액 Gold 2억 | Silver 1억 | Bronze 5천 | 노출 범위 | 비고 |
|---|---|---|---|---|---|---|---|---|---|---|
| PRE-PRODUCTION | 매 체 | T V | MBC TV Spot광고 | A time 20회 | 전국 | O | O | | 로고 | |
| | | | TJB TV Spot광고 | SA time 50회 | 충남,충북,대전 | O | O | | 로고 | |
| | | | TJB TV Interview Program | 2회 | 충남.충북,대전 | O | O | | 로고 | |
| | | | 지역케이블 방송 Spot광고 | 100회이상 | 충남,대전 | O | O | | 로고 | |
| | | | TJB 충남 G.O 선발대회 녹화방송시 | 기업 이미지 노출 극대화 | 충남,대전 | O | O | | 로고 | |
| | | 라 디 오 | TJB Radio Spot | SA time 30회 | 충남,충북,대전 | O | O | | 로고 | |
| | | | TJB Radio Interview Program | 2회 | 충남.충북,대전 | O | O | | 로고 | |
| | | 신 문 | 조선일보 | 5단통 광고 1회 | 전국 | O | | O | 로고 | |
| | | | 스포츠투데이 | 5단통 광고 1회 | 권역:전국 | O | | O | 로고 | |
| | | | 대전일보등 지역 일간지 | 2곳,5단통 2회 | 충남,대전 | O | | O | 로고 | |
| | | | 조선일보외 4대일간지, 5대 스포츠지 | 보도자료 통한 박스기사화 (취재유도) | 전국 | O | | O | 기획 기사 | |
| | | | 국영장애인 신문사 | 기사노출 (기획특집형식) | 전국 | O | | O | 특집 기사 | |
| | | 잡 지 | 좋은생각 월간지 | A4 컬러광고 1회 게재 | 전국 | O | | O | A4전 면광 고 | |
| | | | 기타 월간 잡지중 2곳 | 광고게재 | 전국 | O | | O | A4전 면광 고 | |
| | | | 기타 잡지 | 보도자료를 통한 기사화 유도 | 전국 | O | | O | 기획 기사 | |

# 520. 협찬제안항목

| 구분 | 내용 | 항목 | 내역 | 권역 | 협찬형태 및 금액 | | | 노출 범위 | 비고 |
|---|---|---|---|---|---|---|---|---|---|
| | | | | | Gold | Silver | Bronze | | |
| | | | | | 2억 | 1억 | 5천 | | |
| Pre-Production | 인쇄매체 | 공식포스터 | 국2절 100,000장 | 전국 | O | O | O | 로고 | |
| | | 공식리플렛 | A3접지형 500,000장 | 전국 | O | O | O | 로고 | |
| | | 입장권 | 100,000장 | 대전,충남,북 | O | O | O | 로고 | |
| | | 스티커 | 500,000장 | 전국 | O | O | O | 로고 | |
| | 옥외 | 육교현판 | 10곳,20일간 | 대전,충남/북 | O | O | O | 로고 | |
| | | 현수막 | 200장 30일간 | 대전,충남/북 | O | O | O | 로고 | |
| | | 전광판 | 2곳 1일 200회 2달간 | 대전,충남/북 | O | O | O | 로고 | |
| | | 전광판 | 1곳 1일 200회 1달간 | 전국 | O | O | O | 로고 | |
| | 교통 | 일반시내버스 | 100여대 1달간 측면광고 | 대전,충남 | O | O | O | 로고 | |
| | | 공식버스 | 10여대 2달간 측면광고 | 대전,충남 | O | O | O | 로고 | |
| | | 택시 | 장애인 전용 택시(Yellow Cap) | 대전,충남 | O | O | O | 로고 | |
| | 웹프로모션 | Daum or Yahoo | 30일간 전략적 Web Promotion | 전국 | O | O | O | 로고 | |
| | | 공식웹사이트 | 배너광고 | 전국 | O | O | O | 로고 | |
| | | 관련 관공서 및 단체 | 링크 배너광고 | 전국 | O | O | O | 로고 | |
| | | 장애인 관련 전문 웹사이트 | 배너 및 광고 | 전국 | O | O | O | 로고 | |

# 520. 협찬제안항목

| 내용 / 구분 | | 항목 | 내역 | 협찬형태 및 금액 | | | 노출범위 | 비고 |
|---|---|---|---|---|---|---|---|---|
| | | | | Gold | Silver | Bronze | | |
| | | | | 2억 | 1억 | 5천 | | |
| PRODUCTION | 장치장식 | 가로등 배너 | 4종 200개 (광고시안별도참조) | O | O | | 로고 | |
| | | 유도사인 | 10종 300개 (광고시안별도참조) | O | O | | 로고 | |
| | | 홍보아치 | 2개 (광고시안별도참조) | O | O | | 로고 | |
| | | 애드벌룬 | 2종 3개 (광고시안별도참조) | O | O | | 로고 | |
| | | 공식 기념품 배포 | 뱃지,모자, 티셔츠, 유니폼, 스탭 의상, 버튼, 전화카드, 엽서, 야광 팔찌등 (광고시안별도참조) | O | O | | 로고 | |
| | | 경기장내 Wall Space | 관중석 통로 뒷면 10여곳 | O | O | | 로고 | |
| | | 선수인터뷰 슬라이드형 백드롭 | 이동식 백드롭 2식 | O | O | | 로고 | |
| | SP | 공식홍보관 설치(각종 기념품 제공) | | O | | | 로고 | |
| | | 휴대전화 (LG사이언) 이용 019포토 콘테스트 | | O | | | 로고 | |
| | | 휴대전화(LG 사이언) 이용 장애인을 위한 이모티콘 선발대회 or 휴대폰 게임 대회) | | O | | | 로고 | |
| | | 휴대전화(LG 사이언) 이용 사랑의 문자메시지 보내기 | | O | | | 로고 | |
| | | 청각,언어장애인 위한 뷰플러스(ViewPlus)가입 및 체험홍보관 설치 | | O | | | 로고 | |
| | | 기간 내 LG 기업이미지나 각종 설문조사기회부여 | | O | | | 로고 | |
| | | Foot Print (로고가 들어간 야광발자국) | | O | | | 로고 | |
| | | 주요 공간 안내를 위한 안내판에 로고 노출 | | O | | | 로고 | |
| | | 장애인과 함께하는 놀아줘~'홀맨' 이벤트 | | O | | | 로고 | |
| | | 019 이동전화 스마트요금설계사의 요금설계부스설치 | | O | | | 로고 | |
| | | 충남체전 중 사랑의 019에피소드 수기 공모 | | O | | | 로고 | |
| | 기타 | **개막식, 폐막식 생중계시 기업이미지 노출 전체 15˝이상** | | O | | | 로고 | |
| | | 전야제 무대 백드롭 기업이미지 노출 | | O | | | 로고 | |
| | | 전야제또는 문화행사 프로그램 꼭지 활용시 기업 이미지 노출 | | O | | | 로고 | |
| | | 전야제 행사전 기업C.F 수시 상영 | | O | | | 30˝이상 CF Film | |

# 520. 협찬제안항목

| 구분 \ 내용 | | 항목/내역 | 협찬형태 및 금액 | | | 노출 범위 | 비고 |
| --- | --- | --- | --- | --- | --- | --- | --- |
| | | | Gold | Silver | Bronze | | |
| | | | 2억 | 1억 | 5천 | | |
| POST-PRODUCTION | Wrap Up | TJB TV 결산 다큐멘터리 제작 – 기업 이미지 노출 | O | O | | 로고 | |
| | | 각종 신문–결산 보도자료 기업 이미지 노출 | O | | | 기획기사 | |

 600. 광고계획시안

## 610. 홍보아치

제23회
전국장애인체육대회
The 23rd National Sports Games for the Disabled
제23회 전국장애인체육대회
다함께 굳세게 끝까지
2003. 5. 14~16
5월의 전설
마음을열어하나로 꿈을안고미래로
LG Telecom

5월의 전설
'LEGEND OF MAY 2003'

# 620. 가로등배너

· 협찬형 A, B Type

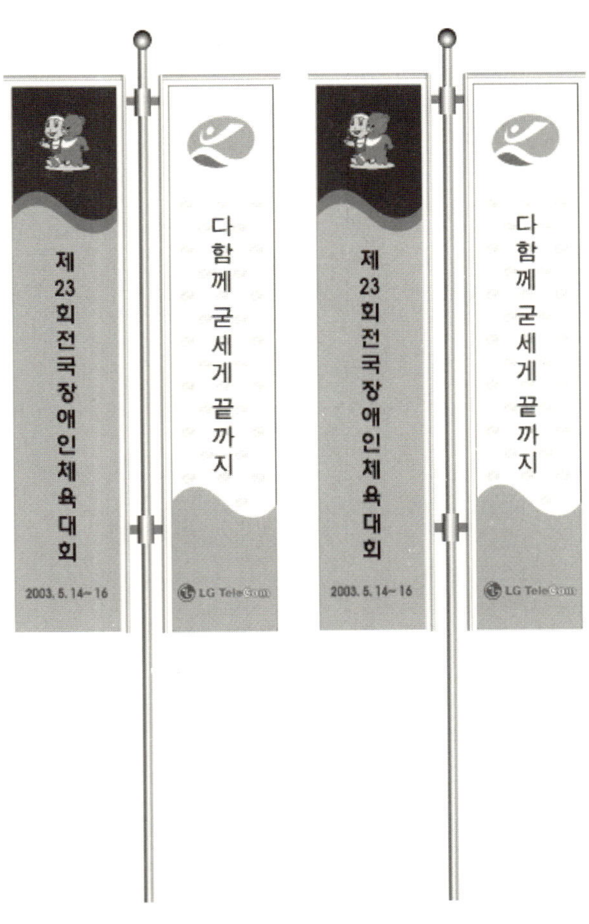

## 630. 애드벌룬A

# 640. 애드벌룬B

제23회
전국장애인체육대회
The 23rd National Sports Games for the Disabled

## 650. 유도사인

2400
1000
1000
휠체어 농구
→
500m
역 도
→
500m
제23회 전국장애인체육대회
제23회 전국장애인체육대회
LG TeleCom
LG TeleCom

5월의 전설
' LEGEND OF MAY 2003 '

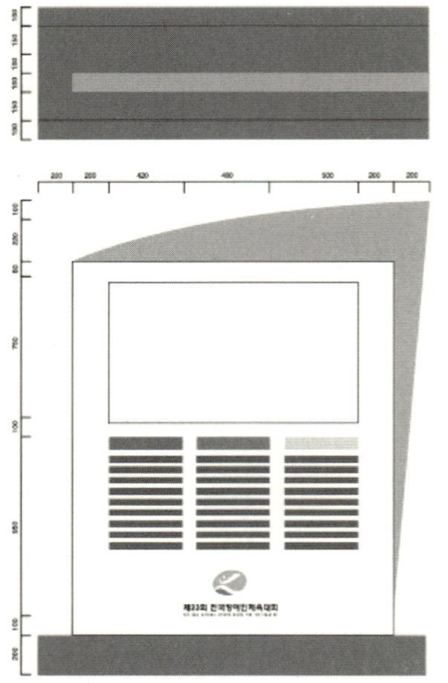

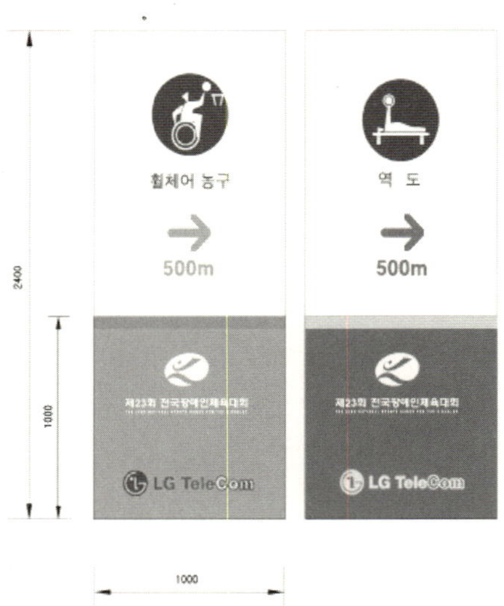

# 660. 입장권

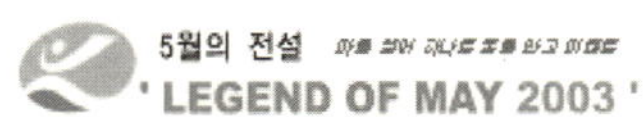

## 670. 공식포스터

제23회 전국장애인체육대회
THE 23ND NATIONAL SPORTS GAMES FOR THE DISABLED
THE 23ND NATIONAL SPORTS GAMES FOR THE DISABLED
2003. 5. 14~5.16
천안,아산, 공주 일원
주최 : 한국장애인복지진흥회
주관 : 충청남도, 충청남도교육청, 충청남도체육회
후원 : 보건복지부, 행정자치부, 문화관광부, 대한체육회
LG Telecom

5월의 전설
' LEGEND OF MAY 2003 '

# 680. 공식기념품

## 681. 전화카드

제23회
**전국장애인체육대회**
The 23rd National Sports Games for the Disabled

# 680. 공식기념품

## 682. 넥

# 680. 공식기념품

## 683. 기념T셔츠

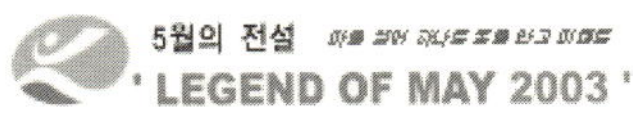

# 680. 공식기념품

## 684. 모자

# 680. 공식기념품

## 685. 우의

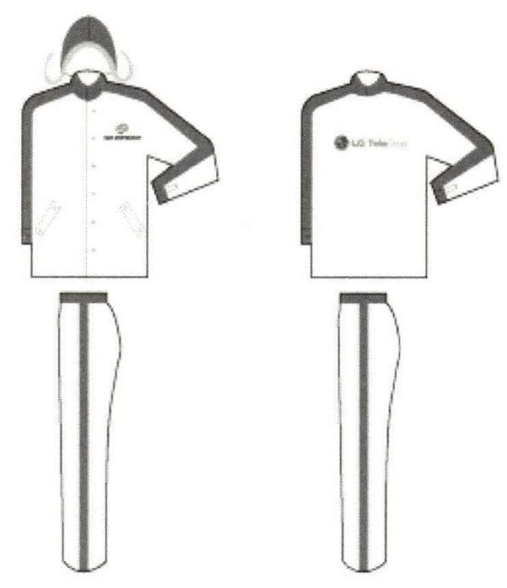

# 690. 배너류

## 691. 각종배너

## 690. 배너류

### 692. 현판/현수막

↑ 사회단체, 후원회 명단 넣는곳

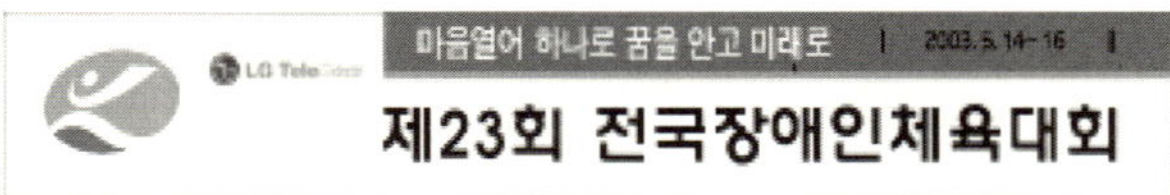

부록2

강원민속학회
주제
2004 강릉국제관광민속제를 위한 제언
발
제
국제관광민속제를 통한 지역문화의
유무형자원화 계획의 구현가능성과
현시점에서의 수정, 추가, 개선방안
인력,지적재산, 운영

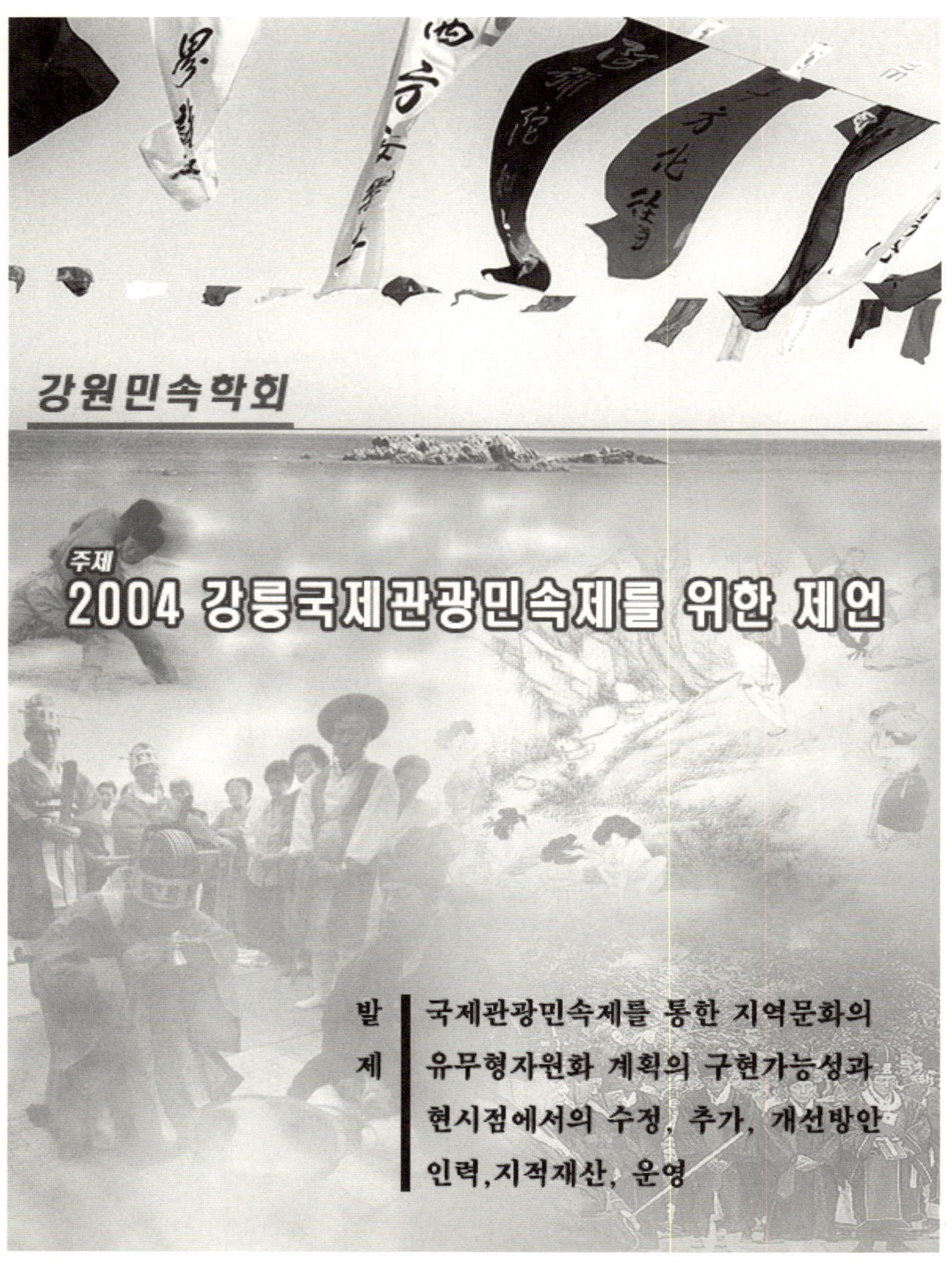

| | |
|---|---|
| **행 사 명** | 2004 강릉국제관광민속제 |
| **일 시** | 2004년 6월 11일(금)~27일(일)/ 총 17일간 |
| **장 소** | 강릉시 남대천 시민공원 |
| **주 제** | '신과 인간의 만남' ENCOUNTER OF MAN & MYTHS |
| **부 제** | '천년의 신바람,세계인의 어울림' JUBILATION OF MILLENNIUM; BECOMING ONE WORLD |
| **슬 로 건** | '세계로 열린 수릿날, 얼쑤!' |
| **내 용** | 강릉단오제 중심의 국재외 민속 전시, 공연, 학술행사 |
| **입장객목표** | 100만명 |
| **주 최** | 강원도/ 강릉시 |
| **주 관** | 강릉국제관광민속제 추진위원회 |

# I. 서 론

## 문제제기 1



2005년 이후 강릉단오제를 염두에 둔

행사기획이 아닌

문화기획이 필요하다.

# I. 서 론



1999년 '강원국제 관광엑스포'를 몇 가지 문제점 노출에도 불구하고 성공적으로 개최한 강원도는 그 의미와 효과를 지속하기 위한 후속사업의 일환으로 강원도가 가진 다양한 관광자원의 국제경쟁력을 강화하기 위한 정례 국제관광전을 개최 하고자 한다.

그 첫번째 프로젝트로 선택된 '2004 강릉국제단오축제'의 국제관광상품화 전략에 대한 모델을 제시하게 될 앞으로의 내용은 태생적으로 지역 화합형 민속 축제인 강릉 단오제를 고부가가치 문화관광축제로 발전시키기 위한 것임을 전제로 전개해 나갈 것임을 밝혀둔다.

경주문화EXPO, 청주 인쇄 박람회, 하남 환경EXPO, 삼척동굴EXPO, 청주 Bio EXPO, 부산영화제, 부천 영화제, 전주 영화제, 도자기EXPO, 광주 비엔날레, 속초 관광EXPO, 안면도 꽃 박람회, 고양 꽃박람회, 여수 관광EXPO 그 외 2002월드컵, 부산아시안게임, 서울 올림픽, 대전EXPO, Hi Seoul Festival 2003 등 본 프로젝트를 위해 Case study 해야 할 유사 행사는 과거, 현재 뿐 아니라 미래에도 끊임없는 시도가 이루어 질 것이다. 위 행사의 탄생 배경과 비교할 때 강릉 단오제가 국제 관광전으로 가야 되는 필연성(Why)은 천년 넘은 신과 인간의 만남으로 빚어진 강릉단오제의 역사만큼이나 천여번의 타당성과 상품력(**Merchandising Power**)을 갖고 있음을 감지할 수 있다. 그럼에도 불구하고 첫째, 관광전으로 가기 위해서는 강릉단오제 행사로 인해 강릉시 상가가 철시하고, 강릉시민 더 나아가 강원도민의 주머니 돈이 외지로 빠져 나감에도 오직 축제를 통한 만남과 즐거움이 있기에 경제적손실은 도외시 되어버린 관습 문화의 벽을 어떻게 극복할 것이냐는 것, 둘째, 협소한 남대천 행사장에 조직적인배치가 이루어지지 않아 공간활용의 측면에서 많은 어려움을 겪고 있다는 점, 셋째 행사가 남대천 변에 한정되어 축제의 Zone이 한 블록을 넘어가지 못해 강릉시 전체를 축제의 분위기로 몰고 갈 수 없다는 점과 천년이 넘게 이어져 내려온 축제임에도 대표할 수 있는 Brand, 캐릭터를 갖고 있지 않다는 것이 행사의 독창적 이미지정립이 안되어 타행사와 차별화가 불가능하는 의의에 이르게 된다.

## 1. 브랜드 상품기획

| 지역 경제의 활성화 측면 | 시민 참여 유도를 위한 FI 권 분류 |
| --- | --- |
| | 강릉 시민에게 휘장권 배부 및 축제 상권 분배 |
| | 2년전 제안한 'Root 5', '1000 love' |

## 2. 7거리 개발

| 탈거리 | 관광객의 운송 교통 수단의 상품화(여행사와 패키지 개발) |
| --- | --- |
| 잠잘거리 | 호텔 등 숙박업의 재 정비와 환경 점검 |
| 먹거리 | 특산물위주의 지역 특화 먹거리 활용 |
| 놀거리 | 축제 기간 중 유흥 분위기의 놀거리 지양, 건전한 놀거리 제공 |
| 팔거리 | 축제와 관련한 휘장 사업외에 전통적 지역 상품의 개발과 홍보 |
| 볼거리 | 주변 관광지를 충분히 활용한 축제 장소의 선정으로 홍보 기대 |
| 느낄거리 | 단순 관람이나 방문이 아닌 참여형 축제 프로그램의 개발 |

관광 상품은 단순한 제품화를 통한 판매의 수익 사업만이 아닌

보이지 않는

무형의 관광 문화 상품의 개발과 함께 이루어질 수 있게 기획

# II. 본 론 – 해결방안

## 3. 문화원형 작업

향후 지속적이고 영구적인 보존을 위해 문화원형 작업의 필요성 대두.
단발적인 홈페이지 구축이 가져오는 비연계성을 배제하고, 문화원형 사업에
적극 지원하여원형그대로의 보존 및 대국민 서비스와 제3의 산업으로 활용 할
수 있는 방안 마련 시급.

## 4. 시나리오 공모전

강릉 단오제의 전설, 야사들을 소재로 한 시나리오 공모전을 개최하여
단오제에 대한 이해 증진 및 현대적 감각으로 재해석하여 만화, 게임,
드라마등의 시나리오로 탈바꿈.

## 5. 강릉 G.O.(Gentle Organizier)선발

강릉 단오제의 홍보대사 역할 및 국제대회로 자리매김을 위한 정예요원
선발 & 운영 필요 GO는 知. 藝, 美를 갖춘 친절한 조직원으로, 국제대회에
대비하여 제2외국어에 능통하고, 각종 공연을 직접 안무, 연출, 공연할 수
있도록 훈련을 받아 강릉국제단오제에 참여한 많은 외국인들과 서로
communication 할 수 있고, 교류할 수 있는 요원들이다.

## 6. 초청 공연 탈피 & 참여형 축제로 변형

기존의 해외 공연단 초청 형태는 행사운영 자금에 따라 축소되기도 하고,
과장되기도 하며 보여주기 식의 단순 공연에 지나지 않아 '국제'단오제의
흉내만 내는데 그치고 있다. 진정한 의미의 '국제'단오제라 함은, 해외의
공연단들이 강릉단오제에 참여하여 함께 문화를 즐기고, 배우고, 느끼고자
하여 참가하고, 또한 그들의 단오문화를 전달하고 가는데 있다. 따라서 참여형
축제로의 탈바꿈이 절실히 요구되고 있다.참여형 축제의 좋은 예로
'Hi,Seoul Festival'을 들 수 있다.

## 7. 영상·영화 및 문화콘텐츠를 통한 테마파크 개발

기존의 테마파크 개발에서 사용되었던 인위적이고 환경 파괴적인 개발이 아닌
시민들이 참여하고 시민들이 만들어 갈 수 있는 테마파크를 개발하고,
이 테마파크를 그동안 여러곳에 흩어져 있던 문화 원형 그대로 복원하여
현대와 전통이 한데 어우러질 수 있는 문화의 장으로 한 순간에 완성하는 것이
아니라 여러대를 통하여 채워 나갈 수 있는 새로운 기획으로 접근이
필요할 것이다.

## 8. 'Hi, Seoul Festival' Study

Hi, Seoul Festival은 기획단계부터 시민들의 자발적인 참여유도를
시도하였으며, 시민들의 자발적인 축제로 세계적으로 알리기 위해 의도되었다.
예산규모 약8억의 적은 금액이지만, 서울시 25개 자치구가 모두 참여하였고,
1000여건에 다다르는 시민 공모작이 응모하여 100여건의 당선작을 선보일 수
있도록 장소 및 시설을 제공하였다. 또한, 소규모로 진행되어 오던 행사들을 본
행사 기간에 묶어 함께 진행하여 더 큰 시너지 효과를 창출하였다. 예를 들면
10월에 개최하던 '지구촌 한마당' 이라는 세계 민속 Festival을 한데 묶어 많은
외국인의 참여를 유도하였고, '어가행렬' 이라는 이씨조선 종친회의 연례행사를
한데 묶어 전통이라는 의미를 좀 더 많은 시민들에게 전달하는 기회를 갖었다.
첫회가 갖는 부작용은 반드시 있다고 보지만, 첫회의 참여형 시도 행사치고는
성대히, 그리고, 성공적으로 치뤄졌다.

# 영상 · 영화 및 문화콘텐츠를 통한 테마파크 개발 Plan

| 문화산업관련 문화관광 50대 직업군 및 유망직종 | | | | | | | | | | | |
|---|---|---|---|---|---|---|---|---|---|---|---|
| 카메라 기술 | 편집 | 중계차 | 특수 영상 | 방송 작가 | 영화 작가 | 게임 작가 | 에니 작가 | 스페셜 이펙트 | 방송 연출 | 이벤트 연출 | 공연기획 연출 |
| 국제회의 PCO | 전시 PEO | 방송 쟈키 | 기자 | 홍보 전문가 | 광고 기획 | 스포츠 마케팅 | 축제/테 마피크 | 문화콘텐츠 | 모바일 | 마케터 (MD) | 프로듀서 |

| NO | 구분 | | 단체·회사명(예) | 유망직종 |
|---|---|---|---|---|
| 1 | 언론매체 | 공중파 | KBS, MBC, SBS, GTB, PSB 등 20 | PD, 이벤트PD, Hunting Director, 영상마케팅매니저, 쟈키, MD |
| 2 | | 신문/잡지 | 연합뉴스, 조선, 일간스포츠, 한겨레, 외 640 | PR, PD, 이벤트PD, Stylist, PC Manager, 광고유치전문가 |
| 3 | | 위성방송 | 한국디지털위성방송, SkyLife 외 86 | IMT2000전략 PD, 쟈키, MD, SP, CT, PR매니저, 투자협상가, Stylist |
| 4 | | 케이블 | OCN, M-NET, 온게임넷, SBS Sports 외 150 | MD, PD, Marketer, 컨텐츠기획, 투자협상가, VJ, 쟈키, CT |
| | | 모바일 | 네이트 닷컴, G-Mobile, 굿게이트 외 | MD, PD, Marketer, 컨텐츠기획, 기술, |
| 5 | | 인터넷 | NAVER, Daum, 프리첼, 엔키노 외 1270 | MD, PD, Marketer, VJ, Stylist, SP Manager, CT, 쟈키 |
| 6 | 대행사·제작사·에이젼시 | 광고 | 제일기획, LG애드, 금강기획, 오리콤 외 64 | Space 기획자, 테마파크기획자, AE, CT, Stylist, Organizer |
| 7 | | 이벤트 | FM, 매트릭스, 광개토, IPG 외 1860 | 전시이벤트기획자, PD, MD, 이벤트컨설턴트, 축제감독, Marketer |
| 8 | | 홍보 | 팍스컴, 네오빌 외 220 | 홍보전문가, Organizer, Stylist, MD, CT, PR |
| 9 | | PR | KPR, KORAD 외 64 | PR, Lobbyist, Stylist, 문화정책기획자, MD, Marketer |
| 10 | | 컨벤션 | 인터컴, 코리아컨벤션서비스 외 18 | PCO, Manager, 공연기획자, Organizer, Director, 컨벤션호스트 |
| 11 | | 여행사 | SK, 롯데, 한진, 넥스투어, 하나투어 외 64 | 컨벤션호스트, 패키지투어PD, 관광 Marketer, MD, CT, PC매니저 |
| 12 | | 컨설팅 | 아더핸더슨, 한국컨설팅협회 외 136 | Lobbyist, 투자협상가, MC, PD, Marketer, CT, 시티마켓터 |
| 13 | | 매커니즘 | 음향, 조명, 무대, 특효, 영상 등 240 | Colorist, Designer, TD, Art디렉터, 셋트디자이너, 불꽃설계사 |
| 14 | | 프로덕션 | NET VISION, BJ 외 180 | Jockey, CT, Stylist, PD, MD, 투자유치전문가, 영상Marketer |
| 15 | | IT / .COM | 다음, 네이버, 드림위즈 외 2,840 | MD, PD, Marketer, Organizer, CT, e-비지니스 전문가 |
| 16 | | 전시이벤트 | 코엑스, 한국전람 외 42 | PD, 공간기획자, 예술감독, Lobbyist, MD, Marketer, PC Manager |
| 17 | | 디자인 | INDIGO, 제일, 매스토벨티 외 240 | MD, 유통전문가, FI, CI, 티 전문가 |

| 18 | 음반 | 서울, SONY, 뮤직팩토리, 신나라,타워 외 22 | PD, MD, Lobbyist, SP Manager, PR 전문가, 투자협상가 |
|---|---|---|---|
| 19 | 영화 | CJ, 시네마서비스, 강제규필름 외 76 | 투자협상가, Marketer, PD, 유통전문가, PR, SP, MD |
| 20 | 공연제작 | 신시뮤지컬, 설앤컴퍼니, 좋은콘서트 외 331 | 영화와 동일, 공연장컨설턴트, 예술인매니저, PD, 케스팅디렉터 |
| 21 | 연구소 | 닥터K, 지역문화 외 38 | MD, PD, 투자유치전문가, 테마파크인력관리, 매니저, 테마파크기획자 |
| 22 | 캐릭터 | 미스터케이, SMC, 마시마로 외 24 | MD, PD, 테마파크기획자, Marketer, CT, SP매니저 |
| 23 | 애니메이션 | 선우, 동우, RDK, 외 72 | 컨셉기획자, 구성작가, PD, MD, Organizer, 투자협상가, CT |
| 24 | 게임 | 한빛소프트, 엔씨소프트, 엑토즈소프트 외 847 | SP매니저, Marketer, 컨셉기획자, 아동심리가, PD, CT, PR |
| 25 | 스포츠 | 구단, 스포츠토토, 에이전시 외 58 | 매니저, 에이전시, MD, Stylist, PD, Marketer, Event PD, 레포츠PD |
| 26 | 출판 | 대왕사, 청어람, 파피루스21 외 181 | 전자출판기획자, 출판평론가, SP마켓터, PR전문가, Stylist |
| 27 | 인테리어, 시공 | 시공테크 외 382 | 아트디렉터, 테마파크기획자, Organizer, CT, PC Manager, MD |
| 28 | 조경, 건축 | LG, 롯데건설, 동우건축 외 842 | PD, MD, CT, 박람회/EXPO기획자, 아트디렉터, Stylist, Marketer |
| 29 | 문화센터 | 롯데, MBC, 한겨레, 중앙 외 24 | PD, SP Manager, Event PD, 레져프로그램PD, 문화컨텐츠마켓터 |
| 30 | 웹디자인 | SDNET, 포톤 외 242 | 문화컨텐츠마켓터, MD, 아트디렉터, 마켓팅매니저, Colorist |
| 31 | Agency | 모델라인, 모델센터 외 188 | MD, Lobbyist, PR 전문가, SP, Marketer, Stylist, Jockey |
| 32 | Management | 에이스타즈, 사이클론 외 86 | 투자협상가, 매니저, Organizer, Marketer, SP, MD, PD |
| 33 | 헤드헌팅 | KOHEAD 보보스외 121 | Organizer, CT, 법률전문가, SP Manager, 국제인력관리 매니저 |
| 34 | 관공서 | 한국관광공사, 문화관광부 외 460 | PD, MD, CT, PR, SP Manager, Marketer, PC Manager |
| 35 | 협회/단체 | 재외동포재단, 예술의전당 외 280 | MD, Event PD, 법률전문가, PR, 투자협상가, 지적재산권관리자 |
| 36 | 일반기업 | 삼성, 현대, LG 외 12,800 | MD, Marketer, PD, PR, SP 매니저, CT, e-비지니스 전문가 |
| 37 | 유통업체 | 롯데,현대, E-Mart, 삼성테스코 외 76 | PD, SP 매니저, MD, Event PD, PR, 유통기획전문가, PC Manager |
| 38 | 호텔 | 하얏트, 리츠칼튼, 쉐라톤워커힐, 롯데 외 71 | PC Manager, MD, PD, Marketer, CT, Event PD, 컨벤션호스트 |
| 39 | 리조트 | 용평, 보광, 휘닉스, 지산, 한화 외 76 | 컨벤션호스트, PC Manager, 레포츠PD, GO, CT, 인력관리전문가 |

| | | | |
|---|---|---|---|
| 40 | 테마파크 | 에버랜드, 롯데월드, 설악워터파크, 소인국 외 15 | PD, 공간기획자, MD, 프로덕션매니저, 멀티미디어쇼 PD |
| 41 | 금융기관 | 우리, 국민, 제일, 신한, 외환 외 127 | MKT, PR, SP Manager, Lobbyist, CT, MD |
| 42 | 대학교 | 서울, 연세, 고려, 이화, 서강 외 227 | Marketer, PR, SP 매니저. Stylist, PD, 매니저, MD |
| 43 | 어학/유학원 | 종로, YBM, 박정유학원 외 360 | PD, MD, 산업연계어학코스개발자, MKT, 매니저 |
| 44 | 사회교육원 | 각 대학, 생활체육 297 | MD, PD, MKT, CT, PR매니저, 문화인력교육PD |
| 45 | 스포츠센터 | 헬스크럽, 컨트리클럽 외 767 | 스포츠에이전시, MD, PD, PR, MKT, 유아스포츠PD |
| 46 | 개인 | 레크레이션, MC, 스타일리스트 | 컨벤션호스트, Stylist, Jockey, 매니저(스포츠), PD, MD컨설턴트 |
| 47 | TOOL | 용품제조, 대여, 판매 | MD, 상품유통점, 공연소품판매업(ABR), 레이져, 워터스크린 |
| 48 | Management | 개인, 도우미, 인력공급 | 개인매니저, 에이전시, 엑스트라공급업, 예술인매니저, 문화인매니저 |
| 49 | 유학 | 미국, 캐나다, 뉴질랜드 외 240개 대학 | 공연예술, 영화, CT, MD, MKT, 투자협상, Event |
| 50 | 대학원 | 연세대, 중앙대, 단국대 외 64개 대학 | 엔터테인먼트학부, 문화관광, 예술경영, CT, e-비지니스 |

교육(42~45), 사업(46~48), 진학(49~50)

## 정경훈

· 호서대학교 문화마케팅 전공 교수
· CPQ센터 센터장(문화 Producer)
· 문화관광부 문화유산사업 자문위원
· 충청남도 정책 자문위원
· 한국방송영상산업진흥원 마케팅 자문위원
· (주)삼성SDS 자문위원
· 충청남도 관광시책발굴, 백제역사문화관 운영 자문위원
· 한국문화산업교육학회 부회장
· 한국유비쿼터스 학회 이사(문화마케팅)
· 한국문화관광학회 이사
· 중국 연변가무단 예술 총감독 겸 총괄고문
· 2005년 대구 E-Sports Festival(총감독 및 감리위원)
· 2006 방송 엔터테인먼트 채용 박람회, 2006년 Pre-대구국제뮤지컬페스티벌 평가단장

· 그 외에 도시브랜드 BI 개발, 문화마케팅, 문화컨텐츠 마케팅, SP 이벤트, 전시전람, 컨벤션, 문화유산 디지털기획, 테마파크, 방송기획 등 다양한 분야에서 활동하고 있다.

**주요논저**  「지자체 브랜드 개발 사례분석」, 『문화 이벤트 연출론 Ⅰ,Ⅱ』, 『EVENT 기획론』, 『지역문화 마케팅을 위한 이벤트 감리론』 외 다수

## 진종훈

· (주) 엠에스디 경영개발원 마케팅 연구위원
· 호서대학교 벤처전문대학원 문화산업경영전공 박사과정 재학 중

### 강의

호서대학교 디지털문화예술학부, 호서대학교 여성문화복지대학원, 청주대학교 관광경영학부,
서울호서전문학교 실용예술학부, 신구대학, SBS방송아카데미 문화연출학부, MBC 아카데미 연극음악원,
강릉대학교 여대생커리어개발센터 문화예술분야 현장실습 총괄교수, 제주지식산업진흥원 뷰티콘텐츠 전문인력양성
아카데미 외 다수 강의.

**강의과목 :** 문화마케팅 기획론, 문화산업개론, 광고마케팅 기획론, 축제·이벤트 연출론, 지역축제개발론, 관광학개론, 축제·이벤트경영론, 경영학 개론, 경제학 개론, 매니지먼트 개론 외

### 경력

· 2002 FIFA WORLDCUP KOREA/JAPAN™ 서울플라자 연출단 이벤트팀, 프로듀서
· 제23회전국장애인체육대회 개·폐막식 및 문화행사, 프로듀서
· 2003 충남장애인체육대회 자원봉사자 다짐대회, 프로듀서
· 제1회 충남 G.O 선발대회, 프로듀서
· "대구 E-Sports Festival" 평가, 연구자문보조
· 한국정신문화연구원, "디지털청주문화대전", 연구원
· 충남 문화산업 발전 연구
· 퓨전 공연창작을 통한 관련 문화 콘텐츠 수익모델 창출 전략에 관한 연구(제주지식산업진흥원), 연구원
· 천안시 게임엑스포 연구 포럼(천안시, 산업자원부), 연구원
· 제주 뷰티 문화콘텐츠 육성 방안 연구(제주지식산업진흥원)
· 천안시 도시브랜드 F.A.S.T 선포식, 프로듀서
· 천안국제게임엑스포 육성 연구 포럼, 프로듀서 외 다양한 문화산업 분야에서 활동하고 있다.